多样化课程：给学生最合适的教育

主　编 周光明　副主编 楼海红　向沛峰

浙江工商大学出版社
ZHEJIANG GONGSHANG UNIVERSITY PRESS

图书在版编目(CIP)数据

多样化课程：给学生最合适的教育／周光明主编．—杭州：浙江工商大学出版社，2015.6

ISBN 978-7-5178-0767-4

Ⅰ．①多… Ⅱ．①周… Ⅲ．①中学教育—教育研究 Ⅳ．①G632.0

中国版本图书馆 CIP 数据核字(2014)第 294301 号

多样化课程：给学生最合适的教育

主　编　周光明　副主编　楼海红　向沛峰

责任编辑　蒋红群
责任校对　陈艳君
封面设计　王好驰
责任印制　包建辉
出版发行　浙江工商大学出版社
（杭州市教工路 198 号　邮政编码 310012）
（E-mail：zjgsupress@163.com）
（网址：http://www.zjgsupress.com）
电话：0571-88904980，88831806（传真）
排　　版　杭州朝曦图文设计有限公司
印　　刷　浙江云广印业股份有限公司
开　　本　787mm×1092mm　1/16
印　　张　22.25
字　　数　514 千
版 印 次　2015 年 6 月第 1 版　2015 年 6 月第 1 次印刷
书　　号　ISBN 978-7-5178-0767-4
定　　价　49.00 元

浙江工商大学出版社营销部邮购电话　0571-88904970

本书编委会

主　　编　周光明

副 主 编　楼海红　向沛峰

编　　委　（按姓氏笔画排序）

王柏荣　毛　宏　朱立飞
邬彩芳　余方明　沈　良
陈　东　陈尧良　陈志坚
林　春　林觐相　季　雁
金　凯　俞梦珍　施叶军
洪志标　曹　颖　曹明凤
章爱奉　葛　军　董小杰
童桂香　瞿　东

给每个生命体最合适的课程
（代　序）

萧山区第五高级中学作为一所年轻的学校，虽然没有许多老牌学校那样深厚的文化积淀，但是年轻有年轻的优势。回顾萧山五中的16年发展历程，我们走了一条科研兴校的路子，用扎实的科研引领学校发展，一步一个脚印。我们围绕人本化管理、增效教学、增效学习、增效德育等重大课题，就学校发展的核心问题逐一击破，研究成果两次荣获省（市）政府成果奖。2009年至今，我们走上了学校教育内涵式发展的探索之路。瞄准课程改革，举起了“二案一式”课堂范式创建和多样化校本课程建设两面大旗。16年的学校发展，从宏观到微观，生命化教育已经成为萧山五中的主流校园文化。

五中办学最初确立的办学理念——生命化教育，在多年的教育教学管理中得到了扎实的践行。什么是生命化教育？我们认为：生命化教育主要有两层含义：一是以生命的视点观照学生；二是以生命的视点观照教育。就学生而言，学生既是一个个千差万别的个体，也是一个个不断变化发展的个体，更是一个个有着鲜活生命的个体。就教育而言，生命的差异性、个体性和持续性，决定了我们的教育必须是生命化的教育，教育的过程必须是生命体培育的过程，必须以生命化的方式促进其生命的发展与成长，或者说，教育应该是农业化而不是工业化的。教育的价值在于在引领和帮助学生在生命成长的过程中，实现自主发展、全面发展、个性发展、可持续发展，最终促使生命走向完善。

近几年来，萧山五中以多样化课程建设为抓手，致力于内涵式发展，以《浙江省深化普通高中课程改革方案》为基本依据，重构学校课程体系。我们从尊重学生生命成长的角度出发，把培育具有“正气、大气、和气、灵气”特质的高级应用型后备人才作为课程设计的最高价值取向。围绕八大核心素养——身心素养、语言素养、人文素养、科学素养、艺术素养、信息素养、跨文体素养、终身学习素养，站在科学规划与设置学校课程的高度，对学校的课程体系进行了顶层设计与理性重构。

在国家课程领域，大力倡导“以学为主，教学生学”的教学理念，稳步推进“必修课程校本化”的探索之路，全面实施“二案一式”学习新范式的改革与研究，取得了阶段性研究成果，并荣获萧山区优秀科研成果一等奖、杭州市优秀科研成果二等奖。

在选修课程领域，我们坚持“选修课程特色化”建设理念，改出了特色，改出了效益。在知识拓展类、职业技能类、兴趣特长类、社会实践类四类选修课程的基础框架下，我们精心打造了“三大主题板块、八类课程群、十四个课程项目”。就形式而言，我校的多样化选修课程主要由以下四个方面组成：一是校本师资开发的选修课程，这是我校选修课程的主体。二是校校合作开发的选修课程。我们学校有一个得天独厚的优势，与国家级重点职业高中——萧山第一职业高级中学，仅一墙之隔。我校的许多职业技能类课程采用了让我校师生走过去或请职高师生走过来的形式开展，我们的文化课优势和他们的专业课优势互惠互补、合作共赢。三是校企合作开发的选修课程。我校与传化集团、万向集团、红山农场、湘湖旅游开发公司等多家企业建立了友好合作关系，许多选修课程正是依托这些企业开发出来的。企业为学生的学习提供服务，学生的学习成果为企业发展出谋划策，学校与企业皆大欢喜。四是国际合作开发的课程。我校与德国凯尔鹏中学建立了多年的友好合作关系，每年组织30个左右的学生与德国学生结对互访，开发的“中德文化差异”选修课程深受结对学生欢迎。

大力推行必修课程的校本化和选修课程的特色化建设，我们一直在思考，也一直在探索，因为这是践行我校“生命化教育”的最有效途径。我校课程的总体设计肯定没有问题，但在细节上肯定有许多问题。通过实践逐步走向完善，这是一条漫长而艰辛的旅途，任重而道远。我们坚信：在教育这个事情上，没有最好只有合适，合不合适取决于校本、师本和生本。

从生命的视点看教育，教育就是一个不完美的校长带着一批不完美的教师引领一群不完美的学生共同走向完美。

周建明

2015 年 3 月 12 日

目　　录

顶层设计篇

范式创新篇

课程研发篇

教学研究篇

教师反思篇

德育精品篇

顶 层 设 计 篇

DINGCENG SHEJI PIAN

生命为本，求真为要

——萧山区第五高级中学课程方案

校长室

在浙江省高中新课程改革全面推进的大背景下，萧山五中根据《浙江省中长期教育改革和发展规划纲要》(2010—2020)和《浙江省深化普通高中课程改革方案》的重要精神，结合自身办学特点和学校实际，总结了多年以来课程改革的实践经验，征询多方意见，集思广益，经过几轮探讨，制订了《萧山五中课程方案》。我们期待以此为起点，使萧山五中在育人模式和办学特色方面有新的突破。

第一部分：校情分析

(一)办学历史

1996 年，杭州市政府绘制了“钱塘江时代”的“大杭州”宏伟规划。老的萧山五中随着滨江区的设立而划归杭州主城区，新的萧山五中正是在这样的历史背景下应运而生。1996 年规划建校，占地 162 亩，政府投资 3000 万元，建成后全新的萧山五中坐落在萧山新区的市心中路，区政府所在地北侧，地理位置优越。1998 年 8 月新校落成并正式招生。

萧山五中作为一所年轻的学校，在短短的六年多时间里，实现了学校发展史上的“三级跳式”跨越发展。2002 年 10 月通过省三级重点中学评估，2004 年 10 月通过省二级重点中学评估，2005 年 4 月通过省一级重点中学评估，跻身浙江省一级重点中学行列。萧山五中快速发展形成的“五中现象”，曾一度受到省内外教育专家的广泛关注。

(二)办学现状

萧山五中是一个名优教师相对较多的学校。学校现有教职工 222 名，其中专任教师 205 名，本科毕业率达 100%，高学历教师有 70 名。学校拥有特级教师 2 名，高级教师 100 名(其中享受教授级待遇高级教师 1 名)，省知名教师 7 名，萧山区名校长名教师 11 名，获省、市、区优秀教师、教坛新秀、优秀班主任荣誉 170 余人次。

学校现有三个年级，48 个班级，2350 余名学生。萧山区共 4 所省一级重高，我校属于第二梯队。生源基础居 4 所重点高中的中下水平，大多分布在全区中考成绩的第 2000 至 3500 位左右。就升学情况而言，近几年，每年高考上第一批次有 100 人左右(全区共 1300 人左右)，第二批次及以上有 680 人左右，上线率在 80%左右。五中毕业生基本能升入高等院校就读，但能考入“211”“985”类大学的毕业生很少。每年有 10 人左右选择出国深造。作为经济发达地区的五中学子,升学大多数愿意选择浙江省或杭州市的相关院校,就业时多数学生还是愿意回归萧山本土。

(三)课程改革的实践探索

回顾五中的课程改革,大致可分为两个阶段。

2006—2011年,学校秉承“尊重生命,崇尚本真”的办学理念,营建“科学与人文并举,规范与个性共存”的校风,打造“尚德、修身、砺智、健体”的学风,努力践行“生命化”教育。序列化地开展了“增效教学”“增效学习”“增效德育”等省级重大课题的研究,相关成果曾两获浙江省基础教育政府成果奖。学校将多年来活跃在校园的多个师生社团进行整合,组建了“国学总社”“科技总社”“英语总社”“群艺总社”四大社团体系,下设34个分社。这些社团也成了学校如今多样化课程建设的重要组成部分。

2011年至今,在浙江省高中新课程改革全面推进的大背景下,学校结合自身办学特点和学校实际,围绕“必修课程校本化,选修课程特色化”的改革思路,努力探索学校的课程建设之路。国家课程领域,全力推行以“学为中心,教学生学”为内核的“二案一式”教学新范式改革,努力为学生创造最具适切度的学习、最显生命力的教学;在选修课程领域,立足学生的“自主发展、个性发展”,抓住基础课程、提高拓展课程、发展研究课程、实践活动课程,形成了较为完善的国家、地方、学校三级课程体系,逐步形成具有鲜明学校特色的课程结构。

(四)办学成效与特色

学校先后被评为萧山区首批品牌促进学校、区首批教科研特色学校、区德育特色学校、区体育特色学校、杭州市文明单位、杭州市绿色学校、浙江省爱国卫生先进单位、浙江省国防教育先进单位、浙江省教育科研先进集体、浙江省现代教育技术实验学校、浙江省健康促进学校、浙江省语言文字规范化示范校、全国科研兴校示范单位、全国中小学思想道德建设先进单位、国家基础教育外语实验学校、全国“学生营养与健康”示范学校等。

学校在以下几个方面渐成特色:

英语教育。建校伊始,英语教学就是学校的一张“金名片”。作为杭州市外国语实验学校,多年的英语特长班成功运作,深受学生及家长的认同。外教执教,双语教学,一年一度的英语节,多个英语社团等,为五中校园营造了浓厚的英语氛围。

社团建设。社团一直是学校的亮丽风景。2008年,学校成立了“社团建设管理委员会”,在原有社团的基础上进行有机整合与重置,形成了由“国学社”“科技社”“英语社”和“群艺社”四大总社构成的学校社团网络,下设34个分社。社团管理过程中形成的走班制度和学分管理制度,为我校选修课程的有效运作打下了坚实的基础。

“二案一式”课堂新范式。近三年来,我校全力推进以“二案一式”为依托的课堂范式转型的研究与实践。“二案一式”教学改革使我校传统的课堂教学环节和结构得以优化。该课题研究成果获2013年杭州市优秀科研成果二等奖。

多样化选修课程。亮点之一,校校合作开发课程。我校与萧山第一职高(国家级重点职高)仅一墙之隔。这为普职高的教育融通创造了得天独厚的条件。我校的职业技能类课程全部借用一职场地和师资开设,普高与职高融通,互惠互补,合作共赢。亮点之二，校企合作开发课程。萧山大型企业很多，我校与传化集团、万向集团、红山农场、湘湖旅游开发公司等多家企业建立了友好合作关系，企业为学生的学习提供服务，学生的学习成果为企业发展提供支持，皆大欢喜。

（五）矛盾与困惑

萧山五中作为一所城区重点中学，虽然办学历史不长，但十多年前的“现代化”优势如今已经变成劣势。近几年来，随着另外3所重点中学的或迁建或改建，无论从地理位置还是从办学条件而言都优于我校。2014年随着萧山东片地区“大江东”行政区划的变更，原来属于我校的部分优质生源无疑也将流失。以上种种因素，在很大程度上挤压了我校的生源开拓空间。在生源基础不理想的现实条件下，学校将如何满足萧山人民对五中提供优质教育的需求，这无疑是五中人必须解决的一个问题。

我校现有的办学条件相比其他同类学校明显滞后，特别是在全面实施课程改革后，各类场馆、功能性教室略显紧张。原有的迁建计划因为多种原因而搁浅。如何充分改造和利用现有办学条件，以适应学校课程改革的需要，成为当务之急。

第二部分：办学理念与目标

（一）办学定位

综合考虑我校的发展现状、生源情况、师资情况及区域特点等多种因素，我们对萧山五中的办学目标定位如下：努力将学校办成一所“理念先进、质量过硬、特色明显、省内知名”的优质普通高中。

（二）办学理念

根据社会对人才培养的需要和学校的办学实际，我们在重新审视学校沿袭多年的生命化教育理念基础上，大力倡导“本真”教育，并为“本真”教育赋予了更现实的内涵：生命为本，求真为要。这里的“生命”包括学生的生命、教师的生命和学校的生命，所谓“生命为本”，就是尊重学生的个体差异，认同教师的个体差异，承认学校的特有校情。这里的“求真”就是办真教育，适合学生的就是真教育。所谓“求真为要”，就是实施最适合学生个性发展的教育，探求最适合教师成长的校本培训，创设最适合校情的学校发展之路。

（三）培养目标

基于未来社会对人才的发展要求，在新的历史时期，我们提出了全新的人才培养目标：培育具有“健体魄、优品质、厚素养、广视野、强潜力、能担当”的高级应用型后备人才。健体魄，指培养学生具有健康的身体素质；优品质，指培养学生具有自信阳光、正直勇敢、勤勉务实、宽容尊重、爱心、明是非、懂合作等优秀品质；厚素养，指培养学生养成良好的身心、语言、人文、科学、信息及终身学习等多种现代社会必备的基本素养；广视野，指培养学生具有广阔的文化视野、国际视野等；强潜力，指培养学生在坚实的文化知识基础、基本实践操作能力的基础上，具有适应现代社会必需的创造潜能和创新潜能；

能担当，指培养学生成为对自己、对他人、对社会负责的高素质社会公民。

第三部分：课程结构与设置

(一)学校课程建设的理念和目标

1.课程建设的指导思想

在全面落实我校以“生命为本，求真为要”为核心思想的“本适”教育办学理念下，围绕培育“健体魄、优品质、厚素养、广视野、强潜力、能担当”的高级应用型后备人才的育人目标，充分理解新高考方案对人才培育模式的指导，确实改革现有的课程设置，打破现有的国家课程和校本课程框架，全面整合学校现有必修课程和选修课程，将其纳入学校校本化课程体系中来，采用自上而下和自下而上相结合的形式，进行我校课程的顶层设计。

2.课程建设的总体目标

以培育“健体魄、优品质、厚素养、广视野、强潜力、能担当”的高级应用型后备人才为指导，全面整合学校现有课程，将我校课程按培养目标指向分成“人字形 4＋1”课程领域：健康心智类课程、个性塑造类课程、学科知识类课程和能力培养类课程＋特色发展类课程。按培养层次分成三大类：基础类课程、拓展类课程和研究类课程。全面整合学校的必修课程和选修课程。采用“学程”制和“选修走班制”分层分类地实施学校课程。使我校的课程最大限度地体现适切性、多样性、选择性和梯度性特点，从而真正满足每一个学生的发展需要。

3.课程建设的基本原则

(1)整合性原则——构建符合我校特色的课程结构体系，必须打破原有的国家课程和选修课程“两张皮”框架，将学校所有的课程整合到“四位一体”立体校本课程体系框架中来。

(2)适切性原则——学校的所有课程设计，要切实从学生的现实需要出发，并关注当地的人才需求，关注校情和师情，学生需要的课程才是最合适的课程。

(3)多样性原则——构建符合我校特色的课程结构体系，要围绕课程的校本框架，全面而系统地规划与设计多样化的课程，并提供适合学生的教育。

(4)选择性原则——切实从学生的现实需要出发，构建有足够选择性的必修、选修必修和选修课程结构体系，让学生可以根据自己的发展需求自由地选择。学有所乐，学有所成。

(5)梯度性原则——课程结构体系构建时，在每一个领域、每一门课程，都要切实关注学生的层次差异，分别提供“基础”“拓展”和“研究”类差异性课程。采用“学程制”的修习形式，支持学生的横向发展，也满足学生的纵向发展。

(二)学校课程的基本架构及特点

1.课程体系结构模型图

学校在对多年课程改革特别是校本选修课程体系的实施效果进行总结反思的基础上，结合《浙江省深化普通高中课程改革方案》对校本课程体系构建的基本要求，并重点研究新高考方案下学校课程设置的必备走向。以学校的办学目标和育人理念为起点，在广义课程理论的指导之下形成了萧山五中“塔形四位一体”课程结构模型图，如图1所示。

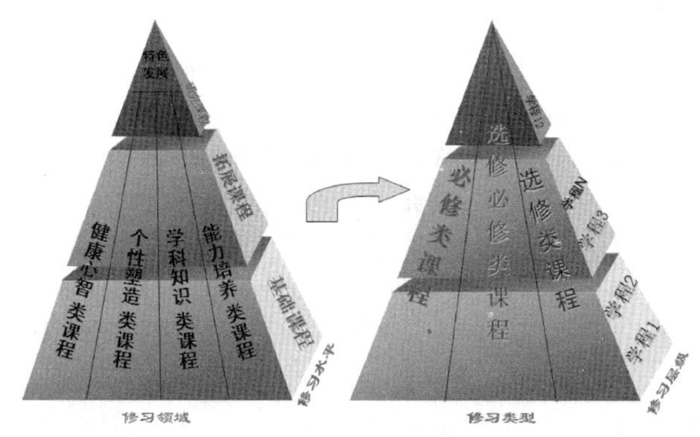

图1　萧山五中“塔形四位一体”课程结构模型图

我们把每一位学生的高中段学习看成是一个个具有“唯一性”的综合体，根据学生不同的个性特征，不同的知识、能力水平和不同的兴趣爱好，从修习领域、修习水平、修习层次和修习类型四个维度，为每一位学生构建适合的课程，努力践行“生命为本，求真为要”的育人理念。

2.课程体系的“四位一体”立体架构

表1　课程体系和“四位一体”立体架构

修习领域	修习水平	修习类型	修习层级	修习主题	课程开发方向
健康心智	基础课程	必修	学程1,2…N	身心健康	促进学生具有强健体魄、健康的心理和积极审美等体育、心理、艺术相关的基础课程……
	基础课程	必修	学程1,2…N	尊重生命	养成健康的生活方式类课程，培养学生尊重生命类课程，尊重自然、保护环境类课程，自救互救、灾害预防类课程……
	基础课程	必修	学程1,2…N	规划人生	培养正确人生观、价值观类课程，高校专业了解、职业了解与体验类课程，升学与就业指导类课程，生涯规划、职业规划类课程……
个性塑造	基础课程	选修必修	学程1,2…N	培养兴趣	帮助发现、培养和挖掘兴趣爱好方面而规划的课程。
	拓展课程	选修	学程1,2…N	发展特长	为具有一定基础的学生得到进一步发展而规划的课程……
	研究创新课程	选修	学程1,2…N	彰显个性	为具有一定特长的学生作为专业发展需要而规划的课程……
学科知识	基础课程	必修	学程1,2…N	夯实基础	学科必修类课程、职业技能类基础课程……
	拓展课程	选修必修	学程1,2…N	学科拓展	学科必修拓展课程、职业技能类拓展课程……
	研究创新课程	选修	学程1,2…N	学习创新	大学先修课程、高级应用型课程、学科前沿课程……

续 表

修习领域	修习水平	修习类型	修习层级	修习主题	课程开发方向
能力培养	基础课程	必修	学程 1,2…N	研学渗透	关于学法指导或提高学生学习能力或提高学生研究能力等方面的课程……
	拓展课程	选修	学程 1,2…N	自主探究	学生在调查探究活动、课题研究、社会实践、体验学习等方面的课程……
	研究创新课程	选修	学程 1,2…N	研究创新	能够让学生会用研究的方法学习、创新地学习或设计等方面的课程……
特色发展	研究创新课程	选修		特色发展	学生专业深造方向明确的相关课程,学生就业指向明确的相关课程,拓展学生知识视野、文化视野和国际视野的相关课程……

(1)课程“四位一体”立体架构之一:修习领域。

健康心智领域:本领域课程旨在引领学生形成健康的身体素质,树立正确的人生观、价值观,培养健康的心理素质,强调生命教育,建立科学合理的生涯规划和职业规划。包括体育、音乐、美术类课程,生涯规划、职业规划课程,心理健康、营养健康、心智类课程,专题教育类课程等。

个性塑造领域:本领域的课程旨在发现、培养和发展学生不同的个性、兴趣与特长。包括帮助挖掘和培养兴趣爱好方面而规划的课程,为具有一定基础的学生得到进一步发展而规划的课程。为具有一定特长的学生作为专业发展需要而规划的课程。包括兴趣特长类课程、部分社会实践类课程、部分研究创新类课程等。

学科知识领域:夯实必修课基础,并通过知识拓展类课程来增强学生对文化类科学知识学习的选择性。对学有所长、学有所成的学生提供研究与创新的平台。包括语文、数学、英语、科学、人文、技术等必修类课程,各学科知识拓展类课程,各学科研究与创新课程。

能力培养领域:本领域旨在让学生获得终身学习的能力、实践操作的能力、适应社会的能力、人际交往的能力、科学研究的能力等,这是学校课程设置的重要目标。包括课题研究类课程、技术类课程、社会实践和职业技能类课程、研究创新类课程。

特色发展领域:本领域课程是在前四个课程领域的基础上,衍生出来的拓宽或加深学生出口通道的课程。通过基础课程的学习,学生对自己的人生有了明确的规划,对自己以后的专业深造和职业选择有了相对清晰的指向,在高中学段的后程,设置发展课程,帮助学生更好地实现人生目标和职业目标。包括学生专业深造方向明确的相关课程,学生就业指向明确的相关课程,拓展学生知识视野、文化视野和国际视野的相关课程等。

(2)课程“四位一体”立体架构之二:修习水平。

每个领域采取校本化实施办法,深化基础课程,全面校本化;增加拓展课程,强调选择性;加强研究创新课程,力争开放性。

基础课程,全面校本化。目标指向学生基础性学力的培养,包括学考、高考必修类课程,体育、音乐、美术、技术基础课程,生涯规划、职业规划基础课程等。以行政教学班的形式推进基础型课程的校本化实施。

拓展课程,强调选择性。拓展型课程以“拓宽知识、发展特长、培养兴趣、自主发展”

为宗旨，着眼于尊重差异、增加选择、重在扬长、促进自主发展，为学生积累更宽泛的知识与经验、能力和方法。包括学科拓展类课程、技能拓展类课程等。以选课走班的形式推进拓展课程的实施。

研究创新课程，力争开放性。研究型课程主要从专业深造类、职业体验类、课题项目研究类等方向入手，培养学生向更高层次发展。包括学生专业深造方向明确的相关课程，学生就业指向明确的相关课程，拓展学生知识视野、文化视野和国际视野的相关课程等。以选课走班的形式推进研究创新课程的实施。

(3)课程“四位一体”立体架构之三：修习类型。

学校整合现有的国家课程(高考课程)和校本课程，将所有的学校课程进行校本化处理，并将其分成必修类课程、选修必修类课程和选修类课程。

必修课程：语文、数学、英语课程，其他学考类课程，体育、艺术、心理健康课程，生涯规划、职业规划类课程，专题活动课程等。

选修必修课程：高考选考类基础课程、高考选考类拓展课程等。

选修课程：职业技能类课程、兴趣特长类课程、研究创新类课程等。

萧山五中一类课程												
学习领域	课程	修习层级										
语言文学	语文	基I	基II	基III	基IV	基V	拓VI	拓VII	拓VIII	拓IX	拓X	研XI、XII、XIII
	英语	基I	基II	基III	基IV	基V	拓VI	拓VII	拓VIII	拓IX	拓X	研XI、XII、XIII
数学	数学	基I	基II	基III	基IV	基V	拓VI	拓VII	拓VIII	拓IX	拓X	研XI、XII、XIII
人文社会	政治	基I	基II	基III	基IV	基V	拓VI	拓VII	拓VIII	拓IX	拓X	研XI、XII、XIII
	历史	基I	基II	基III	基IV	基V	拓VI	拓VII	拓VIII	拓IX	拓X	研XI、XII、XIII
	地理	基I	基II	基III	基IV	基V	拓VI	拓VII	拓VIII	拓IX	拓X	研XI、XII、XIII
科学	物理	基I	基II	基III	基IV	基V	拓VI	拓VII	拓VIII	拓IX	拓X	研XI、XII、XIII
	化学	基I	基II	基III	基IV	基V	拓VI	拓VII	拓VIII	拓IX	拓X	研XI、XII、XIII
	生物	基I	基II	基III	基IV	基V	拓VI	拓VII	拓VIII	拓IX	拓X	研XI、XII、XIII
技术	通用	基I	基II	基III	基IV	基V	拓VI					
	信息	基I	基II	基III	基IV	基V	拓VI					
体育艺术	艺术	基II	基II	基III	基IV	拓V、VI、VII、VIII、IX、X、XI、XII						
	体育	基II	基II	拓III、IV、V、VI、VII、VIII、IX、X、XI、XII								
专题教育	学校专题教育											
萧山五中二类课程												
		分层设计										
		水平I	水平II	水平III								
健康心智	课程群	尊重生命	热爱生活	规划人生								
个性塑造	课程群	培养兴趣	发展特长	彰显个性								
拓展视野	课程群	知识视野	文化视野	国际视野								
文化生态	课程群	研学渗透	自主探究	课题研究								
社会实践	课程群	夯实基础	实践研究	实习体验								
说明：“基”指“基础类课程”，“拓”指拓展类课程，“研”指研究创新类课程												
	(浅色)	为必修	(中色)	为选修必修	(深色)	为选修						

图 2　萧山五中一类、二类课程

(4)课程“四位一体”立体架构之四：修习层级。

根据《浙江省深化高校考试招生制度综合改革试点方案》《浙江省普通高中学业水平考试实施办法》《浙江省普通高校招生选考科目考试实施办法》等制度，学校根据学生的学习水平和课程自身特点，对每一门课程进行了系统的“学程”设计，学程不同于现有的年段(高一、二、三)划分，可以是一个月、半学期、一学期，也可以是一学年。每门课程三年内最多 12 个学程，教师根据不同学程开发与之配套的学程文本，学生在课程选定的基础上，根据学程文本完成课程学习。

3."四位一体"课程架构下特色课程群建设

学校根据多年的办学传统、学校所处的区域特色及学校实际，构建了三大特色课程群："走进国学"特色课程群、"海塘文化"特色课程群、"英语"特色课程群。

"走进国学"特色课程群。社团活动一直是学校的亮丽风景。2008 年，学校成立了由"沉香书画社""问源文史社""馨苑戏曲社""伊黍民俗社"等 12 个分社组成的大型"国学社"，多年的国学社团建设形成了较浓厚的爱国学、学国学和研国学的氛围。学校在大型国学社团的基础上，从课程的视角系统规划了国学特色课程群。

"海塘文化"特色课程群。"海塘文化"特色课程群简介：北海塘是钱塘江围垦时代的最有力证明，勇立潮头、奔竞不息的钱塘江围垦精神是萧山文化的精髓所在，有与围垦、北海塘相关的文化现象和文化留存，海塘文化(精神)与萧山人的特质及萧山经济发展有着密不可分的关联。海塘文化是引领学生汲取人文底蕴和养成多种优秀品质不可多得的教育载体。而我校紧临北塘河，校后花园就是依北塘河而建的海塘主题公园，校门口就是北海塘遗址碑刻所在地。学校充分地利用这种宝贵的地域资源，从广义课程的视角规划设计了海塘文化特色课程群。

"英语"特色课程群。我校建校伊始，英语教学就是学校的一张"金名片"。作为杭州市外国语实验学校，我校有一支强大的英语师资队伍。多年的英语特长班和留美直通班成功运作，与德国凯尔鹏中学定期的结对互访，外教执教，双语教学，一年一度的英语节，多个英语社团等，深受学生及家长的认同，营造了浓厚的英语氛围，为学校英语特色课程群建设打下了坚实的基础。

表 2　萧山五中三大特色课程群

课程群名称	课程名称	修习层级(含内容)		
		基础学程	拓展学程	研究创新学程
走进国学	《论语》选读	专题 1,2…8	专题 1,2…8	研究方向 1,2,…
	中国古代诗歌散文欣赏	专题 1,2…8	专题 1,2…8	研究方向 1,2…
	庄子散文选读	专题 1,2…8	专题 1,2…8	研究方向 1,2…
	《古文观止》选读	专题 1,2…8	专题 1,2…8	研究方向 1,2…
	《人间词话》选读	专题 1,2…8	专题 1,2…8	研究方向 1,2…
	萧山本土诗词鉴赏	专题 1,2…8	专题 1,2…8	研究方向 1,2…
	唐诗选读	专题 1,2…8	专题 1,2…8	研究方向 1,2…
	宋词选读	专题 1,2…8	专题 1,2…8	研究方向 1,2…
	元曲选读	专题 1,2…8	专题 1,2…8	研究方向 1,2…
	走进古代四大名著	专题 1,2…8	专题 1,2…8	研究方向 1,2…
	国学社团(12 个分社)			

续 表

课程群名称	课程名称	修习层级(含内容)		
		基础学程	拓展学程	研究创新学程
海塘文化	海塘文化专题讲座	专题1,2…8		
	钱塘江改道原因探究	专题1,2…8	专题1,2…8	研究方向1,2…
	北海塘的历史变迁	专题1,2…8	专题1,2…8	研究方向1,2…
	北海塘的开发	专题1,2…8	专题1,2…8	研究方向1,2…
	海塘相关文物收集与研究	专题1,2…8	专题1,2…8	研究方向1,2…
	萧山人与围垦精神	专题1,2…8	专题1,2…8	研究方向1,2…
	萧山企业文化与经济	专题1,2…8	专题1,2…8	研究方向1,2…
	海塘文化与湘湖文化	专题1,2…8	专题1,2…8	研究方向1,2…
	萧山民间习俗研究	专题1,2…8	专题1,2…8	研究方向1,2…
	萧山宗教信仰研究	专题1,2…8	专题1,2…8	研究方向1,2…
英语	英语6*,7*	专题1,2…8	专题1,2…8	研究方向1,2…
	旅游英语——走遍中国	专题1,2…8	专题1,2…8	研究方向1,2…
	疯狂英语——口语训练营	专题1,2…8	专题1,2…8	研究方向1,2…
	Disney青春系列电影欣赏	专题1,2…8	专题1,2…8	研究方向1,2…
	高中英语戏剧选修课	专题1,2…8	专题1,2…8	研究方向1,2…
	高中英语报刊阅读选修课	专题1,2…8	专题1,2…8	研究方向1,2…
	原声影视配音与赏析	专题1,2…8	专题1,2…8	研究方向1,2…
	高中英美文学欣赏	专题1,2…8	专题1,2…8	研究方向1,2…
	高中生雅思	专题1,2…8	专题1,2…8	研究方向1,2…
	中德文化比较研究	专题1,2…8	专题1,2…8	研究方向1,2…
	大嘴英语俱乐部			

4.课程架构的设置特点

本校课程架构重在体现整合性、适切性、多样性、选择性、梯度性原则，并在课程方案中较好地处理了课程设计内的若干关系。

(1)紧扣学校育人目标设计学校课程。本课程设计贯穿学校以“生命为本，求真为要”为核心思想的“本真教育”理念，围绕学校培育“具有‘健体魄、优品质、厚素养、广视野、强潜力、能担当’的高级应用型后备人才”的人才培养目标，以学生的生命为本，尊重学生的个体差异，从“人字形4+1”五大课程领域构建学校课程。每个领域由多门课程或多个课程群组成，每门课程按三类分层分类设置：面向全体学生的基础类课程、面向分层学生的拓展类课程和面向个别学生的研究或特长类课程。每门课程按不同的学程实施。

(2)体现国家课程与校本课程的整合。我们将国家课程与校本选修课程作为学生的共同基础。打破了原有的国家课程、地方课程和校本课程的界限。我们认为学生的共同基础，不仅仅是指学业基础，就学生个体而言，还有对人生和职业的规划、对待生命和生活的态度、学习的方法、视野的宽度等等。必修和选修共同构成各领域的学习体系。每一个领域都包含有必修、选修必修和选修，对此领域不感兴趣的学生，只要求修习必修部分，有兴趣的学生，可选修本门课程更高层级的内容，以达到个性化的目的，让学生的发展存在多种可能性。

(3)构建分类分层、选择性强的立体结构体系。必修课程、选修必修课程和选修课程都采用“学程式”设计，让学生有更大的空间根据自己的发展需要自主地选择修习的层级，利用分层要求减轻学生的学业负担，让学生更能集中精力，更自由地选修。学程式分层设计为学生的后续学习提供了空间，必修课程和选修课程均呈现立体化，既可以横向拓宽，又可以纵向加深。

(4)选修课程各领域各层级均建立课程群让学生的选择多样化。各领域各层级的选修课程不是单一的，而是多门课程或多个课程群，学生可以在课程群里根据自己的发展方向和兴趣爱好自主选择，真正落实学生的课程选择权。与单一的课程相比，课程群的价值在于，同一学科领域的课程向不同的方向延伸，并促使众多课程体系化和序列化。

(三)课程的总体设置及安排

我校根据“减少总量、调整结构、分层分类、选课走班、学分管理、弹性学制、优化方法、多元评价”的课改总体思路，促进学校多样化办学，实现学生在共性基础上的差异性发展，最终实现我们理想中以“生命为本，求真为要”为内核的“本真教育”理念。

1. 必修课程的设置

在必修课程的设置上，充分考虑学生参加各学科学业水平考试的时间与每学期必开科目的数量，根据学生的选择，实施部分课程集中学习，学完即考的策略，以减轻学生的学习负担。

表 3　必修课程的设置

时　间	学考类课程	公共类课程
高一 1 上	语文 1、数学 1、英语 1、政治 1、历史 1、地理 1、物理 1、化学 1、生物 1、信息 1、通用 1	体育、音乐、心理健康、生涯规划、专题
高一 1 下	语文 1、2，数学 1、2，英语 1、2，政治 1、历史 1、2，地理 1、2，物理 1、2，化学 1、2，生物 1、信息 1、2，通用 1、2	体育、音乐、心理健康、生涯规划、专题
高一 2 上	语文 2、数学 2、英语 2、政治 2、历史 2、地理 2、物理 2、化学 2、信息 2、通用 2	体育、音乐、心理健康、生涯规划、专题
高一 2 下	语文 3、数学 3、英语 3、政治 2、历史 3、地理 3、物理 3、化学 3、信息 3、通用 3	体育、美术、心理健康、生涯规划、专题
高二 1 上	语文 4、数学 4、英语 4、政治 3、生物 2	体育、美术、专题
高二 1 下	语文 5、数学 5、英语 5、政治 3、生物 3	体育、美术、专题
高二 2 上	政治 4、生物 3	体育、美术、专题
高二 2 下	政治 4	体育、美术、专题
高三 1 上		体育、美术、专题
高三 1 下		体育、美术、专题
高三 2 上		体育、美术
高三 2 下		体育、美术

2. 选修课程的设置

根据《浙江省深化普通高中课程改革方案》精神，选修课程分为知识拓展、职业技能、兴趣特长、社会实践四类，其中知识拓展类选修课程比例不超过 60%，职业技能类选修课程比例不少于 10%。学生选修课程学分底线为 48 学分，其中职业技能类不少于 6 学分，社会实践类不多于 8 学分，在满足总学分 48 学分及各类别的底线要求的情况下，学生可以自由选修。

按省教育厅要求，我们将我校的选修课程按四大类别重新归类，并设置了各年级的学分安排。在归类过程中，我们构建了两维的课程价值，一维是省厅的四大类，另一维则是学校构建的选修课程四大领域。以此为基础，在选修课程群中加以梳理与筛选，按照学分的安排分别设置到各年级的选修课程目录中。

表 4　选修课程的设置

<table>
<tr><th>类　　别</th><th>总学分</th><th>高一学习内容</th><th>高二学习内容</th><th>高三学习内容</th></tr>
<tr><td>知识拓展</td><td></td><td rowspan="4">修习层级Ⅰ</td><td rowspan="4">修习层级Ⅱ</td><td rowspan="4">修习层级Ⅲ
必修拓展 A 或 B</td></tr>
<tr><td>职业技能</td><td>≥6</td></tr>
<tr><td>兴趣特长</td><td></td></tr>
<tr><td>社会实践</td><td>≤8</td></tr>
</table>

3. 学分安排

(1)必修课程教学安排与学分结构。

表 5　必修课程教学安排与学分结构

<table>
<tr><th></th><th>学　科</th><th>第一学期</th><th>第二学期</th><th>第三学期</th><th>第四学期</th><th>第五学期</th><th>第六学期</th><th>总学分</th></tr>
<tr><td rowspan="11">必修课</td><td>语　文</td><td>3</td><td>3</td><td>2</td><td>2</td><td>★</td><td>0</td><td>10</td></tr>
<tr><td>数　学</td><td>3</td><td>3</td><td>2</td><td>2</td><td>★</td><td>0</td><td>10</td></tr>
<tr><td>英　语</td><td>3</td><td>3</td><td>2</td><td>2</td><td>★</td><td>0</td><td>10</td></tr>
<tr><td>物　理</td><td>3</td><td>3</td><td>★</td><td>0</td><td>0</td><td>0</td><td>6</td></tr>
<tr><td>化　学</td><td>3</td><td>3</td><td>★</td><td>0</td><td>0</td><td>0</td><td>6</td></tr>
<tr><td>生　物</td><td>2</td><td>0</td><td>2</td><td>2</td><td>★</td><td>0</td><td>6</td></tr>
<tr><td>政　治</td><td>2</td><td>2</td><td>2</td><td>2</td><td>★</td><td>0</td><td>8</td></tr>
<tr><td>历　史</td><td>3</td><td>3</td><td>★</td><td>0</td><td>0</td><td>0</td><td>6</td></tr>
<tr><td>地　理</td><td>3</td><td>3</td><td>★</td><td>0</td><td>0</td><td>0</td><td>6</td></tr>
<tr><td>信息技术</td><td>2</td><td>2</td><td>★</td><td>0</td><td>0</td><td>0</td><td>4</td></tr>
<tr><td>通用技术</td><td>2</td><td>2</td><td>★</td><td>0</td><td>0</td><td>0</td><td>4</td></tr>
<tr><td rowspan="5">必修课</td><td>体育健康</td><td>2</td><td>2</td><td>2</td><td>2</td><td>2</td><td>2</td><td>12</td></tr>
<tr><td>音　乐</td><td>1</td><td>1</td><td>0</td><td>0</td><td>1</td><td>0</td><td>3</td></tr>
<tr><td>美　术</td><td>0</td><td>0</td><td>1</td><td>1</td><td>0</td><td>1</td><td>3</td></tr>
<tr><td>专题教育</td><td>1</td><td>1</td><td>0</td><td>0</td><td>0</td><td>0</td><td>2</td></tr>
<tr><td>总学分 1</td><td>33</td><td>31</td><td>13</td><td>13</td><td>3</td><td>3</td><td>96</td></tr>
</table>

注：标有★的是学生参加该学科第一次学业水平考试的时间。第二次学业水平考试由学生本人自由选择，也可不参加考试。

(2)选修课程教学安排和学分结构。

表6　选修课程教学安排和学分结构

	学　科	第一学期	第二学期	第三学期	第四学期	第五学期	总学分
选修课	知识拓展	5	5	5	5	5	25
	职业技能	2	2	2	2	2	10
	兴趣特长	2	2	2	2	2	10
	社会实践	2	2	2	2		8
	总学分2	11	11	11	11	9	53

注:(1)学生拥有选修课程学分修习安排的自主权,上表仅供学生参考。

(2)每个学生知识拓展类学分不超过28学分(超过的部分不作为毕业标准必备学分);职业技能类学分不少于8学分;选修课程总学分不少于48学分。

4.课时安排

每周授课时间26小时,每节课40分钟,每周共39节课,其中必修安排30节,选修9节。选修全部安排选课走班教学,必修逐步安排走班教学。

(1)必修课程周课时安排(2014学年开始)。

表7　必修课程周课时安排(2014学年开始)

科　目	第一学期	第二学期	第三学期	第四学期	第五学期	第六学期
语　文	3	3	3	4		
外　语	3	3	4	4		
数　学	3	3	3	3		
思想政治	2	2	2	2		
历　史	2	2				
地　理	2	2				
物　理	2	2				
化　学	2	2				
生　物	2		2	2		
信息技术	2	2				
通用技术	2	2				
艺术	1	1	1	1	1	1
体育与健康	2	2	2	2	2	2
专题教育(生涯规划)	1	1				
合计必修课时	29	27	17	17	3	3

注:(1)必修课程的学习科目和模块严格按照《浙江省深化普通高中课程改革方案》的有关规定执行,按规定设置思想政治、体育与健康、艺术等课程。

(2)依据《浙江省教育厅办公室关于进一步做好普通高中学校课程设置工作的通知》(浙教基〔2013〕46号文件)精神,每学期必修周课时最多为29节,其余10课时安排选修课程。

(3)关于信息技术、通用技术的开设,结合省厅对于并开课程门数的限制以及本校师资实际,特排在高二年级开课。其中每学期一半年级上信息技术,一半年级上通用技术,第二学期交叉,每周课时各为4节。

(2)选修课程周课时安排(2014学年开始)。

表8　选修课程周课时安排(2014学年开始)

		周一	周二	周三	周四	周五
上午	第一节	高一、二选修				
	第二节	高一、二选修				
	第三节	高一、二选修				
	第四节	高一、二选修				
	第五节	高一、二选修				
下午	第六节				高三选修	高三选修
	第七节		高一、二选修	高一、二选修	高三选修	高三选修
	第八节		高一、二选修	高一、二选修	高三选修	高三选修

第四部分:学校课程的实施与评价

(一)课程资源的开发与建设

让学生自主选择,离不开丰富的资源系统支持。开发与建设能支持我校多样化课程系统的丰富的课程资源,并将这些资源校本化,是学校课程建设取得成效的关键因素。

1.基于教师开发的课程创生

由教师创生的课程主要指学科知识拓展和兴趣特长类课程,这是学校的一级选修课程,指课程内容综合程度较小,内容较为单一,且与学科教师的个人知识储备联系相对紧密,比较适合学科教师开发的选修课程。学校要求每个教研组至少独立开发2门选修课程。课程层次可以是一级课程,也可以是高级课程;可以教师个人开发,也可以组员联合开发。

2.基于校内的课程资源开发

充分利用现有条件,积极争取政府部门的支持,改造学校原图书馆,建设适合学校课程建设需要的不同功能的发展性实验室(如生物实验室、数学实验室等)。通过发展性实验室的建设,加大与之相配套的自主研修课程、选修课程的建设力度,培养学生的创新精神和实践能力。我校地处北塘河与北海塘中间地带,曾经的“围垦”给学校留下了宝贵的课程资源。

3.基于校外资源开发的课程

对于一些专业性比较强的选修课程,如部分职业技能类课程、艺术课程等,采用联合高职院校或社会机构协作开发的方式进行，提高课程的专业化水平。我校与萧山第一职高(国家级重点职高)仅一墙之隔。这为普职高的教育融通创造了得天独厚的条件。我校的职业技能类课程全部借用一职场地和师资开设，普高与职高融通，互惠互补，合作共赢。另外，我校与湘湖文化研究院、萧山博物馆、萧山中小学生劳动基地临近，这些都是我校宝贵的课程资源。

4.基于企业资源开发的课程

我校有相当一部分毕业生的就业去向是萧山本土的大中型企业，根据企业的人才需求，在高中阶段为学生打下良好的专业铺垫，这是社会的需要。萧山大型企业很多，我校与传化集团、万向集团、红山农场、湘湖旅游开发公司等多家企业建立了友好合作关系，企业为学生的学习提供服务，学生的学习成果为企业发展提供支持，皆大欢喜。

(二)必修课程的实施

必修课程属于政策性课程的范畴，是学校必须执行的课程。为了使必修课程更加符合学校的办学定位并贴近学生的实际能力水平，更好地促进学生的发展，我们积极地进行了必修课程校本化的探索与实践。

1.课程内容的调整

在保证必修课程核心内容的修习与掌握基础上，增强模块间内容的相关性和连续性，部分内容尝试突破模块局限，进行知识点的整合。通过模块重组、教学内容的合并与增删，提高教学效果。

(1)必修、选修打通，面向全体基础上的个性选择。以语文学科为例：(1)高一选修课程根据高一语文必修教材的编写特点进行有效调整，实现以选修促进必修教学；(2)《中国古代诗歌散文》选修教材，调整到高三，以高考复习材料的载体形式完成其教学；《中国现代诗歌散文》选修教材根据我校多年教学实际，作为学生课外阅读材料使用。

(2)学科内必修、必选与非必选整合。针对学生的学习基础和能力，将必修、必选和自选课程内容有机整合，即把必修教材和选修教材组合使用，掌握好合适的教学深度和广度，形成三年连贯的合理的进度。

(3)课程内容的层次化设计。在保证每个学生达到共同基础的前提下，各学科分类别、分层次设计多样的、可供不同发展潜能学生选择的课程内容，从而满足学生对课程的不同需求。如高二生物组根据教学对象的不同，对教学内容进行了层次化设计。

(4)必修课程的知识拓展。必修课程知识的拓展主要按课程的教育功能设定模块。也可以根据某一主题进行拓展，如高三地理“区位”问题的知识拓展，又如物理组对新教材中“变与不变”的系统化科学思想所做的拓展。

2.课堂教学方式变革

课堂教学是学校课程实施的主要载体。构建发展性课程实施方式，重点在于合理设计学生学习活动，形成学生多样化的学习方式。我校依托“二案一式”的导学平台，夯实以下基本要求：引导学生转变学习方式，强调学生自主性学习和选择性学习。改进课堂教学模式，强调研学渗透，注重学生的主动学习，打造“高效课堂”。规范教学管理要求。制定提高教学质量，切实减轻学生课业负担的若干措施和规定。

3. 必修课的分层走班

学校积极探索必修课的选课走班，2014 年开始实行高一英语 AB 班分层走班教学，不断积累经验，以提高教学的针对性和实效性。必修课程的全科分层走班教学是学校课程实施的基本方向。

(三)选修课程的实施

选修课程是满足学生个性发展和社会多样化人才的需要，国家规定每位学生必须修习并由学生自主选择的课程。基于浙江省高中课改方案中将选修课程分为知识拓展、职业技能、兴趣特长和社会实践四类的指导意见，以及我校的办学传统与实际情况，构建了心智类、艺术类、体育类、健康类、学科知识拓展类、实践类、技能类等八大课程体系。在选课指导、个人选课、走班上课等基础上，扎实开展学校的选修课程。

(四)多元化发展性课程评价

1. 必修课程评价

(1)对学生的评价。采用过程评价与终端评价相结合及自我评价、小组评价、教师评价相结合的方式进行评价。具体为：平时表现(出勤率、学习态度、学习主动性、作业完成情况、合作学习等)、模块考试、学分认定、期中考试、期末考试、学业水平考试、高考等。

(2)对教师的评价。采用过程评价与终端评价相结合及自我评价、学生评价、团队评价、学校评价相结合的方式进行评价。

2. 选修课程评价

选修课程的评价包括学生评价、教师评价、教材评价。对不同类别的课程构建不同评价方法，在评价主体上划分为自我评价、同行评价(包括管理者、专家评价)和学生评价。

(1)对学生的评价。采用过程评价与终端评价相结合及自我评价、小组评价、教师评价相结合的方式进行评价。具体为：平时表现(出勤率、学习态度、学习主动性、作业完成情况、合作学习等)、模块考试或成果展示、学分认定等。

(2)对教师的评价。课程实施过程评价主要包括教师的教学态度、教学方法、教学效果、学生对教学的反馈等，主要通过组织专家评课、对学生进行随堂问卷调查等收集信息。

(3)对教材的评价。教师开发的选修课程，须通过学校课程评审委员会评审，方可列入选课目录。评审中要有意识、有选择性地优化选修课程的结构体系。

第五部分：课程建设的制度与管理

制度与管理是学校课程建设的保障系统。学校建立健全了与办学目标、办学理念、培养目标相适应的教务管理体制及运行机制，从而使教学管理工作系统化、智能化、自动化。

(一)学分制

学分认定的关键是如何给予学生自主选择权、自我负责的学习权并表现出一定的成长性。目前,我们已经建立了较为完善的学分管理制度,能及时准确地记载学生必修、校内选修、校际选修、社会教育培训机构选修所获得的学分,起到了示范作用,在本地区有较大影响。

(1)学分认定是对学生可否获得学分的判定。学分认定的意见分"同意认定""不予认定"两种。学生学完一定的课程并通过考核或获得相关证书,可获得相应的学分。

(2)学分初步认定工作由开课教师负责,学分审定委员会审核。

(3)学分认定的条件和形式(详见《萧山五中学分认定标准》)。

(4)学生修习课程考核不合格,经补考仍不合格;课程的实际修习时间少于规定课时的2/3;提供的相关资料弄虚作假,则不予认定学分。学生在选修某一课程并已获得1个学分后,不得重复选课。

(二)选课制

学校根据实际编制《萧山五中学生选课指导手册》,并建立有效的学生选课指导制度。学校做好选课前的动员,组织学生学习本校的课程计划和选课手册,了解选课要求,掌握选课的方法。教师承担学生的选课指导任务,与学生建立相对固定的关系,逐步建立学生选课导师制,为学生制定符合个人特点的课程修习计划提供指导和帮助。学生根据学校的课程计划和个人发展意向,以班为单位在计算机教室通过校园网络进行选课,形成自己的个性化课程修习计划,编排个人的课程表。教管处根据学生选课情况编排教学班,安排教师和教学场所。

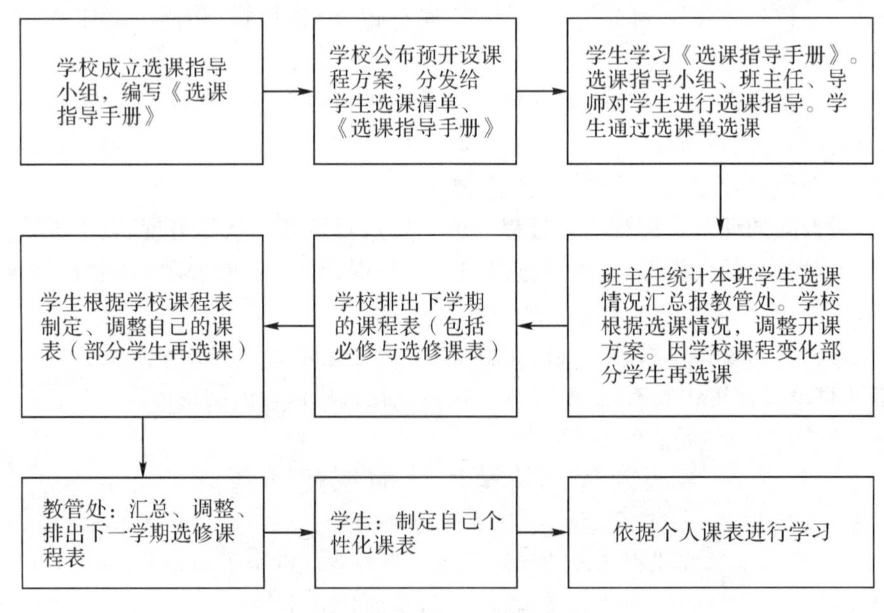

图3　萧山五中选课流程图

（三）走班制

选课走班对于我省所有高中学校来说都是一个全新的课题，没有先例可以借鉴，一切都需要在实践中摸索、在实践中实行、在实践中完善。为在我校开展好选课走班，特制订了《萧山五中选课走班管理方案》。

1. 分单元走班

为了安全、有序、高效地进行走班上课，本着“从小处着眼，积极稳妥，有序推进”的原则，选课、走班原则上在单元内进行，每一楼层（4 个班）为一个走班单元，共八个单元。

2. 教学班编班

平行分班：相对于行政班而言，走班的班级称为教学班。其中含有文科倾向和理科倾向两个系列，根据学生选择的情况，将各模块的学生在单元内平行分班。确定各模块教学班的数量和各班学生名单，班与班之间要成绩均衡，合理搭配，便于教学评价。

确定座次：教学班学生的座次安排遵循“同一行政班的学生座次相邻，学习小组的成员来自同一行政班”的原则。固定学生在教学班的听课位置，确定学生座次表，注明学生姓名、行政班号。

组建学习小组：科学组建学习小组，各学习小组成绩均衡，分为 AA、BB、CC 三层，选出负责任的小组长，便于合作学习和组与组之间的竞争。

3. 实行单元管理，教学班与行政班并行

（1）单元管理。每单元设楼层管理干事 2 人，负责本单元的学生管理和协调工作。每个年级设正、副主任。实行行政班和教学班相结合的“双轨制”管理，从制度上弥补原来班级管理的“真空”，充分发挥学科教师在全员德育中的作用，提高班级管理的有效性。行政班和教学班、行政班班主任和教学班班主任之间是支撑关系和互补关系。

（2）教学班管理。教学班班主任：任课教师和对应行政班班主任都是教学班的班主任，任课教师是教学班的管理核心，全面负责教学班的管理工作，及时将学生的具体情况向原行政班班主任反馈，比较突出的问题要协同行政班班主任及时解决。

任课教师主要职责：认真准备讲授内容，按时上下课，不拖堂。负责选出教学班班长及各小组组长；认真做好座次安排、卫生值日、纪律维持等工作，自备点名册，做到及时了解并登记学生出勤情况；要将学生课堂表现、出勤情况及时记录上报或与行政班班主任沟通，比较突出的问题要协同行政班班主任及时解决。因为任课教师未及时或未履行职责，对学校工作造成了消极影响，将按照学校有关规定进行处理。

教学班学生班委会组建：班内设一位班长，直接对任课教师负责，如有问题直接和任课教师联系。帮助任课教师做好课前准备、课前考勤、课堂纪律维持、安排值日等常规工作。组建教学班班委会，成员由班长和来自单元内各行政班的学习小组的组长组成，各组组长负责组织本班的同学到指定教室上课，对选修同一模块的本班同学及时认真考勤（同学有事负责向任课教师请假）、管理，教学班上发生的问题直接向行政班班主任汇报。

（3）行政班管理。学生的日常组织管理工作仍然由原行政班班主任做好，行政班学生的表现，是考核班主任的主要依据。除走班上课的学科外，其他学科及早晚自主学习时间仍在行政班内学习，原行政班学习小组根据选课情况重新组建，尽量做到选课相同的在一个学习小组。行政班班主任不仅要抓好行政班的各项管理工作，还要把管理的触角延伸到自己班级学生所在的教学班中，加强和教学班班主任及任课教师的联系和沟通，及时解决走班教学中发生的问题。

4. 全面实行“导师制”

“导师制”是新课程背景下为指导学生选课和落实全员德育而建立的一种师徒式的管理制度，是班主任制的补充。每位指导教师原则上辅导10—20名学生，或仅限于原来的行政班，或跨原行政班，根据实际情况也可略作调整。

导师职责：与学生建立相对固定而长久的联系，为学生形成符合个人特点的、合理的课程修习计划提供指导和帮助；向学生解释选课指导手册的内容，确保学生能理解手册的各项规定；通过心理测试等多种方式帮助学生更好地了解自己的优势、弱势和兴趣点；帮助学生了解高校招生的各种规定，从而为学生选课提出相应的建议，经常关注学生的学业进展情况；根据选课手册控制学生的课业负担，积极创造一种温暖、真诚和开放的师生关系。

（四）学程制

根据《浙江省深化高校考试招生制度综合改革试点方案》《浙江省普通高中学业水平考试实施办法》《浙江省普通高校招生选考科目考试实施办法》等制度，学校为每门课程系统规划与设计长短不一的学程，同一课程三年最多12学程。教师根据不同学程开发与之配套的学程文本，学生在课程选定的基础上，根据学程文本有选择性地完成课程学习。具体12个学程时间安排如下：

表9　12个学程时间安排

学程	开始时间节点	结束时间节点
学程1	高一上学期开学	高一上学期10月中旬
学程2	高一上学期10月中旬	高一上学期结束
学程3	高一下学期开学	高一下学期4月中旬
学程4	高一下学期4月中旬	高一下学期结束
学程5	高二上学期开学	高二上学期10月中旬
学程6	高二上学期10月中旬	高二上学期结束
学程7	高二下学期开学	高二下学期4月中旬
学程8	高二下学期4月中旬	高二下学期结束
学程9	高三上学期开学	高三上学期10月中旬
学程10	高三上学期10月中旬	高三上学期结束
学程11	高三下学期开学	高三下学期4月中旬
学程12	高三下学期4月中旬	高三下学期结束

第六部分:课程建设的保障及措施

(一)组织保障

1. 学校课程管理委员会

负责对学校新课程实施做出科学的决策和部署。全面负责学校新课程工作总体安排部署,在经费使用、教学设施设备的投入、教育教学管理制度的建设与完善、课程资源的开发与建设、师资队伍建设与培训提高、课改舆论宣传等方面提供保障,保证新课程的实施质量。

2. 课程实施领导小组

负责学校课程方案的顶层设计和各项教育教学管理制度的具体落实;课程实施过程的管理、学生的管理和班级管理;做好新课程实施的质量监测、评价分析与学生学分认定,指导教师全面贯彻落实新课标的精神,保证新课程实施的质量。

3. 学校学术指导委员会

负责学校教师教育教学、教研成果评定和学生学分认定办法的审核;对教师开发的课程资源、开发研制的选修课程方案及教材审定和评价;对课程实施过程定期调研、及时反馈,对实验过程进行指导与监控;沟通校际间交流合作的渠道,搭建教师专业成长平台。

4. 学校学分审定委员会

负责学生课程学习的学分审定工作,坚持学分认定过程公平、公开的原则。

(二)制度保障

1. 启动实施学分制和弹性学制

根据《浙江省普通高中实施学分制和弹性学制的意见》《浙江省普通高中课程与学分结构》《浙江省普通高中选修课程建设的指导意见》等文件,制定《萧山五中实施学分制细则》《萧山五中学分认定实施细则》,启动实施学分制,同时允许按规定修满学分的学生提前一年毕业,启动弹性学制。

2. 建立学生选课指导制度

为了帮助学生科学合理地选课,把选修的课程与自己的兴趣爱好与发展方向更好地结合起来,编印《萧山五中学生选课指导手册》《萧山五中选修课程选课指南》,同时建立了《萧山五中学生发展指导制度》,为每一个学生配备一名发展顾问,指导学生选课。

3. 建立选修课程教学管理制度

为了更好地达成选修课程的课程目标,把课程落到实处,制定了《萧山五中选修课程教学管理制度》《萧山五中选修课程教师教学评价制度》,加强对教学班学生的管理及选修课程任课教师的管理,保证选课走班制下的教学质量。

4. 建立选修课程开发、开设制度

为了更好地根据学校规划,开发、引进、建设选修课程,制定《萧山五中选修课程与课程资源建设指导意见》《萧山五中选修课程建设、审议、研究与评价制度》,保证学校开设的选修课程的质量，保证选修课程开发、引进、建设所需要的各种资源。

（三）师资保障

在多样化课程推进的过程中，我们以理论和实践的培训来提升教师课程研发、实施能力。

(1)推行点菜培训。建立校本培训超市，从教师内需出发开设菜单式校本培训项目，促进教师的主动发展。

(2)完善研训平台。进一步深入开展基于三大班级的骨干研训、基于共同体的个性研训、基于教研组的问题研训、基于教师博客的网络研训、基于一徒多师的复合研训、基于走教交流的区域研训，实现同伴协作共赢。

(3)起用校内专家。聘请校内实践经验丰富、理论水平较高的教师作为“校本培训”的首席导师，切实开展“四个一”活动，即上好一堂示范课、负责一个科研课题、撰写一篇高水平论文、培养一名或多名青年教师。

(4)实施名师工程。选拔一批师德高尚、业务精湛的中青年优秀教师作为名师培养对象，实行“三导”“四定”培养战略：专人指导、重点指导和跟踪指导，定指标、定任务、定措施、定导师。

(5)借助它山之力。采取“走出去，请进来”的方法，加强与省内外著名中学的合作交流，达到“它山之石，可以攻玉”的目的。

（四）经费保障

(1)确保按省厅要求全额满足新课程工作的资金需求，如合作学校教师合作开课、选修课程开发、选修课实践活动等产生的费用，以及教师培训、学习所产生的费用等。

(2)做好专项资金预算，积极向上级部门争取资金。

(3)利用萧山五中在社会上的影响力，积极争取社会资金对学校课程改革的支持，如教师培训、设备购置等。

“二案一式”:课堂范式转型的载体设计与运用

课题组

摘　要:研究以“以学为主,先学后教,以学定教,教为不教”为核心思想的课堂转型对于当前教学改革的作用毋庸置疑。我校正处于课堂转型的“阵痛”阶段,寻找一个合适的课堂转型载体相当必要。我们在研究样板学校成功经验的基础上,构建了校本特色鲜明的“二案一式”范式,从根本上改革传统意义为“教”而“案”的“教案”,替之以突出学生主体地位的“二案”,创造性地构建“二一一”学习范式来保证“二案”的有效实施,并以此为载体,引领全校师生走上了课堂转型的漫漫征途。

关键词:课堂转型　二案一式

一、核心概念解说

(一)关于“课堂转型”

传统的课堂以“教师的教”为中心,与现代教育理念完全背道而驰。将以“教师的教”为中心的传统课堂转型为以“学生的学”为中心的现代课堂刻不容缓。课堂转型的最终目标是:以学为主、以学定教、先学后教、教为不教。理想的课堂应是培养学生对知识的好奇心、问题意识、探究兴趣、创新思维和方法,发展学生的爱好特长,并在课堂中形成师生平等互动,培养学生交流沟通、团队学习、自主管理能力的过程,在这个过程中促进学生的幸福成长,提升学生的文化素养。学生是课堂转型的始点也是终点。

(二)关于“二案一式”

“二案”指的是“课前自主预学案”和“课堂教学活动案”。自主预学案是由教师根据特定教学任务精心制订,适用于学生课前自主学习的方案;教学活动案是由教师深入研究学生在预学案反馈的特定学情后,精心设计和制订的供师生在课堂中进行合作探究的教与学的活动方案。“二案”可以是独立的两个案,也可以是两案合一的综合性“导学案”。“一式”指从课堂学习时间层面构建的“二一一”教学规范。“二一一”,即把一课时的教学时间原则性地切分为“20＋10＋10 分钟”。“二”(前 20 分钟):合作探究,交流与展示。“一”(第一个 10 分钟):共性问题探究。“一”(第二个 10 分钟):总结与点评,拓展训练或巩固训练。就学习方式而言,“自主合作探究”则是贯穿“二一一”课堂始终的基本教学理念。

二、"二案一式"课堂转型载体的设计与运用

(一)"二案一式"课堂转型载体模型构建

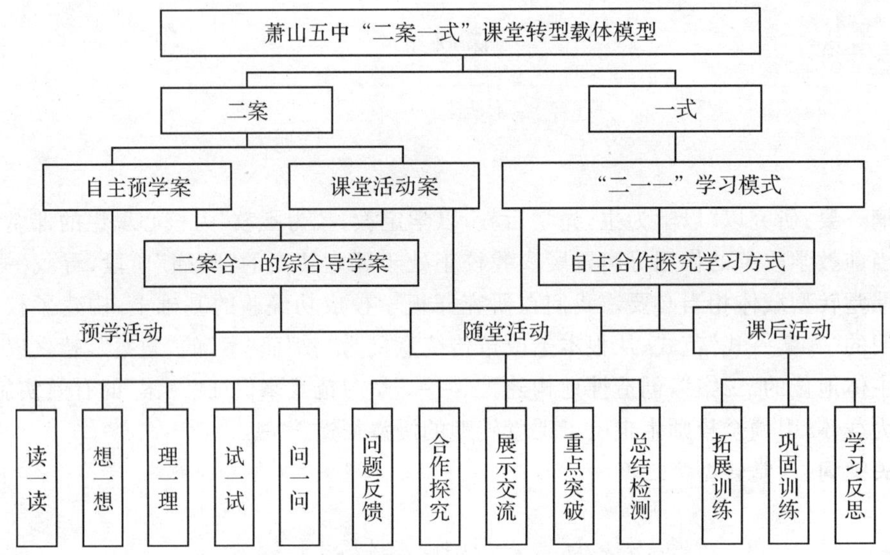

图1 萧山五中"二案一式"课堂转型载体模型构建

(二)独立的自主预学案的通用格式研制

预学案是由教师根据特定的学习内容精心设计和制订的供学生在自修课中自主学习的学习方案。预学案设计在五个基本要素中("读一读""想一想""理一理""试一试""问一问")遵循"N+1"设计思路:"1"就是"问一问",这是每份预学案必备环节;"N"就是根据学科特点和学习内容,在其余4项中灵活选择1—2项进行预学设计。

表1 萧山五中自主预学案通用格式模板

预学案环节	各环节设计说明
学习任务	新课(新学习任务)名称
学习目标	根据单元教学目标和特定教学内容拟定
读一读	阅读(精读或泛读)、朗读相关文本,完成知识积累
想一想	设计若干与学习任务相关的思考问题,不强调书面作答
理一理	梳理文本中与该学习任务相关的基础知识
试一试	根据学习目标设计若干可供学生自学探究的问题
问一问	学生自学后产生的疑难问题(可作引导性提示),学生可试着做答

(三)独立的课堂活动案通用格式研制

活动案动态地规划课堂,在"二一一"范式下进行有效学习。活动案格式只是在实

践中经常使用的一般粗放格式，针对不同的学习内容，尤其是“二一一”范式里的细化设计，充满了许多的变式，无法也没有必要强求一致。

表 2　课堂教学活动案通用格式模板

环节	规划	具体活动规划说明	所需时间
教学任务			
目标定位		与预学目标表述理论上应有不同	
预学反馈	“二”	可以将预学情况的反馈视为课堂的开始，这样使合作探究与交流更有效。合作探究的方式与方法要具体	20 分钟左右
合作交流			
课堂研讨	“一”	根据预学情况和课堂交流展示情况，选择共性问题、难点问题或有争议问题，重点探究，难点突破	10 分钟左右
总结拓展	“一”	本环节可以是课堂小结，可以是拓展训练，可以是巩固性练习，可以是学习反思，也可以安排学习效果测评	10 分钟左右

(四)二案合一的综合性导学案通用格式研制

“二案”分开设计，有优势也有不足。权衡利弊，我们尝试将“预学案”和“活动案”二案合一，进而形成新的综合性导学方案。下图是我校“二案一式”综合性导学案的通用格式模版。

表 3　萧山五中“二案一式”导学案通用格式模板

学习内容		
学习目标		
活动模块	模块设计	预计时间
预学活动	理一理(读一读)	控制在 30 分钟左右
	可以提供具体内容，也可以只提要求	
	试一试(想一想)	
	设计一组学生通过课前预学能够自行解决的一般性习题或问题(最好能设计梯度性问题供不同层次的学生选做)	
	问一问	
	此栏专供学生预学过程中记录下自己无法解决的问题，为教师了解学情用，不用教师设计。教师要督促学生逐渐养成提问的习惯	

续 表

随堂活动	反馈模块		控制在 5 分钟左右
	有选择地解答学生“问一问”中的共性问题或有代表性问题或有利于激趣的问题。此环节在课堂开始，相当于传统的“课堂导入”环节，很有必要精心设计。既要顾及学生问题，又要有利于课堂激趣		
	预设模块	活动设计	按“二一一”时间分配原则灵活处理。时间总体控制在 30 分钟左右
	预设一：围绕教学内容精心设计需要学生探究、需要教师点拨才能解决的一组习题（问题或问题情境）	精心设计各组预设问题的学习过程与方法、展示交流的形式、点拨释疑的手段等。活动形式要多样，表述要具体，忌大而空。提倡教师再度个性化设计	
	预设二：要求同上		
	预设三：要求同上		
	预设 N：要求同上		
课后活动	巩固训练（拓展训练）		控制在 30 分钟左右
	围绕课堂教学内容精心设计一组巩固性或拓展性习题或问题，供学生课后完成。提倡分层性作业，提倡趣味性作业，提倡生活化作业		
学习反思	教师帮助学生养成每课一思的良好学习习惯（定期检查、适时点评、个别交流）		

（五）小组合作学习机制的建构

1. 组建多个常态的学习小组

我校的班额基本在 50—56 人之间。学习小组以 6 人小组为基本单位。根据“同组异质、异组同质”的原则，综合学生的学业成绩、个性特长、性格特点、综合能力等多种因素建组。全班学生按 3 组排列，每组前后两排 6 人为一个学生小组。非小组合作学习状态，全体学生面讲台而坐；小组合作学习时，每组的第一排 3 人背讲台而坐。如此半“流动”学习小组，深受广大老师的认同。

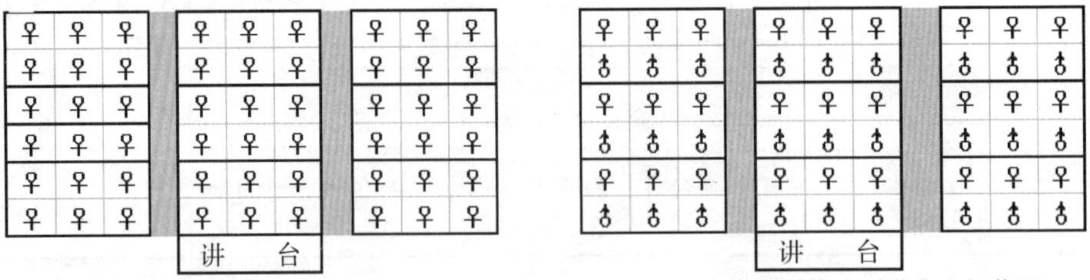

讲 台

非小组合作学习状态下学生空间位置

讲 台

小组合作学习状态下学生空间位置

图 2 萧山五中“二案一式”新范式课堂学习小组座位结构图

2. 建立高效的学习小组运行机制

（1）自主管理机制。在不打破原班级干部管理的基础上，各小组民主推评出组长一名，学科组长一名。建立组长负责制，组长负责本小组各项学习生活的组织与管理。学科组长负责本学科自主学习和合作学习的组织与管理。每小组自拟个性化组名。

(2)转组机制。模仿国际国内足球俱乐部的“转会”制度,由原班委牵头,在征求全体同学意见的基础上,制定班级“组员转组”制度。申请转组的同学,在双方组长的主持下,征得双方组员多数认同,可以转组。(《×××班合作学习小组成员转组办法》略)

(3)竞赛机制。充分调动各组长的责任意识,全力指导组长的组织管理艺术,努力倡导各学习小组在组长的带领下,进行全方位的学习、体育、卫生、小组建设等各种竞赛,并以此来进一步优化班级管理。(《×××班合作学习竞赛奖励办法》略)

(4)互助机制。因为各小组“异质”编排,故组员的学业成绩、行为习惯、性格特点均有差别,组员有责任和义务帮助本组的各方面“学困生”或“后进生”不断进步。采用“一帮一”“多帮一”或者“全组帮一”的形式,共同提高。(《×××班合作学习小组互助结对表》略)

(六)课堂学习“二一一”范式的基本操作规范

1.关于小组合作探究

这里只对可以在一个学时内完成的学习任务做说明。课堂的20分钟属于学生合作探究时间。这个时间只是原则上的限定,具体操作时不足或超出20分钟,没必要死守定规。20分钟的合作探究可以集中在一个时间段,也可以结合后两个环节分段安排在整个学时。

2.关于成果展示交流

成果展示环节是为了充分展现小组探究的思维深度,暴露小组思维缺陷,在组与组的对照中,在师生的相互点评中,将学生思维引向更深层次。将知识与能力融解在学生喜闻乐见的活动中,寓教于乐,往往能收到意想不到的教学效果。

3.关于共性问题探究

每个学习任务的课前自主预学都设计了让学生“问一问”的环节,教师捕捉到学生的共性问题。在“二一一”课堂范式的第一个“一”(10分钟左右的时间)里,通过教师引导,由全班同学群体式地讨论探究,突破教学难点,达成最优化的教学效果。

4.关于课堂检测与课堂总结

测试内容应精心设计,要能体现期待当堂达成的主要学习目标。形式可灵活多样。对于特定的学习任务,有时候花一节课时间进行专门检测也无不可。检测结果最好能用竞赛的形式呈现。也可以留适当时间让学生进行反思与整理。

(七)“二案一式”学习范式管理评价机制

1.关于预学案及活动案的评价

“二案”的设计是新范式实施的基石,我们制定了《萧山五中导学案设计、使用管理评价办法》,从文本制定、运作流程到课堂使用等方面,建立可以量化考核和质性评价的制度依据。以年级部为单位,通过自上而下的评价(学校评价教师)和自下而上的约束(学生评价教师)双轨管理,为“二案一式”的实施创设坚实的保障。

2.关于学生开展有效学习的评价

多元而有效的学习评价是充分挖掘该范式下学生更高效学习的重要手段。为此,我们制定了《萧山五中"二案一式"新范式高效学习评价办法》(见成果报告)。以周为单位,通过学生自评、小组互评、教师评价等多个角度,多方面进行赋分量化评价,提高学习效益。

3.关于教师组织高效学习的评价

为研究如何更高效地组织学生学习,我们制定了《萧山五中教师课堂教学行为评价管理办法》。从"二案"设计的数量与质量、"二一一"范式实施、学生观察岗评价等方面,引导教师统一思想、统一行为,提高课堂学习的组织能力,帮助学生高效地学习。

4.关于班主任班级管理工作的评价

"二案一式"课堂范式的改变,致使班级的管理最主要单位由学生个体变成学生小组。为此,我们修订了《萧山五中班级工作量化管理评价办法》,将学习小组的建设、管理与评价作为班级管理的一项重要评价指标。强调班主任要充分重视各合作学习小组的建设,建立健全多项制度,从而形成班级管理的良性运行机制。

(八)规范师生教学行为的若干行政干预

1.备课检查有新规

为配合本项教学改革,我们取消了由当地教育业务部门设计印刷的统一的备课本,自行设计《萧山五中新范式导学备课本》。将传统的备课本检查改为预学案和活动案设计的检查,并将预学案和活动案设计的数量与质量进行量化评价,作为教学常规检查的重点内容。

2.备课组活动有新规

建立备课组周例会制度,每周定期开展一次备课组备课活动。备课组周会由备课组长负责。备课组周会的主要任务:一是审核前一周的导学案设计质量,二是规划下一周的导学案要点。学校统一制定《萧山五中备课组活动记录本》监控备课组周例会的研讨实效。

3.学科资料管理有新规

学校取消了传统的学生人手一本学科资料的征订。控制教师整张试卷或练习卷(补充学习资料除外)的印刷。修订《萧山五中教辅资料文印制度》,明确预学案必须由备课组长、教研组长、教务处(专人)三方审核签名才能交付文印。

4.晚自修管理有新规

我校学生每晚有三个小时的自修时间。以前的自修课,学生大部分时间都是在完成当天各学科教师布置的巩固性作业。新范式实行后,下发的是新学习任务的预学案,学生自修内容从完成复习巩固性作业改为依预学案独立自主学习。

5.教学调查有新规

学校专门为每班设立了教学行为"学生观察岗",观察岗由教务处直接掌控,不定期更换学生担任观察员。观察员每天上交一份《萧山五中××班教学表征观察单》,通过细致的各项表征观察评价进一步规范师生教与学的种种行为。

三、成效与反思

(一)研究成效

其一,“二案一式”促进了我校课堂的成功转型。通过本课题研究,探索设计了基于“以学为主,教学生学”理念的“二案一式”课堂转型载体,使我校传统课堂教学环节和结构被打破,课堂教学发生了以下五个转型:教学设计从微观走向了中观,教学思维从惯性走向了创新,学习方式从接受走向了自主,课堂生活从平淡走向了情趣,教育评价从结果走向了过程。其二,“二案”承载的学习功能日益彰显。“二案”是一张最真实的预学记录单,是一张最完整的课堂学习单,是一张最精炼的课后作业单。其三,“二案一式”促进了学生学习能力的提升。课堂“真学”“实学”的氛围营造得到较好落实,学业水平也随之提升,自我效能感显著加强。其四,“二案一式”促进了教师的自身发展。“以学为主,教学生学”渐成教学共识,教学行为因理念更新而产生质的飞跃。

(二)研究反思

“二案一式”在我校推行三年,体现“以学为主”的“二案”,价值充分彰显。对于从时间层面切分的“二一一”课堂教学模式,有争议也有改进空间。淡化新范式之“形”转向重视新范式之“神”,尝试给“二案一式”中的“一式”赋予更科学的内涵:将“课堂时间切分模式”之“式”转换成为“学习方式”(自主合作探究)之“式”。同是“一式”,后者内涵更加丰富,是基于“二案”的无模之式。“模式之争”或许引领我校新范式变为无模之式。进一步研究并完善“无模”的“二案一式”是后续的研究方向。

研修同盟:基于生命成长的校本师训范式的实践与研究

课题组

摘　要:“教师发展研修同盟”根据“因人而设”“因事而设”“因需而设”“因校制宜”的原则,激发广大教师成长的内在需要,承认差别与不同的优势智能,允许有所为和有所不为。教师自愿地组合成不同的多个合作学习研修团体,用“研修一体”的手段促成高效的师资培训效益。“教师发展研修同盟”作为一种基于学校特殊校情和适合我校教师现状的特色校本师训模式,破解了学校管理普遍存在的师训难题,提升了教师的职业幸福感,为教师教育生命的成长与生命价值的彰显营造了一方精神的乐园。

关键词:校本培训　研修同盟　职业幸福

一、问题提出

我校是一所城区新办的高起点现代化学校,就师资构成而言,业内戏称我校为“移民学校”。建校初的教师集中引进致使师资“比例倒挂”,高级教师比例偏高导致“高原现象”,这种“倒金字塔”式的师资构成,引发教师职业焦虑,在很大程度上制约了学校的可持续性发展。

(一)校本师训的现实困惑

我校以往的师训模式更多地强调了外在的行政驱动,忽略了教师内在的自我发展需要。教师在师训工作中充当被动的角色,要么被动地参与其中,要么消极地应付了事。先前的师资培训形式无外乎以下几种:一是传经送宝,二是新老帮教,三是以赛促训,四是自我修炼。多年固有的师训形式与内容,让教师们产生了太多的审美疲劳。单一而平面的师训手段只是一个相对空泛的制度,师训的效应大打折扣,难以实现不同教师的梯度发展。因此,改变现有的师训模式,创设对教师更有吸引力的师训平台,从而唤起教师的职业幸福感,已成学校实现可持续发展的当务之急。

(二)校本师训的高位思考

可以说,是“破中有立”的思想、“激发内需”的思想和“立足校本”的思想催生了我校的“教师发展研修同盟”工程。破解师训的瓶颈需要破中有立。要“破”就必须摆脱原有师训模式的束缚，要“立”就必须有所创新。教师发展的要义在于激发内需求。要从教师发展内需的角度重新审视并设计学校的师训工作，搭建各种有利于教师实现自我价值的实践和体验平台。高效师训的关键在于立足校本，要在尊重本校师资实际、教育教学实际的基础上设计师训活动。

二、研究设计

（一）核心概念解读

“教师发展研修同盟”是一种基于学校特殊校情和适合我校教师现状的特色师训工作范式。“教师发展研修同盟”可以分解为两层意思。其中，“教师发展”是师训的目标指向。这里的“发展”主要指教师职业（教育）生命的成长与发展。浅层次的“发展”指教师专业技能与兴趣特长的发展，深层次的“发展”指教师职业态度与职业幸福感的培育。“研修同盟”是师训的操作指向。可以分解为三个核心概念：“研”“修”“同盟”。自觉自愿地组建各种“同盟”组织，“研习”各种特定指向的专业技能，“修炼”出良好的职业态度与职业情感，营建教师生命成长的精神家园。

（二）课题设计理念

生命化教育理念：从“生命化”的角度关照教师的职业生命，教师是千差万别、不断变化发展、有着鲜活生命的个体，因此，校本培训的过程就是教师生命体培育的过程，就是教师“潜能”不断挖掘的过程。这种未完成的巨大潜能只能随着教师生命的不断发展逐步地走向开发。

师训“十六字”方针：“文化引领，研修一体，立德为先，志业为本”，这是我校建设“教师发展研修同盟”工程的核心理念。提升专业素养，启迪教育智慧，实现自我价值，润泽职业生命，追寻教育人生的快乐与精彩，追寻专业尊严、专业价值与专业幸福，营造生命成长的精神“乐园”。

校本参照系：“因人而设”——根据教师兴趣特长和优势智能领域设置师训平台；“因事而设”——根据教育教学实际和师资实际设置师训平台；“因需而设”——根据学校发展过程中的迫切需要设置师训平台；“因校制宜”——根据学校的发展现状和现有的硬件软件条件设置师训平台。

三、操作实施

从 2010 学年第二学期开始至今，我校共经历了三轮“教师发展研修同盟”的建设实践。三个阶段体现了不同的研修特点：起步阶段——密集出击，循规蹈矩；发展阶段——各显神通，“无为”而治；成熟阶段——主题活动，规模效应。如今基本形成了比较稳定的“阶段性监管”加“主题活动”师训模式，在谋求师训效益和减轻教师负担这两个相左问题上，找到了一个比较理想的平衡点，产生了令人满意的规模效应。

(一)教师发展研修同盟运行机制的构建

1.教师发展研修同盟的管理网络

学校建立了“四级垂直管理”网络体系,即“研修同盟建设领导小组—分管校级领导—师训办公室—主管职能处室—研修同盟负责人”(教师发展研修同盟“四级垂直管理”网络体系图略)。组建多个不同性质的研修同盟平台,首批建立了 13 个研修同盟。后续建设做适当调整,项目设置更趋合理。第二轮设置了 11 个研修同盟,第三轮设置了 10 个研修同盟。(“三轮教师发展研修同盟设置一览表”略)。

2.教师发展研修同盟的运作制度

自主自愿,准进准出。起初教师通过自荐和教研组推荐,自愿自主地选择 1—2 个研修同盟。学期结束,各同盟成员选择下一轮的去留。

双向选择,契约管理。教师有选择同盟的权利,同盟也有选择成员的权利。制定了《教师发展研修同盟管理办法》(略),明确了教师发展研修同盟成员的权利和义务。

动态管理,流动监测。主管校级领导负责宏观调控与指导,师训办公室成员组成巡查小组,实地巡查,并将巡查结果记录在《萧山五中教师发展研修同盟建设综合评价表》中。

3.教师发展研修同盟的评价机制

形成“外部评价·自我评价”二级评价机制。“外部评价”主要从两部分进行:一是对各研修同盟建设的综合评价(综合评价表略);二是对各研修同盟成员个体成长的评价(成长评价表略)。“自我评价”主要体现在“成长记录”上,设计制作《教师发展研修同盟成长记录》(略)。通过该“记录”的填写,形成教师发展的良性循环。

(二)教师发展研修同盟的活动范式构建

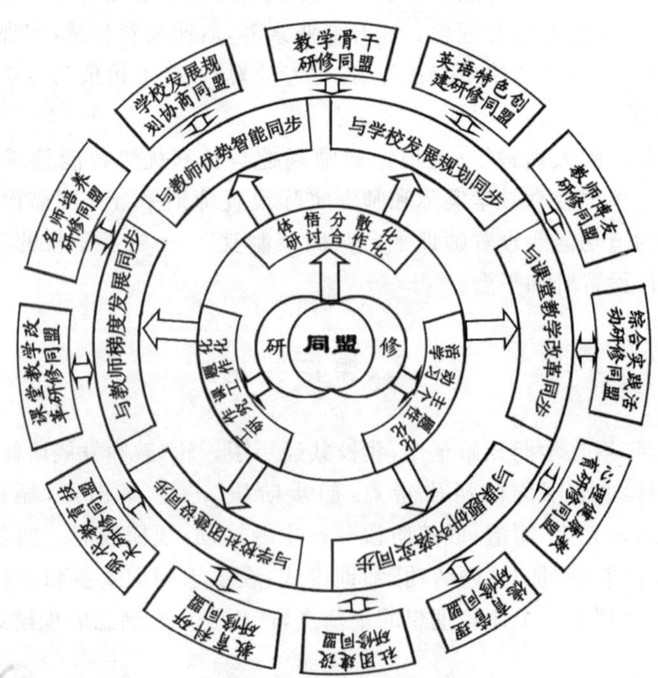

图 1　教师发展研修同盟的活动范式

“教师发展研修同盟”工程，以“研”“修”“同盟”三个主要概念为内核，常态运行围绕“工作课题化，研究工作化”“活动主题化，学习个性化”和“体悟分散化，研讨合作化”的思路展开，特色活动按照“与学校发展规划同步”“与课堂教学改革同步”“与课题研究落实同步”“与社团建设同步”“与教师梯度发展同步”“与教师优势智能同步”六种模式运行。

1.教师发展研修同盟的一般运行思路

(1)工作课题化，研究工作化。以科研的视点思考并规划主题活动，努力形成“学校工作课题化，教师课题工作化”的良性循环；重视研修过程中的科研含量，探究各研究项目的最佳运行方案，寻求最有价值的运行机制和途径，形成具有科研含量的相关成果。

(2)活动主题化，学习个性化。主题活动与常态研修相结合。每学期由各研修同盟组长在征求成员意见的基础上，统一安排常规主题活动，指导并监督各成员每周学习研修计划的制定与落实，在合作的科研氛围中寻求个体成长与学校发展的双赢。

(3)体悟多元化，研讨合作化。统一活动与分散活动相结合。在学校师训工作领导小组的统一规划下设计主题活动，各研修同盟在广泛听取各成员意见的基础上，开展行之有效的特色活动。将研讨的合作化与个体体悟的分散化结合，实现真正意义上的“同盟”。

2.教师发展研修同盟的常态活动范式

(1)与学校发展规划同步。学校发展包括学生发展、教师发展、学校发展，所有发展都需要有所规划，“学校发展规划协商同盟”在系统地分析研究的基础上，发现学校的优先发展项目，确定学校的发展方向，挖掘自身的潜在资源，提高学校的管理效能，促进学校的全面发展。

(2)与课堂教学改革同步。“课堂教学改革研修同盟”根据学校的实际，紧紧围绕教学质量中心，立足课堂教学、立足课程开发，开展卓有成效的研究与探索。其中“个性化教学与教学个性”“同课同构与同课异构”等主题活动，在很大程度上掀起了学校课堂教学改革的热潮。

(3)与课题研究落实同步。同盟建设与各类课题研究同步运行，用课题研究的思路建设教师发展研修同盟。“教育科研研修同盟”“综合实践研修同盟”“社团建设研修同盟”等多个研修同盟更是依照共同感兴趣的工作组成了多个课题组。

(4)与学校社团建设同步。针对学校社团建设中的现状、特点和困惑，“社团建设研修同盟”进行大量行之有效的研讨，使更多的指导老师对社团建设有了更清醒的认识与定位，从而制订行之有效的社团建设发展方案，有效促进学校师生社团的健康有序发展。

(5)与教师梯度发展同步。针对我校教师的实际情况，组建三个不同的研修同盟——“初级教师研修同盟”“骨干教师研修同盟”和“名师研修同盟”，通过分层设目标、布任务、促发展三大策略，促进教师的梯度发展，使教师在“最近发展区”充分挖掘潜能，加快教师专业成长。

(6)与教师优势智能同步。“教师博友”研修同盟是成员互相交流的过程，碰撞的是教育思想，共鸣的是教育人生。“现代教育技术”研修同盟是在“现代教育技术”方面有专长的教师的研修平台，他们在相互交流中取长补短，极大地提高了成员的现代教育技术素养。

3.教师发展研修同盟特色活动举隅

(1)心理工作坊。这是心理健康教育研修同盟给自己的活动平台拟定的充满诗意的名称。心理工作坊把研修活动的主要方向设定为以下两块:一是教师的心理健康情绪疏导,二是学生的心理健康教育辅导。心理工作坊精心设计的各项主题活动,成为教师开心的乐园。每次活动不仅同盟成员积极参加,还吸引了许多非该同盟成员的目光。(实录案例略)

(2)头脑风暴。"头脑风暴"是各研修同盟经常使用的一种高效的研修方法。譬如第三轮教学骨干研修同盟举行的一次"头脑风暴",主题是"个性教师与个性课堂"。在撰写的个性化教案的基础上,同盟成员各抒己见,充满个性的主题发言引发了全场共鸣。(实录案例略)

(3)同盟QQ群(MSN群)。在各研修同盟的组织设计的有创意的研修形式中,不少同盟组建的"同盟QQ群(MSN群)"让同盟成员最有亲切感,最容易产生共鸣效应。在这个群里,盟主发起的多个教育话题,引发成员激烈讨论。"QQ群(MSN群)"以其方便快捷,灵活实用的特点,受到许多同盟成员的青睐。(实录案例略)

(4)会议室外的研讨。师训办公室将活动设计的主动权下放给各研修同盟,致使主题活动呈现"八仙过海,各显神通"的态势。许多"盟主"将主题研讨活动从校园移到校外,竟然产生了校内研讨无法企及的效益。("第三轮研修同盟建设校外研修一览表"略)

(5)"田野草根"式科研。2009学年"教育科研的研修同盟"以"我校部分教育教学管理制度的调研与改进策略研究"为研修载体,具体分解为三个小课题:早自修效益的调研;晚坐班效益的调研;学生作业量的调研。真正地践行了"学校工作课题化"的思想,最好地诠释了学校"田野草根"式科研理念。(案例"教育科研研修同盟活动行事历"略)

(6)微格教学展评。名师研修、教学骨干和初级教师三个研修同盟,曾自发地组织了一次大型"利用微格教室开展课堂教学展评议"的教学研讨活动。由"教学骨干研修同盟"成员上课,"名师培养研修同盟"与"初级教师研修同盟"成员评课。这次毫无行政驱动因素的特色活动,让各研修同盟的成员在轻松愉悦的氛围中实现了教师的同步发展。(案例"部分同盟成员的展评材料"略)

四、成效与反思

(一)研究成效

1.建立五中师训的全新范式,提高了师训效益

"教师发展研修同盟"作为一种基于学校特殊校情和适合我校教师现状的特色校本师训范式,历经三轮建设,建立了如下师训工作的全新范式:初步形成研修同盟既稳定又动态的"五级垂直"组织管理网络;初步形成相对稳定的可持续运行的"教师发展研修同盟"平台;初步形成了各研修同盟建设的"六化运作"运行机制;初步形成了各研修同

盟建设"六个同步"的常态活动范式;初步形成教师发展研修同盟建设"外部·自我"二级评价机制。研修同盟作为一种全新的师训范式,破解了我校以往师训的"瓶颈"难题,提高了师训效益。

2. 实现教师队伍的梯度发展,促进了专业成长

扎扎实实的"教师发展研修同盟"校本培训,使不同层次的教师找到了自身价值实现的舞台,在有所为、有所不为的前提下,有梯度地培养出一批教育教学中有专攻的"特长教师"。"名师培养研修同盟"在区首届名师的引领下,在第二届区名师评选中,王虹等 3 位教师榜上有名;戴世颖等 9 位被列为杭州市(区)名师培养对象。"教学骨干"研修同盟成员中,近两年内,获区优质课评比二等奖以上的有 8 人次,获区以上业务竞赛二等奖以上奖项的共有 18 人次。"德育创新"研修同盟成员潘永根老师的德育创新举措引发的德育实效,受到区内外许多媒体的关注。"现代教育技术"研修同盟成员卓伟等 3 人分别荣获全国课件制作大赛二等奖以上奖项。

3. 调动教师成长的深度内需,充盈了职业生命

在调动内需的基础上,破除教师群体的职业倦怠意识,培养教师良好的职业态度,丰富教师的精神世界,让教师真正找到自己的职业归属感与幸福感。以教师个体主动优化实现群体优化,这正是我校"教师发展研修同盟"工程最大的价值所在。"教师发展研修同盟"工程为教师职业生命的成长起到了巨大的助推作用,在现实的浮躁与喧嚣中营造了一方宁静的精神家园。从部分同盟成员的真情文字中可见一斑。同盟成员周雅利在她的博文中如是说:"教师发展研修同盟努力为全体教师营造最佳的发展环境,通过多种有创造性的培训和活动,让每一位教师都能得到最优的发展与成长。我很幸运,因为我有了一个难得的成长平台;我很幸福,因为我有那么多的志同道合的朋友;我也很愉悦,因为我正体味着教育艺术的乐趣。"

(二)研究反思

不同的学校有不同的文化,师训工作离不开特定学校文化的制约。校本师训是一项长期的综合工程,只有充分尊重校本的师训才是有效的师训。"教师发展研修同盟"是一种理想化的师训范式,要想达成最理想的研修效益,关键在于如何调动教师自我发展的内需。就科研课题而言,本研究告一段落,但就师训工作而言,研修同盟工程才刚刚起步,后续工作任重而道远。

范式创新篇

FANSHI CHUANGXIN PIAN

以双主体为载体，提升物理课堂的有效性

梁荣荣

摘　要：笔者在物理课堂教学中有意识地引入“双主体互动式”教学模式，以培养学生的学习兴趣和增强学习的主动性为出发点，着力激发学生参与教学活动的主体意识。在课堂教学方式上，以发现、探究及解决问题为主要线索，突出教师的“教”与“导”和学生“学”与“习”，师生之间合作与互动，最终达到培养学生发现问题及解决问题的能力的目的。

关键词：双主体　互动式　主题教学

所谓“互动式”教学模式，就是把教育活动看作是师生进行一种生命与生命的交往、沟通，把教学过程看作是一个动态发展着的教与学统一的交互影响和交互活动的过程，在这个过程中，通过优化“教学互动”的方式，即通过调节师生关系及其相互作用，形成和谐的师生互动、生生互动、学习个体与教学中介的互动，扩大人与环境的交互影响，以产生教学共振，形成一种能提高教学效果的教学结构模式。“互动式”教学强调教师与学生在课堂教学活动中的互动关系，而“双主体互动式”教学更强调作为互动双方的教师与学生的主体性，这种模式的基本理念在于：教学活动是一个师生互动共同完成教学目标的过程，在教学过程中，教师与学生是活动的主体，其中教师是组织教学活动的主体，学生是学习的主体，师与生、教与学相互依存、相互影响、相互制约，共同完成教学环节，实现教学目标，从而展现出互动式教学的双主体格局。下面笔者以三个课堂活动为例，来说明“双主体互动式”教学在高三物理教学中的应用。

精选案例式互动

运用多媒体等手法呈现精选个案，请学生利用已有知识尝试提出解决方案，勘校正误，设置悬念，然后抓住重点、热点做深入分析，最后上升为理论知识。一般程序为：案例解说—尝试解决—设置悬念—理论学习—剖析方案。这种方法直观具体，生动形象，环环相扣，对错分明，印象深刻，气氛活跃。缺点是理论性学习不够系统深刻，典型个案选择难度较大，课堂知识容量较小。

学生的解题过程实质上是一个心智活动过程。学生除了自身知识所限外，还不同程度地受一定的心理因素制约，如心理定势的反作用使解题时学生经常机械地照搬过去的经验去解决类似的问题，缺乏思维的灵活性，从而导致解题迷茫或失误，如何克服

这些问题，如在刚复习弹簧问题的基本知识点时给出如下个案，让学生分析，解决思维定势问题。

如下图所示，四个完全相同的弹簧都处于水平位置，它们的右端受到大小皆为 F 的拉力作用，而左端的情况各不相同：①中弹簧的左端固定在墙上，②中弹簧的左端受大小也为 F 的拉力作用，③中弹簧的左端拴一小物块，物块在光滑的桌面上滑动，④中弹簧的左端拴一小物块，物块在有摩擦的桌面上滑动。若认为弹簧的质量都为零，以 l_1，l_2、l_3，l_4 依次表示四个弹簧的伸长量，则有（　　）

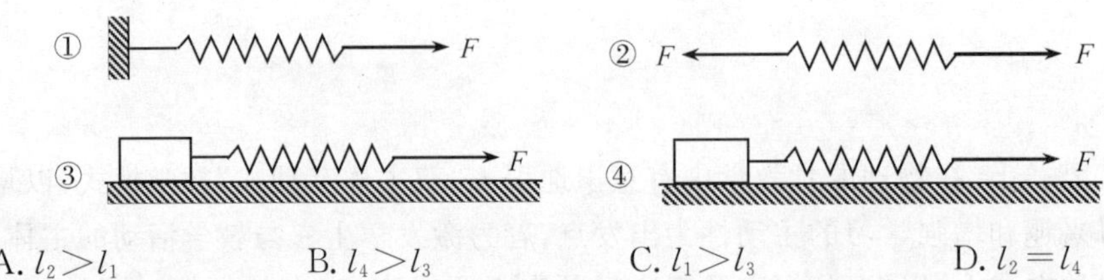

A. $l_2>l_1$　　B. $l_4>l_3$　　C. $l_1>l_3$　　D. $l_2=l_4$

由于弹簧的质量不考虑，所以四种情况下弹簧的伸长量只由力 F 决定，而与桌面是否光滑无关，力 F 相同，则弹簧的伸长量相同，所以 D 正确。学生正是受了"光滑""有摩擦"等干扰因素的影响，没有注意到"弹簧的质量都为零"这样的字眼而出现错选的。思维定势是考生头脑中习惯的固有模式，意为"想当然"。为赢得时间，考生只粗读题目，头脑中便依据固有的模式对题目进行处理，结果必将出错。

通过此例的反思训练，值得老师反思的是，在高三复习中我们在复习基本概念、规律等方面时，放低题目的难度是必要的，但要通过简单题目的讲解突出难点。

主题探讨式互动

主题是互动教学的"导火线"，围绕主题展开教学双方互动，有利于达成教学目的。其方法一般为：抛出主题—提出主题中的问题—思考讨论问题—寻找答案—归纳总结。这种方法主题明确，条理清楚，探讨深入，能充分调动学生的积极性、创造性。但缺点是组织难度大，学生所提问题的深度和广度具有不可控制性，往往会影响教学进程。例如，在复习圆周运动之后，与学生进行如下主题的探讨。

【主题设计】

(1)地球可以看作一个巨大的拱形桥，桥面的半径就是地球半径 R（约为 6400km）。地面上有一辆汽车，重量是 $G=mg$，地面对它的支持力是 F_N。汽车沿南北方向行驶，不断加速，如图所示。会不会出现这样的情况：速度大到一定程度时，地面对车的支持力是零？这时驾驶员与座椅之间的压力是多少？驾驶员躯体各部分之间的压力是多少？这时他可能有什么感觉？

(2)"神舟七号"中的宇航员处于"漂浮状态"（完全失重状态）时，是不是他们的重力消失了？解释原因。

（设计意图：教师有目的地引入或创设具有一定情绪色彩的，以形象为主体的生动具体的场景，以引起学生一定的态度体验，从而帮助学生理解教材，激发学生解决问题的兴趣。)

【现场探讨】

航天器中的失重现象的点评如下。

生 1:当汽车通过拱形桥桥面顶点时,如果车速达到 $\sqrt{gR}$ 时,则可使汽车对桥面的压力为零。地面对车的支持力是零,这时驾驶员与座椅之间的压力是零,驾驶员躯体各部分之间的压力是零。这时他感觉人要飞起来了。

生 2:如果我们把地球想象为特大的"拱形桥",那么航天飞机就是"汽车",假设宇宙飞船质量为 M,它在地球表面附近绕地球做匀速圆周运动,其轨道半径近似等于地球半径 R,航天员质量为 m,宇宙飞船和航天员受到的地球引力近似等于他们在地面上的重力,通过整体法对宇宙飞船受力分析,并运用牛顿第二定律可解得:宇宙飞船的速度为 $v=\sqrt{gR}$,再对宇航员进行分析可得。此时座椅对宇航员的支持力为零,即航天员处于失重状态。

【互动反思】

物理类比是沟通新旧知识的桥梁,物理教学中恰当地运用类比,在学生已经掌握知识的基础上通过比较、延伸、推扩,最后给出新知识,使十分难以理解的物理内涵变为一幅清晰的物理图像,同时也能激发学生的学习兴趣和想象力,加深对问题的理解。类比是人类认识客观世界的一种基本思维方法。其基本思想就是,在相异中寻求相似,从中发现规律性的东西,在相似中寻求相异,从中找出各个事物的个性。

说题教学式互动

或许有些老师会不解甚至抱怨:"这道题都讲了 N 遍了,仍有很多学生做错。"这其中固然有学生的原因,但老师也需从自身教学的角度反思问题的症结所在,除了使用讲授法,是否还能采用其他的教学方法帮助学生弄清疑点、突破难点呢?其实《国家中长期教育改革和发展规划纲要》已为我们指引了方向:"要改变课程实施过于强调接受学习、死记硬背、机械训练的现状,倡导学生主动参与、乐于探究、勤于动手,培养学生搜集和处理信息的能力、获取新知识的能力、分析和解决问题的能力以及培养交流与合作的能力。"

说题教学通过让学生说清题意、说清解题过程及解题后的感想,把学生从"被动听"推到"主动说"的位置,易于激发学生主动学习、积极思考的意识,有利于培养学生良好的思维习惯和创新能力,使学生真正成为学习的主人。

某校物理兴趣小组决定举行遥控赛车比赛。比赛路径如图所示,赛车从起点 A 出发,沿水平直线轨道运动 L 后,由 B 点进入半径为 R 的光滑竖直圆轨道,离开竖直圆轨道后继续在光滑平直轨道上运动到 C 点,并能越过壕沟。已知赛车质量 $m=0.1\text{kg}$,通电后以额定功率 $P=1.5\text{W}$ 工作,进入竖直轨道前受到阻力恒为 0.3N,随后在运动中受到的阻力均可不记。图中 $L=10.00\text{m}$,$R=0.32\text{m}$,$h=1.25\text{m}$,$S=1.50\text{m}$。问:要使赛车完成比赛,电动机至少要工作多长时间?(取 $g=10\text{m/s}^2$)

说题要求:

(1)解题时,应认真体会关键词,请你说出本题中的"关键词"。

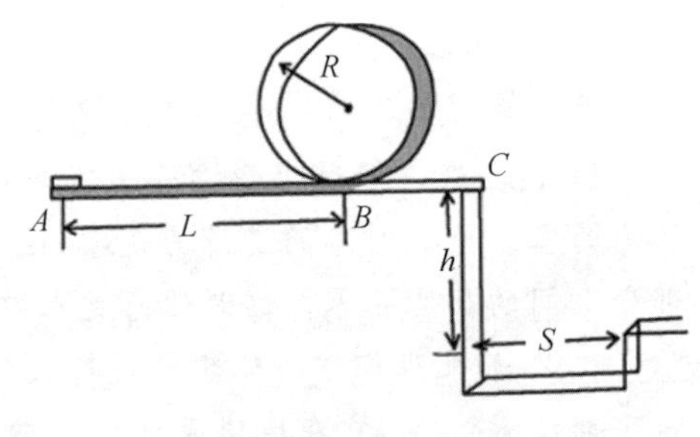

(2)抓住力与运动关系的分析,展示清楚物理情景是解题的基础。请你说说本题的情境设置具有什么特点?

(3)请你说说解题中关键的几步。

(4)通过本例题的理解你掌握了什么技能?

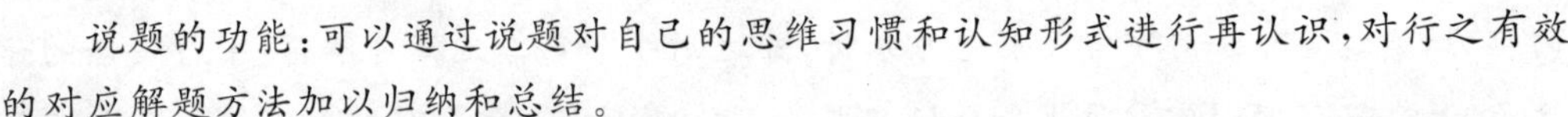
说题的功能:可以通过说题对自己的思维习惯和认知形式进行再认识,对行之有效的对应解题方法加以归纳和总结。

学生之间存在思维方式上的差异,教师应给他们充分的时间来表达自己的观点,说题是一种重要形式,使学生在"你来我往的思维冲撞"中相互交流、相互评价、相互赏识、相互纠正。实践证明,通过学生互评可以充分暴露学生的思维过程,深化所学的知识,增强协作精神与团队意识。

当学生完成一个练习或回答一个问题后,让学生独立思考、判断,养成自我检验、自我调控的意识。既是对知识的再现,又是对自己的能力和方法的全面反省。学生说题是培养学生主动学习、自我监控、自我调节的有效途径。

应用"双主体互动式"教学,会极大地促进课堂教学的效果,有效地改善师生关系,提高学生学习的主动性,不断推进新课程理念在课堂教学中的实践。同时,能切实改变学生被动发展的处境,实现学生生动活泼、主动的发展,培养学生创新精神,提高实践能力,实现整体优化,促进学生全面发展。

设计一次心灵的旅程

——对高中地理模块教学设计的再思考

高建军

摘　要:本文以高中新课程的线性结构转为模块结构为背景,结合两年的新课程教学实践,尝试转变教学风格,从教学设计的角度来深度理解模块教学的内涵,结合模块的原理,将模块的内涵引入教学设计中。教学设计分成四大模块:(1)旅行的起点和终点,(2)旅行的线路,(3)旅行途中的不同站点,(4)旅行中的点点滴滴。同时,尝试分析模块教学设计中的策略。

关键词:模块化　教学设计

模块最初来自于计算机程序的设计,如今这个概念已经被广泛应用,高中地理学习也看到模块教学的影子。回顾最初的教学,一直在追求的课堂教学就是遵循着精心设计的程序和方法,通过一连串的追问,牵着学生的鼻子,然后一步步得出一个又一个结论,环环相扣,滴水不漏。经过两年新课程的教学实践,结合专家和许多同行的看法,这一想法逐渐被改变,转变课堂的教学首先从教学设计的转变开始。

一、模块化教学设计的流程解读

我在两年的教学实践中尝试运用模块化教学的原理对课堂的教学设计进行一定的改变,课堂上的复习铺垫、导入新课、新课开展、巩固延伸、课堂小结、布置作业等教学的环节不再是教学设计的重点,如何从学生的角度出发,明确学习的目标,如何选择适合学生某个学习模块的学习方法,如何引导学生形成正确的地理思维观,这一次的学习中学生需要集中学习某个中心主题等等才是设计的重点。

教学设计是为学生规划学习过程,为此进行教学设计的过程中,我将每一次的课时模块教学设计称为一次旅行,从学生的学习知识生成过程出发,每一次都是满怀着渴望的心情和学生一同旅行。运用模块教学的原理,将教学设计的流程分成以下几个模块:(1)教学目标——旅行的起点和终点,(2)教学主线——旅行的线路,(3)教学板块——旅行途中的不同站点,(4)教学细节——旅行中的点点滴滴。

(一)教学目标——旅行的起点和终点

上课时,每提及西北的点滴,就不由自主地触及我内心深处的渴望——去喀纳斯湖,这是我长久以来的愿望,那是渴望西北之旅的最终意义。那么在学生学习的过程中，学生学习的目标和旅行的最终目的地一样，如果对目的地有着强烈的渴望，这个学习的过程就会有更大的自主性。旅行的最初动力是什么，要实现怎样的愿望，意味着需要帮助学生找准学习的起点，给学生明确的终点指示。因此教学设计的第一个模块就是对教学目标的定位，要简洁明了而又充满希望。

教学目标的设定过程中对课标和文本深入的解读，要具体分析学生、内容和可得到的资源三者之间的关系，能挖掘教学内容潜在的内涵，处理知识技能和过程方法之间的关系。

(二)教学主线——旅行的线路

确定了旅行的出发点和归宿之后，找准了明确的方向，那么接下来就是确定一个完整的旅行线路，一路走来，走出一条滚动的轨迹，留下值得纪念的痕迹。教学设计亦是如此，教学目标确定之后，下个模块就是提炼一条清晰明朗的教学主线，体现学生学习的主题和能力。

教学主线是教师在反复钻研教材的基础上形成的比较成熟的教学思路。那么，在新课程视野下，模块教学课堂中的教学主线应如何设计呢？可以以问题设计为主线，从设疑开始，求疑，解疑结束。亦以情景设计为主线，有目的地引入或创设具有一定情绪色彩的、生动具体的相互贯通的系列场景，以引起学生一定的情感体验。还可以辩论设计为主线，提供层层递进，不同角度的观点，让学生在争论中将主要的知识点串联，等等。教学主线的设计从教学的目标出发，以某一种合适的方法设计，也可以将几种方法整合运用。

设计教学主线时要提供学生学习的可能，为此走好三步曲。第一步，提炼，从文本材料和图表信息中提炼出最本质的核心信息，这是模块的精华所在。第二步，串联，将提炼出的若干个教学信息串联，应该是一条完整的线路，体现教学的创新和学生学习的轨迹。第三步，整合，将串联的线路进行重组，打上几个结——旅行途中的站点，停下来，看看不同的风景，最后的整合，就是一条完整的线路。

(三)教学板块——旅行途中的不同站点

一条完整的教学主线，在课堂上的体现往往以教学板块为载体，就如同旅行途中，停下来在不同的站点用不同的方法和心情，看到不同的风景。教学板块是指对某个问题情境进行学习研究、感悟、实践的过程中，比较集中而且相对独立的学习环节。教学板块的设置不宜过多，要简洁，同时需要考虑到一定的灵活性，保障在教学的现场生成中，根据学情可以适时地改动，以符合学生的学习需要。

(四)教学细节——旅行中的点点滴滴

一次印象深刻的旅行让我记起的总是旅途中的点点滴滴，还有一些偶遇的惊喜，让我们措手不及，但会印刻在心灵深处，教学中，亦是如此。课堂上学生更多的参与度让教师感受更多的教学意外，教师抓住教学的几个细节和学生的亮点，可能就是一个很不错的课堂生成点。因此在教学的设计中考虑的角度要丰满一些，比如对比北川县城选址的探讨，思考学生都会选择相同的方案吗，他们会提出怎样的观点，哪些观点学生会忽视，显性和隐性的信息该如何呈现。关注更多的细节会让“旅行”变得更加有意义。

二、模块教学设计的操作策略

(一)注重学习情景的教学设计

德国一位学者有过一句精辟的比喻：将15克盐放在你的面前，无论如何你难以下咽。但将15克盐放入一碗美味可口的汤中，你早就在享用佳肴时，将15克盐全部吸收了。情境之于知识，犹如汤之于盐。盐需溶入汤中，才能被吸收；知识需要溶入情境之中，才能显示出活力和美感。模块教学中学习的主题不是虚幻的，不是凌空的，而是需要实在的“汤”，这样的学习过程，学生才会将盐的味道细细品尝。情景可以是真实的，也可以是模拟的，共同点在于能始终如一地为学习提供完整的情景，将学生的学习真正融入整个学习的情景。

(二)注重学习问题探究性的教学设计

在课堂上以问题为主开展探究性教学是一个稳妥渐进的好方法。一方面，探究性问题概括了课程标准规定的基本教学任务；另一方面，学生在分析问题，解决问题过程中思维能力得到提高，认识能力得到深化，从而又会提出新问题，这些新的问题就反映了学生学到了什么，学到了什么程度，还需要什么，那么教师可以有选择地根据新课程标准要求把这些问题进行开发、设计、创新。探究性学习既能够使学生清楚地明确新课程的要求，最大限度地挖掘出学生的思维潜能，又能帮助教师挖掘出有价值的教学任务，完善地理教学任务模块。

(三)注重生活实际的教学设计

我们不能把教育完全等同于生活，但是，必须旗帜鲜明地强调教学与生活的紧密联系。回归生活，让课堂与生活紧密相连，是新课程教学的基本特征。只有植根于生活世界并为生活世界服务的课堂，才是具有强盛生命力的课堂。高中地理新课程在选择内容时密切联系学生生活，努力提升学生生活质量，克服了以往以学科为中心的倾向和“偏”的弊病。

高三英语模块词汇复习四步曲

高　英

摘　要:本文针对高三英语模块词汇复习提出了词汇复习四步曲,即词汇课前预热、词汇课堂点击、词汇书面听写及词汇书面测试。它帮助学生在短时间内最高效率地掌握已学词汇,解决学生记忆词汇难这一问题,提高了学生学习英语的积极性。

关键词:高三英语　模块词汇　复习

词汇是语言的三大要素(语音、词汇、语法)之一,是语言的基本材料,离开词汇就无法表达思想。语言学家威尔金斯(wilkins)说:"without grammar, very little can be conveyed; without vocabulary, nothing can be conveyed."在英语学习中,学生词汇掌握熟练程度、学生词汇量的大小直接影响到他们的英语理解与表达,并从很大程度上体现了他们的英语学习水平与能力。随着高中英语新一轮课改的实施,英语学习中的词汇量与词汇难度都有了较大幅度的增加,词汇学习已成了普高学生英语学习中的拦路虎。进入高三词汇复习时,笔者发现对于普高中的绝大部分同学来说,复习以前学过的词汇就如学新的一样。而大部分教师在词汇复习这一环节上方法使用过于单一,反复机械的听写致使一些学生对英语学习产生畏难与厌倦情绪。为抓好高三英语基础知识复习这一重要环节,提高高三英语词汇复习的效果,笔者提出了高三英语模块词汇复习四步曲,即词汇课前预热、词汇课堂点击、词汇书面听写及词汇书面测试。

第一步　词汇课前预热

新课标下的复习课不能再像传统的"炒冷饭"那样一味地把旧知识重新呈现,要求学生加强记忆。因为这不仅不能使学生积极参与课堂教学,而且还会扼杀他们的学习兴趣,磨灭他们的学习主动性。只有把学习主动权归还给学生,才能真正提高复习效率。在一轮模块词汇复习中,笔者首选了《高中英语总复习优化设计》(一轮用书)。本资料各模块各单元的最前面部分为词汇目标锁定项,包括重点单词、重点短语与重点句型的操练。各部分均以中译英的形式完成,并附有自我校对答案。本书的第二部分为词汇重难点解析。笔者让学生在课外独立完成优化设计中的第一部分内容。关于重难点词汇的解析,笔者要求学生根据自己实际情况阅读,并认真做好阅读标记。实践证明这一环节的自我学习唤起了学生对已学词汇的记忆,达到了词汇复习预热的效果。

第二步　词汇课堂点击

课堂是教师教学的主阵地。因此，教师要采取丰富的教学手段来呈现教学内容，唤起全班学生的主观参与意识，避免部分学生做“陪练”的情况发生，使词汇复习课活起来。当然，课堂词汇点击要有的放矢。词汇复习中，笔者按模块将重点词汇编成讲义发给学生，并再三强调早自修要大声朗读课文，通过上下文去理解和掌握词汇。词汇复习是循序渐进的。在词汇课堂点击的前一天笔者都告知学生第二天的词汇提问范围，让学生有意识地去准备。笔者在复习中通常以如下模式展开复习内容：

1. 课堂提问（实例中的 T 代表 the teacher，S 代表 the student）

课堂词汇点击常以提问的形式展开，以个别提问为主，有时也会采取集体提问的方式。

课堂实录（一）：

T：How to say 积极参加活动？

S：Take an active part in activities.

T：What's the meaning of the phrase set about doing sth.？

S：着手做某事。

T：Can you name out another phrase with the similar meaning? What is it?

S：Set out to do sth.

课堂实录（二）：

T：请说出动词 find 的过去式与过去分词。

S：find-found-found.

T：请说出动词 found 的过去式与过去分词。

S：found-founded-founded.

T：How to say 丧失勇气？

S：Lose heart.

T：What's the meaning of the phrase lose one's heart?

S：It means fall in love with sb.

课堂实录（三）：

T：How to say 突然哭起来？

S：Burst out crying.

T：Or we can say burst into …？

S：Burst into tears.

在提问过程中，笔者通常会把简单的问题留给英语基础较为薄弱的学生，而把具有挑战性的问题抛给英语基础知识较为扎实的同学，力求班级全员参与。

2. 黑板演示

为丰富课堂教学手段，有时笔者也会邀请个别学生到黑板前进行词汇演示。笔者发现自从课堂使用多媒体以来，不少英语教师几乎将所有的教学内容都展现在幻灯片上，很少有板书，更很少有老师叫学生到黑板前演示。笔者认为虽然黑板演示在我们现代人看来是比较古老的教学手段，但确实非常有效。从黑板演示中我们不仅能直观检查学生对词汇的具体掌握情况，还能检查学生的书写。对于演示者，还受到众人的监督，从某种程度上讲具有一定的激励作用。笔者在实践中发现，书写正确的学生通常会露出满意的、自豪的微笑，写不出的学生则会有些尴尬的表情，有的会吐吐舌头，有的则会脸红。学生的表情证明了这种教学手段是可取的，是有效的。

3. 词汇 PK

在教学中，我们也可时不时地举行小型的词汇竞赛活动。我们可将全班分成 8 个小组，然后以小组形式展开词汇大 PK。整个词汇比赛可分两轮进行。第一轮为必答题。各小组派出一名代表，主持人用英语说出词意，小组代表拼写出该英语单词，写对一个得一面小红旗。由于学生数较多，课堂时间有限，一般第一轮的考题为每组 3 个单词。第二轮为抢答题。主持人说出词意，各小组进行抢答。一般第二轮的考题为 10 个单词。最后宣布获胜小组，并给予一定的奖励。词汇 PK 的形式可以多样化。有时也可以是各小组派出两名代表，一人用英语解释词意，一人猜单词。猜出单词多的组获胜。如出现比赛结果并列情况的，还可进行加赛。实践证明，词汇 PK 的形式不仅丰富了词汇复习的形式，激起了学生学习的兴趣，提高了学生的课堂参与度，活跃了课堂气氛，也从真正意义上实现了寓教于乐。

第三步　词汇书面听写

词汇书面听写则是英语词汇教学中经常采用的一种检测手段。虽然比较机械，但却从很大程度上体现了学生在词的层面上的识记效果。笔者一般分三部分进行，即单词听写、词汇翻译和句型翻译。每次听写总额不超过 25 个。笔者认为听写的内容应加以精选，不宜过泛。一些常用常考词汇便是听写的对象。单词的听写笔者常以读的形式展开。每个单词教师读两遍，学生根据读音拼写单词。这样便可从一定程度上检测学生的单词发音状况。词组的听写、句型结构的听写均以翻译的形式展开。教师说出中文意思，学生进行书面英语翻译。在四步词汇复习法实施之前，每次听写每班只有一两个满分，并总有那么十四五个学生听写不及格。在四步词汇复习法实施之后，笔者惊讶地发现，在经过前两轮词汇复习之后，听写情况有了明显好转。每次听写满分同学占全班的 20%左右，不及格学生数只占班级的 6%（注：本人所带的两个班级人数均为 50 人）。

第四步　词汇书面测试

词汇书面测试是词汇检测的最高境界，根据教学实际来安排检测内容，通常为两单元一测试。试题形式一般包括单选、单词拼写、词组翻译、句子翻译、句型转换等。下面是 Module 1 Units 4—5 的词汇检测卷。

Test　Module 1 Units 4—5

Ⅰ. 根据中文意思写出相应词组（每小题 2 分，满分 30 分）

1. 突然大哭　　　　　　　　2. 为……感到自豪

3. 吹走，驱散　　　　　　　　　　4. 根据……来判断

（以下题目略）

Ⅱ. 根据句子意思写出相应单词（每小题2分，满分30分）

1. The flood d ________ a lot of houses and many people became homeless.

2. D ________ always come suddenly and cause a lot of damage.

（以下题目略）

Ⅲ. 选择项（每小题1分，满分10分）

1. Why don't you ________ a club? That will make you stronger and help you achieve your goal more quickly.

A. organize　　B. make　　C. build　　D. discuss

2. ________ were sent to hospital and the ________ were buried.

A. The injury, the death　　B. The injuring, the dying

C. The injured, the dead　　D. The injured, the died

（以下题目略）

Ⅳ. 根据要求翻译句子（每小题3分，满分30分）

1. 在旅行日记中，他记下了重大的事件及自己的想法。（record *v.*; afterthought *n.*）

2. 我们要向那些组织救援的人们致敬。（honour *v.*; organize; 定语从句）

（以下题目略）

建立在前三轮的词汇复习基础上，词汇测试不再是空中楼阁。词汇测试结果较为客观地反映了学生对词汇掌握的熟练程度与词汇运用能力，并暴露了学生的薄弱所在以便补救。

实践证明，模块词汇四步复习法是切实有效的。它消除了学生对词汇学习的畏惧心理，扫除了学生英语学习中的心理障碍，恢复了学生学习英语词汇的兴趣和信心。通过四步复习法，学生课堂主体参与意识增强了，课堂恢复了应有的生机，复习课活起来了。它在短时间内大幅增加了学生的词汇掌握量，有效巩固了学生所学词汇，为英语语言运用打下了扎实的基础。因此，即便是词汇复习，也是要有计划地进行的。教师要能正确选择和精编词汇复习资料，让学生有本可依。在复习的过程中，要把握好词汇复习的层次性原则，积极引导学生使用词汇记忆策略，并采取多种教学手段唤起学生词汇学习的兴趣与信心。

对话式学习模式在高中化学教学中的运用

韩炯佳

摘　要:新课程标准的价值取向是以学生为本,培养学生的创新精神和实践能力,促进学生的知识、能力、态度、情感和谐发展。通过对话式学习的模式、对话式学习的特征、对话式学习的起点、对话式学习的过程和对话式学习的结果等方面的研究,笔者提出了自己的一些看法。

关键词:对话式学习模式　模式流程　实践操作

对话式学习就是指为发展学生的创造潜能,以师生平等为基础,以学生自主探究为主要特征,以问题为核心,在教师引导下,通过师生之间、生生之间以及师生与教材之间的"对话互动"开展教学的活动过程。对话式学习不限于纯粹的语言形式,可以有肢体上的互动(如实验操作指导等)。

对话式学习模式,是指学生在学习过程中,以已有的知识为基础,以个体自主学习为前提,以小组合作学习为依托,以适度探究学习为目标,以对话或对话式情境不断产生心理需求为基本途径,以"学习方式"为研究重点,以"实践研究"为研究形式,不拘泥书本,不迷信权威,不墨守成规,敢于超越自我,结合学习的实践和对未来的设想,独立思考,大胆探索,别出心裁,标新立异,积极提出自己的新思想、新观点、新思路、新问题、新设计、新途径、新方法,达到不是习得方法,而是创造方法的目的这一动态学习过程。具体的结构关系如图 1 所示。

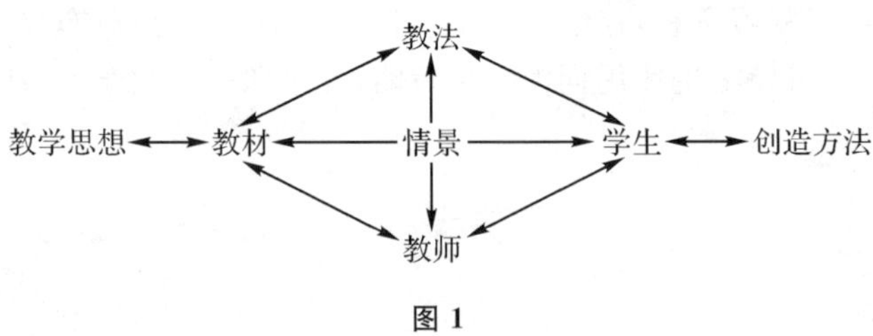

图 1

一、课前自主学习——让学生与文本对话

在课前要求学生自主学习,并发给学生自主学习卡片,让学生与文本对话。学生自主学习卡片的设计主要包括学习内容、学习后提出的问题等。在课前,教师要收集并整

理出具有典型性的问题。

二、课始质疑问难——让学生与教师对话

在课堂教学中，教师对学生的自主学习卡片中的有关问题进行解答，当然有些问题应该让学生给另外的学生解答，在课堂教学中充满教师与学生对话，学生与学生对话。

如在课堂上为了解决反应热与键能大小的关系时，许多学生弄不清楚反应热 ΔH= 反应物分子各键能总和－生成物分子各键能总和，还是 ΔH=生成物分子各键能总和－反应物分子各键能总和。我要求学生最后计算的结果应该包含了反应热 ΔH 的"＋、－"符号。于是我给出一些数据：$E_{H-H}=436.4kJ/mol$，$E_{Cl-Cl}=242.7kJ/mol$，$E_{H-Cl}=431.8kJ/mol$，$\Delta H=-184.5kJ/mol$，让学生充分讨论，通过探究式的计算，最终得出：ΔH=反应物分子各键能总和－生成物分子各键能总和。

三、探究性学习——让学生与课题对话

在学科教学中进行教学方法的改革，促进学生探究性学习，是培养学生创新能力的最优途径之一，完全符合新课程标准的教学目标。因此我们对在化学学科课堂教学中如何依托对话方式来实现探究性学习进行了实践。在课堂中运用对话方式进行探究性学习的一般教学模式如图 2 所示。

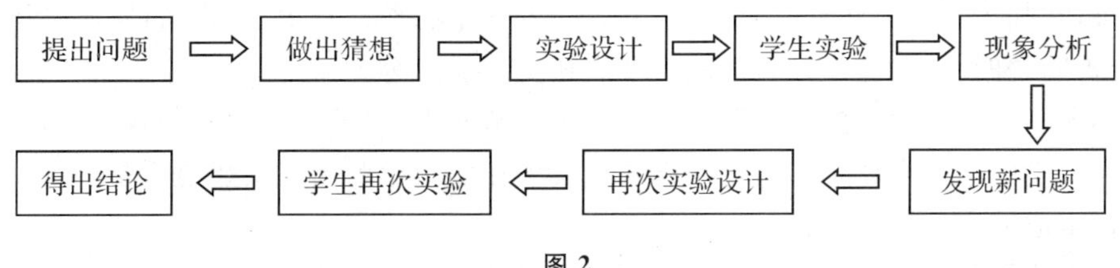

图 2

下面以铝和稀盐酸、稀硫酸反应差异为探究性学习内容来说明。

提出问题：等体积等 PH 值的盐酸和硫酸分别和铝片反应，产生氢气的速率哪个快？

等到学生讨论并得出结论"一样快"后，教师提出用实验验证结论的正确性。

实验验证：铝片投入到硫酸和盐酸中后，反应速率并不是一样快，和先前得出的结论产生矛盾，引起学生的好奇心，激发求知欲望。

分析原因，做出猜想：学生针对这一矛盾，提出各种猜想，主要为铝片表面有致密氧化物薄膜，阻碍反应进行。

实验设计：让学生去除氧化物薄膜，再分别和盐酸、硫酸反应，发现两者都开始反应。

得到初步结论：致密氧化膜阻碍了反应的进行。

发现新问题：开始实验时铝片上都有氧化物薄膜，为什么在盐酸中会反应，而在硫酸中不反应？

分析原因：(1)可能是硫酸根阻碍了对氧化物薄膜的破坏；

(2)可能是氯离子破坏了氧化物薄膜。

设计试验:(1)在未去除氧化薄膜的铝片和硫酸的混合物中加入氯化钠固体;

(2)在未去除氧化薄膜的铝片和盐酸的混合物中加入硫酸钠固体;

(3)在未去除氧化薄膜的铝片和硫酸的混合物中加入硫酸钠固体;

(4)在未去除氧化薄膜的铝片和盐酸的混合物中加入氯化钠固体。

实验并观察现象,得出结论:氯离子能够破坏氧化物薄膜。

展示资料,说明铝的表面的致密氧化物薄膜对铝金属有保护作用。

追问:开始提出的问题中"等体积等 PH 值的盐酸和硫酸分别和铝片反应,产生氢气的速率哪个快?"的答案"一样快"是否是错误的?

学生分析讨论得到答案:纯净的铝片分别与等体积等 PH 值的盐酸和硫酸反应速率相等,题目中隐含了的条件是"纯净的铝片"。

从上面的教学过程中,我们可以看出,通过对一常见问题的实验分析,引出矛盾,解决矛盾的教学过程中,充分体现了教师与学生、学生与学生、学生与实验、学生与资料的对话过程。通过这一过程,结合实验探究,使学生从意外到猜测再到恍然大悟,加深了印象,掌握了书本上所没有的知识,提高了学生的探究能力和对化学学科的学习兴趣。

四、课中合作学习——让学生与学生对话

在活动与探究阶段,即学生小组实验阶段,是学生合作学习,学生与学生对话的最佳时机,教师千万要抓住这一有利时机,以培养学生的参与意识、合作精神、实验操作技能、分析问题的思路、应用知识的能力及表达交流能力等。

如在《实验化学》专题 3 课题 1 的火柴头中硫元素、氯元素的检验的教学中,我们采用二人一组的小组合作学习(实验)模式。其中在学习检验火柴头燃烧后是否有二氧化硫气体生成的实验教学时:

首先我们要求学生对照课本中的实验装置,理解、领悟该实验装置的设计意图以及操作的关键点。然后根据课本要求的实验意图,请学生自己设计更简单易行的实验装置并进行操作。经过小组讨论并实验,然后小组汇报,教师归纳分析整理得出实验装置由繁到简的装置图。

五、课后反思提高——让学生与自己对话

课后巩固,是学生对课堂知识的回顾、反思、总结、提高。实质是学生与自己对话。教师是学生的引路人,更是反思性学习的促进者。教师要不断强化学生的反思意识,纠正理解错误、片面、不全面、不完整的定律和概念。教师要为学生创设反思情景,精选适合各个不同层次学生的习题。教师要培养学生的反思能力,对所学知识进行挖掘、整理,甚至提出相反的论点,要具有质疑精神。

微课在高中信息技术教学中的应用探索

季　雁

摘　要:作为一种新的教与学资源,将“微”视频引入课堂,革新了传统的教与学模式。在信息技术课堂中运用微课,能解决当前信息技术课堂中存在的一些问题。本文以高中信息技术课堂教学为例,阐述将微课应用于课堂的具体教学实践。

关键词:教学　信息技术　微课

随着传媒技术的发展,“微文化”悄然诞生,形成了许许多多的微群落——微博、微信、微访谈、微电影、微小说等。在这种背景下,微课不期而至。微课其实就是碎片化学习,一次只学一点,其优势在于可以借助移动技术和设备,使学习者能在任何时间、任何地点以任何方式学习任何内容。

一、常用微课类型

目前,针对高中在校学生,通过使用微课展开学习,必须通过网络和计算机。在信息技术学科教学中使用微课,有着得天独厚的优势。信息技术课程较为常用的五种微课类型如下:(1)讲解说明型,(2)操作演示型,(3)主题活动型,(4)解题推理型,(5)答疑解惑型。

二、微课实施策略

(一)自主学习

微课的形式是自主学习,因此,在课堂中可以作为自主学习的资源,能帮助学生自我建构。自主学习能力的培养关系到学生将来的终身学习。信息技术课程尤其强调自主能力的培养,近几年来,学生在课堂中的自主性虽然有了很大提升,但还是停留在浅层。通过引入讲解说明型微课,比如针对一些较抽象的、理论的内容,学生其实可以完全自主。

【案例 1】《计算机中常见的图像类型》

《计算机中常见的图像类型》学习任务单

一、学习目标

知识与技能:了解图像的类型;理解不同图像的特点。

过程与方法:通过教师对图像构图原理的不同的理论推理,让学生理解点阵图和矢量图的特点,并通过软件的处理,让学生真实感受点阵图和矢量图的不同表现特点。

情感态度与价值观:培养学生对图像认识的基本理念。

二、学习任务

A、B 两幅图为大众汽车图,图 A 经过放大 6 倍后成为图 C,图 B 经过放大 6 倍后变成图 D。图 A 大小为 5M,图 B 大小仅为 982K。

1. 工程师在设计新款汽车时,用 A、B 两张图中哪张图的设计方案设计汽车的外部及内部结构较为方便?

2. 从题干给出的数据和 C、D 两图来看,A、B 两幅图的主要特点分别是什么?

A 图:A 图为点阵图,点阵图文件容量大,色彩丰富,缩放旋转易失真;B 图:B 图为矢量图,文件容量小,色彩变化不大,缩放旋转不失真。

3. 制作 A 类型的图,常用的软件有哪些? 制作 B 类型的图,常用的软件有哪些?

【分析】为了让学生掌握重点和难点,微课中主要使用讲授法和演示法进行教学,通过创设情境引入主题,再通过讲解、演示进行操作引导,归纳整理,得出结论,分析出点阵图和矢量图的特点。在此基础上,再进行习题演练、巩固强化,让学生学以致用。

微课虽然只讲授一两个知识点,没有复杂的课程体系,也没有众多的教学目标与教学对象,看似没有系统性和全面性,但是微课是针对特定的目标人群、传递特定的知识内容的,因此,一个微课自身仍然需要系统性,一组微课所表达的知识仍然需要面向全体学习者。在设计制作微课的时候就需要从学生的角度出发。

(二)分层教学

微课是一种很好的分层教学资源,可以实现异步教学。高中信息技术学科学生的差异尤为明显,教师有责任关注每个学生的成长。教师是教学的组织者和协调者,要尽可能地创造条件让每个学生在课堂上都获得各自的发展。在设计制作微课时,可以将知识点分层,分初级、中级、高级,让学生可以根据自身能力,完成不同的任务,挑战不同的难度,让每个学生都能体会到成功的快乐。

【案例 2】《Flash 制作补间动画》

《Flash 制作补间动画》学习任务单

一、学习目标

知识与技能:[难度 A]学会制作简单的补间动画;

[难度 B]学会制作复杂的补间动画;

[难度 C]学会在制作补间动画的基础上,设置运动路径,创建路径动画。

过程与方法:通过教师对任务的操作演示,让学生理解补间动画制作的原理,并通过软件的应用,掌握补间动画制作的方法和技巧。

情感态度与价值观:激发学生对动画制作的兴趣。

续 表

《Flash 制作补间动画》学习任务单
二、学习方法 1. 根据自身情况，选择观看视频 A 或视频 B 或视频 C； 2. 完成任务单中的任务； 3. 同桌讨论。
三、学习任务 任务 A：制作篮球从左边运动到右边，再从右边回到起点的动画； 任务 B：制作小球从高处落下，反弹后再次落下的动画； 任务 C：制作小球从高处进行平抛运动的动画。

【分析】三个不同级别的微课，适用于不同程度的学生学习。教师不用强调所有学生都应从简单的问题开始练习，也不用因为个别同学的起点低而放弃对他们进一步的要求。三档微课就像三个老师，同时指导着三种不同层次的学生完成相应的练习，有效解决了分层教学的问题。

以 5—8 分钟的微视频为核心，整合微教案、微课件、微练习、微反思、微点评才能组成好的微课。教师也可以将教学重点、难点、考点、疑点等精彩片段录制下来提供给学生，方便学生随时点播。学生在课堂中能根据自身实际重复利用视频方便学习。同时，部分微课既可以根据实际应用，任意组合成完整的课堂，也可以单个分拆出来使用，满足师生的个性化教学和个性化学习需求。

（三）课堂演示

信息技术课堂教学中，操作技能的学习是一个连贯的过程。如果其中有一两步操作学生进行不下去了，就会导致后续的问题无法解决。在平常的教学中，教师在讲解时，往往不在意学生是否记得清某些复杂的操作，会一次性讲完整个过程。学生练习时，就会因为个别细节的遗忘而不能很好地完成任务。这样类似的场景屡见不鲜。

比如在《初识 Visual Basic 程序设计》这一节课中，教师需要用一个简单实例来介绍 VB 这款程序设计软件的概念、程序设计的基本流程。让学生通过一个有趣的实例，了解程序设计的基本过程，从而激发学生的学习兴趣。由于 VB 的界面复杂，小窗口多，概念抽象，作为初学者理解起来较为困难。在简单的课堂演示后，学生进行动手体验时，存在的问题往往花样百出。因为，在教师课堂演示中，学生不易看清鼠标的具体位置，以及具体操作步骤。

【案例 3】《初识 Visual Basic 程序设计》

《初识 Visual Basic》程序设计学习任务单
一、学习目标 知识与技能：理解 VB 程序设计软件的概念，了解程序设计的基本流程。 过程与方法：通过简单实例的制作，了解程序设计的一般步骤。 情感态度与价值观：感受程序设计解决问题的强大功能。

续 表

《初识 Visual Basic》程序设计学习任务单

二、学习任务

完成体重测量程序设计。测量标准体重 x 的计算方法是:x=(身高(cm)-100)×0.9kg

程序界面及代码如下:

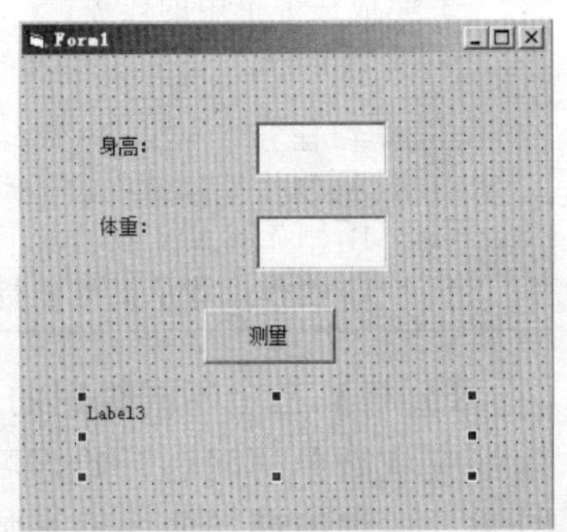


```
x=(h-100)*0.9
if t> x then
st="你要减肥了!"
Else if t=x then
      st="你的体重很标准!"
Else
st="你需要加强营养!"
Endif
Text1.text=st
```

【分析】微课可以根据教学任务需求,教师边讲解边操作。在后期的编辑室,再加上鼠标点击提示,配上鲜艳的标记或者辅助文字。学生不但可以非常直观地学习,还能随时暂停、快进,以适应自己的学习进度。利用微课,学生可以轻松地再现教师的操作细节,能迅速地掌握操作技能,从而留下更多的时间进行作品的创作和艺术加工。

(四)引导发现

在信息技术教学中,教师常常要向学生提出问题,引导学生学习、搜集有关资料,通过积极思考,让学生自己体会、发现概念和原理。这是一种以培养学生独立思考、发展探究性思维为目标,使学生通过再发现的步骤来进行学习的教学方法。因此,教学不应当使学生处于被动地接受知识的状态,而应当让学生自己将问题进行整理,让学生自己成为问题的发现者。

在微课教学中渗透引导法发现,其灵活性和自发性都很大,要根据学生的特点来进行。其大致步骤包括:(1)设置问题情境。教师设置问题情境,提供有助于形成概括结论的实例,让学生对现象进行观察分析并将注意力集中在某些要点上。(2)建立问题解决方案。学生利用原有的知识和经验,通过分析、比较,对各种信息进行转化和组合,对问题提出解决方案。(3)检验推理。学生通过操作实践、思考讨论对问题解决的方案进行检验和修正,直到得到正确的结论,并对自己的发现过程进行反思和概括。(4)整合与应用。将新发现的知识与原有知识联系起来,运用新知识解决有关问题,促进知识的巩固和迁移。

【案例 4】《Excel 综合应用》

《Excel 综合应用》学习任务单

一、学习目标

知识与技能:灵活应用 Excel 公式与函数、排序、筛选等知识点解决问题。

过程与方法:通过教师对问题情境的创设,让学生利用自身生活经验,应用所学知识整合现实问题,实现学以致用。

情感态度与价值观:感悟 Excel 处理问题的强大功能。

续　表

《Excel综合应用》学习任务单
二、学习方法 1. 观看微课视频； 2. 完成任务单中的任务； 3. 小组讨论。
三、学习任务 爷爷60周岁生日，儿子想给父亲举办一个热闹的生日宴，在宴会中给每位亲友发一袋“面”，象征长寿，请同学们帮忙去“萧山价格网”中寻找最划算的“面”。 (1)打开网址，将网页中的表格内容复制到新建的“学号＋姓名. xls”中的“sheet1”工作表中； (2)在“sheet1”工作表中筛选出所有关于“面”，并且要求是“袋”装的信息记录，复制到新建的“价格”工作表中； (3)在“价格”工作表中建立一张能直观反映“大润发”“乐购”“乐天”三大超市价格比较的图表，图表数据源和类型自定； (4)分析图表或“价格”表中数据，为了最大限度节省开支，应该选择去哪个超市，购买什么品种的面？价格是多少？

【分析】解决这个问题首先需要学生进行网络资源的获取，其次需要综合应用Excel中所学的公式与函数、排序与筛选以及图表的制作等方面的知识进行分析归纳后才能得出结论。在微课中，教师只需要把问题描述清楚，将问题结合学习任务呈现给学生，并在问题的描述中渗透引导和发现，放手让学生将每一个问题进行知识点的搜索，并通过操作检验推理最后得出结论。这里的引导和发现需要教师给学生时间，需要教师给予学生原有知识的适当回顾和点拨。

经过微课教学实践，学生的自主学习能力、探究发现能力得到了进一步的提升。其实一个好的微课还需要搭建一个好的网络平台，在这个平台上，学生可以根据自身能力水平、兴趣爱好展开自主学习、交流学习心得、提出疑难问题。目前，本校信息技术课堂正在架设Moodle平台，这个平台可支持各种学习任务，待今后将所有的教学资源、一系列微课程整理完毕，相信学生一定可以在开放的网络平台上实现高效的自主学习。

你的作文我来改

——作文合作升格教学模式初探

蒋　群

摘　要:本文针对现行高考作文评价“分点判断、分等参照、综合评价”的原则,以“基础”和“发展”两部分核心内容为基础,设置多方位、多角度的作文升格点。同时,探索利用“小组合作学习”,发挥学生的自主、合作、探究精神,探寻作文升格教学的途径、方法。

关键词:作文教学　合作　升格

当前高中语文教学作文情况,主要存在以下问题:重视课文教学,轻视作文教学;注重教师教学,忽视学生实践;注重写作数量,忽视写作质量;注重应试作文,忽视作文素养。在传统的作文评价方式下,学生的作文长期处于平庸状态,又找不到出路。因此,教师应从学生的心声出发,探索新的作文教学模式,提高学生作文水平、语文素养和人文素质。

一、作文合作升格教学模式的方法探究

(一)教师主导设计作文合作升格

针对学生写作现状和高考作文的写作要求和评价标准,通过调查分析,我们可罗列一些有共性、可操作的问题作为升格点。升格训练点的确立,开始应由教师进行设计,教师可结合大部分同学的写作状况分析进行升格点的提炼,选择具有代表性的范文,在课堂上分组讨论,让学生自主探究,发现升格点,然后尝试提出升格范文的方法。最后进行升格训练,反馈训练成效。

(1)综合多次作文升格教学的探索,根据不同文体的写作要求和特点可设计如下升格点。如议论文写作训练,可做如下设计:①论点的确立和引入;②论据的选择和使用;③多种论证手法的使用;④论证结构的设置;⑤让议论文语言更出色;⑥如何写好题目、开头和结尾;⑦写出有自己风格的议论文等。记叙文写作训练,根据记叙文各要素,可设计“人物活起来”“情节巧设置”“主题要深刻”“立意要新颖”“情感要真挚”“语言要优美”“表达要顺畅”等升格点。

(2)根据学生个体情况,设置不同升格小组,提取小组同学作文中普遍存在的问题进行有针对性的升格训练。学生熟知自己的问题后,可对学生进行分组整合,根据各自

的水平差异以及问题归类的原则设定一定的合作小组，拟定升格训练计划表，让学生有针对性地提高。

(二)小组成员自主设计作文升格

在学生经过一段时间训练，逐步摸索到升格作文的规律，了解一般操作程序之后，大胆鼓励学生根据小组自身的写作水平、一般问题，设计符合自身特点的升格点，并制定一个《小组作文升格训练计划》。经不断修改提炼，下表可作为通用的训练计划表，小组可根据自己的情况适当调整。

表1　小组作文升格训练计划

升格训练点	
小组情况分析	
预期目标	
训练作文题	
一次作文反馈	
修改意见	
二次作文反馈	
经验总结	

教师要做好计划制订的指导工作，做到量体裁衣，因材施教，扬长避短，循序渐进，保证训练的操作性和效果。

二、合作升格作文教学的指导模式

确立好升格训练小组后，要加强升格指导。升格作文训练必须是符合学习规律的科学的形式。

(一)课堂集中指导

根据具体情况，共性强的问题通过课堂教学的方式集中分析指导，共同训练提高。尤其是在课题实践研究初期的时候，通过教师有意识地设计升格训练，运用优秀作文成功点的分析引导，病文失败的原因分析，对比研究，共同寻找升格办法，在反复训练和教师指导下提高。

(二)小组升格指导

同学中存在的个别问题，采用小组辅导的方式。教师可指导同学优化小组的结构构成，选举一两个同学为组长，负责统筹安排本组作文训练，建立小组结对、一对多、多对一等形式，重点帮扶，这既可以快速地提高双方的作文水平，又可以融洽小组关系，营造和谐的学习氛围，达到共同进步的良好效果。

对于一些特殊的情况也可组织一些特殊的升格小组。

(三)个别升格点评

在小组升格辅导的基础上,当然也不能完全忽视个别辅导。对于个别学习困难的学生,教师可以给他开小灶;对于作文水平非常突出的学生,也可适当使他们进行课后专门练习、随笔专题点评。

三、合作升格作文教学的一般教学程序

(一)教师主导合作升格模式基本操作流程

以教师主导升格模式的操作为基础,对指导学生升格作文过程中师生的活动可做如下具体描述:

教师:设计分点——佳作引导——优点分析——病文分析——提升引导——成果鉴定;

主结构:呈现问题——感知佳作——总结经验——病文探究——升格训练——呈现成果;

小组:学习预备——思考发现——合作探究——组织成果——成果展示——实战演练。

(二)学习小组自主升格模式基本操作流程

通过升格的集体指导教学,慢慢引导学生了解作文升格训练的程序后,指导学生制定具有小组特色的《小组作文升格训练计划》,按照计划依次进行相关训练。其一般操作过程是:

教师:指导分析——提出建议——具体指导——过程指导——给予自主——检验成果——总结分析;

小组:分析特点——明确问题——制定计划——探究方法——具体实践——呈现成果——反思提高。

四、合作升格作文教学的评价模式

除了提高课堂教学的质量,加强对学生写作的辅导之外,不断更新教学观念,改进传统的作文评价方式,也是至关重要的一环。评价方式使用得当,对我们的作文教学会起到很好的促进作用。

(一)发展性评价对升格作文的意义

作文发展性评价既注重写作知识的掌握,写作方法、写作能力的培养,还强调情感的体验,写作兴趣和习惯的培养,形成激励发展的动态评价,使评价过程成为一种自我强化、自我持续和内在满足的过程。评价作文不再只给一个分数,还看是否有真情实感,是否在原来的基础上有所进步。

(二)学生作文发展性评价的步骤

发展性评价通过“师生观察,学生自评和互评,教师点评作文,进行反馈性总评和指导”五个步骤,真正体现学生写作的主体作用。

(1)师生观察。在自然情境下,观察学生,了解学生在接受写作任务之后直到完成之前的表现是很有必要的。观察要有目的,有计划,有系统并应有记录,才能提高评价的客观性和有效性。

(2)学生自评。自评时须实事求是回答几个问题:“我付出多少情感”“我做了什么”“我学会了什么”“我存在哪些不足之处”等等。让学生对自己的作文进行评价,从审题、立意、选材、结构、表达、进步程度六个方面给自己做出一个评价。

(3)学生互评。先在合作学习小组内部,互相对作文进行修改、点评,然后选择其中优秀作文,在班级特定栏目进行张贴,可编印成小册子进行全班交流。还可以在网络上开辟教育空间,张挂优秀学生作文,给学生以一定的成就感,激发学生的写作动力。

(4)教师点评。点评学生作文,应根据评价标准,综合学生的表现和作文质量进行全面的评价。既不扼杀少数作文优秀者的成长,也不忽略少数智力水平一般的学生的潜质发挥。教师的点评尽可能以挖掘学生优点为指导思想,对学生多一些激励性的评价,这样更有利于激发学生写作的积极性,从而提高写作的水平。

(5)反馈性总评和指导。反馈要注意三点:一要及时,二要具体,三要注意方式和语气,要充分考虑被评价者的心理和接受能力,多些鼓励性的语言。

(6)优秀成果展示。教师可开拓网络平台,发挥社会群力,激发学生的写作热情。

除了在班级特定栏目进行张贴、编印小册子进行全班交流等一般方法进行优秀作文展示外,还可以充分利用网络优势、利用学生对网络世界的喜爱,以班级的名义在网络上开辟班级群空间,张挂优秀学生作文,给学生以一定的成就感,激发学生的写作动力。同时,吸引更多的人,比如学生的朋友、家长等,参与到作文的评价与写作中来。真正使学生爱写作文,写好作文,共同探讨,共同进步。培养学生积极向上的学习态度、乐观开朗的生活态度,分担困惑,分享喜悦。

ESA 理论及其在高中英语阅读教学中的运用

王红平

摘　要:ESA 教学模式强调的是教师把学生作为教学活动的主体,并将真实的情景融入课堂中,围绕某一语言形式设计一系列具有交际性的教学任务和活动。教师通过灵活运用 ESA 理论下的教学模式而使课堂生动具体,学生能通过听、说、读、写的训练习得语言。

关键词:ESA 理论　教学模式　教学运用

一、ESA 理论

1998 年,在国际上久负盛名的英国英语教育专家杰里米·哈默(Jeremy Harmer)。在《怎样教英语》(How to Teach English)中提出了 ESA 教学理论,哈默提出,人们在社会生活中习得语言有以下优势:学习者能广泛接触语言材料;他们为实际交际而学习,因而学习有动力;他们有机会运用所学的语言知识。同时他指出,在课堂上学习语言与社会中习得语言有所不同,但若提供适当的条件,学习者仍能学好语言。和语言习得一样,他们需要动力,需要接触语言材料,并有机会运用。

语言教学三要素是创造这种环境所必不可少的条件,即投入(Engage),学习(Study)和运用(Activate)。"投入"是指通过不同的活动和方法,如游戏、音乐、讨论、戏剧等激起学生对所学语言的兴趣,引起他们的高度注意,融入他们的情感,使他们积极主动地参与。正像 Benjamin Franklin 所说的那样:Tell me and I forget. Teach me and I remember. Involve me and I learn。"学习"就是通过课堂活动和练习,使学生掌握语音、语法、词汇等语言知识。"运用"则是指通过练习和课堂活动,使学生自由地、实际地运用语言,其中典型的活动方式包括扮演角色、辩论、讨论等。

二、ESA 理论下的教学模式

Harmer 强调 ESA 理论可用于各种不同的教学内容,只要合理变换它们之间的顺序,就可以创造出多样的教学模式,取得最佳的教学效果。

(一)直线型模式

教师首先激发学生学习的兴趣，将其引入接受状态，然后学习有关内容，最后组织课堂活动，为学生创造运用所学内容的机会。

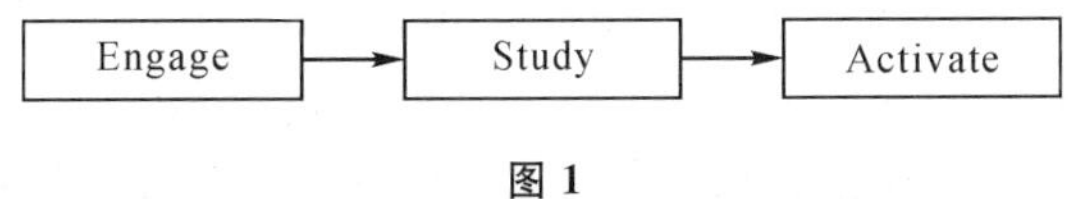

图 1

(二)反弹型模式

教师先导入，引入一个能激发学生兴趣的话题，供学生思考该如何运用。然后不是教师讲解，而是让学生自己尝试运用，并由教师记录其应用过程中的错误。第三步是在学生尝试自己运用之后，教师与学生一起就其在运用过程中所出现的语言错误和遇到的困难等挑出来进行重点讲解。由学生进行对比，发现错误，并重点记忆。最后再由教师重新拟出要使用同样语言点的话题，由学生再次练习，巩固所学的知识。

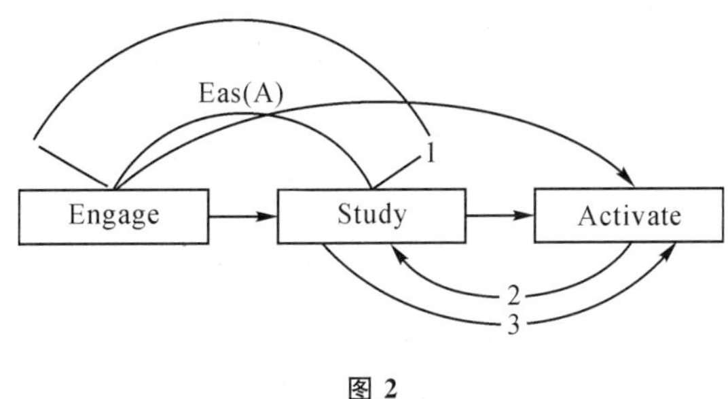

图 2

这一模式考虑了学生的语言需求。教师通过发现学生的语言问题展开教学，使教与学的联系更加紧密，所以反弹型模式非常适合中级学习者。

(三)杂拼型模式

此模式仍是将激发学生的学习兴趣放在第一位，由教师提出话题，然后学生自己运用已有的语言知识进行交流。运用的次数可以是一次以上，接下来由老师提供给学生相关的未知信息，由学生尝试运用，再由老师讲解，学生确定需要获取的语言点，辨明运用过程中所犯的错误。然后由老师再给学生提供需用同样语言点的相关话题，激发学生兴趣，促使他们继续学习，最后由学生运用已精炼了的语言点进行再次利用。整个过程体现为灵活变动投入、学习和运用这三要素的顺序，将其交叉循环地运用到教学活动中。

三、ESA 模式在教学中的运用

随着我国经济的不断发展，与国际交往日益增多，人们的英语水平也在不断提高，而新编的高中英语教材更能与我国现在英语水平状况接轨。在了解了 ESA 各要素及其组合之后，现在以新课标英语选修七《Unit 3 Under the Sea》的 Reading(阅读的第一课时部分)为例，理解 ESA 模式的运用。以下是笔者为这一课做的教案：

Teaching Plan

Teaching Aims：

1. Help students to learn two anecdotes about the killer whale.

2. Understand the relationship between the killers and the whalers.

3. Develop students' reading skills, open up their minds to the sea world and encourage them to protect sea animals.

Teaching Important Points：Get the students to fulfill each task in this lesson.

Teaching Difficult Points：Develop the students' reading skills.

Teaching Aids：Slides, blackboard, chalks.

Teaching Procedures

Step 1. Lead in

Share a story together.

Let a student tell others a story about the sea and a fisherman.

Q：Do you know this story?

The Old Man and the Sea, by Hemingway.

Step 2. Pre-reading

Look at the picture on page 19 and learn some new words, like killer whales, the baleen whale and whaler.

Then read the introduction in the left and finish the following chart.

Writer	Clancy
Character	• A whaler
Style	• Anecdotes
Time	• At the beginning for the 20th century
Place	• Australia
Main idea	• The killer whale help people to kill baleen whale

Step 3. Reading

Look at the title "Old Tom the Killer Whale". And guess who is Old Tom.

—Old Tom is a trained killer whale.

1. Scanning

Scan the text, and fill in the blanks with names mentioned in the text.

(1) Clancy was 16 years of age when he went to work at the whaling station.

(2) George orderd Clancy to go to the boat as there was a whale out there in the bay.

(3) Old Tom was swimming by the boat showing the whalers the way.

(4) Jack told Clancy that they would return the next day to bring in the body of the whale.

(5) James was carried by the waves further and further away from the whalers.

(6) Red knew that Old Tom would protect James.

2. Careful reading

Anecdote One

Para 1. After he witnessed it with his own eyes.

We can witness (*v.*) AB .

- A. a change in her
- B. the car accident
- C. an English textbook

Clancy witnessed killer whales' helping them.

Para 2—13. Find the clues that how the killers help the whalers.

(1) Throw itself out of the water and crash down again—Telling the whalers there's a whale out there.

(2) Swim by the boat—Showing the whalers the way to the hunt.

(3) Work as a team—A ________ of killers are ________ themselves on top of the whale's blow-hole to ________ it ________; and some others are stopping it ________ out to sea.

The killers started ________ between our boat and the whale just like a pack of ________ dogs. Within a moment or two, its body was ________ by the killers ________ the depths of the sea. In the meantime, they are ________ its lips and tongue.

(pack, throwing, stop, breathing, fleeing, racing, excited, dragged, down into, having a good feed on)

What did the whalers do during the hunt?

Before the hunt

I ________ a huge noise. We ________ to the shore in time. George ________ to me. Another whaler ________. Then George ________ ________ ________ him. I ________ my boots and ________ after him. We ________ ________ the boat and ________ ________ into the bay.

(heard, ran down, called out, yelled out, ran ahead of, grabbed, raced, jumped into, headed out)

During and after the hunt

(1)The man in the bow of the boat aimed the harpoon at the whale and then let it go to hit the spot.

(2) The men started turning the boat around to go home.

Anecdote Two

Read through the second story again and give the main idea in one sentence. Give them a key word "save". Old Tom saved a whaler James who was washed off the boat.

Which was Not the danger facing James? (D)

A. being washed off the boat.

B. being carried away by rough waves.

C. a shark out there.

D. being attacked by another killer whale.

How did Old Tom help him out? (C)

A. Old Tom prevented James from drowning.

B. Old Tom won't let it near.

C. When we approached him, I saw James being held up in the water by Old Tom.

Step 4. Discussion

1. Discuss the relationship between Old Tom and the whalers. (Work as a team)

They have amusing relationship.

2. Listen to the voice of the killers and think about how can we protect them.

Whales are now an endangered species.

Methods:

(1) Stop palling polluting things into the sea;

(2) Plant more trees on the sea shore;

(3) Protect environment;

(4) Increase the reproduction of sea animals;

(5) Control the number of the killer whale;

(6) Ban human hunting;

(7) Arouse people's attention.

Step 5. Homework

1. Write a short passage about what we can do to help whales. (100 words)

2. Underline some phrases by yourselves.

下面就本课例进行分析。根据ESA理论，分为三大部分。第一部分导入(Engage)，力求活泼，吸引人。所以课堂上，老师事先要求一名同学用简单英语讲述一个关于海的故事。让其他同学猜测此故事名称，得出《老人与海》，时间约5分钟，从而引出本课内容：另外两则是关于海的趣闻。第二部分是学习部分(Study)，分读前、读时和读后，时间约30分钟。引导学生在阅读正文前，先看书上的图，并学习与本文密切相关的几个词，目的在于引出本文的主角。接着看故事介绍：提取时间、地点、作者、大意等信息。再就是读时。第一步，先看题目"Old Tom the Killer Whale"猜测谁是Old Tom。第二步，略读，寻找文中出现的名称(人名和物名)，了解事情发生的先后顺序。第三步，精读，分别看两则趣闻，完成一些任务。第一则作为重点学习，一个重要任务就是找出虎鲸是怎样帮助捕鲸人的动词和寻找出捕鲸人在捕鲸前、中、后的一系列动词。通过两组动词学习，基本把第一则趣闻了然于心。第二则根据所给中心词"save"概括其大意，然后寻找出虎鲸是怎么救落水约翰的，并找出一系列动词。读后思考一个问题：找出文中描述虎鲸和捕鲸人关系的词：work as a team。第三部分，是Activate，时间约8分钟，根据刚才两者的关系，讨论：人与动物的关系，该怎么保护动物，进行深入思考。最后花2分钟时间布置相关的回家作业。

ESA模式的教学使学生在每个环节都有机会大量进行语言实践活动，使教师实现了"不仅教好了书，而且教好了学，在外语课上教会学生用所学外语去听、说、读、写"的目的。该模式具有师生互动的优点。与传统的英语课堂教学不同，ESA模式强调学生是教学活动的主体。一切教学活动都要考虑到学生的实际水平、接受能力和兴趣专长。教师的角色也更灵活多变。该模式能使教学活动情景化、任务化、实际化；能将真实的交际情景融入课堂教学之中，通过围绕某一语言形式而设计交际性的教学任务或活动，帮助学生运用所掌握的语言技能，实现教师和学生之间、学生和学生之间的交流；使听、说、读、写有机结合为一个不可分割的整体。

课前自主·课中合作·课后反思

——提高高三历史试卷讲评课实效性的实践与研究

吴继红

摘　要:试卷讲评课是高三历史课堂非常重要的一种课型。笔者在实践中引导学生一起针对试卷及答卷进行“自主量析—合作质评—反思提升”的三步讲评,结合自身实践,试对该问题进行探究,取得了一些效果。

关键词:试卷讲评课　自主量析　合作质评　反思提升

试卷讲评课是高三历史课堂非常重要的一种课型。高效的试卷讲评,对教师而言,是一次珍贵的发现问题、改进教学、提升自身的机会;对学生而言,不仅能帮助他们重温基础知识,而且能帮助他们及时查漏补缺,从而全面提升分析问题、解决问题的能力,以适应多变的高考形势。那么,如何充分发挥试卷讲评课的激励、诊断、强化、示范功能,以加强针对性、增强实效性呢?笔者在实际教学中,引导学生一起针对答卷进行“自主量析—合作质评—反思提升”,从课前让学生自查错题提前订正反思、课内自说错题合作剖疑、课后引导反思提升三步入手,结合自身实践,试对该问题进行探究。

一、课前——自主量析:明确讲评的方向与重点

俗话说:“工欲善其事,必先利其器。”高明的医生在给病人开出良方前,总是让患者自述身体感受,同时配合不断的询问从而对病人发病前的情况有个全面、细致的了解,然后才对症下药。

(一)教师层面:知卷情,明考情,精设计

每次评阅试卷前,教师一定要将全部试题做一遍,弄清楚每一道题考什么,为什么这么考,又该怎么回答,怎么赋分等问题。这样做,一方面教师可以仔细揣摩参考答案的得失,思考其有无不完善或需要修改补充的地方,以便统一答案的评分标准,以尽量减少试卷批阅过程中可能出现的误差,另一方面也能保证教师在课堂上评讲时思路清晰,视角全面,知道哪些题容易犯错,哪些题不易答全,哪个知识点可以拓展延伸,从而做到心中有数,评讲时有的放矢,大大提高讲评的质量。第三,这样做教师也可以砥砺自己的教学技能,有助于提高自己的业务水平和专业素养。

在知晓卷情的基础上,还应对试卷及时批改,科学统计。除班级平均分、最高分、最低分、优秀率和及格率等基本数据外,更应注重一些全班出错率较高的题目及相对应的

知识点，从而为课堂讲评提供精讲的方向。在此基础上，对讲评课应进行精细设计，做到“三定”：定重点、定方法、定练习。

（二）学生层面：明不足，重梳理

上课前老师把试卷和评分细则提前发给学生，让学生通过对照参考答案，从审题和答题中反思失分的原因，要求学生针对自己的错题，分析错因，是知识问题（如答不出或答错），还是能力欠缺（如分析不透或表述不清）；是审题失误（未看明题意和答题要求），还是技术性失分（如错别字或笔误等）。只有给学生以深刻反思自己的时间，让学生自主学习，吃透错题所在知识板块，才能转化固有认识，避免犯同样的错误。

二、课中——合作质评：提升讲评质量与效率

在师生充分做好课前准备工作的前提下，讲评课如何讲与评很关键，笔者的做法就是：突出重点，生生合作，师生互动，共同会诊。

（一）典型错题，学生说题——通过合作剖疑，师生共开良方

因为试卷学生们都已经做过，学生对题目已经有自己的想法。在解决了一些普遍性的问题后，教师主要是选择典型错题呈现给学生，让学生说题，把审题、分析解答和回顾总结的思维过程说出来。最好的方法是谁错谁讲，通过教师引导，学生相互补充，去伪存真，在此基础上再举一反三，及时训练。

经过这样师生互动式的讲评和举一反三的训练，不仅有利于学生思维能力的发展、知识的掌握和解题技巧的提高，也有利于达成老师与学生在思想上的共鸣，从而真诚地赢得学生对老师的信任，在互动中发挥集体的智慧、挖掘学生的潜力，这样的讲评课其乐无穷，受益匪浅。

（二）典型试题，借题发挥——教师引领归纳、拓展、延伸

试卷中会有些学生出错率并不高但灵活程度较高且特别适合知识迁移和学法及解题指导的题目，应在教师引导下进行规律性的总结，并适时拓展延伸。

一般而言，学生主观题的“病症”大多表现为史实性错误、以偏概全、角度单一、逻辑混乱等，而导致这些“病症”的很大的原因就是基础知识不扎实、审题不清、从材料中获取有效信息的能力欠缺、解题技能欠缺，所以笔者在讲评过程中，除了强调学生在平时应更注意基础落实外，主要是引导学生共同合作开出了三剂“药方”。

药方一：“读”，这是解题的基础。“读”什么？怎么“读”？这其实是历史学科“获取和解读信息”能力的体现。在平时教学中，我们应引导学生读整组材料的“抬头”部分，它主要告诉我们这组材料题主要是围绕什么中心展开的，里面包含着很多隐性的信息；二读“设问”部分，一定要逐字逐句地分析解读，尤其是一些关键词，思考题目让我们做的“求答词”是什么，“答题依托”是什么，有哪些方面的“限定语”；三读“材料”，包括典型的标点符号（如省略号、分号等）、材料出处以及一些图表信息等。

药方二：“找”，这是解题的关键。“找什么？”“怎么找？”这其实是历史学科“调动和

运用知识”能力的体现。在“读”懂材料的基础上,找出材料与设问的对接点,找出教材与设问的对接点。那么到底怎么找呢?不同的问题有不同的方法。一般而言,材料题的设问有三种形式,分别是“内涵式”“外延式”和“内涵与外延结合式”。所谓内涵式,即“根据材料”类,一般答案均从材料里找,所以在做这类题目时,应更注意整组材料主题的把握,注意材料的出处,注意正文的两头,注意省略号等;所谓外延式,即“结合书本”类,找到材料与教材的对应点,一般答案多来自教材和所学知识;而“内涵与外延结合式”类,则是把前两种情况相结合。

药方三:“答”,这是解题的落脚点。这是历史学科“描述和阐述事物,论证和探讨问题”能力的体现。在落笔作答时,首先要克服思维定势,注重材料与课本知识的结合;其次要善于根据不同的问题模式,选择不同的答题模型并灵活运用知识。比如在回答“原因型”问题时,一般可从历史上的、现实中的(又可包括国内的政治、经济、思想文化等方面和国际或外部因素)方面找角度。回答“评价型”问题时,一般从正、反两个方面进行论述,而且要从政治、经济、思想文化、国际关系等方面开拓思路,寻找答题的角度;回答“认识、看法、启示类”型问题时,一般第一步是说明这一历史事件对现实的影响(在当时的作用),第二步则说明这一历史事件对今后的影响(对将来的作用),第三步说明这一事件对本人或本国的影响(主体与实际结合起来方面的作用)。

三、课后——反思提升:订正整理错题,巩固讲评效果

考后反思是历史教学中进行学法指导和培养学生思维能力必不可少的手段之一。三步讲评模式下,由于花较多时间在互动交流上,原本教师讲题只需几分钟的内容,现在由学生自己来总结,可能会占用半个课时甚至更多;其次,在选题面和层次上,教师不得不选择错误率较高而本身又是主干知识的典型题让学生进行讨论和说题,因此,试卷讲评后,工作并未结束。

对学生个体而言,仍有多数题需要自己总结、归纳和改进。所以讲评课结束后,教师应对学生的试题订正情况进行检查。要求学生课后在专用“错题本”或者笔记本上剪贴归纳错题,特别是典型错误。同时,订正不能满足于写一个正确答案,每一个错题都要求学生写出正确答案、错因、启示以及相关知识等,以强化规范解题意识。这样,学生经常性翻阅自己的错题集,可以避免重复相同的错误,力争在试卷上尽可能地达到考后一百分,使自己思维的深度与广度得到进一步拓展。

对教师而言,在定期检查学生纠错本的同时,把其中错得多的题目再加以整理,做好笔记,为下次考试命题做好准备。另外,还可依据实际教学效果把成功的方法、经验记录下来,把矫正教学的难点、遗留点及一些教训也记录下来,统计教师因素的出错点,发现自己需要改进的地方,这样既有利于教师自身水平的提高,也有利于对整个教学流程的监控和合理调整教学布局。

感受多种模态刺激，完善高中词汇教学

——多模态式下的高中词汇教学中主体互动的研究

陈　芳

摘　要：多模态话语指语言与其他符号资源共存，共同建构意义，而高中英语词汇教学应该把重点放在培养学生的多元读写能力这个方面。本文通过一个个教学案例，探讨在实际教学过程中，在多模态式下词汇教学的课堂上，教学主体之间是如何积极互动的。

关键词：多模态式　词汇教学　教学主体的互动

高中阶段的词汇教学多采取的是单模态式，这种教学方法忽略了词汇总是存在于语境当中的，忽略了实际语言应用能力的培养，忽视了词汇教学应该贯穿整个英语教学的始终。结果，当学生花费了大量的时间和精力把单词背得滚瓜烂熟，却不知道该如何将其运用到实际的语言环境当中，实际运用英语的能力并没有提高。笔者在教学实践中采用的多模态式词汇教学是一个不错的应对之策。

一、多模态式词汇教学的主要特征

（一）在视觉和听觉等多重模态刺激下的课堂教学

视觉、听觉和触觉是我们感知外界的主要感觉模态，多模态式下的词汇课堂要求采用听觉和视觉双重模态刺激教学。听觉模态包括教师口头语言，多媒体视频声音等。视觉模态包括板书、手势、眼神、表情、教材、多媒体图片展示、录像资料等。课堂上，教师大多是采用口语或者视频资料导入话题，通过提问、练习、讲解、鼓励、赞扬、纠错、提示等听觉模态，借助多媒体工具（PPT 课件、多媒体视频、语音实验室、投影等）、手势动作、体态、眼神、表情、板书等视觉模态来引起学习者注意，帮助学习者加深印象，促进理解，激发学习者的兴趣，从而达到提高词汇教学效果的目的。

（二）多种教学媒体辅助的课堂教学

除了采用视觉和听觉模态的刺激外，各种教学媒体（手势、眼神、表情、PPT 课件、板书、投影、多媒体视频、语音室、音响等）在多模态词汇教学的课堂上也扮演着重要角色。教学媒体包括语言和非语言两大类别。语言媒体包括纯语言（比如口语声音、文字）和伴语言（如音高、音调、字体颜色、大小、布局等）。非语言媒体包括身体性媒体（比如手势、动作、面部表情、眼神等)和非身体性媒体(如 PPT 课件、投影、板书、语音室等)。教师使用 PPT 课件、投影、板书以及手势语、动作、表情等教学媒体来辅助教学。通过 PPT 课件导入话题,可以通过调整字体颜色、字号来吸引注意力。借助板书工具来梳理知识点,展示重点,起到补充和强化记忆的效果。利用手势、眼神、动作等非语言模态来促进师生互动交流。教师根据教学内容、教学目的选择合适的教学媒体辅助教学,帮助学习者更好地理解、消化所学内容。

(三)师生、生生互动频繁的课堂教学

在多模态式下的词汇课堂教学中,师生互动、生生互动频繁,教师和学生共同参与教学活动,课堂气氛比较活跃。学生在思考、讨论、回答教师提出的问题的过程中发现和掌握知识,在师生互动交流(纠错、练习、检测等)的过程中巩固了知识,提升了能力。轻松、活跃、民主的课堂学习氛围,增强了学生学习的积极性和主动性。

由此可知,在多模态式下的词汇教学中,视听说写练结合的互动教学,激发了学习者学习词汇的兴趣,增强了学习的主动性,与此同时,多种教学方法灵活运用,弥补了单模态词汇教学的不足,逼真的情境教学环境,有助于提高学习者运用词汇的能力。

二、多模态式下教学的互动研究

(一)教师与教师之间的互动

师师互动主要体现在年级组教师集体备课、互相听课、评课等合作教学环节。授课前,年级组教师共同研究教材、课标以及学生的特点,确定每个单元的目标词汇,设定教学方法、课堂中的模态资源的选择原则等,集思广益,博采众长,在相互探讨中得到启发,从而提高教学效益。教师之间相互听课、评课,一方面可以学到他人之长,另一方面也可以在其他教师的反馈中反思自我之短,改进教学方法,进而提升自身的教学能力。师师互动教学形式多样,如同伴互助指导、合作教学、示范课观摩、教学探讨、课题研究等。

(二)学生与学生之间的互动

生生互动,即学生与学生之间的互动,也是多模态互动教学模式中重要的组成部分,它对缓解学生学习压力,调节课堂学习氛围起着积极的作用。生生互动主要体现在授课前、授课中、授课后三个环节。

以模块 1 Unit 1《Friendship》为例,授课前,将阅读课中比较重要的单词 add up, upset, ignore, calm down, have got to, concern, go through, set down, a series of, outdoors, on purpose, in order to, at dusk, thunder, entire, power, curtain, dusty 列出,让学生以小组为单位,分工协作;根据自己兴趣,通过网络、词典等工具收集材料、查找相关意思及例句,交流任务完成的心得与体会,探讨完成任务过程中出现的问题,并在小组内进行整合;授课中,让学生以小组为单位,根据自己小组的整合结果,以 PPT 的形式,通过词汇替换、配对练习猜词、造句等形式,向全班同学讲解这些词汇的

用法和意义，其他小组的同学可以补充，学生在讲解的同时，加深了对这些词汇的理解和记忆，提高词汇的运用能力；授课后，以小组为单位，与学习同伴总结和梳理课堂学习的知识点，针对这些词汇布置作业，口头笔头均可以，各组间互换检测学习的效果，使学生在互相学习中发现自身不足并加以完善。

整个学习过程充分体现了学生与学生之间的互动，在这种互动过程中，学生感受到了听觉和视觉双重模态的刺激，同时，视听说写练相结合的学习方式，活跃了课堂氛围，提高了学生的学习兴趣和学习效果。

（三）教师与学生之间的互动

师生互动是课堂教学过程中最基本、最常见，也是最重要的一种互动教学形式。和谐、融洽的师生关系是教育教学工作顺利开展的前提。在多模态词汇教学课堂中，教师需要借助预先设计好的多种模态符号资源（动作、视频录像、图片、PPT、投影等），与学生进行多向互动，帮助学生充分地理解教学内容。课堂中设计好的教学任务（填词、词汇替换、配对练习、猜词、造句等）有助于引导、启发学习者的思维；而学生对教师设计的教学任务的积极配合与互动反过来又激发了教师教学的热情。课后，多渠道的师生互动形式，如师生探讨、作业批阅、网上答疑等对于巩固课堂教学成果也起着极大的推动作用。

三、多模态式词汇教学实践案例

以模块 1 unit 4《Earthquake》为例，教师在 PPT 上以唐山大地震图片导入，让学生描述图片，引出 earthquake，crack，ruin 等词。

在图片的指引下，教师口头陈述唐山大地震的背景知识：The event happened in 1976, and millions of people died and got injured in the disaster. Everything was destroyed, and the survivors also experienced extreme sufferings. 由此，引出 event, million, injure, disaster, destroy, survivor, extreme, suffering 等词，并在黑板上板书下这些词汇。至此，在导入部分中，教师通过师生互动，通过视觉和听觉模式对学生的刺激，利用动作、图片、PPT 以及口语等符号资源，使得学生对以上生词有了初步的认识。接下来，在课文的处理中，教师通过图片和一系列与课文有关的问题，在 PPT 上呈现其他重要词汇，如 burst, brick, dam, shock, rescue, trap, electricity, bury, shelter 等等，于是，让学生在回答问题的过程中，再一次通过师生的积极互动逐渐掌握这些生词。当课文内容处理完以后，学生对大部分的生词使用的语境应该有所了解，于是，教师在 consolidation 部分准备一篇包括这些生词的短文并挖空填词：

Strange things appeared before the earthquake happened. The well walls had deep cracks. A s ________ gas came out of them. Many animals were too nervous to eat. Bright lights were seen in the sky. The water p ________ c ________ and b ________. At 3:42 am on July 28, 1976, everything began to s ________. It seemed as if the world was at an end. S ________ burst from holes in the ground. Hard hills of rock became rivers of d ________. Soon the whole city lay in r ________. The number of people who were killed or i ________ reached more than 400,000. Later that afternoon, another big quake which was almost as strong as the first one shook Tangshan. Everyone in the city was s ________ and wondered how long the d ________ would last. Luckily, the army organized teams to dig out those who were t ________ and to b ________ the dead. Workers built s ________ for s __________. Fresh water was taken to the city by train, truck, and plane. Thanks to the army, the city began to breathe again.

(smelly, pipes, burst, shake, stream, dirt, ruins, injured, shocked, disaster, trapped, bury, shelters, survivors)

填好以后,全班齐声朗读。这种多样化的方式,无处不体现着师生之间的积极互动,教师在视觉和听觉模式下刺激学生的感官,从读、认、写、用四个方面训练学生掌握词汇。

以上实践证明,多模态式下的词汇教学课堂由于多种教学媒体辅助教学,并采用多种教学手段(网络、小组合作、联想、角色扮演等),视听说写练相结合,使学生摆脱了单模态式下词汇教学的内容枯燥,形式单一的缺点,让学生在视觉和听觉等多种模态的刺激下,进行多角度、多方面的师生互动和生生互动,使教学的主体充分参与到教学过程中,充分调动教学主体的积极性和能动性,激发学习者的学习兴趣,同时也提高他们学习词汇的效率,真正做到"在用中学,学以致用"(Learn through use, learn for use)。

“自探互教”模式在高中政治课中的运用

徐　峥

摘　要：在新一轮课程改革中，全力培养学生自主的科学探究能力，全面提高学生的素质，不仅是我国课程改革的重要目标，也是教育改革的共识。在这一背景下，我们在实践教学中提出了适合我校课堂教学的“自探互教”教学模式。该模式把课堂交给学生，使学生真正成为学习的主人，使课堂教学达到资源共享、思维碰撞、智慧激荡、教学相长、个性张扬、共同提高的目的。本文主要介绍了“自探互教”教学模式在高中政治新授课中的模式构建及实践操作。

关键词：高中政治　“自探互教”模式　实践

“自探互教”是指在发挥教师的主导作用下，以学生独立自主学习和合作互教为前提，以教材为基本探究内容，以学情为基础，以个人或小组展示为方式，让学生得到全面发展的一种教学形式，其核心就是围绕教学内容，充分发挥学生在课堂中的主体地位。具体说，“自探”就是让学生自主学习，发现问题，探索研究，解决问题；“互教”就是指教师与学生，学生与学生之间多向互动，角色扮演与互换，教师教学生，学生教学生，师生共同参与学习。这种教学方法要求教师的教学行为由“带着知识走向学生”转变为“带着学生走向知识”，学生的学习行为由“带着教材走进教室”转变为“带着问题走向教师”。

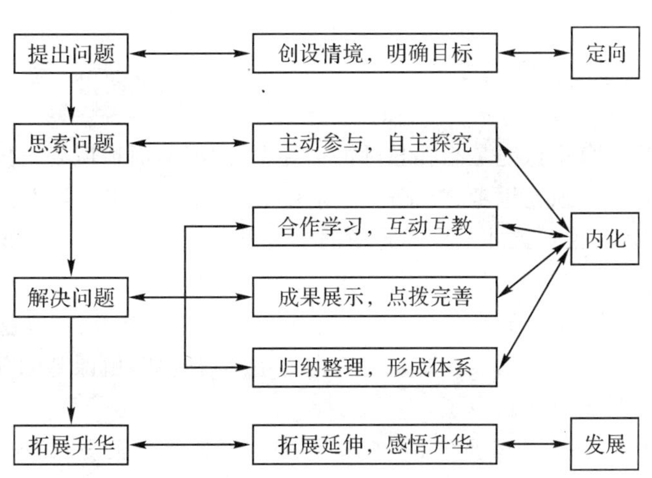

图 1　高中政治新授课中“自探互教”模式的基本流程

针对高中学生的年龄特点，遵循学生的认知规律，我们在实践教学中创设了体现“提出问题——思索问题——解决问题——拓展升华”这一认识过程的“自探互教”教学模式，确定了“创设情境，明确目标——主动参与，自主探究——合作学习，互动互教——成果展示，点拨完善——归纳整理，形成体系——拓展延伸，感悟升华”这一新授课的基本流程。

一、创设情境，明确目标——春水回暖桃花开

高中政治课教学中创设教学情境的基本思路应该是：遵循学生的认知规律，以让学生充分参与为前提，以教学目标为依据，以社会和学生生活为基本内容，以问题引导为方法，通过教学情境的创设，达到促进学生开发智力、培养能力、提高学习质量的目标。

教学情境的形式应该是多样的，如：文字材料情境、图表材料情境、漫画情境、演示情境、动画情境、视频情境、教师的语言渲染、生活实例列举等等，利用网络平台辅助创设情境也是一种值得尝试的选择。不论采取哪种形式，只要能服务于教学内容、实现教学目标，能激发学生的求知欲，能给学生带来感悟新知的情感体验，都应该采用，不应拘泥于一种形式。总之，在高中政治课堂中情境的创设并不是随意的，而是围绕相关的教学目标，使学生明确本节课所要达成的基本目标。

【案例 1】在讲《世界文化的多样性》时，我就利用同学们已经参观过世博的生活体验，提问：“文化的多样性主要通过民族节日、文化遗产体现出来，同学们想想，世界文化的多样性还通过哪些形式体现出来？”同学们很快就结合自己的体验说出来：“语言文字、宗教信仰、民居建筑、风俗习惯、服装特色、文学艺术、思想理论等。”

在讲到《价值的创造与实现》时，播放新闻视频，让学生了解郭明义 15 年累计献工 15000 多小时，坚持 20 年无偿献血，先后捐款 12 万元资助了 180 多名特困生和困难群众等。他先后获得了“希望工程突出贡献奖”“全国五一劳动奖章”等荣誉称号。通过播放新闻视频，学生真切感受到，要想实现人生价值，必须在劳动和奉献中实现人生价值，从而产生共鸣。

二、主动参与，自主探究——欲穷远景心为先

学生主动参与，自主探究是指在教师的引导下，围绕前面情境创设提出的问题有计划、有目的地进行个人独立思考、尝试解决问题，从而形成有效学习方式的过程。英国哲学家约翰·密尔曾说：“天才只能在自由的空气里自由自在地呼吸。”课堂上教师应创设一种民主、宽松、和谐的探究氛围，营造出“教师——学生”及“学生——学生”间自由、平等的环境，有针对性地指导学生围绕问题自己琢磨、自己思考、自己探究等。通过自主探究这一环节，学生由被动接受知识教育向自主学习转变，由课堂的“配角”向“主角”转变，学生的学习兴趣更加浓厚了。

【案例 2】在上高一《政治生活》第五课第一框“人民代表大会：国家权力机关”这一内容时，恰逢十一届全国人大五次会议闭幕不久，笔者创设了“十一届全国人大五次会议的主要议程以及全国人大代表表决等内容”的情景，然后提出以下问题：(1)会议期

间,谁对谁做报告?为什么要做报告?(2)这些议程揭示了全国人大在行使哪些权力?这些权力有何区分?(3)十一届全国人民代表大会是如何产生的?作为人民代表大会的组成人员人大代表有哪些权利和义务?最后学生独立思考这些问题,此时无声胜有声。这一环节非常关键,必须留出足够的时间让学生充分地思考。

三、合作学习,互动互教——众人拾柴火焰高

现代建构主义学习观认为,学习者以自己的方式建构对事物的理解,从而不同的人看到的是事物的不同侧面,不存在完全相同标准的理解,教学要增进学生之间的合作交流,达到取长补短,集思广益的效果,通过学习者的合作交流互动可使理解更加丰富和全面,从而使问题得到解决,并实现知识的内化。合作学习、互动互教是指通过自主探究学习不能解决的问题交由其他同学或者老师一起交流、探究,从而达到互教的目的。正如陶行知先生所说的"为学而学不如为教而学之亲切。为教而学必须设身处地,努力使人明白;既要努力使人明白,自己便自然而然的格外明白"。一个学生会了,就教另一个学生,另一个学生会了,再去教第三个学生……即按照"即知即传人"原则实行下去,即可实现课堂上的生生互动互教,合作探究学习。

【案例3】在教学高一《思想政治》必修2"民主监督:守望公共家园"这一框时设计了这样的情境:某乡农民老刘和儿子小刘拉了一车西瓜,准备到县城卖,途中碰到一伙歹徒拦路抢劫,一车西瓜被劫走了。无奈中,刘某和他的儿子跑到派出所报案。听了案情,值班民警小王说:"现在已经下班了,再说,一车西瓜也不值多少钱,这事我们管不了!"然后扬长而去。然后提出探究的问题:面对派出所值班民警的行为,刘某该怎么办?请您帮他想想办法?同时我设计了几个提示:(1)什么是监督权?(2)公民可以通过哪些合法渠道行使监督权?(3)为什么要监督?(4)怎样监督?(5)假如按老刘"多一事不如少一事,忍了算了"的想法办,老刘的合法权益还能得到维护吗?这说明了什么?(6)假如围攻派出所殴打值班民警,老刘的合法权益还能得到维护吗?这对公民行使监督权有什么启示?交给学生合作探究,串联了各个教学环节,真正做到了一材多用,首尾呼应,教学效果真正按照事先所设想的方向发展,目的达到了。这样的课堂洋溢着浓郁的人文精神,体现着鲜明的时代特色,能更好地推行素质教育。

四、成果展示,点拨完善——香消茶尽尚逡巡

通过前两个环节的自探互教,学生对问题的探讨有了初步的成果,这时就要求学生或学习小组代表走上讲台,面对全班学生,通过黑板、多媒体等展示自己或本小组对问题的探究过程、理解过程以及解决的方法和结果等。学生展示的成果有时并不完善,这时需要教师及时进行点拨、指导,以完善相关内容,从而达到师生互动互教的目的。

【案例4】比如在上一个案例的探讨结束后,分组学生代表就结合我当初给出的提问,对民主监督的方式、意义、要求进行了有效的整理和总结。使本课主干知识有了较完整的体现。但在民主监督的几种方式与民主决策的几种方式的区分上还有一定的错位。这时就需要教师对有关知识进行点拨完善。如社情民意反映制度和信访举报制度

有何区别?.社会听证制度和监督听证会有何区别?民主决策中的"立法听证会"与民主监督中的"监督听证会"有何不同?如何区分民主决策与民主监督?等等。通过师生合作探究,学生对本课的难点和重点实现了突破和落实。

五、归纳整理,形成体系——万紫千红终成春

教学理论的研究表明,建立完整的知识结构体系要比掌握大量具体的零散知识更具价值。传统的学习过程比较偏重于掌握知识的细节,而忽略了对知识结构整体上的理解和掌握。由此而带来的直接的危害是降低了知识的智力价值,使获得的知识难以成为今后深入探究的可靠基础。在这一环节,教师可先让学生自己试着整理所学的内容,等学生整理好后,选取几个典型代表在投影仪上展示,全班分享并补充,最后教师展示自己整理的图表。通过展示、讲解使学生对本节课的有关知识有了更清晰与系统的认识。

【案例 5】 在教学高一《思想政治》必修 2"为人民服务的政府"这一单元的复习课时,最后由学生来展示自己课后整理的知识体系,并向同学介绍整理的思路。通过归纳,内化了知识点间的联系,实现了知识整合。学生的知识调用、分析能力得到了很大提高。

六、拓展延伸,感悟升华——直挂云帆破浮尘

在"自探互教"课堂教学模式下,教师由课堂中的"首席"向"主导作用"回归。由于学生阅历、知识、能力的限制,学生通过自主探究、合作探究、互教互助,还有些问题得不到解决,这就需要教师的引导。正如布鲁纳所说:"知识获得是一个主动过程,学习者不应该是信息的被动接受者,而应该是获取过程的主动参与者,靠谁把学生引到这种主动参与的过程中去呢?毫无疑问教师担负着这一光荣而又艰巨的任务。"教师可以通过创设鲜活的情景,列举生动的事例,绘制直观的图解,制作精美的课件,精选典型的例题等帮助学生拓展对知识的认识,同时也让学生在感悟中升华,在升华中成长。

【案例 6】 在上高一《经济生活》第二课第二框"价格变动的影响"内容时,教师首先创设相关的情景,然后经过自探、互教、形成体系等环节后,最后教师再列举一些油价变动引发国际关系变化等鲜活材料,随后提问:"汽油价格的变动除了对我们的生活和生产两个方面产生影响外,还有其他哪些方面的影响呢?"接着教师安排学生进行讨论,讨论发言结束后,教师可进行适当补充。如教师可讲讲汽油价格的变动还会对我们的股市、汇率、社会稳定、国际关系等诸多方面产生影响,从而拓展延伸了课本知识,也让学生进一步感悟到我们生活在一个经济全球化的时代,一个商品价格的变动不仅在国内有影响,在国际也有影响,时刻都要树立"经济人"意识,用经济学家的眼光看待世界,从而升华了情感。

"自探互教"教学法在实践操作中受到了学生的欢迎,调动了学生的学习热情和积极性,取得了一定的实效。它实现了对学生性格、人格健全的关注,促成了学生心理和精神的成长,也有利于师生、生生关系的和谐发展。可以说,在高中政治课中合理运用"自探互教"模式正是当前我们构建"高效课堂"的有效手段。

试析如何发挥导学案在高中物理教学中的积极作用

应凌芳

摘　要:导学案在高中物理教学中发挥着极大的作用,这种教学模式能积极引导学生自主学习和自主探究,同时,也能大大提高教育教学质量。本文主要对如何发挥导学案在高中物理教学中的积极作用进行分析和研究。

关键词:导学案　物理教学

导学案的实施主要分为课前预习、课堂探讨和课后拓展三个环节。导学案在高中物理教学中的应用能培养学生自学的能力,在自学中不断思考问题、发现问题;导学案能培养高中生在物理学习上的合作能力,在合作探究中体验合作的快乐;导学案的使用还能保证学生所掌握基础知识的牢固。导学案在高中物理教学中起着积极的促进作用,有利于提高课堂教学效益,优化教学模式。

一、发挥教师在导学案中的积极作用

(1)提高教师自身的素质。导学案是由老师编写的,学生自学质量受教师导学案质量的影响。导学案充分体现教师的学习观、学生观和教师观,体现着教师对知识的科学理解。所以,教师要提高知识水平和业务水平,全面提高自身的科学文化素质,保障优质导学案的编写。

(2)教师要精心备课。导学案备课的模式有整体备课、轮流备课、集体备课、课前备课、课后备课和整理成册。只有教师精心备课才能保证高质量的导学案,更有效地指导学生自主学习。导学案要做到有条理性、有针对性,对不同的物理内容采用不同的导学案,提高物理教学的效率。

(3)教师要根据学生的"最近发展区"来设置导学案,合理预设。如果导学案中的问题太难,学生就达不到目标;如果问题太简单,学生不需要努力就能顺利完成,这两种情况对学生的全面发展都不利。所以,导学案问题的设置要在学生发展区内,这样才能更好地发挥导学案在物理教学中的积极作用。

二、让导学案在高中物理教学中发挥积极作用的对策

(一)发挥导学案自学准备和知识导学的作用

教师在物理教学中使用导学案后,学生可以根据导学案设计的学习目标和学习任务来进行重、难点的学习,培养学生的自学能力,“导学前置”的设计原则能帮助学生划定学习范围,制定学习大纲,充分发挥学生自主学习的能力。教师要让学生学会温故知新,把上节内容和下节内容相联系,掌握好承前启后、类比法、控制变量法等物理方法,通过一些实验和定理来巩固知识。

(1)发挥导学案指导和帮助学生预习导学的作用。教师根据导学案指导学生自觉预习知识,培养学生自我研究的能力,让学生独立完成任务。此外,教师还要监督学生的预习工作,对学生所预习的内容进行检查,依据学生实际的预习情况来强调讲课的侧重点,以便更好地进行物理教学。

(2)发挥导学案明确学习目标的作用。导学案能促进学生对学习目标的把握,能帮助学生把握学习的重点。导学案起到“课前预习”的作用,让学生依据导学案来阅读课文,做好“课前预习”的浏览工作,把文章的主要知识点浏览一遍,把浏览过程中遇到的疑惑记录下来,以便在听课时把握着重点。课前预习的内容不宜太难,内容要浅显易懂,紧扣课本大纲。学生在自学的过程中,自己不能解决的问题留在课堂上和老师一块解决。

(二)加强课中研讨工作,发挥学生的自主性

传统的教学模式是“满堂灌”,学生很难完全听懂老师的讲课内容,教师的教学质量也不高,效率也很低。当物理教学中使用了导学案以后,教师的教学效率大大提高,学生根据导学案的具体要求来认真完成各项任务。

(1)教师可整编一些内容,提高学生学习的兴趣。如课本上的例题,把重点的知识点、原理或概念用空白的方式让学生进行填写,这样可以加深学生的印象,留给学生更多的思考空间。还可以针对学生容易混淆的知识点进行归纳、区别和系统化。教师还要合理布置导学案的拓展延伸内容,依据由浅到深的层次排列,让学生对知识的掌握变成一个循序渐进的过程,这样可以提高学生学习的兴趣,获得学习上的成就感。

(2)让学生主动学习,学会思考。导学案的使用可以帮助学生掌握学习的方法,学会思考问题,引导学生思考,真正让学生做到以疑促思,思而生疑。如在学习“运动的描述”这一章节时,教师可先让学生亲身试验来更好地理解,设置不同的问题来分析。问题一:质点、参考物和坐标系之间的联系和区别;问题二:自己对运动快慢的描述——速度的理解;问题三:根据你在生活中的感受,你对加速度和速度的理解是什么?这样的问题设置可以培养学生勤于思考的能力,使学生善于联系实际,勤于观察和比较。

(3)加强学生的学习交流和问题研讨。教师不能只关注对学生知识的讲授,还要注重学生小组合作的学习,加强学生之间的知识交流。交流展示是教学内容中重要的一个环节,它主要有预习前准备内容的展示、小组合作成果的展示和自学效果的展示等。

在小组讨论和学生预习中，要设计有价值、有探究性的问题，要有一定的思维性，以便培养学生的思维能力。问题的讨论不能太细，不能太多，设计的问题要体现一定的内在关联性和层次性，教会学生解决问题和思考问题的方法。

(4)注意学生抽象思维能力和逻辑思维能力的培养。很多学生由于缺乏抽象思维能力导致成绩无法提高。在物理学科的学习中，不仅有很多的动手操作实验，还有很多的理论知识，这就要求教师注意学生抽象能力的培养，对学生有针对性地进行训练，让学生形成良好的抽象思维能力，加强抽象知识能力的培养。

物理学习也离不开良好的逻辑思维能力。养成良好的逻辑思维习惯，可以帮助学生有效解决思维过程中的困惑。在民主和平等的教学氛围中，实现师生之间思维的碰撞，让学生在物理课上保持一个积极、充满活力的思维状态。

(5)提高学生的实践能力。利用导学案能培养学生实验探究的能力，引导学生相互探讨和进行探究式实验，培养学生实践能力和创新能力。探究式实验是在学生掌握基本实验技能的前提下，在教师的指导下，学生亲自动手、动脑的学习过程，让学生主动探索，形成良好的思维能力。

结合以上对导学案的理解和应用，我们可以举一个鲜明的例子。在学习机械能及其守恒定律章节中第三小节功率内容时，可设计一下导学案。①本章节的学习目标：理解功率、额定功率和实际功率的定义。②本章节的重点、难点：功率的概念，功率的种类、物理意义和计算；瞬时功率的概念。③自主导学：人们在生活、生产、工作中，使用了大量的机械来做功，这和通过人力直接做功、畜力做功相比，有何优越性？请举例说明。④问题探究：功率的定义式与哪些物理量相似呢？单位 W、S、J 关系如何？与速度一时间图象做一下对比；瞬时功率和平均功率由 $P=W/t$ 求出的是其中哪一种功率？这样的导学案在高中物理教学中发挥着重要的作用。

(三)进行知识梳理和总结反思

进行知识梳理主要是让学生更好地巩固所学知识内容，注重知识间的联系，注重物理知识和生活之间的联系，还要不断进行自我反思、自我评价。导学案中“巩固练习”也是物理教学中不可或缺的一个模块，它主要包括知识小结、学科方法归纳、完成任务小结和感想体会。导学案在物理教学中的运用能培养学生自测自评的意识，进行实践性的练习，使物理知识在实践中得到巩固。

另外，还要注重反馈，查缺补漏。由于学生自身掌握知识情况不同，学习目标完成的情况也不同，这就要求教师要做好“当堂反馈”统计，对个别知识欠缺的同学进行有针对性的辅导，让他们真正掌握所学知识，完成学习目标。

导学案在物理教学中的应用，加强了对学生的指导工作，提高了教师的教学质量和效率，体现了学生的主体地位。教师要充分发挥导学案在高中物理教学中的积极作用，科学、合理地设计导学案的内容，充分调动学生的积极性和主动性。

新范式下语文随堂活动任务反馈的有效性研究

张美芳

摘　要:本文基于新范式下的语文课改,从语文随堂活动任务反馈存在的问题出发,探究了其中的原因,充分立足课堂教学这一主阵地,研究了提高课堂实效性的随堂活动任务反馈策略。在具体的操作中,通过对比、实录、图案、学生作业等实践手段,达到课题预期的目标。

关键词:新范式　随堂活动　任务反馈　有效性

受传统的语文课堂"问答式""对话式"的影响,新范式的随堂活动反馈仍然走不出"我问你答"的主要模式,随堂活动反馈往往成了现代文练习讲解,更何况学生的答与老师的问之间还缺少了针对性的交锋和问题链的衔接,往高处说思维得不到很好的锻炼,往低处说理解能力、概括能力、表达能力也未必能真正得到提高。教师由于课前预案设计中问题的思维深度不够,在反馈时并没有激励思考,学生的思维并没有因为反馈而有了进一步深入。

【举例1】我数了一下必修一我们设计的导学单,12篇现代文的导学单,真正把任务完成的最后展现方式说清楚的只有4篇。可现实的问题是,语文学习一方面要面对考试,我们目前主要考试还是以"书面表达"为主;另一方面还要面对生活,需要的是实际运用语言的能力。所以针对不同的能力训练,需要运用不同的反馈方式,让语文学习的任务的完成真正从热闹的讨论中走下来。

【举例2】《寡人之于国也》公开课上,教师预设了一个问题:请你根据文本,说一说孟子的说理艺术。学生筛选信息后,基本上都能够说出孟子的"对比、比喻"的说理艺术。但教师没有继续追问,孟子说理的效果如何,最后梁惠王有没有同意孟子的说法。而我们读过《孟子》前六章的话,就知道,在这篇选文之后,紧跟着梁惠王的话是"寡人愿安承教",这就可以说明梁惠王对孟子的态度有了很大的转变,说明孟子的观点受到了梁惠王的肯定。

一、随堂活动前

(一)把握随堂活动问题的质量

为了保障课堂活动高效进行,教师课前要精心备好课,明确该堂课的教学目标,对学生学情要进行分析，并注意目标的三维度。问题的质量直接影响课堂的效率，一个高质量的问题应该要有典型性、趣味性、层次性和启发性等几个特点。所以要注意以下几方面：

(1)分维度。按“知识和能力”“过程和方法”“情感态度和价值观”三个维度的目标。

【案例1】对比一组提问。学习《季氏将伐颛臾》这一课，我设置了三个问题。第一问，说一说这篇文章大致讲了什么；第二问，找一找，说出季氏为什么要攻打颛臾的原因；第三问，写一写，结合课文替冉有给季康子写一段话。

(2)分对象。学生的兴趣与理解程度不一样，决定了问题内容和难易不一样。

【案例2】《丹柯》中，学生预习提出的问题不一样，教师进行了整理后，分成了三个板块，请学生有选择地思考、交流。学生就会从自己经验出发，选择自己喜欢的问题思考并解答。

(二)明确随堂活动小组成员的分工

以我们学校为例，一个班一般分成八到九个小组，每个小组都有一个合理的名字，方便区别和比较，一个小组成员有六个，最好能确定六个角色。A是组长兼主持者，调控本组讨论情况及参与情况，B是记录者，主要负责讨论的过程和结果，C是综合发言者，本组的观点由他代表发言，D是板演者，需要在黑板上演示，E是补充者，对之前问题反馈不足之处予以再说明，F是促进者，对讨论中间冷场或过分热烈的情况进行综合调控。角色固定，但角色承担者不固定，为了锻炼能力，每个同学都应该学着扮演不同的角色。有条件的学校最好每个学习小组配备一块小黑板来记录小组讨论的过程和重点思维的痕迹，没有小黑板至少每个小组应该有一本活动记录本。

(三)阐明落实随堂活动需要的步骤

对比了一下，我们设计的导学单中对于活动设计不是没有具体说明，就是不外乎“小组讨论展示，其余修正补充”非常简单的几个字。我觉得应该用更清楚的表述任务完成的指令，而且这些固定的指令一旦说明、确定，尽量不更改，让学生明白“学习是一个规范的行为”。

(1)“读一读”指令。读一读，就是指学生有感情地朗读，我以为凡是觉得适合朗读的尽量请学生朗读，教师也要适时地范读。

(2)“写一写”指令。例如“请复述《炼金术士》的主要情节”，这个活动指令就应该包含：读一读课文，写一写主要内容，然后向同伴讲一讲，最后再全班分享。

(3)“想一想”指令。例如“如何理解郑愁予《错误》的几重错误”，这个活动指令就应该包含：请用一个核心词汇写一写属于你自己发现的，最值得探讨的问题，然后每组中派一个同学将这一核心词汇写到黑板上。

(4)“演一演”指令。例如“体会《雷雨》剧本中人物语言潜台词的丰富含义”，这个活动就需要学生上来“演一演”。

二、随堂活动反馈时

(一)反馈信息要科学,基于学生的学习

(1)关注信息的特性。教师要判断哪些不用再反馈了,哪些还需要进一步地开拓思维。教师根据实际情况及时调整反馈信息,改正教学手段,完善教学措施,优化教学过程。从而努力增强教学的合理性,大大提高课堂教学效率。

【案例3】高三复习课“散文主旨探究”,归纳高考题散文《牛铃叮当》的主旨。教师反馈学生答案五个,探讨答案存在的问题。列举其中三个。

学生一:随着经济的发展,我们逐渐忽视了人与人之间的情感交流,却以利益为重。

学生二:本文通过回忆以前家乡的水牛和现在对比,表现作者对水牛的喜爱,对它辛勤工作不求回报的赞美。

学生三:表达了对淳朴乡村生活的向往与赞美。(还有两个答案不在这里说明了)

我以为只要出示两个学生作业就可以,学生二和学生三的作业很有代表性,前者是概括不准,后者是概括不全。根本不需要出示五份学生作业。

(2)关注学生的个性。教师要经常给学生的学习结果恰当的评价,给予学生一定的激励,增强学习信心和兴趣,并激发起其进一步获得成功的新动机。

(二)反馈手段要多样,基于学习的内容

(1)关于“读一读”指令任务的,多请学生上来读一读,说一说。该回归文本的回归文本,该演示朗读技巧要演示,要比较组与组的差别。

【案例4】学外国小说中人物篇的小说《素芭》,理解人物形象、情节结构不难,难的是体会素芭的情感,所以我请学生读一读那些令你感动的细节。这位学生读着读着落泪了,她说,在这里她真切地感受到了素芭的无助和孤独。

(2)关于“写一写”指令任务的,尽量用多媒体实物投影,教师在学生活动时已经监测到哪些是好的、一般的、深刻的、形象的,不同层面的文字题都能投影一下,既能肯定和激励一部分学生,也能触动另一部分学生。

【案例5】学外国小说中情节篇的小说《清兵卫与葫芦》,请学生理一理小说情节,并用一个短句写一写情节内容。

这样的任务,需要学生比较简洁而精确的表达,教师需要对比结果,引导学生回到文本,实实在在地落实具体答案和合理表述。

(3)关于“想一想”指令任务的,词汇少而精的尽量请学生上黑板板演,把每一组的思维痕迹展现在黑板上,展示、比较、解释,真正将思维从空中落到实处;词汇多,思维含量也高的,教师的引导作用就要体现出来,教师不是解决一个个问题,而是抛出一个个问题,形成一串问题链,引起学生思维的碰撞。

【案例6】在探究小说《沙之书》的主旨的随堂活动中,我设置了一个问题,你认为“沙之书”可能象征什么?在反馈时,我请每个小组中的成员D到黑板上来板演,写出“沙之书”的象征意义并签名。

这种方法适用于可多元解读的文本，比如郑愁予的《错误》，想一想诗歌中有几层“错误”；必修一《我心归去》，想一想“我”心归去的几层原因；必修一读本余华的《十八岁出门远行》中举例说明象征手法运用的具体表现。

后者是可以引起观点对立的文本，比如必修二《流浪人，你若到斯巴……》。

【案例7】在课前做了充分的预习之后，我设置了一个没有答案的问题，对它的理解可以是完全对立的，你觉得小说中的“我”是主动上战场还是被动上战场的。就是这样一个问题的设计更好地帮助了学生去理解这个小说的主题，促成了学生思想的碰撞。前后共有18位同学主动站起来共做了近30次的发言。教师在中间的任务就是重申、概述前一个同学的发言，突出可以引发矛盾的焦点，带着学生一步步走向深入。

(4)关于“演一演”指令任务的，教师尽量要退到幕后，多请学生以组的形式上来展示，既有真正的合作，也有能力的锻炼，同时提高了课堂的生活性和艺术性。

【案例8】在上必修四的《雷雨》时，采用前两节熟悉剧本和人物形象，后两节分组排演，这也符合“二一一”学习范式的基本学习结构，当然中间隔一个星期，有时间让学生去准备，因为一组演出需要有八个人物，我们对其中两个组进行了拆分，重组了七个组。第三、第四节课，七个组分别登台演出，教师退到幕后。同一个剧幕，但因为演员不同，仍然有很多的不一样。虽然表演有些稚嫩，但学生都是倾情投入，后两节我就成了一名实在的观众，沉浸在学生营造的故事里。

为了减轻工作量，学生不必把导学单或者随堂作业上交，教师只需分层次交一部分学生的导学单或随堂作业，通过一部分学生的导学单或随堂作业，窥一斑而见全豹，来有效监控和检查学生随堂活动和反馈活动完成的质量，并建议学生反馈活动所形成和修改的学习信息用另外一种笔的颜色书写，以区别之前的作业情况，让学生自己、教师都能借此看到学生学习的过程和改变，并且能将这个要求一以贯之。

今天我们在关注教学“去哪里”的过程中，更强调学生在“去的路上”是怎么走的，沿途取得了哪些收获。所以我们要强调对学生课堂实践和思考的反馈的重要性。我们要有勇气跳出井底去看看外面的世界，更要有勇气带着学生去“历经繁华”，学生自己经历的过程才是属于他们自己的，任何空洞的讲述和说教只是教师一厢情愿的事。所以让我们和学生一起在课堂里既能坐“旋转木马”，又能“历经繁华”。

朗读·探究·点拨·反思

——高三政治一轮复习“四段式”策略的实践探究

朱秀梅

摘　要：高三政治复习具有容量大、拓展性强、训练任务重的特点，其中的一轮复习是基础知识的巩固，因而尤为重要。本文通过教学实践探究有效的复习方法，采用朗读、探究、点拨、反思的“四段式”复习策略，以提高复习的效率。

关键词：一轮复习　朗读　探究　点拨　反思

高三政治复习具有容量大、拓展性强、训练任务重的特点。在两轮复习中，第一轮基础知识再现巩固和整合融汇的复习是重点，它如同建筑结构的钢筋框架，直接关系着整座大厦的质量。而且高考始终依纲据本，现在高考内容有基础化的倾向，基础知识的强化至关重要，因此第一轮的复习就显得尤为重要。高三复习中应改变以教师灌输为主的教学，积极探索高三政治一轮复习的有效策略，改变高中政治复习教学方式单一，内容教条化、模式化和单一化的现状，提高高考复习效率，促进学生全面的发展。由此，我采用了“四段式”复习策略，即把课堂分为朗读、探究、点拨、反思四个环节。现以“求索真理的历程”为例加以说明。

一、朗读，促学生积攒底气

政治学科的概念、原理、基本理论观点在新授课时学生已经有所感知，但时间一长，加之内容多，难免遗忘。如何让学生重拾这些知识？十分钟左右的大声朗读就是很好的方法，在进行一轮复习时，课上必须预留一定的时间让学生读书，在读的过程中回顾基础知识，去发现自己在知识上的疑点，让学生带着问题听课。同时，通过朗读可以预热课堂气氛，使学生兴趣盎然。在这一环节上，教师要做到四点：

（一）课前要精心研究

要研究课程标准、教学要求和近两年考试大纲，从中找准本节课的知识重点，考纲中的新增考点是重中之重。同时还要研究课表和学生状态，比如，我校早自习和上午的第一节课之间只有五分钟下课时间，学生在早读时又因大声朗读而较为疲惫，所以上午第一节课就不易安排朗读；但是，下午的第一节课由于学生刚经历午休，精神不佳，就比较适合朗读，能提神醒脑，预热课堂气氛。

(二)要出示朗读提纲

在认真且深入地研究当年的高考试题以及考试说明,分析二者的联系与创新之处的基础上,有根有据地理出学生应知应会的知识,并标出重难点,让学生明确方向,把握重点。“求索真理的历程”的考纲要求是掌握:“实践的概念;实践的特点;实践是认识的基础;真理是客观的、具体的、有条件的;认识具有反复性、无限性和上升性。”那么,这些知识点就是学生要去朗读的重点内容,其中“实践的特点;真理是客观的、具体的、有条件的”是难点。

(三)要提醒指导学生

有些学生在朗读时会出现分心走神的现象,要耐心帮助学生,有的放矢地抽查特殊学生的掌握情况并适当给予指导,以提高朗读的效果。比如,在朗读的时候要记忆关键词、关键句,同时,试着通过自己举例来解释知识点,这样能让学生自我检测是否理解了知识点。

(四)要引入竞争评价机制

青少年学生自尊心、好胜心强,学生通过自主朗读,回顾了原来的知识点,所以这时可以引入竞争和评价机制,通过一定的方式,比如,默写、抽背、抢答、同桌互问等给学生相互竞争、相互提升的机会,让学生体验读书之乐。

二、探究,让学生展示才气

在高三一轮复习课上,教师更应创造条件、创设情境,以重要时政材料、社会热点和典型事件为背景结合知识重点难点设置问题,引导学生进行探究,满足学生的这一需求;同时也为学生提供展示知识、思维、口才和觉悟的机会。但在这一环节上教师需要发挥好引导作用。

(一)确定探究的方式

在教学中要结合学生构成和课堂教学实际,针对不同的教学设计和问题设计采取不同的探究方式。问题较多、难度较小的可采用班级集中式探究;重点、难点、热点或有争议的问题可以采用小组合作式探究。如在复习真理的客观性时,有个“仁者见仁,智者见智是否违背了真理的客观性”的问题,对于这个问题,学生形成了两种对立的观点,那么这个就可以采用小组合作式探究,让学生去探讨举例,发表观点。通过思维的碰撞去得出结论:在同一时间、地点、条件下,对同一个确定的对象,只能有一个真理。通过合理的探究方式不仅能活跃课堂,同时也给了学生表现的机会,深化对知识点的理解。

(二)设计探究的问题

政治复习课探究一般是通过教师命题来引导学生认识、探索和解决问题,启发学生思维从而形成正确的情感、态度、价值观。因此,教师的选题是否恰当直接关系到课堂探究的质量。选题好，能激发学生探索问题的兴趣。因此，在选题时应做到：一要选择切合考试重点、难点的题目，点中学生的要害；二要抓住学生的共性问题，通过题目引起学生的共鸣；三要引入最新的时事、热点材料，一方面引起学生注意，另一方面引导学生关注社会热点，提升自身素质。

如在复习"实践及其特点"时，运用了时政热点"中国载人航天的三步走"，设问：运用实践的特点的知识，分析说明中国载人航天技术的发展历程。这一问题以教学难点"实践的特点"为考察范围，切口小，重分析。也抓住了学生的共性问题——对实践的三个特点理解不透彻，有利于提高学生的参与积极性。同时，也能通过时政热点材料培养学生的爱国热情，从而形成正确的三观。

(三)驾驭探究的进程

教师对探究的进程有个大致的估计，做到心中有数，既要评价学生所具备的知识程度，又要估价探究过程中可能遇到的问题，并根据探究的方式来选择具体的操作方式。

如采用小组合作式探究，教师应该自始至终在各组间巡回，观察学生们的分组学习情况，以便清楚地知道他们是否明白了布置的学习任务，是否积极探讨问题，并发现他们合作过程中出现的问题。如果学生的思维不流畅出现合作困难，教师可停下来参与其中的讨论，为他们做必要的引导；有时，小组合作学习中也会出现大部分同学讨论得津津有味，个别同学默默无语的现象，教师应关注这些同学，通过询问他们在思考什么，有什么想法，将他们的思维引导到学习的内容上，帮助他们尽快加入到小组合作性学习中。

如采用班级集体式探究，要引导学生大胆积极地张嘴讲自己的观点，点燃课堂气氛，从而带领全班同学参与进课堂探究。对于班级集体探究中出现的"个别声音"和生成性资源，要善于引导，同时抓住机会，把生成性资源转化为有效的教学资源，在解决问题的同时，不打击学生思维的积极性。集体探究后教师在充分评价学生讨论发言的基础上，对探究问题做全面的分析。

三、点拨，帮学生除去雾气

近几年的政治高考重分析能力的考察，题目切口较小，这不仅需要学生有较强的基础知识功底，还要有分析材料的能力。所以，教师要做必要的点拨、提醒。通过精讲点拨，拨开迷雾，让学生茅塞顿开。点拨，需要在要害处，贵在"精"。需要把教法、学法融为一体，需要教师在课前做大量准备，把握课堂中学生的各种表现。

(一)心中有数，把握重点

知识方面，要围绕学生迫切需要解决的问题展开，精讲重点、疑难点、易混点、热点，构建知识网络，切忌面面俱到。能力方面，通过典型题目，让学生掌握解答一类题的方法和技巧。如在复习时，我采用了一道高考题：

2011 广东卷·37.(25 分)阅读下列材料，结合所学知识回答问题。

材料二：我国在文化体制改革中，科学区分了公益性文化事业与经营性文化产业。

当前，我国正着力加快经营性文化单位转企改制，稳步推进公益性文化事业单位改革，并把振兴文化产业上升到国家战略的高度。截至2010年上半年，全国大多数经营性文化单位基本完成转企改制。据此，有人认为，文化体制改革就是搞文化产业化。

(1)略。

(2)结合材料二，从真理的条件性、具体性原理出发，简评“文化体制改革就是搞文化产业化”的观点。(6分)

在学生探究前，我先请学生回答辨析题的做题方法，即(1)判断观点是对的、错的、片面的；(2)(一般观点都是片面的)用课本原理肯定对的部分；(3)用课本原理改正错的部分；(4)小结出正确观点。在这个过程中，给学生一定的指导和补充，使学生能把握答题的方法。在学生独立完成探究得出结论后，再请学生展示答案，适当点拨引导，形成正确答案。同时，强调本课的易错点——真理的条件性和具体性的理解，以及易漏点——真理和谬误往往相伴而行。

(二)语言要简，内容要精

传统的复习课，总是以教师的满堂讲为主，但效率却并不高，因此，应该少讲、精讲。所谓“精”是少而有用，少而有效。应在关键处和疑难处对学生进行点拨指导。如针对学生的问题：真理的条件性和具体性如何区分？我说：条件性强调“空间”，任何真理超出适用的条件和范围就会成为谬误；真理的具体性强调“时间”，任何真理都要随着历史条件的变化而变化。这样通过两个词就能解决问题，而且通俗易懂。

(三)多点耐心，循序渐进

在点拨提醒的环节上，教师不能奢望通过一次讲解或者一次作业，学生就能掌握所有的方法，形成超人的能力。针对学生迫切需要解决的疑难点，教师必须有充分的准备和高超的艺术，快速确定讲的内容，抓住要害，讲清思路，明晰事理，由个别问题上升到一般规律，触类旁通。

四、反思，助学生增添勇气

“学而不思则罔”，对一节课的认知活动进行反思自悟，既是原有认知结构更新升级的必要前提，也是提高学生思维灵活性、深刻性、批判性和创造性的必由之路，更是塑造高尚人格的重要环节。通过反思、自悟，巩固知识、提高能力。

(一)引导学生对知识进行总结思考

尽量把同类知识、相似知识或具有同种属性的知识同时展现，抓住其中的共同点、区分其中的不同点。并自主构建知识体系，形成知识树或知识网。

(二)引导学生对研究环节进行反思

对比自己所想、同学所言、教师所讲，反思在解决问题、分析问题、表达答案的过程中自己有何长处、有何不足、有何收获，并做适当的记录。

(三)引导学生对学习结果进行自评

通过复习,明确自己的疑难问题是否解决,基础知识是否夯实。同时,对于课堂所学的解题方法是否掌握。如还有疑问再询问同学或者老师。

学习与社会再生产一样,也是一个不断重复和更新的过程。在“四段式”复习策略中,朗读是基础,探究和点拨是桥梁和纽带,反思是目的和动力。在具体的课堂实践中,可以结合教材进行运用。通过这样的复习方法来激发学生学习的积极性,提升一轮复习的效率,为高考冲刺打好基础。

知己知彼　有备而教

——新课改背景下改善生物备课方式初探

沈　英

摘　要:针对高中生物备课方式,在探究性、趣味性、问题教学、音像教材利用等方面进行研究,以具体教学内容为例,通过备课过程的讨论、分析、交流,并以预测学生反应为出发点,精心设计备课方案,培养学生在探究性、创新性、主动性方面的习惯和能力。并对这种以“教学生会学习”为出发点的新型生物备课方式应用于实践后,所取得的成效进行总结、分析和反思。

关键词:生物备课　探究

在实施生物课程改革的实践中,大家比较关注新课程背景下的生物课堂教学模式改革,对这方面的研究较多,但对于生物教学备课方面的专门立项研究甚少。改革课堂教学,备课是主要环节,集体备课更是教师之间互相交流教改信息、探讨教学方法、切磋教学艺术的一项重要措施。

一、引入探究性学习教学模式

高中生物教学内容中有许多适合学生探究学习的知识,我们要抓住机会,培养学生的探究能力。因此教师必须在备课过程中引入探究性学习教学模式。大致可以分为三类探究性学习教学模式:在实验中落实探究性学习、在问题中落实探究性学习、在调查中落实探究性学习。在生物备课过程中探究性学习内容的设计案例如表 1 所示。

二、创设趣味意境,激发学习兴趣

备课中教师要善于设计各种情境,激发学生学习的兴趣和情感。创设趣味意境有多种方法,如幽默的语言、生动的故事、设置悬念、趣味提问、讲述学生感兴趣的现象、引用诗句形象说明生物知识等等,都可以达到激发学生学习兴趣的效果。同时,对学生的反应进行预测,有针对性地创设有利于发挥学生创造力,拓宽学生学习面的意境,则能最大效果地激发学生的学习兴趣,培养学生的主动学习习惯。下面是我们在备课过程中设计的部分意境案例,如表 2 所示。

表 1　探究性学习内容的设计案例

	教学内容	教师活动	学生活动	设计意图
在实验中落实探究性学习	生物组织中可溶性还原糖、脂肪、蛋白质的鉴定	①提前布置任务：确定实验材料、设计实验过程； ②观察学生操作。	①选择材料； ②材料处理； ③实验操作过程设计及操作； ④观察实验现象； ⑤分析实验结果。	①让学生自主探究实验材料与实验结果的关系，如用绿叶很难观察到现象；②探究材料处理问题，如大豆不能浸泡太久；③让学生学会选材、处理和分析结果。
	探索淀粉酶对淀粉和蔗糖的作用	①让学生先设计实验方案； ②检测学生操作； ③提出异议，分析结果。	①设计实验方案； ②实验操作； ③观察实验现象； ④分析实验结果。	①让学生自主探究淀粉酶对淀粉和蔗糖的作用；②学会设计对照实验；③让学生学会分析现象得出结论。
	生长素对植物生长发育的影响	①让学生先设计实验方案； ②要求学生预测实验结果，分析可能原因； ③观察学生操作。	①选择实验材料； ②实验操作过程设计及操作； ③观察实验现象； ④分析实验结果。	①让学生自主探究生长素的作用；②学会设计对照实验；③让学生学会分析现象得出结论。
在问题中落实探究性学习	ATP 与 ADP 之间的转化	提问：①这是一个可逆反应吗？ ②两个反应的场所、能量来源各是什么？	①分析两个反应的反应式； ②思考回答两个反应的场所、能量来源各是什么。	①让学生从自己的回答中发现第一个问题的答案；②学会主动寻找答案；③学会运用已有知识解决问题。
	新陈代谢中光合作用和呼吸作用的关系	提问：①光合作用和呼吸作用的概念是什么？②它们是两个相反的过程吗？③启发引导学生从两者发生的条件、场所、能量的转变、储存或释放的途径等方面展开讨论。	①分析两个作用的概念及过程； ②思考回答发生的条件、场所、能量的转变、储存或释放的途径等； ③分析自己的回答，主动解决前一个问题。	①让学生从自己的回答中发现问题的答案；②学会主动分析并寻找答案；③学会运用已有知识解决问题。

续 表

	教学内容	教师活动	学生活动	设计意图
在调查中落实探究性学习	调查媒体对生物科学技术发展的报道	①让学生先拟订调查对象； ②要求学生分小组设计调查过程及方法； ③检查学生自主完成的总结分析调查结果报告。	①选择调查对象； ②设计调查方法和过程及分工； ③运用各种媒体获取生物信息并归类； ④分析讨论调查结果。	①让学生自主探索生物科学技术发展；②学会分工合作；③让学生学会收集生物信息，培养学生综合、归纳能力。
	调查人群中的遗传病	①让学生先分组、分工； ②要求学生设计调查过程及方法； ③检查学生自主完成的总结分析调查结果报告。	①选择调查对象； ②设计调查方法和过程及分工； ③运用资料、网络获取有关信息； ④总结分析调查结果，并写成报告。	①让学生自主探索一些遗传病的发病情况、遗传特征；②学会分工合作；③培养学生接触社会，并从中获取资料或数据的能力。

表 2　部分意境案例

教学内容	创设意境	设计意图	学生反应预测
绪论	描述含羞草的会动、捕蝇草的会捕虫、飞蛾会扑火等现象，并提出产生这些现象的原因。	引导学生通过生命现象思考本质原因，让学生质疑，激发学习兴趣，并引入课本的主题。	会有很多发散性思维活动，有各种各样的答案，也激发了想知道更多的兴趣。
细胞	如果把整个细胞比喻成一个独立的王国，现在请你给细胞的各个成分取一个符合身份地位的名字。	通过形象的比喻使学生加深对知识的掌握，同时让学生感受学习生物的趣味性。	学生基本能回答出：细胞核是首都，染色体是国王的宝座，DNA 是国王，mRNA 是钦差大臣，线粒体是动力工厂，内质网是高速公路……
人和动物的体液调节	展示人工呼吸的图片，让学生回答在干什么。提问：口对口吹气，大家都知道吹出来的气中含有较多的二氧化碳，为什么还能抢救病人呢？	勾起学生的求知欲，提高听课效率，还能让学生理解人工呼吸的原理，产生恍然大悟之感，提高学习生物的兴趣。	学生可能会回答：吹气为了给氧气或为了通气。
植物的生命活动	引用诗句，如“人间四月芳菲尽，山寺桃花始盛开。”说明温度对植物开花的影响；“春色满园关不住，一枝红杏出墙来。”说明植物的向光性；“落花不是无情物，化作春泥更护花。”说明物质的循环利用；“野火烧不尽，春风吹又生。”说明植物的生殖等等。	培养学生活用生物学知识，善于发现其他学科或其他常见事件中蕴含的生物学知识，真正理解生物的趣味所在。	这些诗句学生应该都听过，但没有从生物学角度去理解它们隐含的意义，但一旦提出来都能够回答一二。

教学过程中除设计情境外，还要设计以教师的情感点燃学生的情感。古人云：“亲

其师而信其道。”教师要满腔热情地全身心地投入教学，以自己的兴奋情绪去激励学生，以自己的主动性唤醒学生，以自己的朝气蓬勃的精神去鼓舞学生，使学生产生情感共鸣，并和教师进行积极的情感沟通和交流，把教学带入乐思乐学愉快和谐的境地。

三、问题教学的应用设计

问题教学是以学生对问题的探索和研究为主的教学方法，它通过学生对教师设计的问题的分析、研究、探索、总结，最后获得相关知识，在此基础上发现并提出新的未知。努力构建以学生为本的课堂教学模式，采用开放的教材，实行开放的教学。要让每个学生在人格上独立、思想上自由，让学生意识到自己有发现、提出问题的权利。问题教学在生物备课过程中的设计案例如表3所示。

表3　有关问题教学的设计案例

教学内容	创设意境	设计意图	学生反应预测
植物对矿质元素的吸收和利用	创设问题意境：“锄禾日当午，汗滴禾下土，谁知盘中餐，粒粒皆辛苦。”请思考：锄禾的目的是什么？为什么选择中午？	引发学生思考，培养发散思维，并理解生物知识在社会生产实践中的应用。	可能的回答：锄禾为了除去杂草，杂草在中午容易被太阳晒死；或者为了松土，利于矿质元素吸收，中午蒸腾强利于运输。
DNA指导蛋白质的合成	让学生阅读一段课外资料：朊病毒只有蛋白质而没有核酸，但它具有感染性，也有传染性，羊的“瘙痒病”、牛的“疯牛病”及人的震颤并都由朊病毒引起。	让学生自主发现问题，提出问题，培养探究能力、创新能力。	学生自己发现问题：蛋白质能自我复制吗？世界上奇怪的东西真多，科学无极限。生命科学中的“例外”正是激发学生探究热情的“兴奋剂”。
渗透作用和自由扩散的比较	先推出自由扩散和渗透作用的概念、条件及应用形式。	激发学生质疑的欲望，培养学生的求知欲，使其学会主动学习和探究。	学生会发现其中的矛盾：水在自由扩散中从高浓度到低浓度运动，在渗透作用中却是从低浓度到高浓度运动，为什么？

问题设计要注意适当的深度、难度、跨度、密度、梯度、角度。问题要从易到难，符合认知规律，引导学生沿着知识的脚手架向上攀登。提问题的角度要变化、要新颖，引导学生多角度、多侧面的思考，锻炼学生的发散思维能力。设计的问题要能把教学引向深入，如从旧知的复习提问中引入新知等等，使课堂流畅、结构合理、各环节转换自如，师生、生生互动和谐，信息交流通畅，使教与学处于良好的状态之中。

模型建构实例

——“减数分裂”教学中的模型应用

曹 政

摘 要:本文归纳了生物模型建构的主要方法,并以浙科版生物学教材《遗传与进化》模块中的“减数分裂中的染色体行为”为例,对各类方法进行了典例分析。

关键词:模型建构 减数分裂

《普通高中生物课程标准》中明确表示,中学生应学会生物模型建构,并标明“减数分裂中的染色体行为”这节内容要求建构“减数分裂”的模型。本文通过解析模型建构的具体过程和细节,达到模型教学的目的。

- 生物学模型
  - 物理模型
    - 物质模型
      - 实物模型
        - 动态模型:中学生动手构建的减数分裂中染色体变化的模型
        - 静态模型:减数分裂各时期的塑料模型
      - 模拟模型
        - 人工模拟模型:“手”模型
        - 信息化模拟模型
          - 三维模型:三维模拟细胞减数分裂的过程
          - 声像模型:《减数分裂》歌曲
    - 思想模型
      - 具象模型:“袜子”模型
      - 理想模型:减数分裂过程图解模型
  - 数学模型
    - 确定性模型:减数分裂过程中染色体、染色单体、DNA 数目变化曲线模型
    - 随机数学模型:非同源染色体自由组合过程中的概率统计模型

图 1 “减数分裂”课程中的模型分类

一、物理模型具体应用

(一)理想模型建构

通过画图构建人的生长繁殖过程(精子和卵子形成受精卵,再由受精卵发育形成男人或女人),这个过程中遗传物质一半来自父亲,一半来自母亲。通过遗传物质引出人体中的染色体,观看染色体的分布。另外,利用减数分裂的图解阐释减数分裂各个时期的特点,以及给减Ⅰ、减Ⅱ时期的细胞命名。

（二）“袜子”模型建构

人体中的染色体散乱分布（不利于研究）就像家里的一堆袜子（PPT），如果要整理袜子应该怎么做？生：大小、形态、颜色一样的找出来，配成对，应该有23对这样的袜子。师：染色体如果也以整理袜子的方式整理出来的话（PPT展示人体染色体分类图）也有23对。体细胞中有23对染色体，但是在性细胞中我们只发现了23条形态结构不一样的染色体，这些染色体刚好是原先一对对染色体的一半。至此引出减数分裂的特点——染色体数目减半。

（三）“手”模型建构

减Ⅰ前期，在一起的一对对染色体称“同源染色体”。把“手指”看成这些染色体（以左右手的拇指比较）分析减Ⅰ前期同源染色体的特点，外形特点——大小形状都相同；追溯来源——父母；行为特点——配对（联会）。区别3个特点的重要性：首先排除来源最重要（以右手拇指与左手食指比较，来源于父母双方，形状大小也不同，不是同源染色体），其次排除外形特点最重要（右手食指与无名指比较，大小形状相似，来源于父母一方，不是同源染色体），最后得出同源染色体的联会行为才是减Ⅰ前期同源染色体最重要的特点。

（四）信息化模拟模型建构

通过计算机三维模拟减数分裂的过程帮助学生更好地复习减数分裂这部分内容，课后通过《减数分裂》网络歌曲的学唱，学生充分利用课余时间回顾减数分裂的内容，使知识强化。

二、数学模型具体应用

（一）确定性模型建构

根据减数分裂的塑料模型和过程图解，师生共同探究减数分裂中染色体、DNA在各个时期的数目变化，并由学生完成图表（二倍体生物为例）。根据所填数据，绘制以时间为横轴，以染色体、DNA数目为纵轴的二维曲线图，构建出减数分裂中遗传物质数目变化曲线的数学模型。

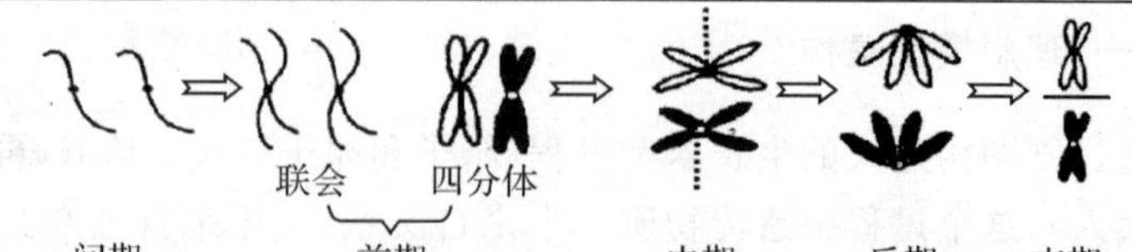

减数第一次分裂过程	间期	前期（联会、四分体）	中期	后期	末期
染色体数目变化	2n	2n	2n	2n	n
DNA数目变化	2N→4N	4N	4N	4N	4N→2N

图2　减数分裂中染色体、DNA的数目变化

(二)随机数学模型建构

根据减数分裂过程图解，思考减Ⅰ后期同源染色体分离，非同源染色体自由组合过程，并构想可能的组合方式。以2对同源染色体为例，在2对同源染色体可能组成4种组合方式的基础上，学生考虑如果在有3对、4对同源染色体情况下，可能有的组合方式。由此类推，得出规律：n对同源染色体可能有2^n种自由组合方式，从而建构起随机数学模型。

三、物理模型建构的几个步骤

(一)方案设计

每班51人分为13个小组，每组4人，每组讨论分析减数分裂的各个时期染色体的不同特点(以精原细胞减数分裂为例)，并研究如何设计一个动态模型，得出初步设计方案。

(二)合理选材

红、黑色带帽水笔若干(如：晨光 snoopy 系列)，红、黑水笔帽若干，胶带，红、黄色橡皮泥，白纸等。

(三)细化操作方案，分工制作模型

【方案1】用橡皮泥制作四条红色和四条黄色的染色单体，使红、黄各两条染色单体长度为4cm，另四条单体长度为6cm。将两条长度相等的染色单体并排放好，用同种颜色的橡皮泥将染色单体的中间粘在一起，代表已经完成复制的染色体。长度相同，颜色不同的两条染色体相当于是一条来自父方，一条来自母方的同源染色体。

【方案2】各取一支带帽的黑、红色水笔，去笔芯的水笔壳和笔芯分别可看成两条染色单体，把笔芯放回笔壳组成一条已经复制了的染色体，两支不同颜色的水笔可组成一对同源染色体。另一对同源染色体可由两组同色的笔帽组成：取两红、两黑水笔帽，同色的卡在一起，由此每个笔帽相当于一条染色单体，四个笔帽组成一对同源染色体。纺锤丝可由拧成条的透明胶带组成，并与每条染色单体都捆绑起来，以便减Ⅱ后期染色单体间的分离。

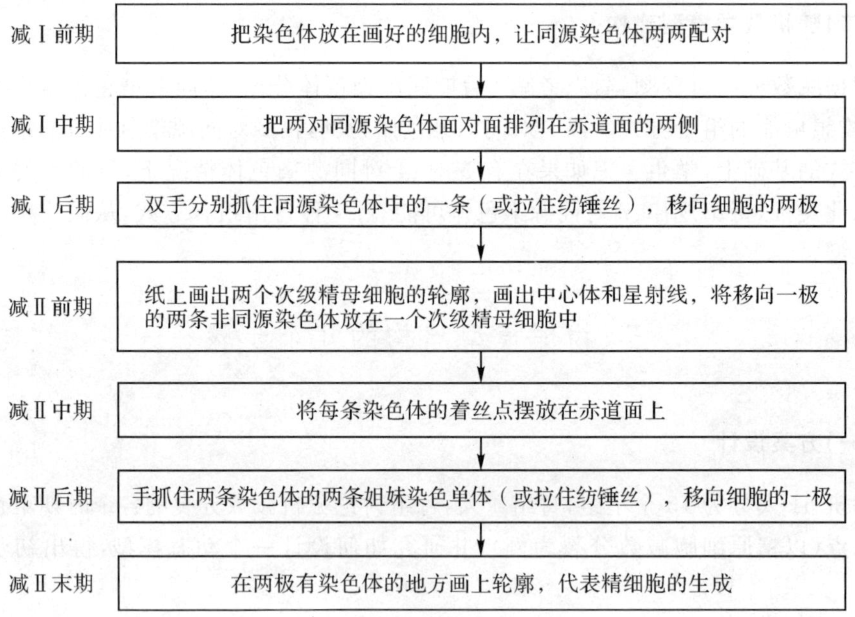

图 3　模型制作流程

(四)检验并完善模型

对于初步构建的精子中染色体模型，同学们应积极地讨论两种模型的好坏，并主动地完善各自建构的模型，以确保其合理性、适用性。

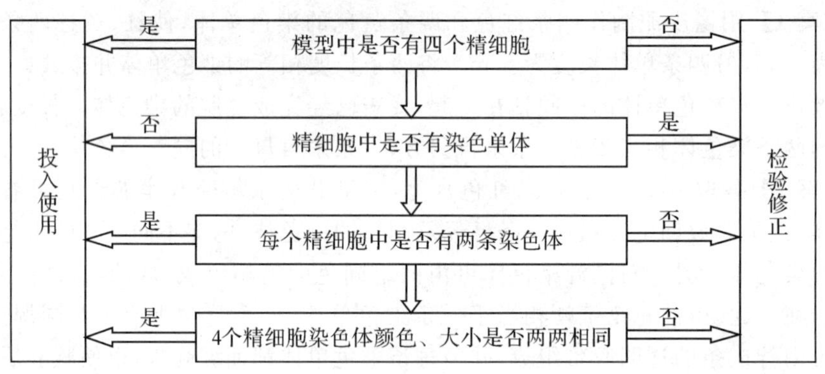

图 4　模型检测过程

(五) 模型的迁移及应用

学生在学会如何构建减数分裂的模型后，应利用已有的模型及时迁移知识点，加强对概念的理解和现象的分析，如对交叉互换后配子的种类变化的理解。

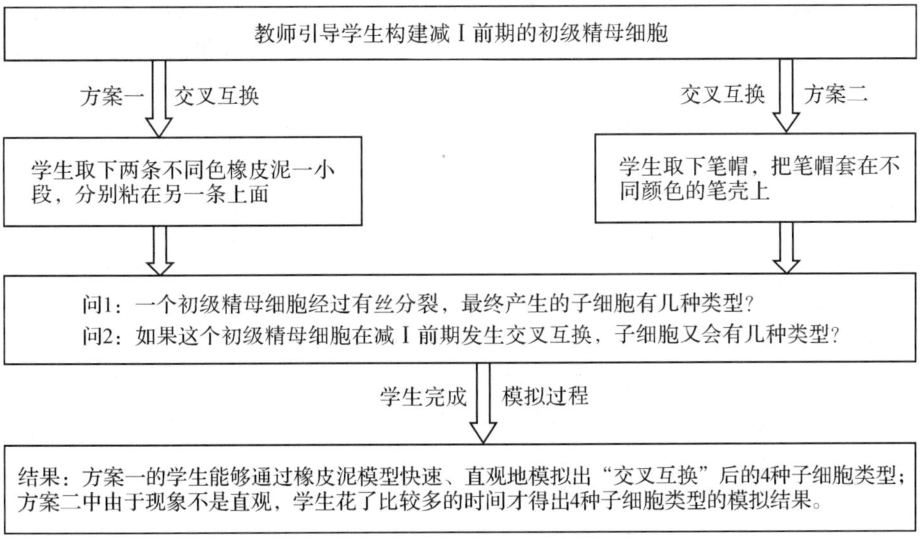

教师引导学生构建减Ⅰ前期的初级精母细胞
方案一
交叉互换
交叉互换
方案二
学生取下两条不同色橡皮泥一小段，分别粘在另一条上面
学生取下笔帽，把笔帽套在不同颜色的笔壳上
问1：一个初级精母细胞经过有丝分裂，最终产生的子细胞有几种类型？
问2：如果这个初级精母细胞在减Ⅰ前期发生交叉互换，子细胞又会有几种类型？
学生完成
模拟过程
结果：方案一的学生能够通过橡皮泥模型快速、直观地模拟出“交叉互换”后的4种子细胞类型；方案二中由于现象不是直观，学生花了比较多的时间才得出4种子细胞类型的模拟结果。

图 5　模型迁移

四、学习效果检测

下图表示某种生物的细胞内染色体及 DNA 相对量变化的曲线图。根据此曲线图回答下列问题。(注:横坐标各个区域代表细胞分裂的各个时期,区域的大小和各个时期所需的时间不成比例)

染色体及DNA相对含量
40
30
20
10
曲线A
曲线B
1 2 3 4 5 6 7 8 9 10 11 12 13 时间

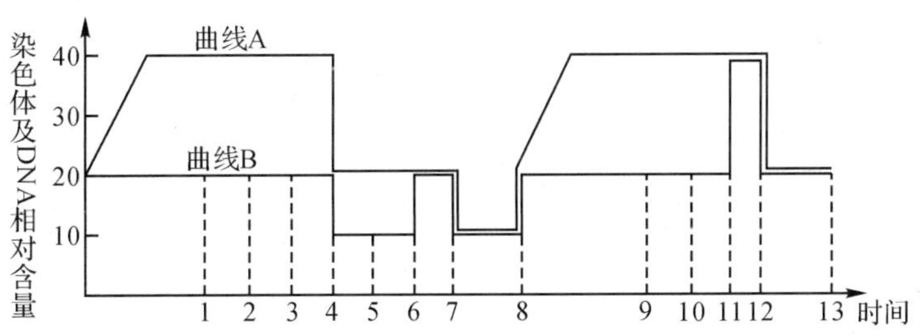

图 6　某种生物的细胞内染色体及 DNA 相对量变化的曲线图

(1)图中代表染色体相对数量变化的曲线是________。

(2)进行图中 8 过程时,细胞之间有信息交流,完成信息交流的细胞结构是________,相关的成分是________。

(3)细胞内不含同源染色体的区间是________________。

(4)若该生物体细胞中染色体数为 20 条,则一个细胞核中的 DNA 分子数在 4—6 时期为__________个。

五、课后反思

模型建构遵循学生的心理认知规律,即感知——表象——记忆想象——思维这样

一个由低级到高级、由简单到复杂的发展过程设计，经过物理模型应用——数学模型建构——物理模型建构的过程步骤达到教学目的。通过思想模型和模拟模型的建构，让学生轻松直观地理解"同源染色体""联会"等概念，特别是网络歌曲的学唱大大加强了学生学习的积极性；又通过物理模型进行数据分析，构建数学模型。最后，学生利用模型知识能够自己构建物理模型并加以运用。所有这些模型从不同的侧面来反映减数分裂的本质属性，使学生把"减数分裂"这一认知图式构建得更完善。

教学过程中充分考虑到"学生主体"的教学理念。学生身边往往不会带有橡皮泥等材料，导致这样的模型在课后很难再次建构。但是，学生身边都有相似品牌的黑色水笔，大部分同学还有红色水笔和胶带，利用这些身边的材料建构模型，不但有利于初次实物模型建构过程中不同模型间的比较，还有利于学生在课后对实物模型进行再次建构。学生能够反复验证模型的可靠性，从而充分地调动了"主体"的能动性，在验证的过程中达到复习减数分裂过程的目标。

课程研发篇

KECHENG YANFA PIAN

依托校园国学社助推学生生命成长的实践研究

课题组

摘　要:面对当前流行的相对低俗的时尚文化和快餐文化对学生的强大冲击,我们以国学社为抓手,跳出传统理解中单纯文字、文学或学术研究范畴,把广博的国学知识转化成适合学生身心发展的教育素材,在雅俗之间找到一个恰当的平衡点。通过学生喜闻乐见的各种形式和丰富多彩的实践活动,让广大学生快乐地走进国学,在活动中感受经典,在笑声中汲取营养,让学生在感受伟大国学精粹与经典的同时,培养当代学生需要的各种综合能力,最终达到润物细无声的育人效果。

关键词:国学社　项目活动单　精品社团

一、课题研究缘起

(一)学生生命成长的需要

针对高中生的生理心理特点,传统大班授课制背景下的教学方式已无法满足成长的需要,而社团活动以其内容与形式的新颖,顺应了学生的猎奇心理,较好地弥补了传统教育的"缺失"。相对于学校常规的课堂教学而言,社团活动以其丰富多彩的教育内容和突破常规的教育形式,深受广大学生喜爱。

(二)拓展教育资源的需要

当前流行的国学基本可以归为文学(文化)经典范畴,各类学者大都把千百年流传下来的"经、史、子、集"等经典古代文献作为基本着眼点,如此的国学定位肯定比较科学,但对高中学生而言未必是最适合的。如何将广博的国学素材转化为容易让高中生"吸收"的教育资源,并积极地"作用"于学生身心的发展,是一个全新课题。

(三)学校品牌建设的需要

我校在教育教学中长期坚持用"生命化教育"的理念来润泽校园,以富有人文气息的各种教育活动来涵养学生内在的品质,提升学校的文化品牌。学校品牌的建设是需要抓手的,社团建设正是学校品牌建设的有效举措,事实证明,多样化的社团建设正逐渐成为广大学生认同并热爱学校的主要因素之一。

二、我校的国学及国学社定位

国学作为传统文化的重要载体，中学生理应吸取其中养料，然而，国学的深奥与枯燥无法与当前学生喜闻乐见的流行文化相比。面对当代高中学生普遍存在的国学意识及国学素养的缺失，面对当前流行的相对低俗的时尚文化和快餐文化对学生的强大冲击，让学生成为一个有文化底蕴的人，是每一个教育工作者的责任。我们以国学社的创办为抓手，跳出传统理解中单纯文字、文学或学术的范畴，对国学做出了自己个性化的解读，进一步扩大国学外延，我们认为只要是“中国的”“传统的”“经典的”东西，都可以视作国学。

感悟国学不能让学生一味地钻进国学的“故纸堆”里，单纯地用研究的方式解剖麻雀，而应该把广博的国学知识转化成适合学生身心发展的教育素材，在雅俗之间找到一个恰当的平衡点，通过学生喜闻乐见的各种形式和丰富多彩的实践活动，让广大学生快乐地走进国学，在活动中感受经典，在笑声中汲取营养，让学生在感受伟大的国学精粹与经典的同时，培养当代学生需要的各种综合能力，最终达到润物细无声的育人效果。

正是基于这样的理解，我们在原有社团的基础上，组建了大型国学社团，下设沉香书画社等 13 个分社（我校师生社团一览表见图 1）。就目标指向和教育形式而言，我校的国学社与时下流行的“经典诵读”班或兴趣小组相比是有着本质区别的。

三、国学社团建设的探索与实践

（一）国学社团建设管理网络构建

1. 国学社在师生社团中的地位

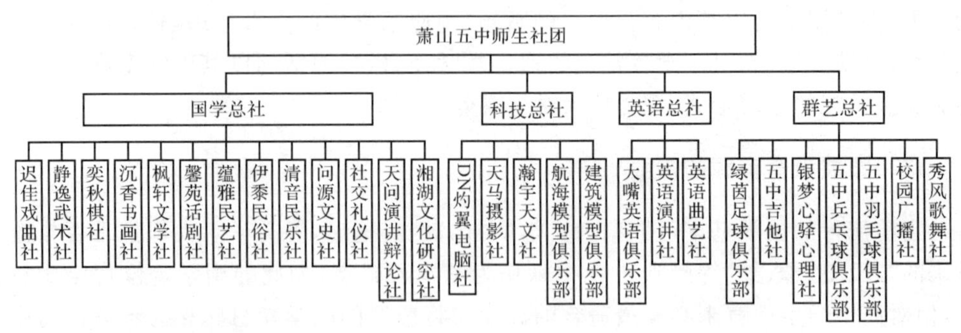

图 1　我校师生社团一览表

2. 国学社团五级垂直管理体系

我校的社团管理机构形成“五级垂直管理体系”，在校长室的直接领导下，建立学校师生社团管理委员会，负责所有师生社团的全面建设工作，包括对下设四个总社的组织管理，各总社组建“智囊团”，对其下辖的各个分社负有指导和管理责任。各分社指派一名指导教师，全面负责各社的组织建设、活动规划与实施。由社管会成员组成巡查组，轮流担任各分社活动的巡查监督任务。五级管理与五级反馈机制形成一张严密的社团

建设管理网络，保证了我校师生社团的科学而规范的运行。（国学社管理网络图略）

（二）国学社各分社教育定位

中国的传统文化是广博无边的，我们创办再多的分社也只能窥其一斑，无法囊括全部，即使目标指向相对具体的各个分社，同样也不可能广泛而深入地涉猎。正因为如此，我校的国学社干脆不在深度与广度上做文章，而是把视角集中到"适合学生"上来。为此，各分社确定了针对性强、操作性强的教育定位。（校园国学社各分社教育定位一览表略）

（三）国学社团常态运行模式

1. 重视社团规划

国学社在学期末制订下学期的学期规划与周规划。学期规划有主题构思式和行事历式两种。周规划强调项目活动单的设计。国学社活动规划的制订原则：一是主题鲜明；二是分布均衡；三是形式多样；四是操作性强；五是有创新性；六是有明确教育价值取向。学期规划与周规划必须通过社管会的审核后方准实施。（学期规划示例略）

2. 项目活动单运行

项目学习是指提供学生高真实性的项目，让学生通过做项目来找出问题、规划行动方案、收集资料、解决问题、进行决策、完成研究过程，并最终呈现作品的学习方式。各分社主题活动必须用"项目活动单"的形式细致规划并形成活动方案。（湘湖社项目活动单示例及民俗社项目活动单示例略）

3. 建立巡查制度

为了及时掌握各分社的活动信息，保障社团活动的正常开展，总社对于各分社每周的活动都将派人进行巡查，并将巡查结果与期末考核挂钩，以此推动各分社不断提高社团活动质量，激发各分社指导老师的工作热情。（巡查记录表略）

4. 国学大讲堂

国学社拥有一个传承经典的活动基地"国学教室"，由《中华传统文化与青少年素质教育研究》总课题组精心设计。主讲人可分为三大类：一是校外国学相关领域的专家，二是校内有专攻的优秀教师，三是学有所长的在校学生。（2010 学年第二学期国学大讲堂一览表略）

5. 多样成果展示

我校社团成果展示主要有社团成果展示周、社团文艺节目排演、国学报、"文化长廊"等四种形式。每学年 4 月的最后一周为社团成果展示周，其主要形式有现场互动日、专场比赛、展板展台展示等三种常规形式（2011 年社团成果展示周主题活动一览表略）。随着国学社的创办，我校的师生社团得到了前所未有的发展，社团在元旦文艺会演中的作用也体现得越来越明显。2009 年开始，历届文艺会演中，社团节目比重越来越大（2011 年元旦文艺会演中国学社团节目单略）。《国学报》是由国学社发行的校内刊物，每学期两期。《国学报》分"社团聚焦""国学讲堂""国学感悟""国学论坛"四个版面。学校在原校园宣传窗的基础上增设了国学"文化长廊"。

6. 考核评价

（略）

四、国学社精品社团举隅

（一）问源文史社

1. 欣赏经典作品

诵经读典是文史社的一大特色，办社三年来，文史社举办了多次诵读经典古文的活动。为了使读经对社员而言不再是枯燥的事，文史社总是力图将古文与现实结合，为社员讲授"孝道"之礼，帮助社员摆脱个人主义的窠臼。

2. 研究诸子百家

文史社在走进诸子百家思想的同时，也积极地开展了导致诸子不同思想的社会根源的探究活动，把文学研究与史学研究合二为一，树立正确的文学观、史学观，在深刻的思辨过程中明晰时代兴衰的本源。

3. 创新主题活动

开展学生讲坛最初是文史社首创的活动形式，这种模式对其他社团起到了榜样作用，被其他社团借鉴并广泛开展，并发展成为国学社总社"国学大讲堂"的最初模型。古迹采风也是文史社创新活动之一，"兰亭、沈园采风"是文史社最有成效的一次国学体验活动，让学生在欣赏美景的同时也感受着传统文化的深厚内涵。

（二）湘湖文化研究社

1. 乡土文化讲座

《话说湘湖》讲座是该社的系列精品讲座，该讲座分"湘湖名称由来""湘湖历史文化""湘湖的保护与开发"三个板块，对萧山湘湖蕴含的丰富、深邃的文化内涵做了较为深刻的剖析。该系列讲座主要由三种形式构成：一是本土专家讲座；二是指导老师讲座；三是学生自己考察研究中的湘湖文化。

2. 本土古迹考察

湘湖社通过对茅湾里印纹陶窑遗址的考察，近距离地接触古代文物，亲手体验文物出土的过程，在同学们心中留下了深刻的印象。社员们共同起草了《茅湾里印纹陶窑址考察报告》，并寄给当地文物管理部门，受到了当地文物部门的充分肯定。

3. 地方史学研究

湘湖社一贯重视社员对地方史学的研究。其中《萧山方言研究》和《萧山老地名的调查探究》课题成果分获区研究性学习成果一、二等奖。在"萧山老地名探源"课题研究过程中，湘湖社社员们结合自己所在户籍进行调查，走访方志办、地名办等单位搜集资料，走街串巷开展实地考察研究，由此获得了更多的信息渠道，提升了探究实践的能力。

(三)伊黍民俗社

1. 本土民俗调查研究

民俗社主要调查研究了本地复杂的婚姻习俗和丧葬礼俗。在了解本土典型习俗的同时,用批判的眼光审视这些传统习俗,并撰写调查报告,提出了具体的剔除糟粕取其精华的思路。

2. 民俗活动移植校园

清明节包清明团、清明饺是本地的传统习俗,每逢清明时节,该社都会组织社员包清明团、清明饺活动。实践活动使社员体验了劳动的艰辛和合作的快乐。民俗社为宣传本地非物质文化遗产,专门设计了民俗小品系列,将春节、七夕等传统节日搬上舞台。

3. 萧山日军细菌战研究

民俗社研究"日军细菌战"只是源于指导老师的个人爱好。孙娟从大学时代就开始对萧山的日军细菌战进行研究,被誉为"萧山王选"。孙娟老师利用社团平台,充分发挥自身专业优势,带着社员们继续新的调查研究,这是一项非常有意义的工作。

(四)沉香书画社

1. 书画基本功培训

沉香书画社主要引领社员们在大量的书法练习与绘画实践中提高学员的基本功。在实践过程中了解书画基础知识和基本理论,也是该社活动的重要内容,如介绍书法名家艺术风格、讲述素描基础等等。

2. 书画作品欣赏

书画社定期进行作品欣赏活动,其内容有经典国画,也包括西方的艺术手法,紧跟世界潮流是书画社的活动特点。

3. 书画创意制作

手绘作品因其自由的创作手法而深受社员喜爱。社员们从手绘 T 恤到手绘光碟再到手绘茶杯,感受兼容并包的中国画精神。"送春联"是书画社的特色活动,每年临近寒假时,社员们为全校教师挥毫泼墨,带来新春的气息。

(五)蕴雅民艺社

1. 民间艺术知识介绍

民艺社研究的是各种民间艺术尤其是地方民间艺术,主要涉猎了以下民间艺术领域:陶艺制作、风筝制作、丝袜花制作、针织、糖人、剪纸、面人等。了解民间艺术的途径主要有三种:一是指导老师(指导老师也可以邀请其他特长教师)的言传身教;二是特聘本土民间艺人现身说法;三是社员深入民间学习某门艺术后"现蒸热卖"。

2. 民间艺术作品欣赏

民艺社根据学生实际,围绕大家共同感兴趣的艺术领域,精选出各种民间艺术作品的直观图片,呈现给学生,共同欣赏各种民间艺术的精妙之处。最理想的作品欣赏形式是现场作品赏鉴,民艺社曾经幸运地请到了一位街头糖人制作艺术家来校现场为社员们展示其高超的糖人制作艺术,让学生零距离欣赏民间艺术作品。

3. 民间艺术制作实践

了解民间艺术知识、欣赏民间艺术作品，其终极目的都是为了让学生能亲手创作各种民间艺术作品。民间艺术往往看着简单做起来难，陶艺制作、风筝制作、丝袜花制作、针织、糖人制作、剪纸、捏面人等等，都是如此，民艺社追求的是动手过程。

五、国学社建设成效

（一）涵养了学生国学品质

国学品质的培养不能靠传统课堂的灌输，只有以自己的亲身体悟才可实现，国学社为学生学习国学文化，涵养国学品质提供了条件，在以下几个方面成效明显：一是引导学生树立爱国主义思想与民族忧患意识；二是对学生文史素养的熏陶；三是引导学生在感受民族文化魅力的同时增强了对民族文化的热爱。（具体案例略）

（二）培养了团队合作精神

社团组织本身就是一个学习团队，社团活动能使社员满腔热情地参与到社团的自我管理中，在相互协作中结成一个高度牢固的命运共同体，从而培养学生的团队意识和兼容并包的高尚品质。社团主题活动无不是团队合作的产物，合作增强了社团的凝聚力，也树立了社员关怀他人、与人为善的优秀品质。（具体案例略）

（三）提升了学生综合能力

人人都有不同的个性，人人都有无限潜能，理想的教育就是要“因势利导”，激发每一位学生的个性潜能，让每个学生都人尽其才。而社团组织的活动方式，让学生由依赖变为自主，培养学生的独立思考、组织、社交、语言表达和自我控制能力，提高学生的综合能力素质，培养了学生勇于面对失败的良好心态。（具体案例略）

（四）发掘了学生兴趣特长

每个人都有兴趣特长，但并非每个人都有机会展示自我，而各分社活动为学生成长提供了“第二课堂”，同时也为学生兴趣特长的发挥提供了一个舞台。我校国学社创办以来，各分社许多社员充分发掘并在不同场合展示自己的兴趣与特长，区级以上获奖共计 64 人次，得到了学校与社会的肯定。

志愿服务类德育课程的构建和运作

杨　钟

摘　要：我校志愿服务类德育课程通过创新活动方式，完善实施规划，建立科学完善的审核制度、考核评价制度，促进了学生生命成长，增强了学生的公民意识，拓宽了德育途径，为多样化德育课程体系的构建和实施奠定了坚实基础。志愿服务已成为学校品牌特色中的一大亮点，是我校的德育金名片，深受广大学生认同，已获得社会的广泛赞誉。

关键词：志愿服务　德育课程

志愿服务是指学生志愿者利用自身资源，参与社区各项服务、公益活动，并在此基础上逐步参与其他力所能及的社会志愿服务活动，为社区、社会提供公益性、非营利性的服务。志愿服务类德育课程是强调学生通过志愿服务实践活动，增强探索和创新意识，学习科学研究的方法，发展综合运用知识的能力，增进学校与社会的密切联系，培养学生的社会责任感的课程。其核心理念就是突出学生的主体性，让学生在乐于接受的状态下，通过实践体验获得认识、增强认知，参与社区服务、公益服务，树立奉献、友爱、互助、进步的志愿服务精神推动社区和谐发展。

一、志愿服务课程的功能定位

我校志愿服务类德育课程的开发和实施，是为了贯彻我校生命教育、生态德育的办学理念，探索学生参加社会实践、社区服务的有效机制，是引导学生根据年龄特点，以“坚持自愿、量力而行、讲求实效、持之以恒”为原则，通过社会实践、社区服务开展力所能及的公益性劳动和志愿服务活动，不断增强志愿服务意识，弘扬志愿精神，倡导文明风尚的德育新模式。为此我们在深入研讨的基础上，为各志愿服务课程模块确定了针对性强、操作性强的教育定位。

表1　萧山五中志愿服务课程模块教育定位一览表

序号	课程模块	服务内容	教育定位
1	清洁城乡	校内：校园保洁、清除卫生死角 校外：结对社区、道路、车站的卫生保洁	扮靓美丽家园，养成良好习惯

续 表

序号	课程模块	服务内容	教育定位
2	消防避险	校内:查找消防隐患、检查手提式灭火器是否失效、宣传消防知识 校外:宣传消防知识、结对社区消防检查	掌握安全知识,提高自救技能
3	春运服务	道路指引、秩序维护(动漫节、休博会等其他重大赛会服务)	体验生活艰辛,感受社会生活
4	敬老助困	孤寡老人、贫困家庭帮扶、探望、慰问,联合各班开展"爱心接力"志愿服务活动	懂得敬老尊老,弘扬传统美德
5	助学助残	贫困小学生、困难残疾人帮扶、探望、慰问,联合各班开展民工子弟学校结对帮扶活动	学习关爱弱者,感恩回馈社会
6	生态环保	校内:爱绿护绿活动,宣传环保、低碳理念 校外:环保宣传和调查、开展研究性学习	珍惜爱护环境,践行低碳理念
7	交通劝导	校内:行李帮提、道路引导、场馆指引、车辆停放指引(新生报到、重大活动期间) 校外:市心路金惠路口上下班高峰秩序维护	学习交通法规,遵守社会公德

二、志愿服务课程的创新实践

(一)重视课程规划

我校课程开发中心结合学生特点,提出以下几点制定原则:一是特色鲜明、主题明确。即一个规划必须有一个能反映各班级志愿服务分队的核心主题,既秉承校志愿服务总队的宗旨,又要体现各分队的特点,避免雷同。二是分布均衡,安排有序。即整个学期的课程安排必须充实有序,既要避免前松后紧,又要避免过分集中。三是形式多样,力求创新。要从培养学生志愿者的能力角度出发,又要鼓励学生发挥聪明才智,提高志愿服务活动的自由度和自主性。四是导向正确,操作性强。即要坚持正确价值取向,既要正面引导体现育人功能,又要服务社会,同时充分考虑课程实施的可行性。

1. 制订学期(项目)规划

根据课程开发中心规定,各班级分队在前学期末将制订下学期规划及行事历。所谓下学期规划是指对下学期的活动主题提出宏观思考。这类规划主要以"主题活动式",即对一学期活动提出若干个主题,可不确定具体实施的时间安排。行事历则要求对一学期的每周活动做细致的安排,统筹安排活动的先后顺序,从而确保志愿服务活动"长流水,不断流"。所谓项目活动计划,就是根据申报的项目必须要有相对详尽的活动方案,包括活动时间、地点、课程目标和内容、人员、负责人等。

2. 申报审核,批准实施

为确保各分队的志愿服务活动正常有序开展,对于各分队申报的学期规划,课程开发中心将进行认真审核。依据课程规划原则,审核结果分为三类,一类是审批通过,可以直接实施的;一类是不具有可行性,被否决的;还有一类是经审核后,提出修改意见,交各分队再修改后通过实施的。只有审核通过的规划才能在下个学期付诸实施,否则只能退回修改后，重新递交审核，直至被批准。

（二）创新活动形式

课程开发中心根据各志愿服务项目的教育定位不同采取不同的活动形式。通过最大限度的创新项目活动形式，在定期校内活动的基础上，允许部分项目实行不定期活动，并积极利用社会资源创造条件开展校外活动，在各分队分散活动的基础上，整合校内外资源开展群体性活动。

1. 定期与不定期相结合

定期活动是指经校课程开发中心统筹安排的各志愿服务分队固定活动时间。不定期活动主要适用于春运志愿服务分队，该服务分队服务于特定时间段，主要是春运高峰和在萧山区举办的重大赛会，包括在我校举办的各项大型活动。

课程开发中心对于各志愿服务分队的定期活动有刚性要求，各分队也可对学期初的活动计划适时进行调整。这既保证活动开展的常规性，又兼顾了灵活性；既保证了志愿服务的整体性，又调动了各分队的自主性和主动性，使得我校的志愿服务活动的质量和效能大幅提升。

表 2　萧山五中志愿服务课程活动安排表

序号	课程模块	活动地点	活动时间	活动次数
1	清洁城乡	校内：重要路段、场馆	每月第一、三个周三中午	每月二次
		开学报到、重要活动前后	不定时	
		校外：银河社区	每月第二个周日	每月一次
2	消防避险	校内：食堂、学生宿舍等	每月第二个周三中午	每月一次
		校外：银河社区、北干一苑	每月第三个周日	每月一次
3	春运服务	校外：杭州火车南站、动漫节休博会的主会场（杭州乐园）	春运及重大赛会期间	不定时
4	敬老助困	校外：结对老人家中	建议每月第一个周日	每月至少一次
5	助学助残	校外：结对贫困小学生、困难残疾人家中	建议每月第四个周日	每月至少一次
6	生态环保	校外：湘湖、北干烈士陵园等	节假日	每月一次
7	交通劝导	校内：重要路段、场馆	开学报到、学期结束	不定时
		校外：市心路与金惠路十字路口	3 月、10 月周一至周五晚高峰	每学期二次

2. 校内与校外相结合

我校的志愿服务活动采取校内校外相结合的方式，坚持立足校内、校外延伸，努力做到服务社区、服务社会。如清洁城乡志愿服务分队每月两次巡查校园卫生，清除校园卫生死角，消防避险志愿服务分队每月不仅在校内进行手提式灭火器检查还将活动延伸到校外的共建单位——银河社区，得到了社区干部和群众的一致好评，他们在消除消防隐患的同时定期还给社区出板报，帮助物业做一些力所能及的维修工作。

再如，我校的敬老助困志愿服务分队开发的“夕阳红”爱心接力志愿服务项目，做到了高一高二32个班级每班结对一户孤寡、空巢老人，每月上门至少服务一次。在人口老龄化和社会管理创新的背景下，为有效推进社区养老、家庭养老的养老新模式起了积极作用。不仅使32位孤寡、空巢老人得到了一些精神安慰，更使我们的学生志愿者承担了社会责任。

3. 招投标制

为有效调动各班参与志愿服务的积极性和创造性，课程开发中心创新活动方式，采取了项目开发实施“招投标制”这一新举措。所谓招投标制，就是由各班参与竞标，课程开发中心根据各班的实施方案进行综合评价，择优授予承办权。

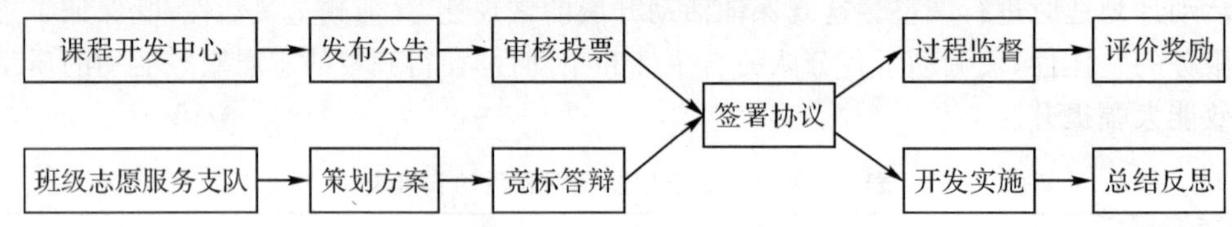

图1 “招投标制”流程

招投标制是对志愿服务活动运行机制的创新，原先的活动是上派下，是任务，有些活动项目得不到学生的认可，导致学生参与热情不高，活动效果大打折扣。竞标则给学生创造了展现自我的机会，既可以发挥他们的聪明才智，展示其组织能力、策划能力和领导能力，又可以达到主办方的意图，可谓两全其美。

4. 志愿服务主题月

2011年2月，校长室同意确定每年的3月份和10月份为“学雷锋志愿服务月”。课程开发中心在志愿服务月集中开展形式多样的志愿服务系列活动，以促进学生志愿服务活动长效化、规范化、常态化。活动坚持贴近实际、贴近生活、贴近学生的原则，广泛普及志愿理念，大力弘扬志愿精神，着力培养志愿服务意识，着力壮大志愿者队伍，使更多的学生成为志愿者，使更多的学生志愿者成为良好社会风尚的倡导者，成为社会主义精神文明的传播者、实践者。

表3 萧山五中高一(3)班学雷锋志愿服务月活动安排

活动时间	课程模块	服务地点	服务内容	参加人数/人
3月每周五傍晚	交通劝导	市心路金惠路	维持交通秩序，劝阻电动车、行人	16
3月第一个周日	清洁城乡	北干街道城北村	清除牛皮癣、非法小广告	8
3月第二个周日	清洁城乡	城厢街道回澜北苑	清扫马路，擦拭公交车站、社区宣传窗	10
3月第三个周日	消防避险	北干街道银河社区	检查手提式灭火器，宣传消防知识	4

续 表

活动时间	课程模块	服务地点	服务内容	参加人数/人
3月第四个周日	低碳环保	北干街道北干一苑	宣传低碳环保	6
3月第四个周日	清洁城乡	北干街道湖滨花园	清洁小区健身设施，整理图书室	9

三、志愿服务课程的考核评价

(一)对学生:量化评价与定性评价相结合

我校采取发展性评价和量化评价相结合的方式，通过评价激励学生积极参与志愿服务，提高综合素养。各志愿服务分队对志愿者实行档案袋管理，为每个志愿者建立一个专用档案袋，就参与的志愿服务项目、志愿服务的时间、参与服务的态度和质量、志愿服务书面体会，每一单项都建立完整的信息收集系统，同时结合服务对象回访调查，共同形成了学生的志愿服务档案。量化评价就是根据志愿者本学期的参与志愿服务的情况进行评比打分，包括服务次数、时间、态度和心得体会的上交情况及质量。实践证明，这样的评价得到了学生的充分认同，收到了非常好的效果。

表4　高一(3)班志愿服务量化考核表

序号	日期	服务项目	服务内容	服务时间	服务态度	心得体会		项目得分
						是否上交	质量等级	
1								
2								
3								
4								

考核说明：(1)项目得分＝服务次数得分＋服务时间得分＋服务态度得分＋心得体会得分；(2)服务次数得分，参加活动计1分；(3)服务时间得分，服务时间在60分之内计1分，超过60分不到120分计2分，以此类推；(4)服务态度得分，态度好的计2分，一般的计1分，态度欠认真的扣1分；(5)心得体会得分，规定时间上交的计1分，迟交不得分，不交扣1分；心得体会认真撰写，质量较好的计1分，质量一般的不计分，应付了事质量较差的扣1分；(6)学期考核分为优、良、合格、不合格四等，“优”占班级人数的25%，“良”占班级人数的50%，拒不参与志愿服务或到本学期末参与活动的为“不合格”。(7)“合格”以上每学期给予2个学分，“优”可参评校级优秀志愿服务者。

(二)对集体:自评与互评结合

对班级志愿服务分队的评价，我们采取了分年级召开总结评比会开展自评与互评。自评就是要求各班级志愿服务分队在期末撰写800字左右的述职报告，内容包括本学期的常规活动、创新活动、活动成效、存在问题及下学期的主要设想等，用3—5分钟时间进行口头汇报。互评包括两部分，其一，各班级志愿服务分队负责人根据自已所了解的信息，对本年级其他班级进行打分；其二，由课程开发中心的老师对各班进行打分。自评与互评均占考核总分的10%，所得分数与量化考核得分相加后为学期志愿服务最终成绩（量化考核得分占考核总分的80%）。学期考核分为优、良、合格三等，考核总分居年级前6的为“优”，可被评为校级志愿服务先进集体，居年级首位的推荐为区级志愿服务先进集体；居年级7—13名的为“良”，其余均为“合格”。自评与互评相结合，可以促进各班级分队汲取多方面意见，改进工作，提高成效，促进发展。

“营养学基础”课程纲要

金舒婷

一、课程目标

“营养学基础”是研究热能和各种营养素的生理功能、缺乏或过量的危害，以及人体在正常情况下对热能和各种营养素的需要量，热能和各种营养素的主要食物来源的职业技能类选修课。通过本课程的学习，要求学生能了解营养素的分类、生理功能、缺乏与过量的表征、膳食来源与供给量，以及各类食品的营养价值等基础营养学知识；了解营养学的新进展和发展方向；在课程的实施中，培养学生发现和解决营养学相关问题的能力和动手能力，促进学生实践活动能力和创新能力的发展。

本课程在课程目标、内容形态、实施方式等方面要为学生在大学阶段进一步了解其他营养专业知识、开展营养学相关综合实践活动、走向社会从事营养学方面的工作打下基础。

二、课程内容

“营养学基础”以学生的生活、社区资源为基础，从营养学基本概念、膳食营养、常见微量营养素、膳食结构、隐性脂肪、食品安全和保健品识别七个方面组成课程的基本框架，并据此确定课程的目标、内容标准和评价指标。为实现课程目标需要，有针对性地设计了学习的课程内容，按课程架构分章如下：

第一章　绪论

1. 营养学的概念　　2. 公共营养师

第二章　膳食营养

1. 营养素　　2. 营养素摄入量　　3. 平衡膳食宝塔　　4. 基础配餐

第三章　常见微量营养素

1. 矿质元素　　2. 维生素

第四章　膳食结构

1. 膳食结构类型　　2. 中国的膳食结构特点

第五章　隐性脂肪

1. 脂肪　　2. 反式脂肪酸

第六章　食品安全

1. 食品污染　　2. 食品中毒

第七章　保健品识别

1. 营养补充剂　　2. 营养强化　　3. 保健食品

三、课程实施建议

选修课程是一个开放的体系，它为创设多样化的教学形式提供了广阔的天地。在教学方式上主要有两种模式，一种是“一科切入，兼及数科”，另一种是“多种综合”。教师可根据不同内容，选择讲读法、直观演示法、讨论法、欣赏法、问答法、自学法、实践活动法等教学法进行教学。

“营养学基础”是在教育改革中诞生的新型课程，是一门以学生为主体，以实践性、自主性、创造性、趣味性以及非学科性为主要特征的多种活动内容的课程。在课程的实施中，促进学生动手动脑能力、实践活动能力和创新能力的发展。

1. 讨论

讨论是最常用的学生学习、交流活动形式，可以是小组，也可以是全班的；可以是随机的，也可以是专门安排的。讨论活动能使学生有机会运用多种方法表达自己的感受、想法，展示自己的成果，分享交流，锻炼表达能力等。本课程在大量充满情趣的个人或集体的创造、探究、交流、评价等活动中，为学生提供丰富的感性材料和信息，遵循学生生活的特征，以学生的现实生活、社会资源为课程内容的主要资源，接近学生的生活，表达学生的情感，正确引导学生在生活中发展，在发展中生活。

2. 资料调查

在教师或其他成人的指导下，通过图书、报刊、电视、网络、电话等途径搜集资料是学生自主学习的主要方式之一。可根据学习内容的要求、学生的兴趣和水平进行组织与指导，确定搜集的目标和范围，将得到的资料按要求或以青少年熟悉的方式进行整理、利用、交流。

3. 社区调查

通过组织学生到社区，使学生对所关注的问题通过亲身体验，获得直观的印象和更加深入的了解。调查活动中，要指导青少年用自己擅长的方式进行记录，对调查结果进行总结、归纳并互相交流。本课程面向学生的整个生活世界，重视学校、教师与学生们的创造性。课堂从教室扩展到家庭、社区及学生的其他生活空间；课程内容从单纯的“营养学”扩展到所有对学生有意义、有吸引力的相关学科活动；时间在与学校活动或学科配合和联结中弹性地延展；评价关注学生丰富多彩的体验、个性特征、实践能力、创新精神等方面的表现。

4. 教学游戏

这是在教学中所采用的带“玩”的色彩而又与学习内容配合的活动方式。游戏是学生有效的学习方式，对培养学生的情感是很有用的，并且能让学生体验集体生活的乐趣，学习科学知识等。本课程显现的形态主要是学生直接参与的主题活动、实践活动以及渗透到其他学科的教学活动。课程目标主要是通过教师指导学生对生活中营养学知识的阐释的教学活动来实现的。活动是教和学共同的中介。教师的主要作用是指导学生参与活动及渗透相关学科的教学,而非单纯地只讲校本教材;学生更多的是通过实际参与活动,动脑动手,合作探究来学习。

5. 练习

这是指针对某一项或几项教育目标,进行有针对性的课堂练习或课后强化练习,以让学生学会正确的方法,养成良好的习惯。

6. 讲授

这是以教师言语传授为主的活动形式。为了让讲述生动、有效,在充分了解学生理解水平的基础上,尽量利用各种直观教具、故事和能够调动学生积极性的方法。在本课程中,教师要由单纯的知识传授者转变为学生活动的指导者、支持者和合作者:其主要任务是努力创设适宜课堂活动的环境与条件,灵活选择教学活动和组织形式,结合实际培养学生良好的行为习惯,保护学生的好奇心,引发学生探究的欲望,让他们能够生动、活泼、主动地学习,身心健康地成长。

四、课程开设计划

1. 课程开设计划

每周一节选修课,一个学期 8 学时。

2. 其他学习途径

(1)通过上网、课件、视频等形式,组织学习营养学知识。

(2)组织营养学爱好学习小组,请校外专业人士进行讲座。

五、学分认定方法

平时成绩 40 分:缺勤一次扣 5 分(有班主任签名的假条除外);随堂调查少交一次扣 3 分;上课做与听课无关的事,每次扣 2 分,上不封顶。

期末检测:60 分,考试时间一节课(40 分钟)。

建立高中英语社团的实践探索与模式研究

戴菲菲

摘　要：大嘴英语俱乐部是学生学习英语的第二课堂，它以培养和提高学生英语综合能力、浓郁学校英语学习氛围为宗旨，开展了丰富多彩的活动。在师生中掀起一股英语学习热，学生学习英语的能动性和主动性得到了增强，英语社团成立的目的初步达成。

关键词：英语社团　英语学习　大嘴英语俱乐部

高中英语课程改革的目标是要更加注重培养学生学英语和用英语的能力，学用结合，促进积极思维和有效表达。为全力推进多样化课程的落实，切实鼓励教师培养和落实学生知识的运用能力。笔者尝试在高中建立英语社团大嘴英语俱乐部，让其成为培养学生综合能力和创新能力的重要途径以及课堂英语教学的良好补充。

一、英语社团的组建

作为一个英语特色学校，我校不但拥有强大的英语师资力量，而且老师们很支持该类活动；学生们口语基础比较薄弱，课堂上也没有很多时间练习。在多样化课程实施的大背景下，笔者组建了大嘴英语俱乐部。社团成员需要通过海选和口语面试两关才能被确定是否能进入社团，以保证成员对英语学习的热情以及具备一定的英语表达能力，逐渐营造良好的英语氛围。本社团以学生为主体，教师为主导，培养学生综合运用英语的能力。

二、英语社团常规活动

（一）英语角

作为常规活动之一的英语角，自社团成立开始就坚持每两周举行一次，有固定的场地，三种不同的形式。社团成员必到，别的同学自主参加。口语部学生每次都会根据主题邀请不同的英语老师到场指导，以帮助学生解决交流方面的困难，有时老师也会和学生一起参加活动，师生共乐，活跃了气氛。

1. 学生自己组织的英语角活动

该类英语角基本上是由学生自己策划和组织的。高一、高二每个班级的英语课代表会根据要求在学期初上交他们班的英语角策划方案，然后我会从中选出八个，再跟该班负责的学生一起商讨、完善。这样，学生们可以更好地根据自己的需要和兴趣组织活动和游戏，以便吸引更多的同学参与其中。此外，到场的学生都能收到一个精心编制的小册子(包括自由交谈环节可能会用到的相关词汇等)。

活动主要内容有：疯狂英语短句或美文带读(主持人)；英语歌曲学唱；英语游戏；自由交谈环节，例如：What do you think of independence; Dream; How to get along well with others 等。此类英语角涉及的面比较广，只要有兴趣都能参加，而且也不会影响他们的正常上课时间。同学们对英语角充满了好奇感，结伴而来，几人一组，勇于尝试，敢于张开大嘴，完全克服了课堂中的羞怯心理。再加上英语游戏环节基本上都要求学生彼此合作，这就有利于促进学生相互间的交流和合作能力培养。他们的积极参与让我深刻地体会到他们不是不想练而是没有合适的平台来促使他们提高口语。

2. 师生共同策划的中德英语角

我校与德国凯尔朋学校一直有着联谊活动，所以每次他们来访问，学校都要求我们社团组织一次中德英语角。该活动由我和我们社员一起策划组织的，当然也受到了英语组几位老师的指导。考虑到对象不同，活动内容也很不一样。首先，对于入场方式做了相应的限制：每个班分到五个名额，参加者必须佩戴写有各自英语名字的胸卡。其次，对于场地的布置、音乐的播放和摄影人员的安排都具体到人。基本内容：主持人的开场白；双方代表发言，互送礼物；双方的节目表演，中间穿插各种趣味游戏。最后是花园寻宝游戏和自由交流活动。

往往这样的活动是我们精力投入最多，取得成效最明显的。因为学生们基本上都没有接触过同龄的外国人，更不用说是这么多人了，所以他们有着前所未有的新鲜感和好奇感，很多没有门票的同学甚至还会偷偷地跑来。活动气氛从开始到最后一直都非常好，特别是最后一个自由交流环节，好多学生围着一两个外国同学，聊得不亦乐乎，有些同学因为表达不出自己的意思，急得手舞足蹈，或者就干脆把老师拖过去帮忙。如果每一次活动都能像这样有比较纯正的语言环境，我们还需要担忧学生的口语无法提高吗？

3. 聘请外教在校内开设的英语角

没有资金，请不到外教，我就尝试和英语培训机构合作，请他们免费派外教给我们英语社团的成员们组织英语角活动。活动的内容和主题由外教决定。不同的外教有着自己口语授课的模式和内容，有些还经常会临时改变讨论的主题。在外教丰富的肢体语言和口头语言的鼓励下，学生们都会主动开口。整体上，比我们自己开设的口语课要好很多。大胆的学生能争取到很多开口的机会。此外，外教也会根据自己的兴致，中途插入几个小游戏来调动下气氛。有的时候更会拿出糖果来吸引同学。也许是奖品的诱惑，学生们都会争着去参与。

(二)英语游园活动

大嘴英语俱乐部定期举行全校规模的英语游园活动，这个活动的设置也是为了给学生提供一个放松的环境，让他们有机会使用自己学到的英美文化知识。而且游戏的设置要求学生们彼此间合作与协调，从某种程度上说，这也培养了他们的合作意识。

（三）英语演讲赛

我们社团口语部的十几个成员，英语功底非常扎实。在社团内部，我们会固定时间做强化训练，同时，我也会尽量多找一些国外的教材资料来让他们体会语言的地道性。同时，学校经常推荐他们去参加各类口语比赛，像曹春轶、石朕西、程伊媛等都是学校有名的人物，而且也多次在 EF 杯“区高中生英语演讲比赛”“希望之星”区级挑战赛中脱颖而出。

（四）原版电影欣赏

高中生大部分的时间是在学校中度过的。平时通过其他途径接触英语的机会很少，更不用说看电影了，因此社团每月安排一次原版电影欣赏，电影主要选取经典影片（如《阿甘正传》《傲慢与偏见》等），有时也选择一些大片（如《变形金刚》等）。这个活动的设置不但可以给学生提供一个放松的机会，而且还可以在欣赏电影的过程中，让学生体会原汁原味的英语，了解英语国家的文化历史发展。

（五）校园英语广播节目

新高考政策的提出，强调了听力在英语中的重要性。而且，只要克服了听力这一困难，就能极大地推动外语水平的提高。基于这一想法，在学校团委的支持下，我们社团利用学校广播台每天中午、傍晚为学生播放外语节目，像 BBC，VOA，China Radio International等。这些节目中的语言非常地道，而且不同的版块，涉及的信息量非常大，像政治、经济、军事、卫生、娱乐等与学习、生活密切相关的内容都有。此外我们所听到的语言也非常鲜活，颇具时代气息。这个弥补了我们平时上课时材料的单调和内容的不足。

（六）海外风情展

社团每个学期组织成员们到各个班级和老师那里收集一些他们旅游到访过的英语国家的照片、纪念品等。统一冲洗后在学校的宣传窗内展示出来。在这些物品旁边配以学生和老师对其内容简单的英语描述以及中文的个人观后感。通过这样的方式，一方面可以作为宣传资料拓宽学生的视野，增添学校的英语氛围；另一方面也可以让部分感兴趣的同学参与其中，锻炼他们的书面英语能力。

三、英语社团的活动成效

通过社团活动的开展，学生们能在无意识中慢慢加深对英语的熟悉感，加深与英语的感情。不会一味地觉得只是为了应付高考而在学英语。动机是积极学习的源泉和动力，兴趣是间接推动学生积极学习的内在动力。当学生对所接触的事物产生浓厚兴趣时，就能集中注意力，情绪高涨，充分发挥潜能，增强克服困难的意志。尤其是德国学生的到来，学校里掀起了一阵中西方文化交流热。尤其是“英语原版电影的欣赏”，学生可以听到地道的英语口语，提高自己的语音、语调，培养自己语感，而且有些词汇的不断重复也会扩充学生的词汇量。英语社团给学生提供了平台，充分调动了他们的积极性和能动性，培养了他们创新的意识。同时他们策划的活动内容也迎合大多数学生的兴趣，使得活动的开展有了扎实的群众基础。此外，同学们的合作意识也会大大加强。

四、结　语

高中英语教学内容多，课堂训练有限并且枯燥，开展英语社团作为英语学习的第二课堂活动可以提高学生学习英语的兴趣和积极性，有利于进一步提高学生英语应用能力。因此，要积极创造条件，优化校园英语学习和实践环境，开展形式多样的课外活动，使学生有更多接触英语的机会。

高中英语新型课外作业设计的实践研究

高　英

摘　要：针对当前高中英语作业所存在问题，依据新课程的理念，笔者对英语作业进行了重新设计，推出了“个性化”作业、“伙伴合作型”作业、“实践探究型”作业三种新型作业，并进行了实施，切实提升了英语教学质量，真正实现了有效教学。

关键词：英语作业　课外　新型

作业是教学过程中一个不容忽视的重要环节，是课堂教学的补充和延伸。如果我们将英语课堂比喻成学生的“文化大餐”，那么课外作业就是他们的“休闲点心”了。它能使学生更好地吸收、消化所学的知识，是巩固、掌握和深化课堂所学知识必不可少的手段。新课程的作业现状迫切需要我们教师加强探索新型英语作业，在改进“作业”这项重要的教学环节中发挥力量。本着“革新旧作业，落实新理念”的指导思想，笔者实施了“个性化”作业、“伙伴合作型”作业、“实践探究型”作业。

一、“个性化”作业

《英语课程标准》指出：语言学习的有效性建立在学生主动参与语言实践的基础上，教师要考虑学生之间的差异，重视学生学习风格不同、经验背景不同及情感态度不同带来的差异，教师要设计和开展多种教学活动，开放教学空间，拓展学生学习、运用英语的渠道，加强语言学习与社会生活实际的联系。为了让学生有更多的学习机会，我们要根据学生存在的实际差异，设计一些突出个体特点的作业，作为课堂教学的补充和延伸。

（一）准备型作业

准备型作业，是为上课做准备的，如预习课文、学前讨论等。在英语课堂教学活动中，教师以抛砖引玉的方式先给出一些预习题，让学生思考。学生凭借已有的知识经验，对新知识加以分析和推断，然后教师再进行讲解。留给学生一个问题，等于指给学生一条通向绝胜的幽径。例如，M1 Unit 1 是有关“friendship”的话题。在授课之前，我首先布置给学生几个思考题：What is a good friend like? Does a friend always have to be a person? What else can be your friend? Why? 这些问题能唤起学生自身的交友经历，能帮助学生更好地去感知“friendship”这一含义，并有助于学生对课文中心内容的理解。在思考问题的过程中，学生开动了脑筋，启动了思维，把学习和生活紧密联系起来，使学习与生活产生共振。

（二）巩固型作业

巩固型作业是作业类型中最简单的，是为帮助学生巩固已学知识和基本技能而设计的。目前，教材的配套练习和其他教辅书本上的题目大多数综合性比较强，一刀切的作业效果加重了一些学习困难生的课业负担，同时过量的作业造成学生疲劳和脑皮层的抑制，导致学生学习技能的退化，并会因机械重复使学生产生厌学情绪。因此，在实际教学过程中，我们利用手头资料及网络资源对练习题进行重组，并按照习题的难易度进行分类。如在复习定语从句这一语法块时，我们从学生的实际出发，充分利用手头资料，对定语从句的知识点进行了重新罗列，并将练习进行分层组编，分别是基础题、易错题和高考热点，并在练习后面标上 A 类、B 类，A 类是全体学生必做的题目，B 类是学生选做题目。这样，既能让基础稍差的学生跳一跳能摘到果子，又能保证基础较好的同学免受“饥饿”之苦。

（三）扩展型作业

扩展型作业是为了实现预定的教学目标，教师根据教学需要，设计出与教学目标相关的作业，它能够考查学生能否把熟知的知识和技能运用于新的环境。例如，M6 Unit 3 Reading1 是有关“smoking”的话题。在授课后，我布置了如下作业：Make a poster to warn people not to smoke. Pictures, slogans, and comments are required in the poster. 这种作业源于教材，又高于教材，不但形式新颖，而且可以通过绘画和描述，加深对课文的理解，各层次的学生都能根据自己的基础和能力完成这份作业，而且效果很好。又如，M6 Unit 3 这个单元的中心话题是“healthy life”。在整个单元讲完后，我又布置了如下作业：Collect proverbs on health. 于是同学们通过网络、书籍等途径收集了很多有关健康的英语谚语，如“An apple a day keeps the doctor away.”“Early to bed and early to rise, makes a man healthy, wealthy and wise.”“ A light heart lives long.”“Good health is over wealth.”“ Health is happiness.”

二、“伙伴合作型”作业

对于一般的作业，教师都要求学生独立完成，但也有的作业是需要利用小组合作的方式才能达到最佳效果的，如编对话、采访等。语言交流是多向的互动，同一班级的学生具有共同的年龄特征，小组合作易于相互传递和接受信息，易于相互激励参与意识，发挥各自特长，达到小组资源（词典、参考书、语言知识、生活体验等）共享以及知识和能力的相互促进。Vygotsky（维果斯基）认为，学生的语言能力有两个层次：一是学生独立工作时具有的实际能力；二是和别人一起工作学习时，在有旁人协助的情况下，所能达到的，比实际水平高一级的能力。这两层间的距离叫作近似发展区。小组合作完成作业任务使学生有充分的机会跨越近似发展区，达到更高一级水平。

例如，在上完 M1 Unit 1 Reading1 之后，为巩固所学内容，我布置了如下作业：Work in pairs. Suppose one is Wang Kun and the other is a reporter, make up a dialogue according to the text. 又如，在上完 M6 Unit 5 Reading Task Trapped by the flood 后，我布置了如下作业：Work in groups of four. Use your imagination to invent an ending to the story. （词数：80—100；每小组递交一份书面作业。）实践证明，在小组合作中，为投入组际之间的激励竞争，同组成员间共同研讨，相互启发，扩大了信息量，拓展了思维的深度和广度，学生充分体验到思维、交往、成功的学习过程。一些后进生也解除了各种精神压力，在其他小组成员的协助下积极参与。学生在广泛获取知识的同时提高了与人合作、交流、共享及组织管理的能力，这种能力正是知识经济社会对现代人才的基本要求。

三、“实践探究型”作业

新的课程改革要求培养学生自主探索和解决问题的能力，也就是提倡在实践中进行“探究学习”。“探究学习”即从学科领域或现实社会生活中选择和确定研究主题，在教学中创设一种类似于学术（或科学）研究的情境，学生通过自主、独立地发现问题，进行实验、操作、调查、收集与处理信息、表达与交流等探索活动，获得知识、技能，发展情感与态度，特别是发展探索精神和创新能力的学习方式和学习过程。“探究学习”是学生学习的最高境界，最能体现学生的主体精神、个性品质和潜在能力，体现了“以发展为本”的现代教学价值观。教师要善于挖掘教材中蕴含的创造性因素，通过设疑、创设情境，让学生积极运用所学的知识主动探索求异，大胆进行发散性创造。

从本质意义上分析，“实践探究型”其实就是开放性作业，即把英语作业“布置”到实际生活场景中去。英语作业需要摆脱单纯的“纸质练习”模式困境，其主要的目的是在情境中运用，在生活中使用，使学生所学的英语不再是哑巴英语，能灵活运用到生活中。因此，我要求我的学生在日常生活中用英语与同学对话，用英语与老师打招呼，并要求他们将日常对话中不会的词记下来，带到课堂上。这是每天必做的作业。每逢节假日，我也会提醒学生给他们的亲戚、朋友、同学发条英语短消息。这样既能激起学生的学习兴趣，又能使学生深切体会到英语学习的实用性和时效性，同时也培养了学生的口语交际能力及积极去探索的创新能力。

新课程的作业设计和操作是一项难度较大的任务。它向每位教师提出了严峻的挑战，同时也为教师提供了发展提高的大好机遇。教学活动不应仅限于课堂，而应延伸到课堂之外的学习和生活中。英语课外作业就是对课堂教学的有效延伸，是学生课外学习英语的重要手段。按照新课程理念，创新地进行英语作业的设计，要改变机械训练的现状，倡导学生主动参与、乐于探究的学风，培养学生获取新知识的能力、分析和解决问题的能力以及交流与合作的能力。这样，一定能让学生在课外同样有效地进行英语学习，获得积极的情感体验。

为有源头活水来

——语文课堂网络语言的妙用

刘　颖

摘　要:本文从学生热衷热词,对于 qq 空间、微信极感兴趣这一现状出发,探究了其中的原因。认识到应充分利用热词热点这一教育资源,发掘其丰富内涵,利用网络平台设计微课,挖掘引导学生思想的正能量。在具体的操作中,明确热词热点的筛选向度,通过“共同关注,披沙拣金;甄选热词,网络争鸣;微课展示,正确立论;明确思想,写作实践”这四个实践手段,达到课题预期的目标。

关键词:热词　微课　思想

学生喜欢微信,喜欢热词,就借助微信,借助新闻热点,引导学生正确思想。以热点热词为载体,通过对热点热词正确内涵的探究,提升学生的思维能力,使其习得新思想,积累丰厚思想,发挥其正能量。而热点热词源于大众又为大众关注和热议,接地气而有现实意义,其丰富的思想内涵和思维的广度和深度,是语文写作教学不可多得和不可忽视的教育教学资源。

一、选好切口抓手

第一,现代生活丰富芜杂,热词频出,要去粗取精,选取真正的生活的集合体和结晶。

第二,热词所涵盖的事件有很高的关注度,自然会引来各种观点的大汇合和大碰撞,选取超越其本身的意义的事件,才能真正提升思想。

第三,选取其本身存在着某种潜在的思想资源的热词热点,它们是思想的富矿,更有发掘的潜质。

第四,就学生而言,“热”代表着兴趣的指向,在枯燥无味的学习生活中,激发兴趣,学生就会有思考的热情和言说的冲动。

二、定好价值取向

网络热词层出不穷直接表现出当今社会表达中的一些普遍心理和追求:一是高效便利的心理。大量缩略词的产生以及像“囧”“雷”“汗”“槑”“亲”等表达简洁却表意丰富的词汇备受网民的推崇。二是追新求酷的心理。三是调侃诙谐的心理。这一心理经常借助于游戏性的语言形式来实现，这种诙谐调侃的语言形式早已不仅仅是语言层面的文字游戏，而更多地表现为一种心理层面的无奈、排遣与宣泄。所以，很多热词并不能很好地体现传统语言的规范性，学生在表述观点的时候也不乏偏激之言，这时作为教师，在充分了解和理解学生的喜好的基础上，针对呈现的有价值的热点热词，要营造融洽氛围，健全课堂教学动态过程，有的放矢地选取热点素材，将课堂呈现置于可控范围内，防止瞎热闹。

三、灵活课堂结构

（一）收集汇总，分门别类，各取所需

我校学生，绝大多数是住校生，再加之平时作业繁多，无法接触报纸和网络，因而收集热词热点的工作主要安排在双休和假期。又因为网络上对热词热点的评说有很多，所以，我要求分两步：收集和分类。

课外收集热词热点，我提出如下要求：(1)收集近期一个或两个热点热词，最好是有丰富的内涵、有争议或能引起争议的；(2)对自己收集的热点热词要有相应的解释或评说。这个环节师生共同参与。具体环节为：

(1)师生收集热点展示。

(2)比较和点评师生收集的热点热词所有的观点的优劣，分类使用：将有丰富内涵和思想价值的归入评论和写作课素材使用，将无视文化内涵仅仅是游戏调侃的热词归入汉文字语言的研究课作为素材。

(3)设计微课，指点江山。

(4)甄别和判断价值。

(5)写作明确因果。

例如：2013 年学生收集的热词热点展示(部分)：

伤不起、hold 住、雾闪、靠、囧(jiǒng)、槑(méi)、雾霾、票奴、坛蜜、懒政、众包、痛点、毒舌、砳砳、吸睛、约炮、神十、抽酒、走你、鹅防、抽酒、虐爱、土豪、比穷、画窗、恐霾、挽尊、自拍、倒逼、逆袭、点赞、赶脚、什么都是浮云、何弃疗、你 out 了、人艰不拆、郭美美、小悦悦

教师收集的热点展示(部分)：

“梦”、YOLO、钓鱼岛、谣盐、何弃疗、小悦悦、我爸是李刚、微博打拐微信门、跪拜门、催熟门、基本体、腹黑体、战记体、陈欧体、张太体、王菲体、人渣体、马上体、丽媛旋风、动物烟鬼、原味丝袜、神兽卖萌、窒息游戏、相互偷粪、万能神药、信用账号、信用档案、微信收费、板蓝根体、废柴崛起

其中“靠”“囧(jiǒng)”“槑(méi)”等词就归入汉文字造字研究课进行剖析，最终被评为较差热词而落选。落选理由列举：

例一：“靠”来源于看完《投名状》发现，兄弟靠不住；看完《集结号》发现，组织靠不住；看完《妈妈再爱我一次》发现，老爸靠不住；看完《新警察故事》发现，儿子靠不住……诸如此类，汉字的表意应该是外形、发音、内涵的完美统一，应该体现语言的美感。“靠”

虽然可以简洁地表达郁闷的心情,但完全是调侃的语气,毫无文字的美感和思想内涵。

(学生)热词热点入选理由列举:

例一:"hold 住"一词来源于香港中英混用词汇。在 2013 年 8 月 9 日的《大学生了没》中,一位名叫 miss lin 的网友以夸张另类的造型、一口做作的英语、扭捏妖娆的姿态向大学生们介绍什么是 Fashion。其极度夸张搞笑的表演震撼了所有观众,miss lin 的口头禅是"整个场面我要 hold 住",导致"hold 住"一词红遍网络,我以为,它的流行体现了我们对待生活应有的坚强和决绝。

(教师)热词热点入选理由列举:

例一:飞天"梦"、航母"梦"、诺贝尔"梦",GDP 赶英超法,在即将过去的一年逐一兑现。强国"梦"属于国家,也属于每个中国人。

教师的参与除了激发了学生的比拼情怀,提高学生兴趣之外,更重要的是其示范作用。教师收集的热点和学生收集的热点互为参照,一可以通过比较,甄别优劣;二教师阐述的入选理由中比较全面的价值判断,可以让学生从模仿开始,逐步培养全方位思考和分析热点的能力。

(二)拓宽渠道,多维学习

建立 QQ 空间、微信群,每周六一个热词话题,促进思想碰撞。虽然学校三令五申不能带手机到学校,但众所周知没有一个学生没有手机,周末上网更是完全普及,在全班建立 QQ 群,开通微信,老师参与其中,每周周末公布一到两个话题,通过 QQ 或微信的朋友圈短平快地进行交流评说,让每个同学都有话说都可以说话,打破课堂课时的局限,引导从不同的维度去解剖和立论,从而获得丰富、深刻的认识。古人云:"横看成岭侧成峰,远近高低各不同。"同一热词热点,就可以"横看成岭侧成峰",提炼出鲜明、有见地、有价值的论题来。这样才能引导学生突破思维定势,进行有效的思维发散,开阔思想的视野。下面结合一个热点材料的解剖,阐述具体的操作。

热词展示:你幸福吗?

2012 年中秋、国庆双节前期,中央电视台推出了《走基层百姓心声》特别调查节目"幸福是什么?"央视走基层的记者们分赴各地采访包括城市白领、乡村农民、科研专家、企业工人在内的几千名各行各业的工作者,"幸福"成为媒体的热门词汇。

第一步:展示话题。请学生查找阅读与此热词热点相关的信息。要求学生查找提供有关资料,主要是帮助拓展思考视野,增强学生思考和分析的能力。

第二步:思考反诘。请学生对材料进行自我提问。如:我幸福吗? 为什么这样一个看似平常的问题会引起争议?

第三步:分析评说。结合相关的资料,分析引起恶搞或争议的原因,即由现象进入本质的发掘。下面是若干同学的回复分析:

2013/10/26 14:20:30 (7878394)

央视记者在街上随机采访幸福感,回答各不相同,如一位清徐县北营村务工人员面对记者的提问时,首先推脱了一番:"我是外地打工的不要问我。"该记者却未放弃,继续追问道:"您幸福吗?"这位清徐县北营村务工人员用眼神上下打量了一番提问的记者,然后答道:"我姓曾。"这段对话也让收看该期节目的观众忍俊不禁,热议连连。这个务工人员的回答被网友称为"神一样的回复",从而引发大众新一波的恶搞潮。

2013/10/26 14:23:50 花花(82878262)

有这样的回复,是因为每个人对幸福的定义不同。幸福在哪里?是猫吃鱼,狗吃肉,奥特曼打小怪兽?幸福之于每个人的意义也是不一样的。我幸福,因为今天休息,要求低,幸福指数就高。

2013/10/26 14:26:34 (171667982)

没错,昨天参加了退步学生大会,感受到被关心的幸福。

2013/10/26 14:25:47 5(64968715)

我不幸福,作业这么多,压力这么大,怎么谈幸福?

2013/10/26 14:25:56 王明仙(82878262)

昨天家里来人,聊的都是我儿子考上某某大学了,我女儿在某某大学读书了!我成绩不好,我妈喉咙都响不起来,她肯定不幸福。

……

第四步:微课提炼。在共同分析的基础上,设计一堂微课,20 分钟左右,对大家看法进行汇总和提炼。然后写作成文《我谈幸福》。

【微课实例】

第一环节

第一步:截图展示师生的议论,筛选整合,明确价值观。

第二步:引导学生找出能深入热点的切口。一般而言,热点表述中的关键词句,就是我们参透本质的门径。找出针对"幸福"的神回复这一关键句后,请学生问一问为什么这样说?

第三步:围绕切口,展开联想。为什么人们会有这样的回答?为什么有些会幸灾乐祸?为什么不感到幸福?幸福到底是什么?……

第四步:引导学生,找准基点,深刻立论。

第二环节

甄别比较,提炼评说。甄别和比较是引导学生在甄别比较中思考,将问题看得更透彻、更深刻,从而提高学生的思辨能力,而且使学生的思想更具独创性。

第三环节

视频有关幸福或不幸福的片段:歌曲《我能想到的最浪漫的事》。学生总结:幸福其实就是要用感恩的心去体会生活的点滴。

第五步:写作提升。一材多用:(1)幸福内涵;(2)尊重与践踏;(3)理想与担当;(4)真实的魅力。

第四环节

评点优秀评说,学以致用。展示优秀的评说,点评它们的长处和不足,学习优秀表述。

点评一:结构上陈述热词很简洁,重点放在自己的看法上。引入论据,引人思考。

点评二:我觉得转折运用,没有直接予以否定,更能引起人们深思。

点评三:思想比较深刻,透过现象看本质

点评四:语言流畅,很有说服力。

总之,“得法于课内,得益于课外”,是许多有经验的语文教师对中小学生多渠道学习语文的高度概括。从信息论的观点看语文教学的过程就是信息传递交换的过程。但学生仅靠课内学习还不能充分获得进行语文信息交换的能力。而语文课外学习正好为学生开辟了语文学习的广阔天空,增大了语文信息量。它既能使学生掌握科学的学习方法,提高阅读的写作能力,又能使他们适应时代的需要,社会的发展。同时课外学习空间大,内容丰富。我们要充分利用现实生活中的语文教育资源,优化语文学习环境,努力构建课内外联系、校内外联系、学科间融合的语文教育体系。开展丰富多彩的语文学习实践活动,拓宽语文学习的内容、形式与渠道,使学生在广阔的空间里学语文、用语文,丰富知识,提高能力,为此,我愿意真诚地继续去试一试。

让我的课程“动”起来

——谈校本课程“越山湘水识萧然”的实施

卓 伟

我开设的选修课《越山湘水识萧然》不仅是为了开阔学子视野，使学子们了解萧山历史，认识萧山本土文化，传承湘湖精髓；而且还要为学生提供一个展示个人才华、张扬个性的平台，怎么让学生“动”起来，这倒确实是个问题。

历史学科主导的选修课，就其性质而言，大多以知识拓展类为主，要将其转化成一门能让学生动脑又动手的综合实践类课程，还真有些难度，经过一年多的教学实践，我逐渐形成了这样一条课程实施思路。

一、选好主题——嫁接教材与生活的桥梁

以《寻幽访古说萧然·名胜古迹篇》为例，该课按计划为一课时，但却要完成包括“新石器时代的文化之光”“越王城遗址”“西施故里古迹群”在内的八个专题，在操作中只能“蜻蜓点水”，“一讲到底”，这样的课效果肯定不好。因此我就想通过一个主题，让学生“动”起来。

什么样的主题能让学生“动”，我想最起码所讲的应该是学生熟悉的东西。既然讲完八个主题不太可能，那么就找个切口，我想到了“萧山陶瓷文化”。选择这一主题的理由：一是关于古代陶瓷业的成就，人民版教材必修二《古代中国的手工业经济》中有关于古代陶瓷业的演变过程及唐宋名窑的分布的内容；二是萧山作为中国陶瓷的发源地分布着大量瓷窑遗址，萧山还有一家宋代名瓷研究所，这些都是供学生学习的宝贵资源；第三，浦阳江沿岸的进化、所前与戴村是萧山瓷的主要分布地，我校的不少学生来自这些地区，指导这些学生就近考察能够激发他们的情感，体现课程的“人文性”与“生活化”特征。

二、制订方案——实现校本课程的多样化、综合化

在学校里，讲座几乎变成了唯一的形式。这是让我极为苦恼之事。作为一门历史校本课程，我并不想就历史而历史，让学生每天都泡在故纸堆里，跟我一起坐冷板凳，这怎么得了。所以从开课之时起，我就暗暗告诫自己，决不能只有讲座，下次的活动，一定要换种形式。

那么具体怎么做呢？我想到了以前开的社团，依托社团的力量，采用多样化的活动

形式，才能使这课上得有棱有角，学生才会觉得又轻松又有收获，这或许是个突破口。

围绕"萧山陶瓷文化"这一主题，我认为可将课程设计为多种形式，如讲座、乡土影视欣赏、考察、拓片、演讲、查文献、调查采访、社区服务，从而让课"动"起来。在这些活动中，最难组织的是"考察"环节，很担心学生会发生安全方面的意外，因此我会安排社团中的骨干担任组长，负责点名及联络工作，然后根据学生的居住地安排任务。如表1所示。

表1

组别	户籍	组员	班级	联系电话	建议考察点	公交	组长
1	进化	……	……	……	茅湾里印纹陶窑址	K730转K735	……
2	所前	……	……	……	孔湖窑址	K412转k730	……

三、方法指导——依托社会资源提升校本课程的课程品质

就我个人而言，毕竟仅仅是历史教师而已，其他方面的活动，并无太多经验。所以在每次任务布置下去后，对于"动"的效果如何，心里总是没有底，尤其是诸如演讲、考古、拓片等较为专业的活动，我往往会派学生到博物馆参加专业知识培训，由博物馆的专业人员手把手地指导。一些活动积极的学生还因此成了博物馆的志愿者，常年参加博物馆活动，为广大参观者提供方便。

除了"走出去"，我们也通过"请进来"的方式邀请一些学者名流参加校本课程开发的指导工作。如开设一些专家讲座，帮助我们选择研究课题，研究学习小论文的审核，把关出版作品等等，通过这些活动，在一定程度上提高了校本课程的实施水平。

四、实践操作——让陶片"活"起来

（一）陶片搜集

去哪里才能找到陶片？一开始我并不清楚，后来在二中裘老师的帮助下才找到进化镇的茅湾里印纹陶窑址。在菜地里、沟壑边和田埂头，同学们搜集了不少印纹硬陶残片，有的同学甚至跑到文保碑后，这一行为当即被我制止。因为那里是文化堆积层，擅自开挖是一种违法行为，一些同学事先准备的刀铲也被我们收缴。这事件让我明白，在遗址考察前，有必要给学生进行文保意识方面的宣传。

（二）陶片修复

【案例1】"老师说古人都用糯米来当糨糊修补城墙、房屋的。我不信，这糯米不见得这么有黏力吧，心里很怀疑地听老师讲着。……几个社员开始忙活起来，用石头敲打糯米，就像打年糕一样。哦，对了，忘说了这糯米要事先蒸熟才行。敲打了快20分钟，才有点样子了。我用手轻轻地去点了点，真的很黏，这次我信了。接下来，我们把陶片洗净，把糯米糊均匀涂抹在接口处，把两块类似纹理、可以拼接的陶片接了起来，效果还

不错，就等它干了。……任务完成，我们将弄好的陶片晾干，整齐地插在了沙盘里，艺术品就是在合作中诞生的。那种自豪的成就感是无与伦比的。”

这是一次模拟陶片修复的活动，开设这一活动的目的是为了让学生体验文保活动的乐趣，但要注意的一点是，不要因活动而损坏了文物。在活动中，有些同学没了耐心，竟用 502 胶水来黏合，我和同学们费了好大劲才清洗掉。

(三)陶片分类

搜集的陶片如何处理，最好的办法就是尽可能发挥它的教学效能。每一块陶片上都分布着漂亮的纹饰，有米字纹、有方格纹、有回形纹、有波浪纹，为古人以陶拍敲打而成。为了让学生体验印纹硬陶纹饰的艺术价值，我指导学生对陶片进行了归类。

首先，我和大家一起用牙刷擦洗陶片表面，无法清洗的污渍用酒精涂抹后再清洗；然后我们在教室最前面的每张桌子放上写有陶片纹饰的纸条和一个小纸箱；再次是每个同学根据桌子上的纹饰纸条将分到手中的陶片放在纸条旁的小纸箱里。

给陶片归类看似简单，但操作起来也并非易事，由于年代久远，一些陶片上的纹饰已不太清楚，同学们往往要清洗好几遍才能使纹饰显露出来。在此过程中，有的同学还发现了新的印纹硬陶纹饰品种，着实令人欣喜。

(四)陶片拓片

【案例 2】“演示结束之后，大家就噼里啪啦地干了起来，有的还算成功，有的不是宣纸破了就是墨太浓，看来这个也不是这么简单的……当时看到一个男生选择了个陶罐厚底来完成拓片，一些社员都担心他完不成，因为陶片体积越大，制作就越困难。别看这位同学大手大脚，但最后做出来的效果还是相当不错的。”

印纹硬陶的制作工艺很复杂，案例中就讲到学生在操作中一不留神就容易做坏。做坏了当然很伤心，但却可以从中吸取些教训。有时候学生会要我帮他们做，我往往不会插手，也不让其他同学来带，而是让他观摩别人的制作过程，从中探索成败的根源。

五、展示交流

通过上述活动，学生获得了动手实践的体验，使校本课程变成会“动”的课程。但要打造一门精品校本课程，还应拓宽课程的服务面，提高其“社会效益”。

2013 年 5 月 8 日学校艺术节，我们在校阅览室通过现场拓片制作向全校师生展示自己的成果。在这次活动中，三位演示人员做得很认真，但也出了点小问题。由于三位演示者之间坐得太紧，导致周边的同学看不清楚，旁边有同学问问题，她们也不理会。这时我就对她们说：“大家稍微分开点，好让旁边的同学也参与活动。你们可以边做边指导。”后来的事实证明，我们的校本课程在学生中赢得了较好的口碑，同时也得到了媒体的关注。萧山网在 5 月 20 日的新闻这样评价：“印纹硬陶拓片制作体验活动也在学校艺术节上亮相，三位同学现场演示拓片制作过程，并指导同学们一起参与，活动颇具人气。”

通过一年来的教学实践，我认为上好一门校本课程并不难，难就难在“勇敢地面对”与“不懈地追求”。我深信，我们的每一分辛劳都使我们向成功接近了一步。

合理运用教材　积极探索走班

——走班制下对数学教材深挖利用的认识及教学体会

毛国伟

浙江省作为全国首批普通高中课程改革省份之一，从 2014 年 9 月开始进行了高中新课程的实验。笔者有幸参加了高一实行走班制的教学，下面是笔者对使用人教 A 版执教的一些认识及教学体会。对教材的使用，我们一直停留在探索“高考考什么，我们教什么”的阶段，有选择性地去掉了诸如阅读材料、实践探究等内容。现行教学改革，让我们重新认识了这些内容的内涵。

一、教科书充分体现了高中数学课程标准的基本理念

(一)以学生为本，促进学生形成丰富的学习方式

教育必须以学生的发展为本，学生学习方式的改变是课程改革的重中之重。因此，使学生学会学习，形成丰富的学习方式，为终身学习和终身发展打下良好的基础，是高中数学课程追求的基本理念。

教材编排的结构体系能够引导学生针对不同的学习内容，采用不同的学习方式。例如，每一节常常是从“思考”开始，创设适当的问题情景，引导学生观察、猜想、归纳、推理，进行自主探索；书中设置的“探究”“探究与发现”等活动提供给学生更大的学习空间，促使他们在小组讨论、全班交流的过程中学会合作学习、探究学习；“阅读与思考”可以促进学生阅读自学习惯的养成；“实习作业”为学生形成积极主动的、多样的学习方式进一步创造了有利的条件。学了函数之后，学生对“双勾”函数有兴趣，我就给了学生几何画板，让学生自己去研究，并写出了小论文。

(二)注重学生数学思维能力的提高

数学教育的基本目标之一就是提高学生的数学思维能力，进而培养理性精神。教材在内容的设计上，能够在学生已有的经验基础上，引导学生经历直观感知、观察发现、归纳类比、抽象概括、符号表示、运算求解、数据处理、演绎证明、反思与建构等思维过程。例如在《常用逻辑用语》一章的例题与习题设计上，重视培养学生正确使用逻辑语言进行数学描述、判断和推理的能力；在《导数》的第一节设置了“变化率”，通过“气球膨胀率”和“高台跳水”两个问题，让学生经历直观感知进而抽象概括出导数的概念的过程和方法，进而又用学生已经熟悉的“高台跳水”问题去研究导数的几何意义、函数的单调

性与导数等问题;在研究《圆锥曲线》和《导数》的过程中,总是辅以图像或引导学生动手作图,不断渗透数形结合思想;《推理与证明》《框图》中非常丰富的例子,都是有效促进学生思维能力提高的好素材。

(三)注重学生应用意识的发展

数学来源于实际生活,并在生活实践中有着广泛的应用。在近年不断深化的数学课程改革中,数学的应用意识得到了充分的重视。这一点在教材中也得到充分的体现:数学应用贯穿教材的始终。

(1)通过丰富的实例,从实际背景引出数学新知识。例如从对大学生身高与体重的相关性研究实例得出回归分析的方法;从吸烟与患肺癌的关系引出独立性检验的方法;从气球膨胀率和高台跳水问题抽象出导数概念,等等。这样强调数学概念的形成背景,使学生感受数学知识发生、发展的来龙去脉,从而激发学生的学习兴趣,体会到数学的作用、数学与生活及其他学科的联系。

(2)在例题、习题中都适当增加了相关的应用问题,提高学生运用所学知识解决实际问题的能力。例如《圆锥曲线》中有卫星运行轨道、炮弹爆炸点的轨迹、双曲线型冷却塔、卫星接收天线、天文望远镜、拱桥、隧道等丰富的题目;《导数》一章也有很多应用题,并且还专门设置了"生活中的优化问题举例"一节;《合情推理》中"火星上是否有生命"的推理、以古老传说"河内塔"为背景编制的例题是激发学生学习兴趣的好材料。

(3)教材设置的"实习作业"(统计活动),使学生在实践、探究的过程中学会应用,从而使应用意识得到进一步发展。

(四)渗透数学史,体现数学的文化价值

数学是人类文化的重要组成部分,课程应帮助学生了解数学的历史、应用及发展趋势。教材中的"阅读与思考""探究与发现"等栏目,正是体现了这一理念。例如"牛顿法——用导数方法求方程的近似解"使学生了解科学家的伟大成就,并且更深刻地体会导数的应用价值;《推理与证明》中的"科学发现中的推理",使学生通过阅读科学史实了解合情推理和演绎推理对科学发现的重要作用和贡献。

(五)注重信息技术与数学课程的整合

利用信息技术可以提高课堂教学效率,呈现以往教学中难以呈现的课程内容,有利于学生更好地认识数学的本质。教材在便于使用信息技术的地方,都提出了使用建议,设置了"信息技术应用"栏目,例如,"用《几何画板》探究点的轨迹:椭圆""用《几何画板》研究双曲线的渐近线""用《几何画板》研究抛物线""图形技术与函数性质"等等。

二、合理运用教科书,积极探索实现高中数学课程目标的有效途径

新课程的实施、新教材的使用,带给我们的是压力与挑战。在教学实践中,面对焕然一新的教科书,我们有喜悦,也有困惑、质疑。不论选用哪一本教材,都会有它的优势与瑕疵。因此,应该树立"用教材教,而不是教教材"的观念,弄清楚教材编写的理念与

意图，积极面对困难和挑战，寻找对策，探索实现高中数学课程目标的有效途径。通过反思前一阶段的教学，笔者认为，要用好手中的新教材，做好以下几点是有益的：

(一)教师要转变观念，要有终身学习的意识

在课程改革中，教师是新课程实施的直接参与者；在整个教育过程中，教师是最了解学生知识、能力、兴趣的人。因此，要实现课程的目标，教师是关键，教师对新课程的理解与参与是推进课程改革的前提。

如果一个教师对教材新增内容不熟悉，对新课程的目标和理念不甚了解，那么他可能就无法理解新教材的编排意图，从而消极应付，新课程方案就很难贯彻和实施。因此，我们应努力更新和转变教育观念，充分认识自己在课程改革中的角色和作用：教师不仅是课程的实施者，而且也是课程的研究、建设和资源开发的重要力量；教师不仅是知识的传授者，而且也是学生学习的引导者、组织者和合作者。这就要求我们每个人都应该认真切实地学习高中数学新课程的性质、理念、框架、目标和内容。在开设每个模块之前，通过查阅资料了解此部分内容的背景及教育价值，对教学内容做整体的研究，对比教材相对以往发生的变化，参考编写人员的教学建议，然后以课程理念为指导，结合学生学习的实际需要设计好教学活动。

我们只有不断学习新的教育理论与数学专业知识，提高自身的素质，才能适应不断向前发展变化的课程改革，为教育改革做出应有的贡献。

(二)信息技术的合理运用

《课程标准》关于信息技术运用的理念比以往更加全面了：信息技术与数学课程内容的有机整合，增强数学的可视化，提高课堂教学效率，改善学生的学习方式。这样丰富的内涵给我们的教与学都带来了更大的开发空间。例如，倡导学生使用科学计算器进行数值计算、利用几何画板等软件研究圆锥曲线的动态变化过程等等。但是这些并不能完全取代教学，信息技术的运用一定要适当，不要为了用而用，是需要才用。

在进行《圆锥曲线》的教学时，运用几何画板演示椭圆、双曲线和抛物线的生成过程，是非常直观的，有条件的学校如果能让学生自己进行操作，学生将会对三种圆锥曲线的定义理解得更为深刻。

在《统计案例》教学中，有些问题利用电子表格 Excel 的快速生成数据和图像的功能辅助教学，易于操作，值得一试。

例如在进行回归分析时，往往需要将实验所得数据先制成散点图，再探求线性回归模型，求出相关系数，来说明拟合的效果好不好。在教学过程中我是先引导学生学会动手绘图、计算来完成，并通过这个完整过程体会回归分析的基本思想。但是学生的绘图和运算往往有较大的误差，所以可以教学生利用 Excel 进行检验的方法。下面以选修 1—2 教材第 2 页例 1“根据 8 名女大学生的身高和体重数据进行回归分析”为例来简要说明操作过程。

表 1

身高/cm	体重/kg
165	48
165	57
157	50
170	54
175	64
165	61
155	43
170	59

第一步将数据分两列输入电子表格(如表 1)；

第二步选定数据区域，插入图表，选择标准类型下的散点图，完成，即可得到图1；

第三步选定灰色绘图区，选择图表下的“添加趋势线”，就可以选择函数进行拟合了，例如单击“类型”选择“线性”，再单击“选项”，在“显示公式”和“显示R平方值”旁的方框内打“√”即可得到图2，所显示的公式就是线性回归方程，R^2 为相关指数。

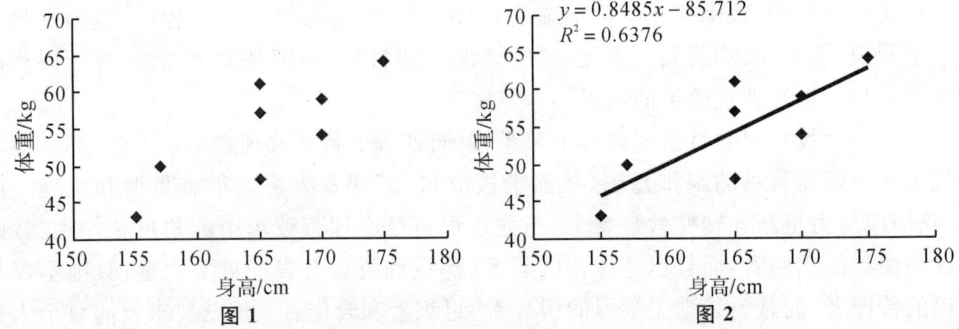

图1　　图2

(三)帮助学生打好基础，发展能力

重视基础知识教学、基本技能训练和能力培养是我国数学教育的优良传统，这一传统在新课程理念中继续得到强调和发扬，“双基”被赋予新的内涵。我们的教学也应“与时俱进”地落实双基。

一方面，继承“传统双基”中的合理成分。例如重视函数的概念、数形结合思想等基本数学知识与思想方法，要结合教材提供的丰富材料，让学生经历这些基础知识的发生发展过程，反复接触，不断加深认识和理解；对于数学的一些基本技能，应该充分发挥教材中例题、练习、习题的功能，在学完概念、公式、性质之后进行基本运算、作图、推理证明的训练。对于删减的内容就没有必要再拾回，削弱的也不必再强化。

另一方面，由于科技的发展，算法、数据处理、函数建模、运用信息技术学习数学等内容和方法也加入“双基”的行列，这些更需要我们去探索行之有效的做法。例如基础知识的教学要重过程、重核心知识，关注学生学习过程中应用知识的综合能力；在对一类数学问题的解决方法进行归纳时，就可以渗透算法的思想；重视学生的估算技能，能正确熟练地使用计算器或计算机；鼓励学生积极参与教学活动，形成熟练的技能，进而培养数学能力。

(四)教师要加强对学生学习的引导

新课程在结构、内容、实施、评价等方面都发生了新的变化，这些对学生的学习提出了新的要求，从而引发学生学习方式的变革。面对新的要求，学生会出现不适应问题，例如许多学生感觉进入高一，数学教学进度很快、知识变得抽象了、理解难度加大了、解题思路不清晰……这就需要教师必须认真对学生的学习方法进行指导，帮助和促进学生学习方式的转变。

我们可以在课堂上结合教学内容让学生体会学习数学的方法，也可以组织学生交流学习经验与体会，但是，由于影响学生学习的因素是诸多的，所以仅从数学学习方法本身做指导还是有一定的局限性。教师的引导应该是多方面的：学习目的、学习态度的引导；自我监控能力的引导；探究性学习的引导；个别学习的引导；学习方式多样化的引导等。

传统的学习方式主要是“接受式学习”，这种学习方式比较单一、被动，忽略了人的主动性、能动性和独立性。改变学生的学习方式就是要把这种单一、被动的学习方式向多样化的学习方式转变，让学生真正成为学习的主人。应该让学生明白，任何一种学习方式，只要运用得当，都是有意义的。

例谈高中数学教材的“二次开发”

余方明

摘　要:本文以《浙江省普通高中数学学科指导意见(2014版)》(以下简称《学科指导意见》)为依据,结合学情,通过对教材内容的分析,从“认知规律”“发展要求”“解题方法”“知识建构”“持续发展”五个维度尝试实践了高中数学教材的“二次开发”,从而使教材更有利于学生对知识的理解和思维的发展,为“创造性地使用教材”提供了一定的参考。

关键词:二次开发　高中数学教材　思维发展

高中数学教材的“二次开发”指的是不改变原有教材框架,以原有教材内容为开发素材,对教材进行补充、拓展、教学结构的调整以及多样化课程的开发,为教师的授课提供有益的、切合学生学情的案例选择,其最终目的是让教材更有利于学生对知识的理解和思维的发展。笔者以人教版高中数学教材为例,同时结合《学科指导意见》等,实践了自己的一些想法与做法。

一、基于“认知规律”对教学情境的改编与调整

知识需要融于情境之中,才能显示出活力,情境创设的重要性已被越来越多的人所接受。教学情境在学生数学学习中具有营造探索氛围、激发求知欲望、感受数学与生活的联系和培养应用意识的作用。但是,如果教材所提供的情境素材是学生陌生的、不感兴趣的或没有相应的生活体验的,上述作用就会大打折扣。因此教师可以根据需要,用心把教材中的情境素材改编或替换成学生熟悉的、有关社会热点的素材,以便学生更好地学习新知。

【案例1】必修4“三角函数的诱导公式”的教学中,教材通过探究角 $\pi-\alpha,\pi+\alpha,-\alpha,\frac{\pi}{2}-\alpha$ 的终边与角 α 的终边的关系,得出它们三角函数之间的关系,但是为什么要这样探究,学生无法理解,因此根据学生的认知规律,笔者这样设计:学生很熟悉 $\sin\frac{\pi}{6}=\frac{1}{2},\cos\frac{\pi}{6}=\frac{\sqrt{3}}{2},\tan\frac{\pi}{6}=\frac{\sqrt{3}}{3}$ 等特殊值,教师则可提出:“那么我们能求出 $\sin\frac{13\pi}{6}$,$\sin\left(-\frac{\pi}{6}\right)$,$\sin\frac{5\pi}{6}$,$\sin\frac{7\pi}{6}$等的值吗?如果能找到这些值与 $\sin\frac{\pi}{6}$之间的内在联系,这一

切就都迎刃而解了。”然后再利用单位圆和三角函数进行分析与证明。

【点评】 这样的设计对学生在原有认知的基础上提出了新的挑战，形成了“新、旧”认知之间的冲突，同时也揭示了为什么要叫“诱导公式”以及诱导公式的作用。

二、基于“发展要求”对知识内容的补充与拓展

《学科指导意见》指出的“教学要求”分“基本要求”“发展要求”“说明”三个部分，“发展要求”主要是针对教学中的重点难点，根据学科特点和学生实际，从知识、能力、情感态度价值观等层次提出的需要适度拓展的要求。这就需要教师根据发展要求有选择地对教材中的某些知识进行拓展，以完善学生的知识结构，提高学生的思维能力。

【案例 2】 高一教材中并没有关于函数 $y=x+\frac{a}{x}(a\neq0)$ 的专门一节内容，但是练习中多次出现这类函数单调性的问题，考虑到该类函数也是多年考试命题的一个热点，而且本节内容又可以为继续学习不等式等相关内容打下必要的基础，因此笔者增加了一课时。设计如下：

(1)设计研究方案：根据学情，先从特殊函数入手，运用描点法作出函数简图，再借助图象描述函数性质，然后寻求理论证明。选定 $y=x+\frac{1}{x}$，$y=x+\frac{4}{x}$ 作为初步研究对象。

(2)实施形成结论：在学生作图时，教师适时进行纠正和指导，通过互相点评不断改进完善，在大家对函数的图象与性质有了一个初步了解的基础上，再展示几何画板模拟作图的结果，引导学生进行自我评价，准确把握图象特征，展示图象随取值的变化而变化的动画过程，尽可能帮助学生形成对函数 $y=x+\frac{a}{x}(a\neq0)$ 的整体感知。然后分组对不同情况下的单调性进行证明，形成结论：

函数	$y=x+\frac{a}{x}(a>0)$	$y=x+\frac{a}{x}(a<0)$
图象	略	略
定义域	$(-\infty,0)\cup(0,+\infty)$	$(-\infty,0)\cup(0,+\infty)$
值域	$(-\infty,-2\sqrt{a})\cup(2\sqrt{a},+\infty)$	$(-\infty,0)\cup(0,+\infty)$
奇偶性	奇函数	奇函数
单调性	$(-\infty,-\sqrt{a})$增，$(-\sqrt{a},0)$减，$(0,\sqrt{a})$减，$(\sqrt{a},+\infty)$增	$(-\infty,0)$增，$(0,+\infty)$增

(3)变式训练巩固：

变式 1. 求函数 $y=x+\frac{16}{x}(x<0)$ 的最大值。

变式 2. 求函数 $y=x+\frac{16}{x}(1\leqslant x\leqslant2)$ 的值域(当 $2\leqslant x\leqslant5$ 时)。

变式 3. 已知一个函数的解析式为 $f(x)=x+\frac{16}{x}$，试确定其定义域的一种可能情况，使得它的值域为$[10,17]$。

变式 4. 求函数 $y=x-\frac{16}{x}(2\leqslant x<4)$ 的值域。

变式 5. 函数 $y=\frac{x^2+2x+2}{x+1}$ 的值域为________。

【点评】 教师在教学过程中可根据“发展要求”适当地拓展补充相关知识、题型与方法，以帮助学生更好地理解掌握知识点，开拓学生知识面和增强思维的深刻性。通过本节课的学习，除了掌握函数 $y=x+\frac{a}{x}(a\neq 0)$ 的一些性质外，也能让学生体验探究的过程，加强自主学习的能力，增强运用数形结合等数学思想指导解题的自觉性。

三、基于“解题方法”对例题练习的挖掘与提炼

知识的提炼：英国物理化学家、哲学家波兰尼在 1959 年提出，人类的知识有两种——“显性知识”和“隐性知识”。显性知识是指用“书面文字、图表和数学公式表述了的知识”，即是显性的、明确的、言明的知识，也称为“明确知识”。隐性知识是指尚未被言语或者其他形式表述的知识，即是尚未言明的、难以言传的、尚处于“缄默”状态的知识。高中数学教材二次开发的又一任务就是要让教材中隐性的数学知识以及解决数学问题的数学经验、数学思维显性化，这样就能减轻教师的教和学生的学的负担，让所开发的教材更好地服务教学工作。数学知识的挖掘和提炼包括解题方法、步骤，数学思维的提炼等。

【案例 3】 人教版必修 5(第 47 页)习题 2.3(B 组)。

4. 数列 $\left\{\frac{1}{n(n+1)}\right\}$ 的前 n 项和 $S_n=\frac{1}{1\times 2}+\frac{1}{2\times 3}+\frac{1}{3\times 4}+\cdots+\frac{1}{n\times(n+1)}$。

研究一下，能否找到求 S_n 的一个公式，你能对这个问题做一些推广吗？

解：$\because \frac{1}{n(n+1)}=\frac{1}{n}-\frac{1}{n+1}$ $\quad \therefore S_n=\frac{1}{1\times 2}+\frac{1}{2\times 3}+\frac{1}{3\times 4}+\cdots+\frac{1}{n\times(n+1)}$

$=(1-\frac{1}{2})+(\frac{1}{2}-\frac{1}{3})+\cdots+(\frac{1}{n-1}-\frac{1}{n})+(\frac{1}{n}-\frac{1}{n+1})=1-\frac{1}{n+1}=\frac{n}{n+1}$。

根据这个练习，提炼出用“裂项相消法”求数列的前 n 项和 S_n。

通过变式，练习巩固：

变式. 已知 $a_n=2n-1,(n\in \mathbf{N}^*)$，设 $b_n=\frac{1}{a_na_{n+1}}$，数列 $\{b_n\}$ 的前 n 项和为 S_n，求证：$S_n<\frac{1}{2}$。

【点评】 教材通过例题、练习来体现对概念的理解和对所学知识的应用。但为了给学生提供更大的探索空间，教材将一些解题方法隐藏在习题中，希望学生能通过探究习得解题方法，因此，教师就有必要对这部分例题、习题进行二次开发，以找出学生容易掌握的解题方法。

四、基于"知识建构"对跳跃思维的铺路与搭桥

教材是重要知识点的精华和浓缩，往往言简意赅，或是由于篇幅有限，有些过程未详加说明，导致学生常常会产生思维障碍。这里教师必定要充当教材与学生之间的协调者，对教材所呈现的思维链接进行"拓展"。在二次开发过程中，通过暴露教师或教材编写者的思维过程，对跳跃性的内容进行"铺路"，给学生的思维"搭桥"，让学生知其然，更知其所以然。

【案例 4】人教版必修 4《三角函数正切函数线的教学》，探究：用适当的有向线段来表示第一象限角 α 的正切。当角 α 终边在 y 轴的右侧时(图 1)，在角 α 的终边上取点 $T(1,y')$，则 $\tan\alpha=\dfrac{y'}{1}=y'=AT$($A$ 为单位圆与 x 轴正半轴的交点)，当角 α 终边在 y 轴的左侧时(图 2)，在角 α 终边的反向延长线上取点 $T(1,y')$，由于它关于原点的对称点 $Q(-1,-y')$ 在角 α 终边上，故有 $\tan\alpha=\dfrac{-y'}{-1}=y'=AT$。

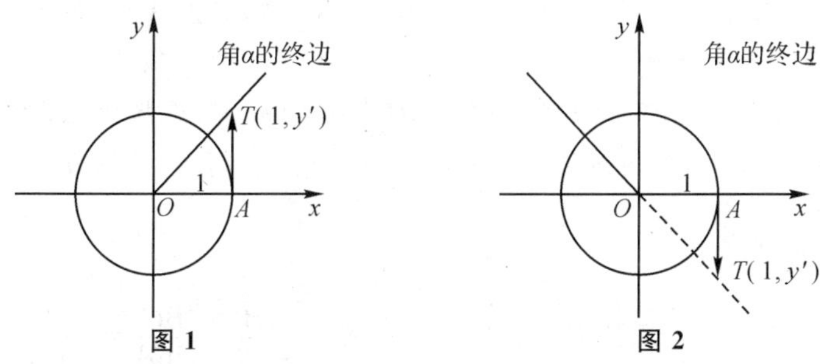

图 1　　图 2

因此，我们把有向线段 AT 叫作 α 的正切线。

以上为教材中的描述，实际探究教学中，学生往往有困难，会产生如下两个问题：

(1)当角 α 终边在 y 轴的右侧时，取点 $T(1,y')$ 的理由是什么？

(2)当角 α 终边在 y 轴的左侧时，为什么要在反向延长线上取点呢？而不是直接取点 $T(-1,y)$？

教材在处理上，只是直接将结论呈现给学生，重在阐述如何表示，却没有说出这"背后的故事"，解释这样或那样表示的合理性，有一些跳跃性成分，这恰恰是需要教师进行"二次开发"的部分。教学中，教师不可按部就班地对教材照本宣读，需要对取点的合理性做出解释。对于问题(1)从定义出发 $\tan\alpha=\dfrac{y}{x}$，最好找横坐标等于 1 的点，这样纵坐标就是 α 的正切值，是突出表示的简洁性；对于问题(2)教师可顺着学生思路，假设取点 $T'(-1,y)$，设 $A'(-1,0)$，则有向线段 $T'A'$ 为 α 的正切函数线，虽然这样也能表示，但与第一象限的情形 AT 不一致，表示起来不方便。为了追求表达的一致性，不妨调整为在反向延长线上取点 $T(1,y)$，则仍是有向线段 AT 表示正切函数线。

【点评】顺着学生的思路进行下去，尊重学生的思维，学生才会真正被说服，才会真正接受数学知识。因此适度对教学内容实施铺路和搭桥，补充和完善，才能使教材变得丰满和易于接受，真正从"教教材"到"用教材教"。

五、基于"持续发展"对探究活动的开发与实践

《学科指导意见》在对《数学(选修2—1)》的说明中提到:《数学(选修2—1)》中的"机动(12)"课时,侧文的学生可用于《数学1(必修)》《数学2(必修)》《数学4(必修)》《数学5(必修)》中阅读与思考、探究与发现等内容的研究性学习。高中数学必修教科书体现出了探究的特点,设计了大量的数学探究活动,因此,可以认为教科书编写者对高中数学教学中学生学习方式的设计倾向于探究性学习,所以根据教材提供的数学探究类活动,设计开发出符合各校实际的研究性学习、多样化选修校本课程,是一项十分重要的任务。

【案例5】 解三角形的应用——实地测量实习报告。

(1)提出问题:如图,测量北塘河两岸 A、B 两点间的距离。

(2)分析问题:

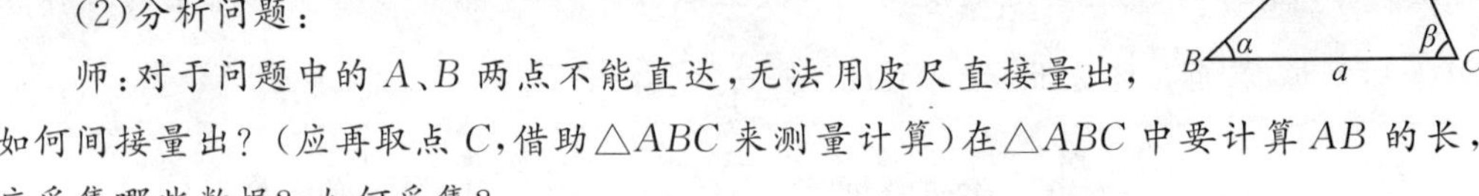

师:对于问题中的 A、B 两点不能直达,无法用皮尺直接量出,如何间接量出?(应再取点 C,借助 $\triangle ABC$ 来测量计算)在 $\triangle ABC$ 中要计算 AB 的长,应采集哪些数据?如何采集?

生:问题中,可在北塘河的一侧,如在点 B 所在的一侧,选择点 C,为了算出 AB 的长,可先测出 BC 的长 a,再用经纬仪分别测出 α、β 的值,那么,根据 a、α、β 的值,就可算出 AB 的长。

生:数据运算:

计算方法如下:在 $\triangle ABC$ 中,由正弦定理可得 $\frac{AB}{\sin\beta}=\frac{BC}{\sin A}=\frac{a}{\sin(\alpha+\beta)}$,所以 $AB=\frac{a\sin\beta}{\sin(\alpha+\beta)}$。

实习报告

题目	测量一小河两侧 A、B 两点间的距离				测量目标(附图)
测得数据	测量项目	第一次	第二次	平均值	
	a 的长(m)	48.3	47.9	48.1	
	α	42°54′	43°6′	43°	
	β	70°7′	69°53′	69°	
计算	A、B 两点间距离(精确到0.1m): $a=48.1\text{m}$,$\alpha=43°$,$\beta=69°$ $AB=\frac{a\sin\beta}{\sin(\alpha+\beta)}=\frac{48.1\times\sin69°}{\sin(43°+69°)}=\frac{48.1\times\sin60°}{\sin112°}$ 算得 $AB\approx48.4(\text{m})$				
负责人及参加人	戚雅琦、李红、洪茹萍				
计算者及复核者	王梓宇、童佳梅				
指导教师审核意见	设计合理,计算正确,很好地应用了数学知识				

【点评】这样的研究性学习的设计，能使学生体会到学习数学的作用，能够用所学的数学知识去解决实际生活中的问题，提高了学生学习数学的兴趣。同时也为多样化课程的开发提供了参考。

总之，通过优化教学设计，开发校本课程来实现教材的合理开发，能促进课程优质高效地开展，提高学生的数学能力，这也是我们高中数学教学的努力方向。

政治课教学影视资源的基本特征

金仲明

在信息技术高速发展的今天，视频资源已经成为学校教学课程资源的重要组成部分。在高中思想政治课教学实践过程中，科学有效地运用教学影视资源，关系到思想政治课教学的实际效益。那么，作为课堂教学素材的教学影视资源，具有哪些特征与优势呢？

一、视听全息性

实验心理学家赤瑞特拉（Trencher）所做的心理实验证实：人类获取的信息 83％来自视觉，11％来自听觉，还有 3.5％来自嗅觉，1.5％来自触觉，1％来自味觉。从上述实验结果可知，通过视听觉途径获得的信息高达 94％。心理学告诉我们："百闻不如一见，因为视觉是人体最高的信息收集者，至少就大脑的认知一点而言是如此。""听觉是通向语言的途径，也是人类特有的一种技能，一个正常婴儿一到人世，其耳朵就能适应人类的声音，以此增强语言、情感和智力间神经中枢的联系。"教学影视资源作为一种有效的教学手段，集声、像、图、文和动感于一体，能够提供多种感官的综合刺激。对于既能听到又能看到的教学影视作品，作用于学生听觉与视觉的信息最为全面，有利于让学生获取多重信息，并将所获得的视听信息，进行恰当的分析、鉴别、遴选和综合，最终生成知识、能力与情感。赤瑞特拉的另一个心理实验的结果显示：人们一般能记住自己阅读内容的 10％，自己听到内容的 20％，自己看到内容的 30％，自己听到和看到内容的 50％。因此，对于既能听到又能看到的教学影视资源所提供的知识信息，学习者所获得的知识的保持效果将大大优于传统教学的效果。这说明影视资源应用于教学过程不仅能够加强学科知识的获取，而且对于知识的保持也非常有利。

二、动态吸引性

学生的学习必须集中注意力，活动的、变化的刺激物比静止的、无变化的刺激物更容易引起人们的注意。一篇心理导读文章中有这么一则事例："美国特工坐的汽车沉入河里，河边有一群武装分子用机枪对水中射击。美国特工用荧光棒和移动的尸体吸引住了火力，从而逃生。听起来似乎不可思议，但事实上，运动的物体的确更能吸引人的注意，而且眼睛对危险的感知要优先大脑信息加工。"因此，教学影视作品中的动态影像，更能吸引学生的注意，而集中主要精力参与课堂教学活动，则是提高课堂教学效益的有效途径。视频资源的动态吸引性，对于创设教学情境，激发学生学习的兴趣具有独特的作用。尤其适用于下列教学活动环节：一是课堂导入情境的创设；二是学生学习情绪不振时的运用；三是教学高潮到来前的运用。教学影视资源能够激发师生的学习热情，将师生的情感推向高潮。例如，为了提高学生学习《生活与哲学》的积极性，笔者在进行第一课第一框“生活处处有哲学”的教学时，采用视频导入的教学方式，首先播放了《爱若和布若的故事》和《表演大师的鞋带》两则动漫片段，从中引导学生认识到在这样的生活中，同样蕴含着深刻的哲学道理（图 1）。这样，产生了一种“未成曲调先有情”的意境，很快吸引了学生的注意力，做到先声夺人，激发学生兴趣，调动学生的积极性，使学生一上课就以极大的热情投入到课堂中来，并带着疑问去探究学习。

图 1　动态吸引性

三、直观形象性

鲁迅先生在弃医从文之前曾说：“用活动的电影来教学生，一定比教员的讲义好，将来恐怕要变成这样。”为什么呢？因为，教员的讲义较为抽象概括，而电影的影像更为直观形象。抽象的知识难以理解，而具体的直观形象更能让人接受。教学影视作品，以其动态的影像和具体的直观，其教学的效果在一定意义上说，胜过教员的讲义和课本的文字，也就有了可能。思想政治课的一个特点或困惑就是其抽象性，一些抽象的概念与观点难以让学生理解，若能借助一定的视频资源，以较为具体形象的方式呈现在屏幕上，则能化抽象为具体，化艰涩为生动。为了讲清哲学的基本问题是“思维和存在的关系问题”，（图 2）笔者以一则动画视频《风动心动》创设教学情境，还插入了阿杜演唱的《天黑》中的一句歌词：“我闭上眼睛就是天黑……”由此直观形象的动画，使学生一下子懂得了不是思维决定存在，而是存在决定思维，思维和存在是哲学的基本问题的道理。

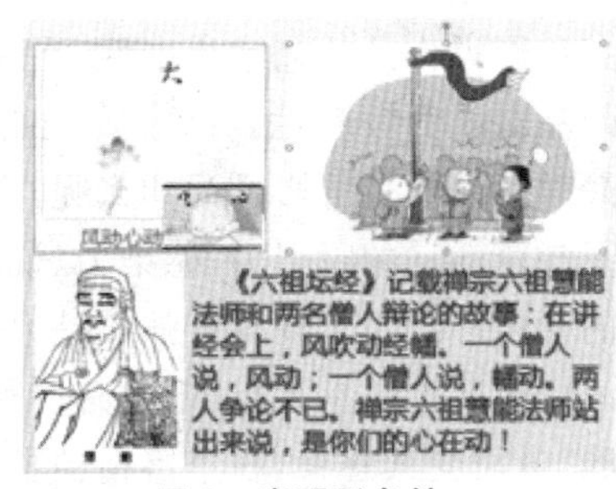

图 2　直观形象性

四、生动趣味性

教学影视作品融声、像、文和引导、互动于一体，比传统教学更加直观形象，因而，更能激发学生的认知兴趣，从而活跃了课堂氛围。因此，教学影视资源的引入，有利于克服思想政治课单调枯燥乏味的缺陷，对于提高课堂教学效益也就成为一种必然。在进行“文化创新的源泉和作用”的教学时，为了让学生理解“社会实践是文化创新的源泉与动力”的观点，笔者将抗战时期的小说、电影（图 3）与知青时期的小说、影视作品的片段

(图 4)加以对比呈现,不仅激发了学生的学习热情,而且非常顺利地引导学生开展了探究活动:“从文化创新的角度讲,为什么‘文革’时期的知青小说、影视作品与抗战时期的小说、影视作品反映的内容不一样？这说明了什么道理?”同学们在合作讨论的基础上很好地得出“在不同的历史时期,作家的社会实践不同,因此,他们所创作的小说、影视作品的内容也就不同”结论,由此掌握了“社会实践是文化创新的源泉和动力”的观点。

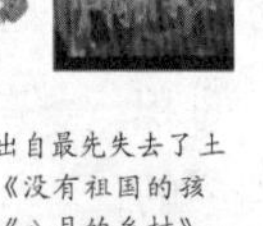

图 3　生动趣味性之一

图 4　生动趣味性之二

五、艺术感染性

影视作品的艺术感染性,在一定意义上就是影视作品对人的教育性。列宁曾经指出:“在一切艺术中最教育人的是电影。”为什么呢？因为,影视作品增强了教育活动的吸引力、感染力、说服力,必然深受人们的喜爱。对于一些具有强震撼力的影视作品,一旦引入思想政治课堂,会让学生有一种身临其境的情感体验,进而受其感染,在丰富精神享受的同时,增强自身的精神力量,其艺术的感染性与教育性得到了充分的体现。在进行“文化创新的基本途径”的教学时,我在呈现小提琴协奏曲《梁祝》音乐及动漫视频(图 5)的基础上,强调指出,这首反映中国古老美丽传说的乐曲,展现了中华文化鲜明的风格和特点,又融入了西洋乐器的优美音乐,成为通过文化融合实现文化创新的艺术典范。并提出:“请根据小提琴协奏曲《梁祝》的创作过程及课文的有关内容谈谈文化创新的基本途径。”由此,使学生在得出文化创新的基本途径之一是“面向世界,博采众长”的道理的同时,也使学生的情感得到了音乐文化的熏陶,使人间情爱得到升华。

图 5　艺术感染性

总之,教学影视资源具有视听全息性、动态吸引性、直观形象性、生动趣味性、艺术感染性、功能多样性等特征,在思想政治课教学中,应当加以充分挖掘与发挥。那么,在教学实践中,必须运用哪些方式方法,才能充分利用教学影视资源的特点与优势,提高课堂教学的实效呢？这是有待与广大同行共同努力,进一步研究解决的问题。

开设英语校本课程的探索与实践

邬彩芳

摘　要:在实践过程中,笔者围绕英语学科,探索的语言知识与技能类、欣赏类和语言应用类三种形式的校本课程,深受学生的喜爱。增强了学生学习英语的兴趣,开阔了他们的视野,加大了英语信息输入量,使他们的英语语言知识更具实用性。

关键词:英语　校本课程

《英语课程标准》中明确规定:“高中英语课程采取必修课与选修课相结合的课程设置模式。”根据学校英语教学的现状和社会对我校英语教学的需求,我们对构建有自身特色的校本课程体系做了比较深入的研究和探索。开设了语言知识与技能类、语言应用类和欣赏类三大类英语校本课程,课程的设置既体现全体、全面发展,又突出个性特长的培养,既注重面又兼顾点,以更好地根据素质教育的要求来深化启蒙阶段外语教学改革。

一、语言知识与技能类课程

我校的英语语言知识与技能类课程包括英语角、英语报刊选读、英语小报编辑、英语演讲,让有这些方面特长的学生有一方属于他们自己的天地。

(一)英语角

绿树掩映,红花相衬,安静而又富有文化气息,这里是我们的聊天室(Chatting Room)——英语角活动场所。参加课程的学生在这样的氛围下,围绕指导教师事先精心安排设计的话题、游戏,毫无顾忌地用英语表达着他们的观点、思想,从他们的嘴巴溅出语言的火花。在这里,师生用最简单的英语共同游戏,共同讨论话题,互相交流英语学习,共同探讨人生,这里充满了欢乐、友谊和学习英语的激情。学生们不仅可以增进班级之间、年级之间、师生之间、同学之间的了解、交流与互补,还把英语课堂搬到这里,在愉悦的气氛中学习英语的兴趣和激情迸发出来,不知不觉中提高了口语水平和口头语言表达能力。

(二)英语报刊选读

SARS, WTO, PC, PM, Hi－tech(high technology), APEC Open Annual Meet,

Iraq 等等都在这里呈现。我们每学期举办"书友会"的英语报刊选读活动，参加学生通过词典等工具和教师的指导，自主阅读 *China Daily*，*21 st Century*，*Beijing Weekly* 等英语报纸和 200 多本英文小说名著，如 *Hamlet*，*Pride and Prejudice*，*Little Women*，*The Adventure of Tom Sawyer*，*Jane Eyre*，*The Merchant of Venice*，*Tales of Two Cities* 等，每周一次读书活动，强化策略指导，定期讨论、交换观点，用英语写下感受，评出优秀作品并展览。学生们在阅读过程中，按照教师的指导和自己的一些阅读习惯，采用粗读、精读、跳读等技巧和策略，增强了自主学习的意识，提高了自主获取信息和处理信息的能力，加深和拓宽了对英语文化背景知识的理解，知道了许许多多英语课堂上所无法触及的东西，学生的内心需求得到无比的满足，学生的内心世界得到了充分的挖掘和展示。一同学在读完 *Pride and Prejudice* 后这样写道：From the story, I realize that one person should not have pride or prejudice. In my opinion, everything will be all right after trying hard…而另一同学在看完 *Jane Eyre* 后说：In my opinion, Jane Eyre also has some mistakes. In the book, the story was felt untrue. But I still think it is popular with readers.

(三)英语小报编辑

充分发挥学生动脑动手能力，展示学生内心思想，完全由学生主办的全校学生自己的英语刊物《英语苑》(*English Garden*)，旨在为学生学习英语提供服务和帮助。这份英语刊物《英语苑》由英语组教师做顾问和指导，学生搜集稿件，学生打印、排版，设时文阅读、学法指导、校园传真、信息交流、经典试卷、习作园地、文化介绍、你问我答等栏目，刊登学生来信，教师心声，聚英语骄子，做学法指导，提高学生学习英语的兴趣，提升英语学科教学质量。刊物每半月一期，深受全校学生喜欢。

(四)英语演讲

演讲是一种可以用语言表达个人思想情感的有效方式。我们采用发布信息的方式招募一批学生参与到英语演讲中来。我们听、模仿名人演讲，组织演讲比赛，参加高一级演讲比赛，在各个场合给学生以锻炼的机会和平台。我们选择一些名人如 Martin Luther King 的《我有一个梦想》(*I Have A Dream*)、克林顿总统在北大的演讲、美国总统布什的就职演说、丘吉尔首相在二战时著名的宣战演说，以及国内全国中学生英语演讲比赛等录音或 VCD 片，教师指导学生的演讲语言、语气、表情、动作等演讲技巧，共同分析演讲中存在的问题与不足，师生在此过程中不仅双方都有提高，更是拉近了师生间的距离，为英语课堂教学的顺利有效进行做了有力的保障，学生隐藏的潜能得到了有力的开发。有多名学生参加区级以上的英语演讲比赛并获奖，为学校、教师和个人争得荣誉，并进一步激发了他们自己和其他同学学习英语的热情，从而形成良性循环。

二、语言应用类课程

我校的英语语言应用类校本课程包括"科技基础英语""网络英语"。学生自愿报名参加学习。学生通过故事学习、案例分析、情境操练等手段，关注当代社会科技最新发展动态，通过网络等各种媒介了解一些新的科学术语，比如计算机英语中的一些实用的词汇，一些实用网络英语词汇，比如，浏览器(Internet Explorer)、基因工程(Genetic Engineering)、克隆(Clone)、纳米技术(Nanotechnology)、蓝牙(Bluetooth)，还有IT，ISP，ICP，BBS，Java，Linux，Modem……整个课程注重实用性，让学生觉得这些看似与课堂无关或较远的英语词汇十分接近他们，能够在平时看报看书学习上网中时用到，帮助他们解决实际问题。比如说网络英语在网络已经成为与人们生活和工作息息相关的重要部分的今天就显得十分重要了，报名的学生十分火爆，因为他们知道，如果不了解常用的网络英语，学生很难做到在网上畅通无阻。“网络英语”这门课为学生介绍英语互联网常用术语、常用缩略语、E-mail常用语，以及网络英语惯用句，像BF(Boyfriend)，TY(Thank you)，Cross your heart(你发誓)，Let's get it straight(打开天窗说亮话)……学生就十分感兴趣，读起来也比较上口，效果也特别好，这就能够激发学生对高新技术的兴趣和求知欲望，使学生在更广阔的知识视野里发现自己的特长和才能，进而认识自己的发展方向。

三、欣赏类课程

欣赏类英语校本课程主要包括“英语原版影视欣赏”“英语歌曲欣赏”“英语课本剧改编与表演”“英语诗歌朗诵”等。在这些课程里，学生们会学习到英语国家的一些背景文化和听力等方面的知识与技能。我们选用的是《英语国家背景》《英国风情录》《美国风情录》《澳大利亚风情录》《加拿大风情录》等VCD片子，让学生领略异国风光和风俗习惯，让学生自觉整理、比较不同西方国家之间、中西文化之间在风俗习惯、国土与人口、体育运动、学校教育、历史人物、文化与艺术、假日与旅游等多个方面的差别。我们还为学生提供了丰富的视听材料，有原版的Oscar获奖影片赏析，动人的英语歌曲，令人震撼的名人原声演讲，实用的VOA，BBC的Special English，还有经典的英音版的《新概念英语》和美语音像教材《走遍美国》《英语教室》等。这些视听材料给学生提供了纯正的、地道的英语口语和使用情景，不仅能使学生学到许多东西，更提供了美的享受。为了让学生始终保持浓厚的学习兴趣，我们注意授课的内容和形式的多样性，让他们模仿电影中人物的口腔，做一些英语小游戏，师生之间开展交流，力求让学生用最实用、最地道、最精彩的口语畅所欲言，尽情歌唱。我们还利用一些民间故事、童话等，帮助学生改编成英语情景剧、课本剧，并用他们自己的想象和创造表达出来，让学生有获得成功的感受。学生们自编自演的英语情景剧《青蛙王子》《睡美人》就是源自这里，并一举荣获全国青少年英语才艺表演银奖。

开设上述三大类英语校本课程，增强了学生学习英语的兴趣，开阔了他们的视野，加大了英语信息输入量，使他们英语语言知识更具交际性。我们根据教学目标与教学内容，制定了相应的评价标准，实行“学分制”，着眼于考查学生的交际能力、背景知识和学生的认知能力。一个学生课外活动学分的多少，可反映该学生参加课外活动的积极性高低，有利于教师根据每个学生的不同情况进行引导和激励。

将乡土史运用于高中历史教学

——以细菌战为例

王珊珊

摘　要：新课程改革要求建立全新的历史教学模式，这就要求历史教师对历史教学资源进行广泛开发和运用。历史教学资源包括历史教师资源、历史课程资源、学生资源，笔者结合自己浅薄的教学实践，以细菌战研究为例，谈谈新课程背景下如何将乡土史转化为高中历史教学资源。

关键词：乡土史　历史教学　细菌战

"知之不如好之，好之不如乐之"，教学中如何落实三维目标，兴趣是一个重要的因素。而在提高学生学习兴趣，促使其主动参与课堂教学，乡土史发挥了极其重要的作用。本着这样的想法，笔者在平时的教学中也做了一些尝试，逐渐形成了将乡土史与教材内容有机结合来开展历史教学的新思路。

一、走进历史，升华反思

《全日制义务教育历史课程标准》评价建议的"课程资源的开发与利用"部分，指出要"充分开发利用乡土教材和社区课程资源"，"鼓励和提倡不同的地区和学校结合自己的实际情况，因地制宜地利用和开发历史课程资源"。笔者通过搜集和积累地方历史资料，把乡土历史渗透到课堂教学中，较好地提高了历史学科的教育教学质量和育人效果。笔者有意识地发掘乡土史与历史教材知识点之间的内在联系，把乡土史渗透到课堂教学中，落实了"拓展历史课程资源"的理念。

人民版的高中历史教材关注整个中华民族和全国性的历史，主要从宏观角度介绍了中华文明的发展进程，较少兼顾各地、各民族的历史发展进程，没有也不可能把每个地方的历史都整合到国家大历史发展的脉络中进行梳理和介绍。而地方史资料来源于当地，具有明显的本土性质，对历史事件的记述和当地的人物、事件有着直接的联系，从而容易使学生接受和认同。历史沿革、文化传统、风土民俗、名胜古迹、革命遗址、重要人物和事件均可设计为乡土史教学的内容。著名教育家徐特立曾经指出："历史教材中，最原始、最基本、最唯物的教材就是乡土教材。"我根据课程标准中关于教学目的、教学内容的要求，在历史课堂教学中适当补充、适时穿插了一些乡土历史素材，在某种程度上弥补了现行中学历史教材的不足，从而更好地实现了历史教育目的。

笔者将掌握的萧山地区细菌战的情况运用于必修一专题二《伟大的抗日战争》这节

课的课堂教学中。这节课中非常重要的一点是要学生了解日军在对华侵略战争的过程中对中国无辜百姓犯下的滔天罪行。这时，教师应该给学生提供资料，让学生走进历史，还历史真相。资料的选取在这时尤为重要，运用乡土资料可以拉近学生与这段历史的距离，有助于学生进入当时的历史情境，因而教师在课堂上除了介绍日军 731 部队之外还可以播放日军在萧山进行细菌战视频资料。

课堂中教师充分利用多媒体现代教育技术，结合乡土史的内容开展教学活动。在教学过程中创设情景，穿插图片和播放音像图文资料，让学生感受到日本侵华战争给中国人民带来的灾难，从而把一个真实、全面、生动、具体、形象的历史事实清晰地展现在学生的眼前，弥补了课堂教学与社会现实联系不够的缺陷。

在上课过程中学生看到日军在萧山实施的细菌战和毒气战还有很多的知情者和幸存者，特别是对于那些感染炭疽病毒的老人目前糟糕的生存状况已经有所掌握，对战争的认识更加深入，达到升华反思的教学效果。

二、始于社团，走出校园

历史教学并不局限于课堂，现在的新课程改革下的高中都开设了学生自主报名的选修兴趣课，因而在校园里我们可以开设乡土文化的历史选修课，按照周活动计划精心组织主题活动。

在社团招新时指导教师有意识地在面试和笔试的过程中考查学生对日军的侵华战争、日军的暴行、日军的细菌战等基础知识的了解，招收一些有一定的基础知识的学生入社。教师主要在校每周一次的社团活动课上结合萧山本地细菌战的情况，给学生从细菌的研制、细菌的散播、细菌战的实施、细菌战的危害、细菌战在萧山等方面给学生做全面的介绍。同时，在社员们对细菌战有了一个基础认识之后，社员们可以开始社会实践了。社会实践主要包括史料的收集和实地调查。学生在收集了资料，实地调查了以后就可以在社团活动中展示自己的成果，表达自己对细菌战的观点，也可以抛出自己的困惑，社员之间大家相互讨论，共同提高。

除了社团内的展示，在教师引领之后，学生还可以走出校园，通过制作展板，在广场上进行系列的介绍活动，让更多的萧山市民认识当时的历史。将萧山细菌战的情况运用于校历史社团活动可以很好地解决教学、科研和社会服务之间的关系与矛盾。同时，在社团活动中也能够促进学生思维方式的发展，学习能力的培养，个性品质的锻炼和思想情感、道德意识和品质、价值观的培养。

教师在将细菌战科研成果运用于校历史社团活动的过程中有助于促进教师更新和优化知识结构，增强教师参与课程开发的意识和能力，提升教师的实践反思能力。将细菌战科研成果运用于校历史社团活动的过程中能促进学校教育理念的更新、校本理念的树立、学校教育活动体系的完善、学校课程发展能力的提升、学习型学校的建立、学校文化的重建。

三、重视乡土，开发校本

校本课程是由学生所在学校的教师编制、实施和评价的课程，是国家课程的重要补充。课程改革要改变课程管理运行过于集中的状况，实行国家、地方、学校三级课程管理模式，增强课程对地方、学校及学生的适应性。这是本次课改最有创新和最有价值的地方。它打破了课程在设置上的国家垄断性，在课程内容选择上的统一性，在课程实施方式上的单一性。在这样一种背景下，校本课程呼之欲出。

历史学科总是让学生觉得遥远，因为历史是过去的事，离我们太遥远，无法想象，因而创设历史情境，让学生进入到历史中去是非常关键的。本课程的开设就专门选择了与现实密切联系的中日关系作为突破口。中日关系是时下的热点问题，而中日关系的发展趋势又与日本侵华史密切相关，日本侵华战争在高中历史教材中有着较高的点位。教师通过课堂的教学可以还原大致的历史情况。但是，抗日战争的范围还是太广，只有几节课根本无法将这个问题讲清楚说明白。具体应该如何贴近学生呢？本人经过深入考虑，选择了切口小而实的日军在浙江萧山的细菌战作为依托，将萧山细菌战的情况运用于校本课程的开发。

具体的实施步骤采取小组合作研究和全班集体讨论相结合的形式。全班同学需要围绕同一个研究主题——日军在萧山的细菌战，然后根据自己的兴趣、爱好结合成小组，在课后各自收集资料，开展探究活动，取得结论或形成观点。之后在全班集体进行讨论或辩论，分享初步的研究成果，由此推动学生在各自原有基础上深化研究之后，或进入第二轮研讨，或就此完成各组的小论文。

准备阶段首要的重点是师生共同创设一定的问题情境，可以通过开设讲座、专题报告、实地考察等形式创设。教师在这阶段中起着相当关键的作用，因为高一学生刚进校，他们缺乏对新知识或者课程的判断能力，必须有教师的指导，而要使课程开展得好，首先必须激发学生的兴趣，使学生觉得这样去做是一件很有意义的事。中国古代教育家孔子就曾说过：“知之者不如好之者，好之者不如乐之者。”

在对细菌战有最基本的认识之后，学生要自主地开展探究了。具体方式是在自愿的原则上，将相同或相近的同学组成课题研究组，进行搜集和分析信息资料，并在小组内或个人间初步交流。

总结阶段首先是表达，将取得的收获归纳整理，总结提炼，形成书面材料和口头报告材料，以口头报告的方式向全班同学发表。每一个小组将自己小组的成果展示给大家，同时也谈谈自己在研究过程的心得体会。然后，接受下面同学的提问，提问的对象是整个小组成员，整个小组成员都参加答辩。若不能很好地解答，就将问题记下，继续研究，有助于完善自己的课题。

书面的成果主要以小论文的形式出现。教师要指导学生论文撰写的方法和格式，包括：标题、作者、内容提要、关键词、正文、结束语、注释和参考书目等。论文写完后交教师修改，教师修改过后再让学生自己修改，然后教师再次过目，最后正式定稿，保存。

将细菌战科研成果运用于校本课程的开发，有助于三维课程目标的有效实现。当然，校本课程体现以学生为本的教育价值，核心是学生的发展和个性差异。因为不同类型学生的学习需求、发展的水平和潜能是有很大差异的，应该尽可能地予以尊重和满足，使课程目标具有不同的层次要求。

四、激发兴趣，专题讲堂

专题教学是新课程改革的一个突出亮点，对传统教学方式和教师提出了挑战。教师首先要根据自己的实际情况确定可行的专题，这是有很大的挑战性的，教师须对自身专业知识结构的完善进行重新建构，从中外历史、政治、经济、思想文化多角度对专题有通透的理解。教师须对课标要求及在专题的地位，有准确的把握，据此开设历史专题讲堂。将细菌战科研成果运用于专题讲堂的开设是解决以上问题的捷径。

教师以细菌战为主题的讲座学生很感兴趣，每次学校开设讲座，几乎都是座无虚席。同时教师也可以走出校园，走向社会。教师可以借助于媒体、图书馆等公共资源，为社会公民开设细菌战的讲座，揭露那段不为人知的历史。教师也可以向别的学校做揭秘细菌战的讲座，进行爱国主义教育等。

教师还可以物色有较好的全面素质的又对细菌战感兴趣的学生，在教师的指导下，学生也可以向学生开设讲座，学生的讲座还可以收到教师讲座所意想不到的效果。

总之，笔者试图将萧山细菌战的乡土史转化为高中教学资源的教学实践，促进了教学内容的更新，提高了教学质量。教师把科研成果和学科前沿最新信息引入课堂，融入教材，丰富了教学内容，拓宽了学生视野，对学生科研素质和创新意识的提高起到了积极作用。

借助乡土史，教育价值观、教学目标、教学内容、教学模式与方法都已有了变化，教学的终极目标也已开始从应试转向提高一代公民的素质，这就需要进一步探索评价改革的突破口，给课改的深入带来生机。只有这样，乡土史运用于实际教学才能有更大更好的发展空间。

综上所述，在教学过程中合理地使用乡土史资料，可以激发学生的学习兴趣，加强学生对教材主干知识的理解，培养他们对家乡热爱的情感。但同时，也要注意使用乡土史资料的度的问题。教师要明白乡土史在教学过程中的角色好比是佐料或润滑剂，其目的是帮助学生理解核心知识点。为此，在教学过程中，切忌出现主次颠倒的现象，切忌出现一节课只谈乡土史，而不谈大历史的情况。真正科学、合理的做法是将乡土史与大历史有效整合，以便更好地引导学生主动地投入到课堂的教学中来，同时充分利用乡土史中的优良文化传统来感染、教育学生，启发学生。

教学研究篇

JIAOXUE YANJIU PIAN

“一例多境”打造能力课堂的实践研究

毛　宏

摘　要:课堂教学是教师的主阵地和基本技能。“以学生发展为本”是高中新课程追求的基本理念。这对高中政治教师课堂教学提出了更高的挑战。我们需要积极创新,探寻行之有效的新模式,以提高学生各种能力,促进教师专业发展。本文联系具体的课堂教学实践,分析目前政治课教学中存在的问题及原因,从而提出了“一例多境”教学模式实施的必要性、操作策略及实施路径,希望能更有效地指导课堂教学实践。

关键词:一例多境　课堂教学　能力　发展

所谓“一例多境”,是指在一节课中,教师以一个案例为主,把学习设置到有意义的若干情境中,通过师生合作、生生合作,深入分析案例,激活思维,引发情感体验,以提高学生分析问题和解决问题能力的一种课堂教学模式。下面就以《政治生活》中“处理民族关系的原则”这一框为例,谈谈实施“一例多境”教学模式的操作策略和实施路径。

一、目标确定策略

“一例多境”教学模式下,主题的确定应与教学目标的落实相吻合。具体表现在:学生在认知上,从不懂到懂,从少知到多知;在能力上,从不会到会,从熟练到精通;在情感上,从不喜欢到喜欢,从不感兴趣到感兴趣,从不热爱到热爱。三维目标需要有效整合,缺乏其中的任何一个维度,都会影响最终教育教学目标的实现。围绕三维目标,情感、态度与价值观的落实比基础知识的落实更加重要。这需要教师真正把握教材的价值取向。所以,在课堂教学前,教师要深入阅读《学科教学指导意见》,围绕教学内容,设计三维目标。并且根据教育教学实际,尽可能把情感、态度与价值观目标的达成作为核心目标来对待。只有这样,才能更好地抓住课堂教学的“灵魂”。

如“处理民族关系的原则”一框,《学科教学指导意见》规定的基本要求是:(1)了解我国的社会主义新型民族关系;(2)把握我国处理民族关系的基本原则。发展要求是:联系实际理解并感悟当代青年在巩固和发展社会主义民族关系中的责任。

根据这一要求,我设定本框的教学目标是:(1)知识目标,识记我国是统一的多民族国家,具有社会主义新型民族关系,理解我国处理民族关系的基本原则及相互关系,运用相关知识分析如何处理民族关系;(2)能力目标,我国解决民族问题的原则,坚持从实际出发,适合我国国情,培养运用辩证唯物主义的观点观察问题、认识问题、评价问题,从而提高分析问题、解决问题的能力;(3)情感、态度与价值观目标,培养与不同民族团结友爱、和睦相处的观念,逐步自觉地承担起巩固和发展社会主义民族关系的使命。其中情感、态度与价值观目标是本框的核心目标。

二、案例精选策略

“一例多境”的教学模式中,需要用某一案例贯穿某一节课堂教学始终。一个好的案例来之不易,需要教师具有一双慧眼。生活是政治课教学的源头与活水。典型案例的选取应紧扣生活与教材知识,将课堂教学与日常生活紧密结合,使生活资源转化为学习资源,扎根生活,为生活服务。这里的“一例”,可以是时政热点、社会现实、国际动态、生活百事、典型人物,尤其以生活体验为基础的学生自身生活、家庭生活、校园生活,是最佳的案例。因为这样的案例贴近实际、贴近生活、贴近学生,符合学生最近发展区。这就要求政治课教师做“有心人”,及时捕捉社会信息,花大量心思筛选并寻求适宜的案例来组织教学。获取案例的途径是多种多样的,主要有网络、电视、报刊等。

我们这里的学生,绝大多数来自汉族,对于民族关系的了解并不是最深刻的。我挑选了“库尔班大叔的故事”作为落实课堂教学的案例。选取此案例,主要是因为“库尔班大叔”这一人物是维吾尔族人民的典型代表,其朴实形象深入人心,能激发学生兴趣。这一案例来自于以前读到过的故事和看过的小品。

三、情境设置策略

情境的设置需要综合考虑各方面的因素,主要有:一是必须围绕本节课的教学主题,以本节课的内容为基础,根据课本上比较理论化的知识设计情境;二是一节课中多个情境的整合讲述的是一个完整的案例;三是情境与情境之间存在内在联系,有连贯性,这要求教师必须树立追求思维过程的观念,设计承上启下的情境,充分展现学生研究问题的过程;四是所设计的情境应符合探索性、研究性、开放性的特点。通过情境的巧妙设计将案例展示的各片段串联成一条线。通过情境来链接,顺着案例来自主探究,进而构建知识板块。

用“库尔班大叔的故事”来整合“处理民族关系的原则”,分为三个情境片段:

第一篇章“库尔班大叔上北京”。通过向学生介绍20世纪50年代新疆的“草根”名人——库尔班大叔千里迢迢骑毛驴到北京看望毛主席的故事,感受新旧社会民族关系的变化。

第二篇章“库尔班大叔跑两会”。在今年全国两会的议政平台上,头戴花帽、英俊潇洒的“库尔班大叔”乘飞机到北京跑两会。以其所见所闻为依托,直指本框教学的重难点,即处理民族关系的三大原则。

第三篇章“库尔班大叔展望未来”。“库尔班大叔”对未来提出了美好的希望,并请学生思考:在处理民族关系时,我们国家和公民应该怎么办?使学生逐步自觉地承担起巩固和发展社会主义民族关系的使命。

四、问题呈现策略

在“一例多境”的教学模式中，可以以问题为中心组织教学。根据案例和情境来精心构建问题，创设问题情境，再通过剖析问题，探究生成知识。然后在此基础上，再探究生成另一个知识点，最后将知识点连成串。具体的操作流程如下：根据情境一展示第一序列的问题—学生带着问题自主探究—小组讨论、同伴合作—师生质疑、释疑—检测评价—总结概括；然后过渡到情境二，根据情境二展示第二序列的问题，按照上述同样的步骤进行探究。随着案例的深入和情境的展开，引导学生思维的深化，从而把握知识点之间的逻辑关系，将零散的知识纳入知识体系，点成线、线成面、面成体。在问题的设计中，教师应从整体着眼，善于提出条理清晰，合乎逻辑和学生认知心理特点的“阶梯式”或“分层式”的问题，引导学生对案例的层层剖析，最终抓住问题的本质，把学科知识有机串联在一起。某一情境下的序列问题，根据教学实际的需要，可以是一个，也可以是多个。

在“处理民族关系的原则”一框中，三个情境下序列问题的设计如下：

根据第一篇章展示第一序列问题：(1)库尔班大叔命运的巨大转变折射出我国新旧社会的民族关系发生了怎样的变化？(2)导致这种变化的原因是什么？

根据第二篇章展示第二序列问题：(1)上述材料体现我国在处理民族关系时坚持了什么原则？(2)保证少数民族代表都有适当数量的代表名额，这样做有什么意义？(3)为什么要高度重视民族团结问题？(4)请概括三大原则之间的关系？

根据第三篇章展示第三序列问题：如何实现库尔班大叔心中的愿望？

五、探究优化策略

通过情境串联案例，通过问题整合知识，在此过程中，学生的探究方式可以是多种多样的。从时间上看，分为课前探究、课中探究和课后探究；从人数上看，分为个人探究、小组探究和集体探究；从思维上看，有发散性思维探究和聚合性思维探究。不管采取哪一探究方式，我们立足的都是教学实际，着眼的都是学生的发展需求。而且在完成某一教学任务的过程中，我们往往采用的是几种探究方式的组合。学生在教师的引导下，经历整合搜寻、发现、确立、探索、解决的过程，学生也由被动的接受者变成了主动的研究者、探索者。在解决问题的过程中，学生也获得了新的概念和技能，实现知识的迁移运用。

如在第二篇章展示的第二序列问题的探究中，分别采用如下方式：

(1)上述材料体现我国在处理民族关系时坚持了什么原则？——采用个别探究、个别回答的方式。

(2)保证少数民族代表都有适当数量的代表名额，这样做有什么意义？——采用小组探究，组长小结的方式。

(3)为什么要高度重视民族团结问题？——采用的是个别回答、教师小结的方式。

(4)请概括三大原则之间的关系？——采用的是学生自学、自我概括的方式。

物理教学中重视“过程”的实践研究

葛 军

摘 要:本文通过在备课中准备“过程”、在情景中探索“过程”、在问题中活化“过程”三个方面来重视“过程”,激发学生去实践、探索和体验。学生参与知识再现“过程”的多少,是从三个维度教学目标去衡量一节课是否成功的标准之一。

关键词:过程 三维目标

在新课程标准下,物理教学应该如何重视“过程”呢?

一、在备课中准备“过程”

传统的物理课堂教学,教师的备课往往比较重视对教材的钻研,自己去深刻理解所教的物理知识,比较重视怎样在课堂上把物理知识讲清讲透。而对学生获得物理知识时,经历怎样的过程,获得怎样体验,“过程”中有哪些收获,特别是对学生终生带来影响的收获等等方面研究往往比较忽视。因此重视过程,不仅需教师自己深刻理解所教物理知识,更重要的是从教学目标的三个维度出发,创造性地设计出学生获得物理知识的过程,使学生在获得物理知识过程中获得最大的发展。

【案例1】高中物理“原子的核式结构原子核”一节,原子核式结构模型知识的理解是不难的,但设计出学生获得原子核式结构知识,有最大收获的过程却是比较难的。我们在备课中分析了多种教学过程,最后认为利用物理学史料,提供背景,让学生体验当年科学家的思考是一个比较好的过程:

(1)介绍历史背景:1987年,汤姆生发现了电子,不久,人们又发现,在气体电离和光电效应等现象中,都可以从物质中击出电子,电子的质量比最轻的原子的质量小得多,因而认为电子是原子的组成部分。电子带负电,而原子是中性的,可见,原子内还有带正电的物质,这些带正电的物质和带负电的电子如何构成原子呢?提出问题:你如果是当时的科学家,猜想原子结构是怎样的?为什么?让学生先猜想后讨论,有的学生认为汤姆生的枣糕模型是最合理的,汤姆生认为:原子是一个球体,正电荷均匀地分布在整个球内,电子像枣糕里的枣那样镶嵌在原子里面。在我们不知道带正电物质怎么分布时,认为它均匀分布是合理的猜想,由于原子不显电性,所以带正电的物质与电子的电性要抵消,应均匀混在一起,电子如果不镶嵌在原子里面,电子间是排斥的,要排斥到最外面,符合我们现有的力学知识。

(2)教师提出要检验原子模型是否正确就要深入原子内部，你有什么方法深入原子的内部？学生讨论后得出结论，让高能粒子把原子打碎。

(3)利用课件介绍卢瑟福的 α 粒子散射实验，通过课件演示散射实验，得到实验结果是：绝大多数 α 粒子穿过金箔后基本上仍沿原来的方向前进，但是有少数 α 粒子发生了较大偏转，极少数发生大角度偏转，甚至达到 180° 而反向弹回。提出问题：掌握以上事实的基础上，你认为原子结构模型是怎样的？为什么？学生讨论后，让学生把自己猜想的模型与卢瑟福的模型比较，大体上能得出：在原子的中心有一个很小的核，原子的全部正电荷和几乎全部质量都集中在核里。但是一般来说学生不会想到电子绕核高速旋转。再问为什么卢瑟福的核式结构模型要加上这一点？学生自然能够利用经典的力学知识得出，库仑力提供电子绕原子核做圆周运动的向心力，否则会被库仑力吸引到原子核里去了。到这里为止，学生通过自己的想象、分析、推证等探究过程，得出了原子核式结构。

以上过程实际上是浓缩了历史上物理学家探究原子结构的过程，学生在获得原子的核式结构知识过程中，也经历了想象、分析、推证、检验等探究过程。学生经历此过程，其收获是远大于获得物理知识的本身的。因为在他们在“探究”原子的核式结构中，体会到了假设、推理，验证这一研究物理的基本方法，体验到了探究未知的乐趣，培养了对物理学及科学的良好情感，很好地实现了新课程标准中的三维教学目标。

二、在情景中探索“过程”

对于一节物理课来讲，教师应将想要教学的内容隐藏于情景之中，在一定的情景中激发起学生的学习积极性，在探究过程中获得知识，这是十分美妙的。布鲁纳曾说过“探索是教学的生命线”，这条生命线就是一个个大大小小过程的集合。可以说没有情景就没有探索的过程，没有探索就没有了创造。课堂教学应让我们的学生在教师创设的物理情景中初步品尝“发现”的滋味，为以后的创造活动进行一次次预演。

物理情景创设的方法是多种多样的，可以利用模拟生活情景和教师的语言及板图创设物理情景，也可利用课件和物理学史料创设物理情景。但我认为最能激发学生兴趣，对学生最具震撼力的是物理实验。

【案例 2】对电动机的电功与电热计算，虽然简单，如果仅仅是教师讲给学生听，掌握的效果总不是很理想。如果在课堂上，教师利用实验创设探究情景：如图 1 所示，一只玩具直流电动机 M，用电流表和电压表测出其转动和不动时的电流和电压值，发现转动和不转动时，电压和电流的比值相差很多，这个情景深深地吸引着学生。然后要求学生从电路和能量两个角度探究出原因。

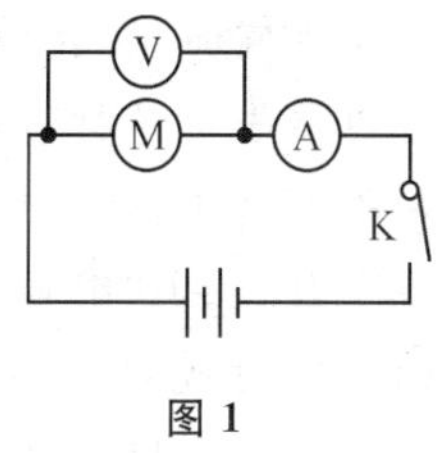

图 1

在这里，电功与电热的关系是如此生动地存在在这个具体的实验中，这个实验也同时激发了学生头脑中的认知冲突，让学生不由自主地去分析和推证，并且享受着探究的快乐，当然经历了这个探究过程，电功与电热的知识也深深地印在了学生的脑子中。可以说离开了实验，上述一切都黯然失色。

【案例 3】物理教学中有一实验“用多用电表探索黑箱内的电学元件”，有一电学元件:晶体二极管,学生对晶体二极管的"单向导电性"知识认识根深蒂固,认为:晶体二极管正向电阻为零,反向电阻无穷大。我们在做试题时发现,用多用电表测二极管的正向电阻时不等于零,好多等于几十欧姆。学生很难理解,有疑问:单向导电,为什么正向还有电阻呢?老师如果仅仅是讲理论,效果不够理想。如果在课堂上,教师能利用实验创设探究情景:现场用多用电表测二极管的正向和反向电阻,发现:二极管的正向电阻不为零。然后老师再来讲解:用多用电表测二极管正向电阻不为零与以前知道的单向导电性并没有矛盾等。

在这里,通过用多用电表测了二极管的正反向电阻,这么简单的一个实验情境,激发了学生的认知冲突,通过这个实验情境,学生对多用电表测二极管正向电阻不为零与以前知道的"单向导电性"知识并不矛盾,印象就很深刻,掌握效果也很好。

三、在问题中活化"过程"

让学生在学习物理过程中有"问题"是实现这种转变的关键,学生头脑中的问题是学生在学习物理知识过程中,探索与再发现的动力。学生头脑中有问题,"过程"才是鲜活的。因此问题应贯穿在整个物理课堂教学过程中,例如案例 1 就是在提出问题解决问题的不断循环中完成的。可以这么认为,没有问题的课是最有问题的课。

问题产生的途径有二:(1)问题是教师提出的;(2)问题是学生提出的。学生提出的问题,虽然具有个性特点,但常常是与学生的认知水平相吻合,也是最有教学价值的。问题产生的时间一是在上课以前,二是在上课中间,三是在上完课后。在课堂教学中,由于教师起主导作用,教师的问题容易得到重视,学生的问题容易被忽视;上课中间的问题容易重视,上课前后提出的问题容易忽视。我认为物理教学重视过程,学生的问题要引起足够的重视,学生的问题才是鲜活而且丰富多彩的。因此在教学过程中应采用各种手段激发学生经过思考后提出问题的热情。因为探究与创造的第一步是提出问题,爱因斯坦也曾说过:"提出问题比解决问题更重要。"激发出学生提问题的热情,也就激发了学生学习物理知识过程中的创造激情,这就很好地实现了三个维度的教学目标。激发学生提出问题的热情,不但能使学生受益匪浅,教师也有极大的收获。

【案例 4】认识到激发学生提问热情的重要性后,我向我的学生宣布,在我的讲课中,你如果提出了一个很好的问题,可以举手示意打断我,提出你的问题。如果大家认为你的问题很有意思,我们可以把课停下来讨论你的问题。此后不到半个月,在上"带电粒子在电场中的运动"一节,分析示波器的原理时我说,如图 2 所示,电子在匀强电场中在电场力作用下做类平抛运动,出电场后做匀速直线运动。这时学生孔玉婷举手示意提出问题:"老师,你的分析有问题,电子在匀强电场中除受电场力外还受重力作用,电场力与重力比较,重力可以忽略不计,可以说在电场力作用下做类平抛运动。但出电场后电子只受一个重力作用,重力是不能忽略不计的,所以出电场后电子不是做匀速直线运动。"一石激起千重浪,学生自发地对这个问题讨论与研究起来,我也参与了他们的讨论。最后经讨论,大家弄明白:电子出匀强电场后,分析电子加速度时,重

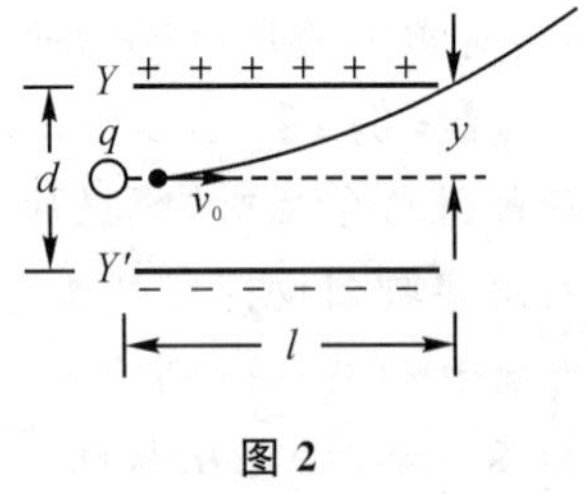

图 2

力是不能忽略不计的，因忽略不计是相比较而言的，电子的加速度就是由重力产生的，怎么忽略？所以说带电粒子出电场后做匀速直线运动与实际不是严密相符。但讨论物体的速度和位移时，由于带电粒子速度比较大，加速度比较小，短时间内重力的影响是可以忽略。结论出来后全班同学都满怀喜悦，我也激动不已。从此以后学生经常举手提出问题，有的当堂研究，有的我让学生记在课本上以后研究，还有的目前我自己也不知道怎么回答。如在上“惯性力惯性质量和引力质量”一节时，方涛同学提出的“怎么研究惯性质量与引力质量的区别”。

“过程”能实现学生的参与，知识的再现，方法的展示，也是学生情感、态度与价值观体验的保证。我们在强调学生参与过程，知识的再现过程的同时，都离不开教师在备课、情景、问题等方面的准备过程，没有“过程”，学生也就失去实践、探索、体验。我们认为学生参与知识再现过程的多少，是从三个维度教学目标去衡量一节课是否成功的标准之一。

立足学习起点，提升物理课堂有效性的实践研究

施叶军

摘　要：所谓学习起点，是指学生从事新内容学习的知识基础、生活经验和情感体验等方面的已有储备。本文针对目前物理教学中学生的学习起点，从找寻学习起点、立足学习起点、把握学习起点三方面展开实践与探索，在引领过程中帮助学生解除认知困惑，提升学生的科学素养，最终提升学生的学习能力。

关键词：物理教学　学习起点　有效教学

所谓学习起点，是指学生从事新内容学习的知识基础、生活经验和情感体验等方面的已有储备。学生的学习起点包括学习的逻辑起点和学习的现实起点。逻辑起点是指学生按照教材学习应具有的知识基础；现实起点则指学生在多种学习资源上已具有的知识基础。学习是学生的经验体系在一定环境中自内而外的"生长"，必须以学习者原有的知识经验为基础来实现知识的建构。在高中的物理教学中，关注学习起点，是实现有效教学的基本前提。那么在物理教学中如何寻找与有效地运用学生学习起点，这是值得我们研究的一个课题，笔者就此展开一些探索与尝试。

一、找寻学习起点——掌握学情

"学习"不是简单的信息积累，而是新旧知识、经验的相互作用而引发的认识结构的重组，它很大程度上取决于教师能否从学生已有学习基础出发，找到新旧知识的联结点，帮助学生实现认知迁移。因此，钻研教材，从教材设计中研究学生所学内容在整套教材中的地位以及它的前后联系，对于找寻学生的学习起点显得尤为重要。

【案例1】如何使学生螺旋上升建立加速度的概念。

在日常生活中几乎没有与加速度对应的词语。可以说，不学物理，在头脑里不会自发地形成加速度的概念。而加速度这个概念具有"动态性"，加速度概念的教学，对学生来说更加抽象，更加难以理解，应更讲究教学策略。

刚开始只创设火车开车、汽车刹车等情境；在此时的学习过程中，学生通过类比的方法学习加速度的概念，理解加速度的物理意义，观察生活实例体会其现实意义，然后到了直线运动时用自由落体情境的重力加速度加深概念；到了曲线运动时用平抛情境引导学生探究，总结得出平抛运动它也是一种匀加速运动，而到了圆周运动、简谐振动中进一步深化加速度概念；到了高二在学完静电场后，用静电场与重力场比较，$E=F/q$

与 $g=G/m$ 比较，学生可悟到，原来重力加速度实际上可认为是重力场的强度。

人们的认识是一个从现象到本质、从初级的本质逐渐到深刻的本质的一个发展过程。一个完整的概念形成也需要有一个发展过程，应该随着学习的进程，逐步扩大和加深对概念的理解，在每次加深对加速度概念理解的教学中，联系、比较之前对加速度的理解，使得学生感受到知识之间的连贯性、整体性，能够融会贯通。而每一个阶段的学习都建立在不同的学习起点上，同时，不同阶段的学习，又必须相互联系，形成一个整体，以最终形成一个相对完整的概念。

基于物理教材"一条主线，点面结合，综合交叉，螺旋上升"的设计特点，很多相同物理量会在不同单元重复出现。教师只有吃透教材，才能更有利于了解学生的学习经历，了解知识的生长过程，进而根据不同教学内容间的联系，找到切合学生认知水平的学习起点，进行合理的教学。

二、立足学习起点——以学定教

所谓以学定教就是依据学情确定教学的起点、方法和策略。新课程倡导尊重学生的生活经验和知识基础，这就意味着物理教学活动必须立足学生的学习起点，要在学生原有认知水平上组织及展开教学活动。

(一)根据学习起点定位教学目标

教学目标是指教师和学生在具体的教学活动中所要达到的预期结果和标准，是教师进行课堂教学的出发点和归宿。教学目标的设计必须符合学生的实际水平和学习规律。因此，教师在定位目标时首先要考虑学生的起点水平，通过课前的学习基础分析，及时掌握学生在情感、态度、知识、技能等方面的现状，从而确定教学目标。

【案例 2】角速度是多余的吗？

在圆周运动章节中学习角速度概念时，学生提出：既然用线速度可以描述圆周运动快慢，为什么还要引入角速度描述圆周运动快慢呢？为此我创设了"月球和地球谁跑得快？"的情境：

地球说："月球绕地球作圆周运动每秒钟走过的弧长为 0.99 千米(即线速度为 0.99 千米/秒)，而我地球绕太阳作圆周运动每秒钟走过的弧长为 29.78 千米(即线速度为 29.78 千米/秒)，所以我跑得快！"

月球说："我绕地球转一圈只需要 28 天，而地球绕太阳转一圈需要一年 365 天，所以我跑得快！"

由此可见，仅仅用线速度来描述圆周运动的快慢是不够的，还需要从另一个侧面描述圆周运动快慢。因此，要引入角速度这个物理量来描述圆周运动的快慢。

教学目标的准确定位是有效学习物理的关键所在。教学前立足学生的学习起点，从学生的实际情况出发，可以使教师准确定位教学目标，更加合理地设计教学流程，最终引导学生进行有效的物理学习活动。

(二)根据学习起点设计教学内容

教师设计教学内容前,必须了解学生的相关学习起点,看一看不同层次学生是否已经掌握或部分掌握了教学目标中要求学会的知识和技能。只有准确了解学生的学习现状,才能确定哪些知识应重点进行辅导,哪些知识可以略讲或不讲,从而抓准教学的真实起点,根据学生的实际情况设计教学内容。

【案例 3】弹性形变还是热胀冷缩?

现行高中物理教材中设计了一些让学生自由动手的"做一做"。其中有这样一个实验:让学生做一个显示玻璃瓶微小形变的课后小实验。找一个大玻璃瓶装满水,滴入几滴红墨水,瓶口用中间插有细管的瓶塞塞上,用手按压玻璃瓶,细管中的水面就上升;松开手,水面又降回原处,这说明玻璃瓶受到按压时发生形变。我在演示这个实验时,使用了大号椭圆柱形墨水瓶来替代课本中所示的圆柱形玻璃瓶,当用手按压墨水瓶长半径两侧时,细管中的水面不是上升,反而下降,这种与教材中的实验结果相反的现象出乎学生意料,感到格外新鲜,无形中更加吸引了学生的注意力。通过实验不但使学生对"弹性形变"现象深信不疑(课本中的水面上升可能使少数学生产生是由于人手的温度引起水热胀的误解),同时也使他们形象地看到了圆形物的容积最大的实例。接着,再做一次按压短半径两侧的实验,结果是水面上升,这就从正、反不同的角度加深了"弹性形变"的理解,实验现象的说服力更强了。

这样,简单易做、成本又低的小实验,既激起了学生学习物理的兴趣,又使学生动手、动脑能力得到充分的锻炼和提高,为学生展示自己的创造力、想象力提供了一个广阔、自由的空间。

三、把握学习起点——生成精彩

在物理教学过程中,由于面对的是具有鲜活思想的活生生的个体,因此,课堂总是处于一种"流变"状态。课堂上,学习内容在变化,学生知识经验的积累状况在变化,学生的学习起点更是在不断变化。当课堂上所暴露的学生学习起点和预设方案中的情况有所偏差时,教师要把握学生的学习起点,善于根据学生的表现与反应,及时调整教学方法,敏锐捕捉不期而遇的生成点,绽放课堂中不曾预约的精彩。

【案例 4】用两种方法计算灯丝的电阻,结果为什么会相差这么大呢?

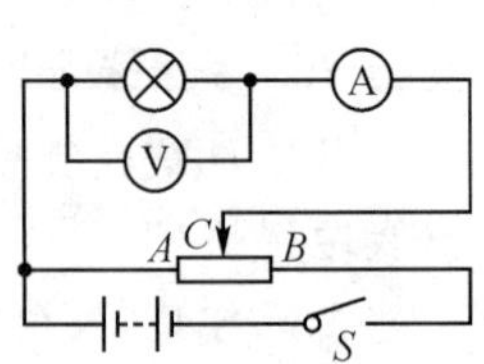

下面是"电阻定律"一课的引入。

师:(出示灯泡)这是一只普通的白炽灯泡,上面标有"220V、100W"的字样,它表明什么意思?如何利用它们来计算灯丝的电阻?

生:额定电压及额定功率。$R=U_{额}^2/P_{额}=(220V)^2/100W=484\Omega$。

师:要测定灯丝的电阻,通常情况下用什么方法?

生:伏安法。

[演示]如图,连接好实验线路闭合 S,测出灯丝两端电压及通过的电流;计算灯丝电阻 $R=U/I=3V/0.062A\approx48\Omega$。

生:(惊奇)怎么回事?(有些学生认为计算时点错了小数点,经检查无误)

师:要弄清这个问题,还得研究导体的电阻与哪些因素有关?是什么关系?(提出课题)

这一独具匠心的引入,正是从学生原有的认知结构出发,以实验为基础,通过学生的观察,造成学生认知冲突,用原有的认知结构无法解决实验得出的结果,使学生感到好奇并渴望求解,学生产生了进一步学习的兴趣,有利于学生进入特定的学习状态,有利于教学目标的顺利实现。

由此可见,教学中教师要善于把握学生的学习起点,可以借助课堂讨论等方式把学生已有的知识经验作为新知识的生长点,引导学生"生长"新知识。如果我们在教学设计中能把握并灵活应用学生原有的知识起点,这对学生的有效学习可以起到事半功倍的效果。

总之,有效运用学生学习起点是实现物理课堂有效教学的必然要求。教师只有准确找寻学生学习起点,立足学生学习起点,把握学生学习起点,并巧妙地加以利用,才能引导学生进行有效的学习活动,才能使物理课堂真正彰显生命的活力,才能把学生引领到我们真正想让他们去的地方,最终实现学生的发展!

让情感体验融入课堂

——生物课堂实现情感态度与价值观目标策略的实践与研究

沈 英

摘 要：本文针对高中生物教学中实现情感态度与价值观目标，教师从新课标相关内容出发，积极利用各种资源，寻找多种途径，如充分发掘和利用教材资源、多媒体资源，积极开展生物探究性学习，关注社会发展、科技发展，紧密联系学生的现实生活等。力图把情感教育贯穿于教学过程，让学生深刻体验情感教育，最终在课堂教学中实现情感态度与价值观目标。

关键词：生物 情感 目标

新课程改革要求课堂教学以学生发展为本，以学生能熟练应用所学知识技能解决实际问题为教学目标，启发引导学生自主学习、合作学习、探究学习，不但要使学生掌握知识和技能，还要让学生体验学习过程，掌握学习方法，更要让学生形成正确的情感态度和价值观，这就要求教师的教学方式和学生的学习方式都发生转变。

一、充分发掘和利用教材中的情感资源

《普通高中生物课程标准》在情感教育目标中注重生物科学素养和科学精神的培养，把生物教育的社会教育功能与人的发展教育功能结合起来。在生物教学中，充分利用教材资源（包括问题探讨，正文、图表、资料分析等），对教材进行情感分析、发掘，利用教材中的情感资源，引发学生积极的情感体验，是生物教学中进行情感态度与价值观教育的有效手段之一。

（一）显性的情感素材

教材中很多教学内容直接反映了生物科学发展的历程，许多科学家做出了伟大的贡献。通常这类情感素材以含情的语言文字材料或者直观的图片、图表等形象材料，或者以具体的人和事为情感载体，具有教育性导向作用，对我们产生深刻的情感刺激。一个人的情感具有对他人情感施予影响的效能，即一个人的情感一旦表现出来为他人所感受，就能引起他人相似的情感体验。据此，我们可以深入体验教材中的情感内容，不但给以明示性的展示，准确地“传情”，也要善于用语言和表情表达教学内容中的情感，善于利用学生的表情来增强情感体验效果，从而对学生产生情感感染。

教材中显性的情感素材的发掘和应用的部分案例如下：

教材内容	情感表现	教师活动	学生体验
1.细胞学说建立的过程	科学史教育内容。认识生物科学的价值,乐于学习生物科学,养成质疑、求实、创新及勇于实践的科学精神和科学态度。	把时间、科学家、观点、贡献等列成表格,有意识地强调科学发现的发展过程,让学生直观地感受到情感刺激。	①科学发现是个长期的过程,是很多科学家共同努力的结果;②科学发现的过程离不开技术的支持;③科学发现需要理性思维和实验的结合;④科学学说的建立过程是个不断开拓、继承、修正和发展的过程。
2."杂交水稻之父"袁隆平;太空育种	对我国生物科学和技术发展状况有一定的认识,更加热爱家乡、热爱祖国,增强振兴中华民族的使命感和责任感。	结合课本中三系法水稻、杂交水稻的知识,介绍该技术的贡献和意义。结合我们航天技术的发展分析太空育种知识。	我国在水稻杂交育种方面位于国际领先地位;②我国为解决全球粮食问题做出了卓越的贡献;③认识到祖国的历史性进步和光明前途,产生民族自豪感,立志为祖国的繁荣兴盛贡献自己的力量。
……	……	……	……

(二)隐性的情感素材

在生物学科中,更多的教学内容是不带有明显的情感色彩的。但在反映客观的科学事实过程中往往仍然会隐含着某些"隐性"情感。在教学中我们要善于发现隐含于内容背后的情感素材,只要细心体悟和感觉,恰当引导,就能带给学生积极的情感体验。

教材内容	情感表现	教师活动	学生体验
1.细胞中的元素和化合物	统一性和差异性的观点,辩证唯物主义自然观和科学的世界观教育。	列表分析:地壳和细胞的元素组成和含量,提出问题:生物界与非生物界的关系是什么?说明什么问题?	①生物界和非生物界具有统一性和差异性;②生命的起源问题;③生物的物质性等。
2.细胞膜的结构和物质的进出方式	结构和功能统一性的观点,认识生物科学和技术的性质,能正确理解科学和技术之间的关系。	展示细胞膜模型,探讨建立生物膜模型的过程。模拟演示各种物质进出细胞的方式。	①实验技术的进步对生物科学发展的重要性;②形成结构与功能相统一的观点。
……	……	……	……

因此,在生物学教学中,教师应合理利用教材,除了应用好显性的材料外,更需要充分挖掘出隐性材料,并做一定的引导和设计,让教材发挥最大的效果,在传授生物学知识的同时,自觉、自然地进行情感态度价值观教育。

二、合理利用多媒体手段

生物学是一门理论性、实践性、社会性都很强的学科,所包含的知识内容非常广泛,采用传统的教学手段,学生往往觉得枯燥无味。多媒体技术可以化静为动、化虚为实、化抽象为直观，能够拓宽课本知识体系，拓展教学的时间和空间，加深和拓宽课堂学习的内涵和外延。课堂上合理应用多媒体辅助教学可以形象、直观地向学生传授生物学知识，而且可以激发学生学习生物学的兴趣，集中学生的注意力，增加课堂信息容量，较好地突破教学难点，大大提高生物学课堂教学的效率。

教材内容	情感表现	教师活动	学生体验
1.减数分裂和受精作用	珍爱生命的教育，认识生命的本质，认识生物科学的价值和意义，更加尊重和感谢父母等。	多媒体课件展示相关图片，知识结构等，动态演示减数分裂和受精过程。	①理解生命的诞生；②感受亲子代的联系，产生母亲伟大的情感；③认识生物科学的价值和意义。
2.现代生物进化理论	形成生物进化的观点，探讨生物进化观点对人们思想观念的影响。	多媒体课件以图片的形式让学生直观地感受一种生物的进化过程，理解这些变化的原因和意义；列出一些学者对生物进化的不同观点，及现代生物进化理论的发展历程。	①形成生物进化的观点；②理解一种科学观点形成的不易；③感受到生物不断在进化，进化理论也在不断地发展；④探讨生物进化观点对人们思想观念的影响。
……	……	……	……

三、积极开展探究性学习

科学探究与培养情感、态度和价值观是相互联系，相互依存的，正确地把握两者的关系，有助于我们更好地把握课堂教学的方向，切实为提高学生科学素养打下坚实的基础。教学中开展探究性学习，培养科学探究的能力和思维习惯，引导学生将所学的知识、技能与社会生活相联系，逐步形成科学的态度和价值观。在完成科学探究的同时，也随之造就了学生良好的行为习惯与美好纯净的心灵。

教材内容	情感表现	教师活动	学生体验
1.新陈代谢与酶	认识生物科学的价值，乐于学习生物科学，养成质疑、求实、创新及勇于实践的科学精神和科学态度。	引导学生思考：有没有什么因素会影响酶活性？是如何影响的？让学生提出假设并验证。	①主动参与探究过程，动脑动手；②养成质疑、求实和勇于实践的科学精神；③培养科学探究的能力和思维习惯。
2.生长素对植物生长发育的影响	认识生物科学的价值，乐于学习生物科学，养成质疑、求实、创新及勇于实践的科学精神和科学态度。	让学生先设计实验方案，要求学生预测实验结果，分析可能原因，最后得出结论。	①认识科学发展的特点；②培养提出问题，运用科学方法解决问题的能力；③感受合作交流在学习中的意义。
……	……	……	……

四、紧密联系社会生活

在生物课堂教学中，可以针对学生已有的知识经验和生活实际来安排教学内容，结合学生生活实际，联系生活现状，创设多种活动情境，调动、唤起学生运用所学的生物学知识去分析实际生活中遇到的问题，参与社会事务的讨论，让学生在实践活动中充分地动脑、动口、动手，主动地探索，主动地发现，主动地评价，从而获得自我感知、自我陶冶、自我励行的效应，从而提高情感、态度、价值观目标的教育效果。

教材内容	情感表现	教师活动	学生体验
1.人和动物三大营养物质的代谢	树立积极的生活态度和健康的生活方式。	引导思考：不吃早餐的同学，为什么往往在上午上课时出现头昏、心慌、四肢无力等现象？为什么空腹喝牛奶不好？吃饭挑食、偏食会出现什么后果？肥胖的成因，脂肪肝可能的病因？	①增强健康意识，注意营养和锻炼；②要养成良好的生活习惯，不挑食偏食；③在生物课上学到的知识对生活有益，产生认真学习的动力。
2. ABO 血型的遗传规律	认识生物科学的价值，乐于学习生物科学，养成质疑、求实、创新及勇于实践的科学精神和科学态度。	电视上看到的“滴血认亲”是否科学？学习遗传规律时，可以引导学生质疑这种亲子鉴定方式。分析各种血型的人婚配后子女可能出现的血型。	①理解血型的遗传方式；②可以将所学知识应用于实际生活；③关注生活细节，勤思考，多动脑，养成质疑的习惯。
……	……	……	……

学习的最终目的是为一个宽泛的目标去获取信息，即以某一种方式迁移到另一种方式中去，从这种意义来看，学校教育的最终目标是帮助学生把在学校学到的东西迁移到日常生活情境中，即服务于生活。而从以上案例中我们不难看出，学习知识的获得源于生活情境的学习——基于日常生活的学习。

情感态度与价值观既是科学学习的动力因素，影响着学生对科学学习的投入、过程与效果，又是科学教育的目标。教师应通过充分利用课程资源，设置教学情景，设计教学活动，来影响学生的行为倾向，激发他们对科学学习的兴趣，陶冶高尚的情感，并为他们形成正确的科学价值观打好基础。

挖掘课堂误区　提高学习效率

——谈高中信息技术课堂问题及对应策略

汤红丽

摘　要:高中信息技术课堂中学生的问题行为客观存在,这些课堂问题行为不仅影响学生自己的学习,同时也影响课堂上其他学生的学习。本文列举了信息技术课堂问题行为的表现并进行分类,分析了产生课堂问题行为的原因,提出了减少、防止课堂问题行为的一些对策。以有效教学理论为依据,围绕新课程教学理念,立足于课堂教学,探讨信息技术教师如何进行有效教学的策略,优化地组织实施教学,以实现既定的教学目标,提高课堂教学效率。

关键词:有效教学　信息技术　课堂问题　教学效率

由于每个学生的学习基础、学习兴趣、学习动机、学习态度等存在差异,因此由这些差异因素综合起来的学生素质良莠不齐,最直接的表现就是在我们的课堂中常常会遇到这样的问题,好学生"吃不饱",而他们也会逐渐滋长自以为是、不求进取的思想,养成懒懒散散的习惯。而学困生认为进度太快,自己无法跟上,失去了学习的兴趣,越学越差。这种现象将直接导致学生的学业水平差异。其次,在上机课中教师未能及时发现学生的课堂行为。再是教师课堂管理和教学设计问题。

一、注重教学环节,提升课堂效率

(一)有序组织课堂,引导上课

信息技术课一般在机房上居多,很多教师不重视这一环节,随随便便地开始讲课,而不管学生的心理状态是否已进入安心、准备接受状态。其实这是误解,良好的开端是成功的一半,细节决定成败,当全体学生进入学习准备状态,在良好的课堂气氛下,你的心情自然舒畅。

【案例1分析】学习了flash中的引导线技术后,教师就可以提问学生如何结合现在所学技术制作物理实验中现实无法演示的过程。比如,电子的定向移动,可用这种方法实现。还可促进学生对这方面物理知识的强化,实现了信息技术与其他学科的整合效果。

课堂中间要密切注意并调控学生的注意力,尽量延长第一段学习的时间,接着必须有学习方式的变换。如果学生的注意力已开始涣散,要么想办法让他坚持,要么变换学生的活动方式，无论如何不能漠视之而以内容没讲好为由继续活动，因为那种情况下的效率会随时间的推移急剧下降。

（二）加强制度约束，技术指导

对学生不听指令的讨论、打游戏，发出声音扰乱正常教学，暗中破坏或吃零食等行为要严加管束，要制订机房上课条例，用制度约束学生的行为。通过监控技术对机房进行管理，减少学生安装、运行游戏的机会。适当加大课堂检查与监督力度，减少学生玩游戏的机会。适当介绍一些游戏制作软件，让学生体验到“制作游戏”比“玩游戏”更有意义，更有挑战性，更能体现自我价值。在把学生玩游戏的注意力转移的同时，加大了技术的学习与运用的力度，达到一种更高的境界。

（三）合理安排处理电脑故障

关于学生电脑故障何时排除，小故障可以轻易排除的当场排除，如果故障一时难以排除，要向学生讲明，并对其进行合理安排。而教师始终要统领全局，以达成教学目标为己任，不能因小失大。

二、合理预设铺垫，优化教学设计

课堂教学可以认为是一种经精心设计的艺术表演。要合理有弹性地确定教学目标。在教学预案设计时，教学目标要有“弹性区间”，这既是为了顾及学生之间的差异，也考虑到期望目标与实际结果之间可能出现的差异。教学过程的设计也应有“弹性区间”，设计的重点应落实在由何开始、如何推进、怎样转折等的全程关联式策划，至于终点，并不是绝对的，水到渠成即可。教师可以从不同的方面来考虑如何进行有效的任务设计。

（一）合理分层，注重操作

让不同的学生完成不同层次的任务，解决好学生“吃不饱”而去做与课堂无关事情的问题。同时，学困生有更多的时间完成任务。

在任务设计时选取有效的、有意义的素材，与学生能否积极完成任务有很大关系。在设计任务时，若只是为了操练而操练，不注重素材的选取，在激发学生的学习兴趣上会大打折扣。

（二）合理创设教学情境

激励学生分析生活中的事实或现象，产生创作灵感，或通过展示优秀电脑作品激发学生思维等，促使学生原有的知识与必须掌握的新知识发生激烈冲突，使学生意识中的矛盾激化，在创设的有效教学情境下，学生的思维将得到前所未有的激发，自发地产生“我想做些什么”的问题，形成任务。选择与当前学习主题密切相关的真实性事件或问题作为学习的中心内容，让学生面临一个需要立即去解决的现实问题。问题的解决有可能使学生更主动、更广泛地激活原有知识和经验，来理解、分析并解决当前问题，并且通过任务的完成来建构知识，正是研究性学习的主要特征。

【案例2分析】在高中信息技术“美化工作表”这一课中，在开始上课的时候放出两张体育前线新闻的NBA某两队的比赛结果excel表，一张是没有美化的工作表，一张是经过美化的工作表，然后要学生评比哪张美观。经过学生的回答后，一致公认是美化过的excel工作表漂亮，由这里就引出了本节课的主题“美化工作表”。

经过较好的教学引导就激发了学生的兴趣，每个学生都想自己来美化一张有个性的excel表。现在的学生都很富有想象力和创造力，都想自己美化的excel表得到老师和全体同学的公认。所以给学生创设情境，诱发他们的学习愿望是上新课的必要步骤，学生探索学习的积极性、主动性往往取决于充满诱惑和问题的情境。教师必须精心创设情境，引起学生浓厚的学习兴趣，产生强烈的探究愿望，使他们的思维处于异常活跃的状态，使其产生对新知识的渴求，激发自主学习探索的动机，以饱满的精神状态投入新课的学习。

(三)合理利用错误资源

作为信息技术课的教师，在教学的过程中是不怕学生犯错误的，因为错误就是教学的资源。如何利用信息技术课堂上的错误资源呢？首先要重建错误观，去尊重学生、理解错误，营造一个真实的、相互支持的课堂，让错误有生存之地；其次对学生在课堂上出现的“千差万别”的错误成因了然于胸，才能精心预设，保持一种从容不迫的心境，一种容纳奇异的胸怀进入课堂，对课堂的“错误”慧眼识真金；课堂上有预设生成的错误资源，也有非预设生成的错误资源，有效利用这些“错误”，形成再生资源，使学生获得广泛的活动经验和发展。

【案例3分析】我在上第四章第二节“相对引用和绝对引用”这课时，导入前节课内容——excel数据计算，但若只是简单的导入不能满足需要。所以要在导入的图表后的题目上做另外的要求，显出下面要运用到所学的内容。但在此处又如何使用呢？是否和先前的一样？大部分同学仍旧用以前的方法计算，可是好像不能计算。学生急了，教师再将其中的过程讲明白。尤其是相对引用和绝对引用要分开讲。这样就加深了学生的印象，遭到挫折后就会有成长，这部分知识通过误区设问而使学生理解得更为深刻。误区引导是对学生在反面条件下进行的教育，经过一定的思想斗争(排谬)，更能加深学生对知识的理解，从而提高学生的思维能力，并使其学习到的事物并不是千篇一律的，提高对一些误区的警惕。

“错误”是师生在认知过程中发生的偏差与失误，它伴随教学的始终，是无法避免的，我们不必整天为学生的出错而苦恼，为防错、纠错费尽心机。防微杜渐、亡羊补牢的做法也算不上十分明智，教师在遇到教与学的“错误”时，宽容地对待学生错误，冷静地分析错误缘由，有效地挖掘错误中蕴含的创新因素，帮助学生突破思维障碍，引领学生灵活地纠正错误，带领学生从错误中反思，从错误中学习，不断地从“错误”走向“正确”，走向成功。

总之，有效的教学设计不仅要符合学生的心理特点，体现教育教学理念，使之科学化、合理化，同时还要增加学生执行任务的趣味性，体现教学任务设计的艺术性。毫无疑问，有效的任务设计能激发每位学生的学习兴趣，使之自主地投入到任务之中，使每个层次的学生都有提高，使学生的身心得到健康全面的发展。

“留白”在高中信息技术课堂教学中的实践研究

王金萍

摘　要:“留白”是教学艺术,是教师主导作用与学生主体作用的有机统一。恰到好处的留白,不仅有助于教师智慧地“授业”,更有助于学生主动地探究——用已有的知识和独特的体验驰骋思想的骏马去阐释演绎,去“补白”。“留白”质疑,“留白”启智,“留白”创思,希望“留白”能给学生自我发展留一片蓝天,更能为教师的预设生成留一个空间。

关键词:留白　信息技术

国画之美在于大师们行云流水的洒脱,更在于那墨色五分中的“留白”。未曾着墨却给人无限遐思,使人有种“天高越小,水落石出”的清明之感。课堂教学是一门艺术,也要讲究点“留白”。恰到好处的“留白”,不是空白,而是动静和谐、张弛有度,正如国画大家在他们的画中的每一处“留白”都显示着他们墨色淋漓的画笔一般,“留白”不仅优化了课堂结构,更给了学生驰骋想象的广阔空间。

一、“留白”质疑

李政道说过:“求学问,需学问,只学答,非学问。”而哈佛人亦说:“教育的真正目的就是让人不断提出问题,思索问题。”试想一下,如果教师只顾自己侃侃而谈,就算把一切分析得淋漓尽致,学生们毫不费劲地就能听懂,而没有自己的思考空间,能算是一堂好课?正如一幅画,切忌画得太满、太实,课堂教学亦是如此。

【案例1】在求解经典案例“百钱买百鸡”(“鸡翁一,值钱五,鸡母一,值钱三,鸡雏三,值钱一,问鸡翁、母、雏各几何?”)时,已经是复习课了,很多学生对枚举算法的基本结构都已经掌握,所以,很快就有学生给出了算法A:公鸡的枚举范围为1—20,母鸡的枚举范围是1—33,小鸡的枚举范围是1—100;

算法A的程序代码如下:

```
For x=1 to 20
For y=1 to 33
  For z=1 to 100
    if (x+y+z=100) and(5 * x+3 * y+z/3=100) then
```

```
            list1.additem str(x)+""+str(y)+""+str(z)
        endif
    Next z
Next y
Next x
```

教师：不错，确实解决了百钱买百鸡的问题。可是，结构好像有点复杂，三重循环唉，有没有其他方法？比如，用个双重的？

在教师的引导下，学生们开始思考，并最终在大家的努力下得出算法B：公鸡的枚举范围为1—20，母鸡的枚举范围是1—33，假定公鸡有x只，母鸡有y只，那么小鸡数量就是$100-x-y$；

算法B的程序代码如下：

```
For x=1 to 20
For y=1 to 33
  z=100-x-y
    if  5*x+3*y+z/3=100  then
        list1.additem str(x)+""+str(y)+""+str(z)
    endif
Next y
Next x
```

教师：比较两段代码，试问哪个算法更好呢？如果我们来做个比较，假设有两台计算机分别是A和B，两台计算机的性能一样，如果在计算机A上运行A算法编制的程序，在计算机B上运行B算法编制的程序，哪台计算机先把结果计算出来呢？

分析：在从算法A推导算法B，以及两个算法优劣的比较过程中，教师都留有时间让学生经历一个质疑、析疑、释疑的过程。在这个过程中学生不但掌握了知识，获得了学习的方法，更重要的是，通过“留白”，我们看到了学生们主动求索的欲望，看到了学生创造性思维的飞扬，看到了学生批判意识和怀疑意识的觉醒与张扬。学生“发他人所未发，言他人所未言”的独创精神让课堂变得鲜活灵动起来。

二、“留白”启智

提问是个技术活。简单的问题，学生们张嘴就来，“不用跳就能摘到那个最大的桃子”；稍难的问题，左启发右提示，“榆木脑袋”就是不肯开窍，这个时候教师往往比较容易急。但是试想一下，问题刚刚抛出，学生思维的大门刚刚打开，智慧的灵感刚刚降临，教师就急急忙忙索要答案，学生们又如何能给予一个完满的回答？姑且不说，教学效果可能因此而大打折扣，更可惜的是，学生们的思维就这样半途而废，这样不但使学生的思维得不到训练，长此以往，更不利于他们思维品质的形成。课堂的效率与质量又如何得到提高？

【案例2】在介绍图像处理时，教师先投影了三幅图片，让学生猜想：哪幅图片的存储空间最大？

1.BMP

2.BMP

3.BMP

很多同学都选择了3.BMP,因为他们觉得这幅图片包含的东西最多。但是,教师随即让学生查看了三个文件的属性。事实是:三幅图片的存储空间是一样的。教师就势引出位图图像、像素、分辨率等概念,并提出:那究竟哪些因素会影响图片的存储空间?

实践活动1:查看三幅内容一样,但是分辨率却不相同的图片。引导得出:分辨率越大,存储容量就越大。

实践活动2:在画图软件中把一张24位色图片依次另存为256色(8位)/16色(4位)/黑白(1位),观察文件大小变化和色彩变化。引导得出:相同的分辨率下,每个像素位深度越大,容量越大。

实践活动3:在画图软件中略有创意地画一个分辨率为800×600的图像,以黑白位图格式,文件名为"两位学号+姓名"保存后上交。并探究黑白图像的存储容量的计算公式。引导得出图像的容量大小计算:分辨率×位深度/8(B)。

实践活动4:在画图软件中把相应图片另存为JPEG(JPG)格式,观察文件大小和图像质量的变化。引出:BMP/JPG(JPEG)/GIF/TIF/PNG。

总结:……

分析:苏霍姆林斯基也说:"教室里寂静,学生集中思索,要珍惜这样的时刻。"平常,都是教师问学生答,教师的问题一个接一个,学生则是"兵来将挡,水来土掩",这样的课堂其乐融融。可是,如果问题都这么容易解决,那么,我们是不是一定要花那么多时间来解决呢?有时候,留点时间给学生,或许学生得到的更多。

三、"留白"创思

妙到绝处的"留白",总能给人无尽的联想,它就像那些高明的说书人,说到精彩之处,惊堂木重重一拍,突然打住,真让那些听众欲罢不能……课堂上的"留白"同样也是一种含蓄的艺术。教师不能一味给予,只一厢情愿地把自己精心钻研后的"成果"滴水不漏地"奉献"出去。而应善于捕捉课堂中即时生成的教育契机,创设教育的新思路,巧妙"留白",给学生一个可以轻松表达、自由说话的展示平台,让想象的激情快乐飞扬。

【案例3】学生在掌握求数组中的最大值以及数组求和的基础上,设置练习:评委打分。若有十位评委参与打分,请问选手的最后得分是怎么算出来的?请设计算法,编制程序,求出每位选手的最后得分。

分析:评委打分——这是一个大家熟悉得不能再熟悉的过程。每年学校组织的校园十佳歌手大赛,同学们都饶有兴趣地投入。现在,在课堂上提出一个与他们生活息息相关的练习,他们都很有兴趣。在课堂上,教师并没有给出算法提示,而是留出足够的时间给学生讨论,动手实践。有时候教师应该学会放手,给予学生足够的信任,相信他们依靠自己的力量能够取得成功。扶着他走路，他总是摇摇摆摆，放手了，或许会摔倒，可是，爬起来以后，他会走得更加坚实！

"留白"是教学艺术，是教师主导作用与学生主体作用的有机统一。运用得好可以恰到好处地留给学生自觉思维的"空隙"和自觉内化的机会，起到启思益智的作用，能收到"此时无声胜有声"的效果。当然，任何事情都是一分为二的，如果不分青红皂白，生搬硬套，"留白"太多、太密，反而适得其反，弄巧成拙，使学生无所适从，不可能取得令人满意的教学效果。所以"留白"要适度，该讲则讲，该空则空，这才是教学中的"留白"艺术的要义。

提高高中体育课堂教学生成有效性的实践研究

肖　明

摘　要:体育课程的实践特性和价值目标,要求体育教学必须注重教学生成,而这是传统教学所欠缺的。为此教师需通过合理预设去创造教学生成的可能性,通过自主、合作和探究来努力激发学生的兴趣,并对无效生成进行有效诱导,以维系课程目标和促进学生发展。

关键词:高中体育　教学生成　有效性

体育与健康课程具有"以身体练习为主要手段,培养学生掌握必要的体育与健康的知识、技能和方法"的实践特性。同时,课程还具有"培养学生自主学习、合作学习和探究学习的能力,使学生学会体育与健康学习"的能力诉求。高中阶段是学生思行塑造的重要阶段,体育课堂教学生成的留存运用关系到学生未来的学习、生活和发展。依托体育教学的实践平台,对教学生成进行预设、激发和利用研究,关系重大,值得深入。

一、高中体育课教学生成的现状分析

(一)学生的教学生成概念认知和课堂学习现状情况

表1　学生的概念认知和学习现状统计表

课堂教学生成与能力目标有关的认识	人数	所占百分比(%)
有	152	62.3
没有	40	16.4
不知道	52	21.3
如老师不指派,自己会不会自主或合作学习	人数	所占百分比(%)
会	40	16.4
不会	133	54.5
偶尔会	71	29.1

表1结果表明,有近40%的学生不知道或不了解教学生成是什么,这说明学生还

不了解能力目标与素质目标的区别。在没有老师教学指令安排的情况下，只有16.4%的学生能够自主或合作进行适度学习，有高达半数以上的学生不知如何是好，这足以引起执教者的重视。

（二）学生对体育课教学生成必要性和价值作用的认识情况

表2 学生对体育课教学生成必要性和作用认识情况统计表

课堂教学生成与能力目标有关的认识	人数	所占百分比(%)
很有必要	89	36
有必要	98	40
可有可无	38	16
没有必要	19	8
教学生成有利于实现学习目标	人数	所占百分比(%)
能	192	78.7
不能	18	7.4
不知道	34	13.9

根据表2结果表明，有70%以上的学生认识到了教学生成重要性，并认可教学生成的作用价值。但仍有20%以上的学生不知道教学生成为何物。可想而知，这20%以上的学生将直接影响着课堂的教学生成，并制约着课堂教学的有序高效进行。

（三）学生对体育课教学生成所喜欢的内容和组织形式的实际情况

表3 学生对体育课教学生成所喜欢的组织形式和情感体验统计表

课堂教学生成与能力目标有关的认识	人数	所占百分比(%)
教师带	104	42.6
体育委员带	53	21.7
小组合作	58	23.8
不做	29	11.9
教学生成是否枯燥	人数	所占百分比(%)
枯燥	16	7
还好	144	59
不枯燥	84	34

表3结果表明，体育课教学生成组织形式，喜欢教师指令安排的学生有42.6%，说明教师还是能得到学生的信任，但从侧面说明高中学生还有很强的依赖心理，很大程度限制了学生的自主创新、合作等能力培养。有20%左右的学生喜欢自己来做或体育委员带，不喜欢教学生成的学生，竟高达11.9%，大多数学生认为教学生成形式一般（还

好、枯燥）。因此，预设多样有效的体育课教学生成形式，成为教学生成创新的关键。

二、对策与实践

（一）突出学生主体，发挥教师主导作用，合理进行教学生成的预设

首先，教师需关注学生反馈，突出学生主体地位。教师要主动了解学生的学习感受，听取学生对体育课的直接反馈和评价。如“你与同伴互相保护帮助了吗？”“你与组内同学商量了吗？”“你的观点有人赞同吗？”等。同时，还要细心观察学生的学习表现。如“合作时有人走神吗？”“自主时有人开小差吗？”等。

其次，教师需认真反思教学，体现教师的主导能力。课后甚至课上就要反思教学并调整教学方案为下节课服务。“为什么小组探究费时费力却没有预期的答案？是学生求实还是我急躁了？”“如何提高学生自主学习的积极性？若用评价手段如何能覆盖多数学生？”

再次，教师需重视集体备课，彰显教研组的协作优势。由于教师专长不同，主题式集体备课能发挥专项教师对教材的独到理解，还能集思广益地提高备课效率来完善教学。以此优化课堂教学的技术教学环节，预留更多时间给学生以自主、合作和探究的可能。

（二）提供生成空间，创设生成氛围，激发学生教学生成的欲望

生成式教学能促进有效的教学生成。为此，教师需给学生提供充分生成空间，创设良好的生成氛围，尽可能地采用自主、合作和探究等学习法，激发学生的生成欲望。

例如，在篮球原地单手肩上投篮教学时，传统教学常将教学环节设置为“教师讲解示范—学生集体练习—教师检查纠错—学生练习提高”等步骤。这样的教学安排看似紧凑高效，但学生在练习时只知其然而不知其所以然，学习效率反而低下，教学生成更是无从谈起。为此，教师可尝试生成式教学模式，将流程设置为“自主学练（原地自主投篮）—精讲细练（讲解示范，动作练习）—探究精练（体验探究动作原理）”三个部分。教学实践发现，学生在自主学练阶段投篮动作丰富，有双手有单手的、有腹前有肩上的、有专注瞄准的、有专摆造型的，但无论学生以哪种姿势投篮均十分投入和愉悦。学生的投篮体验为其理解教师的讲解示范奠定了良好基础。“双手投篮需要两手动作高度一致，故单手投篮更易稳定”“肩上投篮比腹前投篮动作幅度小，更容易控制”“双手胸前投篮会遮挡视线”，学生在探究精练阶段总结的动作原理远比教科书内容细致和深刻，教学生成效果良好。

（三）立足学生发展，把握生成机会，提高课堂教学生成的效果

尽管在绝大多数情况下，实际的课堂教学基本处于教师的预判和主导之下，但在每位教师的教育生涯中，确实有一些突发事件在其体育课上发生。这时教师的教学行为不但关系到教学的即时效果，甚至会影响到学生的未来发展。

例如，我校高一年级有位插班生，其之前的体育学习和锻炼相当匮乏，体育基础

较差。在某节耐久跑冲刺练习时，刚跑完第一组的定时定量跑就一屁股坐在地上，一会便出现了呼吸急促等重力性休克症状。个别男生看到后开始笑话他“弱爆了”，几名体能稍差的女生则紧张得“怕死了”。此时教师若不理不睬这一突发情况，仍坚持教学预案则效果可想而知，甚至有发生严重教学事故的可能。故教师首先中止了原计划的间歇训练，对该学生施行仰卧抬腿（保持静脉血回流到心脏）、松开衣领、保暖和掐人中穴等应对处理。同时，让体育委员和班长分头通知班主任和教务处，其余学生自然围拢过来并原地踏步。随后，教师边为该学生按摩，边向全体学生讲解重力性休克的成因、症状和应对措施，声明对于健康人是不危险的。几分钟后，该学生症状缓解被班主任带走观察休息，其余学生又投入了下一组的练习。虽然这样的事件不在教学预设之内，这样的知识能力也不在课程标准之中，但这样的处理却增强了学生锻炼的动力和学习的信心。

高中学生合情推理能力的现状分析及对策

余方明

摘　要:本文从教学实际出发,指出当前学生的合情推理能力亟须加强,然后分析了合情推理的作用,并提出提高合情推理能力的几个途径。

关键词:合情推理　演绎推理　创新

一、问题的提出

在一次关于“函数的奇偶性”的公开课教学中,为了检查学生能不能应用新学知识解决问题,授课教师用了下面的练习题。

练习:判断下列函数的奇偶性。

(1)$f(x)=x^2+1$;(2)$f(x)=|x-1|-|x+1|$;(3)$f(x)=\frac{\sqrt{16-x^2}}{|5-x|-5}$。

全班学生很好地完成了第(1),(2)题。在教师投影的学生解答中,既有学生选用定义法解答的,也有学生选用图象法解答的。从第(1),(2)题的解答情况我们可以发现学生已经比较好地掌握了函数奇偶性的定义及其图象的性质,并且能够用定义与性质解决一些简单的问题。但是第(3)题的解答情况并不理想,大部分学生认为它是非奇非偶函数。授课教师就此展开师生互动的对话,笔者简单记录如下:

师:大家为什么认为它是非奇非偶函数呢?

生1:因为 $f(-x)=\frac{\sqrt{16-x^2}}{|5+x|-5}$。而 $f(-x)\neq\pm f(x)$。

师:你为什么认为 $f(-x)\neq\pm f(x)$?

生1:看外形进行判断的。师:你的眼睛欺骗了你啊!请问,判断函数的奇偶性我们有哪些方法?

众生:定义法、图象法。

师:大家能作出这个函数的图象吗?(生:不能。)既然我们没有能力作出这个函数的图象,那么只能用定义法了。大家回顾下用定义法判断函数奇偶性的操作步骤。

众生:第一步,判断定义域是否对称;第二步,计算 $f(-x)$;第三步,判断 $f(-x)=f(x)$ 是否成立,或者 $f(-x)=-f(x)$ 是否成立;第四步,下结论。

师:很好。大家求得这个函数的定义域应该是$\{x\in R|-4\leqslant x\leqslant 4,x\neq 0\}$,可以发现

定义域是对称的。既然定义域已经确定，函数的表达式能不能化简呢？

（片刻后）部分学生：可以化简为 $f(x)=\dfrac{\sqrt{16-x^2}}{x}$，原来是奇函数啊！

师：通过本题求解，我们在用定义法判断奇偶性时，在第一步，判断定义域是否对称后，还应该对函数的表达式进行化简。（教师板书，学生记录）

听完这节公开课，笔者思考了一个问题，第(3)题事实上是一个难题，难就难在对函数表达式进行化简，既然直接判断有困难，那么为什么学生不先去猜测下第(3)个函数的奇偶性呢？

事实上，学生可以先计算比较 $f(1)$ 与 $f(-1)$ 的值，可以发现两者互为相反数，继续计算比较 $f(2)$ 与 $f(-2)$，仍可以发现两者互为相反数。计算比较了两对数值，可以肯定这个函数不可能是偶函数，那么它很有可能是奇函数。为了证明 $f(-x)=-f(x)$，就有必要去掉式子中的绝对值符号，而在计算 $f(1)$ 与 $f(-1)$，$f(2)$ 与 $f(-2)$ 时，学生已经知道如何去掉绝对值符号了。从这节公开课中笔者发现，授课教师与学生都比较擅长的是进行公式、规则的演绎，但是他们的合情推理能力却是十分欠缺的。

二、提高学生合情推理能力的途径

既然合情推理有如此重要的作用，那么在平时教学中要重视培养学生的合情推理能力就显得十分自然了。如何培养学生的合情推理能力，笔者认为有以下几个途径。

（一）把数学的学术形态转化为学生易于接受的教育形态

课程标准指出，要"通过典型例子的分析和学生自主探索活动，使学生理解数学概念、结论逐步形成的过程，体会蕴含在其中的思想方法，追寻数学发展的历史足迹，把数学的学术形态转化为学生易于接受的教育形态"。

1. 引导学生自己通过特例去发现规律性的结论

【案例 1】 指数函数 $y=a^x$（$a>0$，且 $a\neq1$）的性质。

引导学生对底数 a 进行不同的赋值，目的是探索不同的底数对指数函数的影响。学生独立作出 $y=2^x$，$y=3^x$，$y=4^x$，$y=\left(\dfrac{1}{2}\right)^x$，$y=\left(\dfrac{1}{3}\right)^x$，$y=\left(\dfrac{1}{4}\right)^x$ 的图象。如果时间允许，可以让学生画出更多的指数函数的图象。学生根据图象写出指数函数的性质然后进行四人小组的讨论，完善认识后进行全班交流。

点评：高中教材中有很多这样的案例，教师应该让学生自己去发现相关的规律。比如，不同参数对正弦型函数图象的影响。需要强调的是，所举的特殊例子越多，越有利于学生做出完善的猜想与发现。

2. 鼓励学生自己通过类比去发现新的结论

【案例 2】 空间向量的运算性质。

教师给出两个练习题，要求学生独立完成。

练习 1.　已知 $\vec{a}=(1,1)$，$\vec{b}=(-2,0)$。

(1)求 $\vec{a}+\vec{b}$，$-2\vec{a}$，$|\vec{a}|$，$\vec{a}\cdot\vec{b}$；(2)当 k 分别为何值时，使得 $k\vec{a}-\vec{b}$ 与 $\vec{a}+3\vec{b}$ 平行？垂

直？

练习 2. 已知 $\vec{a}=(1,1,2)$，$\vec{b}=(-2,0,2)$。

(1)求 $\vec{a}+\vec{b}$，$-2\vec{a}$，$|\vec{a}|$，$\vec{a}\cdot\vec{b}$；(2)当 k 分别为何值时，使得 $k\vec{a}-\vec{b}$ 与 $\vec{a}+3\vec{b}$ 平行？垂直？

点评：安排练习 1 的目的是复习旧知，激活学生类比的对象。学生在完成练习 1 后，向量由二维成为三维，应该如何处理呢？这就会激发起学生的合情推理。学生完成练习 2 的过程，也就是把平面向量的运行性质类比到空间向量的过程。虽然类比得到的结论会有错误，但是，学生从中却得到了合情推理的培养与锻炼。

师生共同完成练习 1，2 的讲评之后，安排学生完成下面的表格。

$\vec{a}+\vec{b}=$	$\vec{a}+\vec{b}=$
$\vec{a}-\vec{b}=$	$\vec{a}-\vec{b}=$
……	……

还有很多这样的知识，可以让学生去类比进行研究。比如类比实数的运算性质，研究向量数量积的运算性质。类比平面几何中的定理与性质，研究立体几何中的定理与性质。

3. 通过动手实验去发现数学结论

立体几何是一门用公理体系建立起来的学科，是演绎推理的杰作。但是立体几何的教学中却有很多可以培养学生合情推理能力的素材。

【案例 3】 面面垂直性质定理。

面面垂直性质定理是这样叙述的：两个平面互相垂直，如果一个平面内的一条直线垂直于交线，那么这条直线垂直于另一个平面。

教师提出问题：两个平面互相垂直，一个平面内的直线要保证垂直于另一个平面，那么这条直线应该满足怎样的条件？

然后安排学生四人小组活动讨论。学生在小组活动之后会认识到，当且仅当这条直线垂直于交线，才有这条直线垂直于另一个平面。

点评：这样的设计，能使学生展开思维活动，尝试运用合情推理去研究性质与结论。

(二)在解题教学中渗透合情推理能力的培养

1. 用好教材中的例题

教材中有很多可以培养学生合情推理的好例题，比如：

例 1. 已知 $A(-1,-1)$，$B(1,3)$，$C(2,5)$，判断 A,B,C 三点之间的位置关系。

解：在平面直角坐标系中作出 A,B,C 三点，观察图形，我们猜想 A,B,C 三点共线。下面给出证明(略)

再看一个例子。

例 2. 已知任意两个非零向量 $\vec{a}$，$\vec{b}$，试作 $\overrightarrow{OA}=\vec{a}+\vec{b}$，$\overrightarrow{OB}=\vec{a}+2\vec{b}$，$\overrightarrow{OC}=\vec{a}+3\vec{b}$。你能判断 A,B,C 三点之间的位置关系吗？为什么？

显而易见，通过作图为我们的判断指明了方向。

2. 自己改编题目

数学教学离不开解题教学。学生在解题中应用所学知识并形成能力。但是综观目前的练习题，渗透合情推理能力培养的题目相对很少。因此，教师要主动地去努力，改变这一局面。

练习：已知函数 $f(x)=\frac{\sqrt{16-x^2}}{|5-x|-5}$。

(1)计算 $f(1)$ 与 $f(-1)$ 的值，$f(2)$ 与 $f(-2)$，你有怎样的发现？

(2)猜想函数的奇偶性，并进行证明。

三、结束语

新加坡《联合时报》曾经载文《中国逐渐恢复创新能力》。文章指出，中国曾经是创新大国——火药和指南针都是中国人发明的。现在的中国企业转向通过创新摆脱中国制造“山寨产品”的坏名声。在现在这个呼喊素质教育的年代，作为高中数学教师，怎样为国家的创新贡献自己的力量，是应该也是可以有所作为的，那就是努力培养学生的合情推理能力。

生疑　质疑　释疑

——语文课堂上学生质疑问难能力的培养

周雅利

摘　要:当前的语文教学虽已不是“填鸭式”的教学,但教师仍习惯于抓住课文的重点,通过教师设疑的方式使学生明确学习目标,解读文本,因而压制了学生质疑问难能力的发展。本文从教师如何引导学生于有疑处生疑,运用多种方式释疑,最终完成从有疑到无疑转变等方面进行研究,以期提高学生质疑问难的能力。

关键词:生疑　质疑　释疑

现代思维科学认为,思维过程起始于问题的形成和确定,没有问题,思维就成为无源之水,无本之木。然而,我们的学生主动提问题的积极性越来越低,调查显示:在课堂上主动提问的学生中,小学生占13.8%,初中生占5.7%,高中生占2.9%。专家分析认为,造成这一现状的原因主要是学生不敢、不愿或不会提问。

一、生　疑

解决一个问题也许仅仅是一个数学或实验上的技能而已,而提出新的问题,却需要创造性的想象力,而且标志着科学的真正进步。然而,在现实的阅读教学中,学生的提问或者抓不住要领,或者太简单,没有思维价值,要使学生善问,就需要教师的引导。

(一)生疑于文章标题

对于一篇文章而言,它的标题是最引人注目的,它往往是作者对文章内容、主旨等的高度概括,因此在阅读中,要重视文章的标题。有人将标题比作文章的“眼睛”,而“眼睛”又是“心灵的窗户”。对文章题目质疑问难,常常是打开分析文章的“窗户”。

如鲁迅《为了忘却的纪念》,谈到“纪念”一词,人们总是把它和想念、记得这些词汇联系在一起,但是在这篇文章中,鲁迅先生却给它加了一个定语“为了忘却”,这样一来,不就和中心语“纪念”构成了矛盾关系么?引导学生产生了疑问后,他们就会带着问题阅读文章,从而加深对文章的理解。

(二)生疑于句子的解读

理解重点语句是把握整篇文章内容的重要环节,因此,教师应引导学生在自读课文时,划出文中精彩的语句或者感受最深的地方,例如从语言的表达优美,内涵的隽永深刻，在文章上下文内容结构上所起的作用等方面，鼓励他们从中去寻找问题突出重点，抓住难句质疑问难使其有助于理解课文内容。

例如，《老王》一文，很多学生找的是文章最后“那是一个幸运的人对不幸的愧怍”，并由此而引出了一系列的问题：谁是幸运的人？为什么说他是幸运的？谁又是不幸的人？他的不幸体现在哪里？为什么会有愧怍？当学生带着这些问题去解读课文，解决疑问的同时，也就理解了文意。

(三)生疑于文章的内容

对文章内容提出疑问是较高层次的生疑，它往往触及一篇教材的重点、难点，甚至文章的核心。对内容的质疑问难，更有利于学生获得感悟和体验，提高鉴赏能力，培养独立思考的学习习惯，不归同，不趋众，萌发创新思维，产生创新能力。

如《我与地坛》一文，有学生提出：史铁生一开始的时候为什么不能理解他妈妈的爱？史铁生后来为什么又能理解妈妈的爱？学生在阅读文章后，提出的这些问题还是比较有思考价值。在这时，教师可以引导学生带着这些问题去品读，在寻求答案的同时理解文章。

(四)生疑于文章的结构

结构是文章内容的组合构造，是文章思路的外现。内容需要组织安排才能表达出来，主题也要通过结构来加以凸现。着眼于文章的思路线索，弄清文章整体和局部的关系，能更深入地理解文章的内容，提高阅读效率。

如徐志摩的《再别康桥》，这首诗歌的结构很特别，它一共七节，每节两句，单行和双行错开一格排列。在现代诗歌中，很少出现这种情况，诗人为什么这样安排？带着这样的疑问去解读这首诗，就更能体会这首诗歌的建筑美——节的匀称和句的整齐。

(五)生疑于标点符号

标点符号是书面语言中不可缺少的辅助工具，它帮助人们更确切地表达自己的思想感情和理解别人的语言。然而，学生在阅读文章时，往往只注重语言符号传递的信息，而忽视了标点符号在情感上的作用，要求学生从标点符号的运用发问，揣摩它所负载的情感信息，探索言语主体的心理轨迹，往往也能更深入地理解作者所要表达的内涵。

像江河的《让我们一起奔腾吧》每句话的后面都没有标点符号，特别是第四节第二段中，一共有五行，但只在第一行中出现了一个逗号，诗人为什么这样安排？在教学中，教师应引导学生不满足现状，不依赖老师，面对陌生的领域学会怀疑，提出疑问，有了问题，才能激发学生发现作品精华的兴趣，从而提出见解。

二、质　疑

如果说“生疑”是学生学习的动机，那么“质疑”就是学生学习的方法。偏重于学生接受知识形成技能，采用师问生答的教学模式，压抑了学生好问的天性，导致不少学生缺乏主动思考的积极性，使思维处于惰性状态。针对这些现状，让学生有疑即提就显得十分重要。

(一)归还学生的主体地位，培养问题意识

新课程标准十分强调学生在学习中的主体地位。但现实中，学生主体地位的缺失是一种普遍现象。我们的教学虽然也常“围绕”问题进行，遗憾的是提问的不是学生，而是老师。整堂课中教师往往追问到底，学生习惯性地思考，仓促地问答。因此教师应首先培养学生的问题意识，因为它对学生来说，既是刺激积极思维的诱因，又是促其发愤读书的动力。

(二)构建和谐的课堂环境，营造质疑氛围

一个人的创造力只有在他感觉到心理安全和自由的条件下，才能获得最优的表现和发展。因此要让学生敢于提问，首先要创造民主、平等、愉悦的课堂环境，清除学生的紧张感，压抑感和忧虑感，这样才能开启学生的智慧之门。学生有了足够的情绪安全，才会有勇气承认自己对某一问题的无知，才会消除畏难发愁的情绪和茫然失措的思维状况，才会积极大胆地提出问题。

(三)建立新型的师生关系，鼓励大胆质疑

人性中最深切的品质，是被人赏识的渴望。获得成功的体验，是学生不断进行创造性学习的动力。相反，冷嘲热讽，不恰当的措辞则会扼杀学生的上进心。因此，教师要转变“中心”“权威”观念，变“师道尊严”的师生关系为“民主平等”的朋友关系，培养学生“不唯师”“不唯上”“只唯实”的习惯，当学生提出富有独立性的、创造性的看法，即使是错误的，教师也应给予一个积极的评价。只有呵护和培植今日娇嫩的“创新之芽”，才能绽放出明日灿烂的“创新之花”。

三、释　疑

质疑的目的是为了释疑，释疑的过程是培养学生语文思维能力的过程，也是教师教学才能充分展示的过程，更是教师通过循循善诱的启发引导学生步步深入至语文殿堂的过程。那么如何在学生有疑处释疑，使学生由有疑到无疑，我认为可以从以下几个方面尝试。

(一)自主学习，独立探究

学生提出疑问后，教师应引导他们自行解决，教师的帮助会养成学生有问题不肯深入思考，只依赖别人解决问题的不良习惯。鼓励学生自己去思考、分析，从而意识到自己在理解教材和实际问题上还存在这样那样的空白点，还有某些不能贯通的地方，激励他们去积极探索，设法弥补自己的不足，培养学生的探索精神。

例如我在上《杜十娘》这篇课文时，有学生提问：除了跳江，杜十娘还有没有其他的出路？对于学生提出的问题，我没有马上给予回答，反问学生。问题抛出后，学生纷纷提出了自己的观点。有人说,可以回到原来的地方继续做妓女,她有那么多钱,可以衣食无忧,度过晚年。有人说,既然李甲抛弃了她,那她可以和孙富走。还有人认为她可以告诉李甲她有很多钱,这样李甲就可以向父亲交代了,等等。面对学生提出的各种可能性,我没有否定,也没有肯定,而是假设杜十娘选择了那几条道路,那她会幸福么?学生通过分析之后得出结论:杜十娘千方百计存钱,就是为了离开那个屈辱的地方,因此她是不可能回到原来的地方的。作为商人的孙富,并不是真心爱杜十娘,他看上的只是杜十娘的美貌,如果等杜十娘年老色衰后,重利轻义的孙富肯定会抛弃杜十娘,因此,杜十娘也不会有真正的幸福。通过分析,学生得出一个结论:跳江是杜十娘唯一的出路。

(二)小组合作,探究解决

有些问题靠个人力量是无法解答的,特别是学习水平较低的学生,往往无法独立自主地完成,这就需要发挥集体的力量,开展小组讨论。由于各人的知识经验不同,对文章的解释就有所不同。在合作学习时,要让学生有秩序地分别发表自己的意见和建议,避免个别学生独占时间,让每个学生都有表达的机会,同时也避免了争着说、同时说的无效学习行为,可以让每个学生都体验到合作的乐趣和成功的愉悦。老师要善于引导学生听其他学生的发言,并从中鉴别哪些看法与自己的相同,哪些与自己的不同,避免交流时过多的内容雷同,从而提高学习的实效。

如对《青年在选择职业时的考虑》的学习,就可以把全班分成几个小组,让他们通过讨论,了解青年在选择职业时,应该从哪几个方面进行思考;了解马克思在选择职业时,考虑了哪些;同时每个学生也可以谈谈自己的理想,谈谈将来想从事的哪种职业。这种合作交流的过程,不仅加深对文章的理解,还增进了学生间的互相了解,有助于同学间的相互沟通。

(三)适时点拨,启发释疑

学生的年龄特征和知识水平,决定了学生在解决疑问时,难免存在一定的偏颇、缺陷乃至失误,这时就需要教师适度发挥主导作用,给予学生有效的价值引导和点拨。当学生的思维裹足不前时,教师的点拨疏通可以给学生指明思考的方向;当学生得出单一的结论时,教师可通过追问补充的方式让思考"向青草更青处漫溯";当学生思考问题偏离方向且存在错误时,教师则应通过争论辩错、反思纠错等方式引领学生回归符合学习要求和道德倾向的正确轨道上来。

例如学生在探讨《罗密欧与朱丽叶(节选)》这篇文章的主题时,一致认为这是一个可歌可泣的悲剧,因为两个相爱的青年,最终失去了美好的生命。又如学生在解读《兰亭集序》时,普遍认为文章基调比较消极。这时,就需要教师进行适当的点拨:尽管罗密欧与朱丽叶失去了生命,但两人以自己的牺牲换取了两大家族的和睦,岂非幸事。还有对王羲之《兰亭集序》的理解,教师需要及时补充东晋人士追求虚无、逃避现实的时代背景,从而来深入理解王羲之借兰亭的这次盛会,谈论人生,评判当时社会风气。点拨是一门艺术,教师巧妙机智的点拨不但能给学生指明思考问题的方向,而且能让学生在解决问题的过程中,迸发出创新思维的火花。

以文本阅读为中心，循环提升词汇教学效益的实践研究

章爱奉

摘　要：针对高中英语阅读课堂中词汇教学的瓶颈，本文结合课堂教学过程中的实例，将研究与实践结合起来，尝试以文本阅读为中心，紧密结合单元主题的语境，通过读前、读中、读后各种不同的设计来循环练习词汇，帮助学生深入理解文本核心词汇，增加词汇习得的深度，形成一个完整的阅读坚固词汇的教学周期。

关键词：词汇教学　文本　阅读　语境

词汇最初的认知程度为第一次接触一个单词，在某一语境中可以辨认该单词等。而较高的熟悉度，即接近活用的认知水平，表现为掌握该词的发音、拼写、各种不同意义、以该词为中心的各种搭配及其用法。教学过程如果不符合词汇认知规律，学生就不能很好地掌握词汇，达不到运用的目的，教学也是无效的。教师在阅读课中进行词汇教学时，应该把生词的理解与教学放置在与文章内容相关的具体语言环境中进行，从而让学生有一个理解并领会生词意义的文本环境。

一、阅读前的词汇教学活动设计

在学生阅读课文之前进行词汇教学活动，既可以有效地激活学生已有的语言图式，亦可巧妙地呈现课文中的新授词汇，还可顺势导入新课，自然流畅地进入阅读教学。

例如，在 Reading：*The Band That Wasn't*（必修 2 Unit 5）一文，笔者带前一届学生时觉得应该在阅读前处理好新词汇，为阅读扫清障碍，因此单词处理的方式是利用早读的时间领读、讲解，在进入阅读课文之前已经通过听写的方式让学生来掌握目标词汇；而三年后的做法则是利用课前的下课时间开始播放一些学生熟悉且喜爱的音乐片段，然后在上课的时候，通过提问，引导学生说出下图所示词汇，导入本课话题。

从学生的课堂反馈效果来看，明显第二种方式更为学生所接受。第一种单纯性的记忆、背诵极大地考验了学生的耐心和毅力，长此以往会让学生觉得英语学习枯燥乏味，以致有些学生会丧失学习英语的兴趣。而从课后的练习反馈中也发现后者的掌握程度优于前者。前者在短时间里掌握得不错，但是脱离语境的词汇学习遗忘率很高；而后者由于有具体的音乐形式为背景，再辅以真实语境的对话，容易让学生掌握所需的词汇并达到长时间记忆的目的。

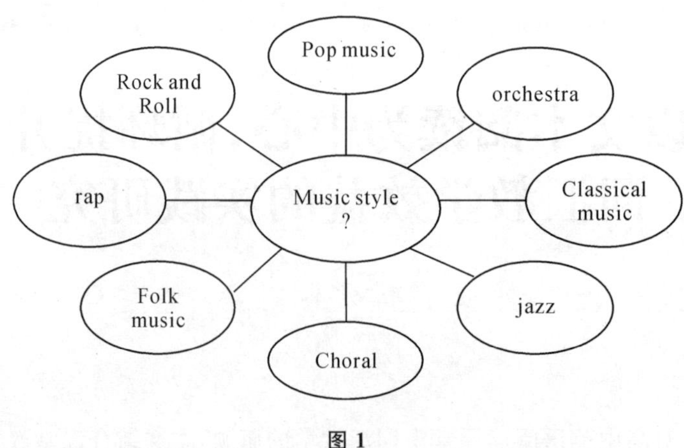

图 1

对于图 1 中导入部分之所以只选择部分生词，是因为笔者认为一节阅读课不可能解决所有的词汇问题，因此在选择需要循环处理的词汇时应该基于两点：(1)选择处理的词汇要有利于文本的理解；(2)选择的词汇是生活中的高频词。这就达到了我们学习词汇的真正目的：理解文本、语言运用于实践生活。

二、阅读中读取和加工信息时的词汇教学活动设计

课堂活动是学生进行实践、体验、探究、合作与交流的学习活动和思维活动。在该活动中，能根据上下文语境和行文逻辑准确理解生词意义是学生正确理解文本表层意义的前提。在读取文本信息过程中，学生一定存在词、句等基础语言知识方面的阅读障碍。教师要根据自己的教学经验和学生的实际知识、能力水平正确预测他们阅读障碍之所在，设计和开展聚焦难词、难句的课堂教学活动，帮助学生克服语言困难，成功读取信息。笔者尝试设计有梯度的任务，以旧带新学习目标词汇，实现对词汇学习的循环与提升。

例如，Reading: *The Earth is Becoming Warmer—But Does It Matter*?（选修 6 Unit 4）一文，着眼于词汇的循环和提升，笔者做了如下教学设计：

(1)通过 Free talk 的词汇初循环（课例略），引出本文的话题以及部分目标词汇的学习，然后通过 paraphrase 的方法，用简单的、学生所熟知的英语解释对目标词汇下定义，使学生在新知识与已有知识之间建立起联系，激活学生已有的认知图式，减少阅读的障碍。教师除了从预设的问题中呈现词汇之外，还可以从学生的回答中，通过同义词转化的方式，引出新的词汇。在这一环节中，教师既要充分地预设话题方向，又要非常认真地倾听学生的回答，提炼关键词汇。其次，还要注意控制预教词汇的量，把握预教词汇的度。过多、过细的词汇讲解容易使学生产生畏难情绪，从而丧失继续阅读的兴趣和信心。因此，词汇的初次循环关注的是感知新词汇，链接“旧”词汇，引入文本话题。

(2)通过 Reading for general 的词汇次循环（课例略），让学生通过快速阅读找到的主题句中包含了本文中两个直指文本核心的目标词汇。因为有了导入部分的铺垫，学生可以比较轻松地总结出文章的主题是讨论全球变暖的原因和结果。在细读环节中，教师以“come about”为核心词，结合图表提问“发生了什么，怎么发生”，要求学生基于

文本回答，提炼出目标词汇“result in, be due to”。这一步骤旨在帮助学生结合关键词汇理解本文，在师生问答过程中实现目标词汇机械的简单的循环。在文本理解基础之上，教师在第二步骤中增加了任务的难度，要求学生用目标词汇来描述 fossil fuels, carbon dioxide, temperature 这三者的关系，以帮助学生在使用的过程中，深化对目标词汇的理解。

(3)通过 Reading for detailed information 这一环节(课例略)，不难发现依托语境进行词汇教学是一种行之有效的策略，且有助于培养学生的猜词能力。在阅读课中教师应特别注意培养学生结合上下文语境来理解生词的习惯。很多时候，学生对句子的错误解读源于对关键词汇的误解。而实际上，脱离语境进行词汇教学，即使学生记住了词形和词义，也很难将其运用到实际中，因此词汇教学应该融入句子和语篇教学中。

(4)通过 Reading for critical thinking 环节(课例略)，教师通过追问作者的观点以及原因，引导学生挖掘文本，学生能够比较快地寻找关键词汇和句子。

此外，在阅读过程中设计合理的任务型阅读，能帮助学生从篇章组织形式的角度概括和归纳文本重点信息，并巩固部分在读前已经呈现的目标词汇的理解和运用，而在此基础上也可以设计一些简短的翻译来加深学生对目标词汇的印象，加强对其在句子中的运用，并体会中英语言的差异和美感。

三、阅读后输出信息时的词汇教学活动设计

阅读理解教学中的信息输出活动是学生对获取的信息进行内化和加工之后通过口头或者书面形式表达出来的过程。输出的目的只在于检测学生对于文本的理解，以及培养学生的综合语言运用能力。常见的活动方式有选词填空、复述课文部分内容或整体内容、用自己语言叙述并写出课文重点信息等等。在设计此类活动时，教师应要求学生尽力尝试运用新学词汇，增强词汇聚焦意识。

例如，在 Reading: *Time for Work, And Time For Play*(积极英语教材 2，Unit 9 *Leisure Time*，Chapter 1)一文的读后教学活动设计中，针对笔者所带的英语特色班的学生英语水平，笔者做了如下的安排(设计略)：

步骤一：选词填空(目的：进一步循环和巩固课文中呈现的新词汇及其用法)。

步骤二：短文改错，题型与高考接轨(目的：结合课文内容，通过多样化的方式来促使学生掌握英语中的词、句型等的用法，提高学生的综合语言运用能力)。

步骤三：读写设计(目的：引导学生在输出信息时，通过写和说的方式，尝试在自己的写作中运用课文中的目标词汇)。

该部分中针对词汇运用的三个环节的设计，从选词填空、改错到读写，环环相扣，呈现递增的难度。如果说第一环节是为了让学生在与主题相关的新语境中运用目标词汇，那么第二个环节则是对目标词汇的灵活运用提出更高的要求，最后一个环节的设计则是要求学生联系已有知识，分享观点，实现目标语言的综合运用。

高中语文读本"以练促学"的实践研究

倪　燕

摘　要:本文试图通过研究学生情况,有针对性地设计各种练习,通过"以练促学"模式,争取在有限的时间内,激起学生学习读本的兴趣和热情,充分利用读本的资源优势,引导学生用眼去发现,用手去创造,用脑去思考,用心去体验,培养学生形成良好的阅读习惯,增强自学意识,增加积淀,提高语文自学能力。

关键词:高中语文读本　以练促学　延伸性练习

"以练促学",即通过设计具有针对性的、富有个性化的、学生乐于接受的练习,引导学生更有目标性、更为高效地去阅读高中语文读本,培养学生良好的阅读习惯,增强自学意识,增加积淀,提高语文自学能力。

一、"练"什么——确定"练"的内容及时间

因为时间有限,读本中的文章不可能每篇都去仔细分析,所以教师要注意揣摩编者的意图,抓住每一板块前的"自读提示"和每篇文章后面的"生活与经验""理解与分析""评价与应用""资料卡片"等,明确该课学习重点。再跟课本教材进行整合处理,预先确定阅读的进度,制订阅读计划,让学生明确自己在不同的阶段所要完成的阅读任务。

二、怎么"练"——设计"练"的种类和形式

(一)"练"的种类

读本的选文很多,全部精读或全部略读均不合理,可将精读与略读结合起来。大致按如下步骤进行:通读全篇或一组文章,大致了解文章的性质和内容,讲了什么事,说了什么理,从整体上把握它。用略读的方法,只读文中的某一段或某几句,把握文章结构、作者思路。精读,对文中某个面进行赏析、提问,逐点解答问题。再次通读全文,把全文梳理一下。这种精略结合的方法在阅读读本的过程中经常被使用,能有效地帮助学生达到预定的目的。在精略结合的基础上我通常设计如下与之相配套的练习。

(1)基础性练习。要求学生在阅读的过程中对于读本中难以理解的字词句能圈点勾画,并运用工具书及时查阅,直到弄明白为止。这样,既能培养学生使用工具书的能

力，又能使学生养成一种严谨勤勉的学风。

(2)采集性练习。将文章的内容浓缩在小小的卡片上，将书读薄。书中有自己喜欢的名言、警句，或精彩的段落，精辟的论点、论据等，将它摘录下来，建立自己的资料库，积累素材。

(3)批注札记性练习。做批注，即在读书过程中，随时将自己的感悟、联想、疑问等以眉批的形式写在书上，也可以对有关语句画记号、标重点。做札记，大凡阅读，书读过后总有个人的心得、体会，不妨诉诸笔端，内容可长可短。这是提高认识、培养能力的好方法。

(4)延伸性练习。叶圣陶先生说过："语文教材无非是个例子。"教材讲透了，读本上的很多文章就可以作为"习题"。学生可以根据老师在分析"例题"时用的方法，自己去独立阅读与"例题"类似的文章。

如必修一"向青春举杯"是个诗歌板块，课文上完后，自己在读本中找相关的诗歌来读，看能不能准确把握诗歌的情思和意味，能不能快速找到解读诗歌的钥匙等等。这对学生来说具有一定的挑战性，符合学生的年龄特点。因此，应让学生明白阅读读本不是作为任务来完成，而是自我能力的一种检验方法，由被动阅读转化为主动阅读。

学生交流作品例：

左光斗在狱中的铮铮铁骨，让我们读懂了什么是忠肝义胆；史可法城陷前的从容安排及死后的传说，让我们感受了忠烈的气节和虽死犹生的正义和力量；林觉民对妻子含泪的嘱托、哽咽的劝慰，更让我们体会了烈士的侠骨柔肠。

高二(16)班　朱蒙燕

君子喻于义，义成就了君子。谭嗣同有了改革图新的英名，诸葛亮有了还恩报义的英名，王维有了义薄云天的英名。

小人喻于利，利反过来拖累了小人。秦桧最终遭人唾弃，铁像永跪岳飞墓前；蒋介石最终被逐台湾，势如山倒；而慈禧最终死于乱刀，被人笑作活该。

高二(15)班　沈佳琪

(二)"练"的形式

(1)"超市型练习"，即教师提供多种练习，像超市般供学生根据自己的学习水平、兴趣特点自主选择完成哪项。学生做练习的过程其实就是将其在课堂学习中习得的经验迁移到练习中出现的新情境中，并且解决新问题的过程，进而形成更持久、广泛的迁移能力。这种迁移是在通过对新旧学习中的经验进行抽象分析的基础上，概括出其共同的经验成分才能实现的。但是，学生在迁移的过程中，往往会由于经验的缺乏、知识水平的肤浅而发现新情景看起来与原有知识互相矛盾，难以构连，学生就因此产生了许多问题。所以可设计一些变式练习，让问题由易到难一一呈现，让矛盾由弱到强慢慢激化，从而给学生大量和持续的刺激，使学生在一步一个脚印的行进中发现问题、促成反思、巩固内化。

(2)"按揭型练习"，即学生根据自己的学习水平、能力，可选择分项分期完成练习。练习按揭、因材施"练"。有差异的学生做无差异的练习，势必会造成有的学生"吃不饱"，有的学生"吃不了"的现象。作为教师，在布置练习时，应根据学生的知识结构、学习环节、心理、能力及品德等方面的差异，把练习具体分成几个层次，然后向不同程度的学生提供不同层次水平的练习。

(3)“自创型练习”，即学生根据导读提示及课后要求，结合自己的兴趣、特点，自行设计练习完成作业，增强练习的意趣性。

学生是学习的主体，也是练习的主体。学生学会自我设计练习，进而学会自我学习，是我们要追求的目标。俗话说：知人智，自知者明。从进行课改开始，我们就要尝试让学生自己参与到练习设计中来，很显然，自我设计练习既有利于培养自主学习的能力，也有利于培养学生健康的心理。兴趣是最好的老师，任何事情只要有兴趣，做起来就不会成为负担，练习也是如此。特别是针对语文读本，练习设计更应打开宽阔的天地，贴近学生的现实生活，充分调动学生的学习积极性。

三、“练”得如何——“练”的展示及评价

必要的检测仍然是衡量学生语文学习好坏的可信尺码，是促使学生静心读书的有效工具。因此开展形式多样的练习检测很有必要。

针对“批注札记性练习”，可以举行读书报告会，在读书报告会上给学生提供发表见解的机会；或利用每节语文课前5分钟，组织“5分钟演讲”活动，设“课文质疑”“佳作赏析”等栏目，由学生依次担任主持人。对读本的一篇课文做评析，既可对作品中精美处举例点评，也可鼓励学生发表不同的意见。俗话说，学起于思，思源于疑。只有不断提出问题，才能激发学生的求知欲；鼓励求异，才能培养学生的创新精神；肯定他们的创新意识，才能鼓励学生去怀疑去思考。这样做，既能使读本课外阅读做到实处，又能营造民主生动的课堂气氛，收到良好的学习效果。

针对“延伸性练习”，比如读本中诗歌的选入量较大，可以安排几次朗诵比赛，先在全班预选，每个人都参加，优秀者可以参加全年段的比赛。学生在广泛阅读的基础上，精心挑选出自己最喜欢的诗歌，通过研读、揣摩，分析诗歌的意象，理解诗歌的情感，然后进行诗歌的朗诵训练，最后进行登台表演……学生为了朗诵好这些诗，反复训练，深入钻研，深刻体会，使出浑身解数，争先恐后地登台表演，既培养了学生的语言能力，表演能力，又促进教与学的深入，使学生的综合素质在语文的学习中得到了提高。

让课堂静下来

——浅谈“静堂”在语文课堂教学中的妙用

桑蒙恩

摘　要:在平时的教学中,为了热闹,为了调动气氛,导致部分执教者和评课者片面追求“发言踊跃”“气氛热烈”等现象的产生。其实,教学过程中适度的“沉默”和“讨论”乃至“争辩”等环节一样,都是不可或缺的。只要在恰当的时机,适度掌握运用,“沉默”在语文课堂教学全过程中的作用是显而易见、不容置疑的。本文旨在结合教学案例探讨“静堂”在语文课堂教学中的运用和作用,让我们的语文课堂真正做到“动静结合”。

关键词:静堂　课堂教学

在新课程理念的引领下,教师在新课堂中都十分注重学生的活动,在平时的教学中,特别是各类公开课,为了热闹,为了调动气氛,为了使更多的学生动起来,教师往往采用各种手段,小品表演、模拟剧场、小组竞赛、辩论会、小组讨论纷纷落户课堂。综观当今的不少语文课,看似学生思维活跃,发言踊跃,气氛热烈,然而,由于“矫枉过正”,导致了部分执教者和评课者片面追求“发言踊跃”“气氛热烈”等过头现象的产生,哪怕是“读”,也多为“朗读”而不愿(有的是不敢)运用默读的方式,因为一旦课堂上出现必要、适度的片刻“静堂”,就往往被贬为“出现冷场”。

其实,教学过程中适度的“静堂”和“讨论”乃至“争辩”等环节一样,都是不可或缺的。沉默有如音乐艺术中的“休止符”,国画艺术中的“空白”,戏剧艺术中的“静潮”。只要运用时机妥善,适度恰当,“静堂”在语文课堂教学全过程中将起到更为有效的作用。正如南宋教育家朱熹所说:“静者,养动之根也。”也就是说,“静”能为“动”服务。教学过程中的“静”同样能为“动”服务。

一、分析作用,强化意识

恰到好处的沉默,它是一种技巧、一种艺术、一种境界。它能创设一种宁静肃穆的氛围,让教育者的意图震撼在学生的心灵深处,娴熟自如地运用它,便可达到“此时无声胜有声”的境界。

(一)强化思维,加深理解

从认知、思维的规律来说,思维的强化,理解的加深,都是同所受刺激大小成正比的,所以只有让学生拥有必要的思维时间和机会,才能保证使学生“悟得”。试想,如果不是假以时间，不是凭借“独处时的宁静”的“静思默想”，能得到如此的审美体验吗？

联系我们的课堂教学也是如此，适时地设置“静堂”，给学生一定时间的沉默空间，让他们自己去思考、去感悟，这样所达到的效果，我想远比一味地传授和无用的讨论来得更深刻。而且人的智力有高下，思维的速度有快慢，如果在课堂教学中不顾大部分学生的思维进程，而只同少数“尖子”交流，那么，即使课堂上没有出现“冷场”，对绝大部分学生知识和技能的掌握、智力的开发而言，其收效也是值得怀疑的。假如我们的课堂教学果真如此的话，就不是以学生为主体，也不是启发式，而只是片面追求“热闹”，流于形式了。这样的“热闹”也只是一种假象，且不可能持久。从这个角度来说，给学生一点“静思默想”的时间十分必要。

换言之，对有些疑难，即使学生“百思不得其解”，但当学生经历了一番表面沉默、内心激烈的“静思默想”之后，于“心求通而未解，口欲言而不能”的状态下，再由老师讲解或授予，也比“江河直下”般的连续讲解或勉强讨论为好。

（二）激发学习，增强自信

我们知道，学习必须具有内部动力。这种动力就是学习动机。布鲁纳认为，学生理想的动机水平是在冷淡和狂热激动之间，过于激动忙乱会影响思维，过于呆板与被动等待则会产生厌烦和冷淡。由此可见，激发学生的学习动机是非常值得注意和探讨的问题。

依笔者愚见，课堂中适时的“静堂”，在学习动机过强或过弱之间，可以起到很好的调节作用，尤其在抑制过强动机这方面，更是功不可没。特别是部分学生，思考习惯还没有很好养成，阅读也好，答问也好，往往耐不得“寂寞”，发言之类固是踊跃，却不免“有口无心”。这时候，老师适当地制造一些“沉默”机会，倒是可以促使学生潜心阅读、埋头思索，有助于为下一轮的“热闹”蓄势。

当然，与此同时，有一部分学生却是因为缺乏学习上的自信心，作为老师，要如何来帮助这些学生树立学习自信心，从而真正做到使全体学生全面提高呢？笔者以为，应不怕课上的一时“沉默”，给予这类学生以较为充裕的考虑问题的时间，再辅之以教师的启发、点拨，从而使他们凭借自身的能力与努力，求得问题的正确答案。假如我们对这类学生能够长期坚持启发、引导，那就一定能使之领悟到一点，即“我并不比别人差”。久而久之，学习自信心必然确立。就此而言，课堂上的适度“沉默”确实值得，而这样的“静堂”教育，也许对这些学生来说，是一辈子的受益。

（三）培养情感，陶冶情操

语文课堂教学中，在适当的时机，适度地创设“静堂”，有助于学生情感的培养，情操的陶冶。恰当地安排“静堂”，很多时候远远比苦口婆心的教导来得更加刻骨铭心，也更加让学生有深刻的感悟。要是没有“静堂”，学生的情感体验和审美陶冶将逊色很多。在课堂教学中，假如老师在学生无以对答时继之以义正词严的批评、教育，那又何以能产生如此震撼心灵的共鸣呢？正因为如此，我们在教学中如能做到合理地运用“静堂”来创设教学情境，必将能使学生潜移默化，从而达到培养情感、陶冶情操的教书育人的目的。

二、灵活运用，提高效率

“静堂”环节的设置并不是随心所欲，也并不是可以泛滥成灾的，否则的话，我们的课堂又将回到死板和死寂。那么，在一堂完整的课堂教学过程中，我们可以怎么灵活运用“静堂”，在什么样的环节设置“静堂”呢？

（一）课初静观，收心养性

刚刚结束了课间时间的学生，总是遗留着些许课间时的松散、兴奋，有些时候，可能又恰好遇到体育活动课，学生余兴未了，这个时候，教师进入课堂，不急于打开教案，可以用亲切的目光环视全班学生，静等片刻。此时的“静堂”能排除外界干扰，使学生兴奋的细胞逐渐安定下来，逐渐将注意力转移到课堂上来。这个十几秒或者只是几秒的“静堂”时间，学生就会将眼神投向老师，等待着老师开讲。此时此刻，如果教师能抓住这静后的黄金时间，抓住这“静”化了的心灵，来一段精美的开场白，那么，知识和信息就会像一泓清溪流进学生的心田。

孔子教育学生，最喜带着学生到自然中去，远离尘世的喧嚣。“暮春者，春服既成，冠者五六人，童子六七人，浴乎沂，风乎舞雩，咏而归”，这种外部氛围的清静有利于学习者不受干扰，专注学习，也正说明了“静堂”教学的意义。

（二）“静堂”沉思，感悟提升

正如本文前面所说的，当下很多语文课特别是一些公开课，为了增加课堂的可观性，提高所谓的学生活跃参与性，常常设置一些讨论，如同桌讨论、四人小组讨论，然而却常常忽视了给学生“静堂”思考的时间。

老师提出一个问题，需要学生集思广益、取长补短来讨论交流，但是很多时候，也非常需要学生自己的沉思和回想。

比如笔者在讲《我与地坛》一文有关母亲的情节的时候，不是设置似乎已经成常规的四人小组讨论交流自己和父母亲之间的感人故事，而是让学生自己静默，甚至可以闭上眼睛，回想，沉思，感悟。在这样的沉静中，我看到一些学生的眼角竟然有泪水滑落，也竟然听到了低微的啜泣声。我想，这个时候的学生们，都切身地感受到了母亲的伟大，也能设身处地地感受到作者在文中流露出来的感情。

（三）静心等待，观照全体

学生的思维水平、理解能力是有差异的，课堂教学应尊重这种差异，面向全体学生，让每一位学生的头脑都动起来，这就需要有意识地制造“静堂”，给那些思维速度稍慢的学生以较充分的空间，否则，课堂就容易只成为好学生的天下，而其他学生仅仅是浅尝辄止，囫囵吞枣。

笔者在讲《错误》的时候，请同学们探讨“错误”的具体体现。琅琅书声过后，有不少学生把手举得高高的。可是，在两位学生回答后，其他学生的手却放了下来。原来其他学生的想法和两位举手的学生一样。其实课文中关于“错误”、关于“美丽的错误”有很多的铺垫，同时也需要学生去发散思维。于是，我又让学生继续品读课文，过了两分钟，三分钟，四分钟，只见一位女生高高举起了手，但是我并没有马上请这位女生回答，而是冲她微笑了一下："已有同学有了新的体会，不过我希望每个同学都有自己新的体会。所以，我和这位同学会再等大家一阵子的，请同学们继续思考。"又过了片刻，举起的手越来越多。于是，师生继续交流起来……

教师耐心地等待，让更多更广的学生在"静堂"后品味收获的喜悦，是实实在在贯彻落实了"语文教育应充分关注学生的个体差异和不同的学习需求"这一新课程理念。

(四)结尾静悟，余味无穷

《学纪》云："善歌者使人继其声，善教者使人继其志。"

笔者在上《相信未来》这篇课文的时候，在对课文做了分析和讲解之后，学生们已经能够感受到食指在特殊时期对未来坚定的信念，而这样的生活态度如何让学生们感受更加深切，在课堂的最后十分钟，我让学生们自己默读体会，并利用最后的五分钟让学生们集体诵读一遍，留下一分钟静默的时间。

此时的"静堂"将会产生"余音绕梁，三日不绝"的效果。比老师在课堂上一味地灌输所谓的生活要积极乐观的口号式说辞效果好很多很多。人们常说的"教学已随时光去，思绪仍在课中游"会成为学生此时的真实写照。学生的心将随着山谷、大地、松涛、海浪、广场的回音而震荡。他们在心里呼唤敬爱的总理，呼唤着为人民鞠躬尽瘁的英灵。此时的"静悟"达意之深，难以言表，说不定还会引出学生对人生的深深思索，从而悟出人生的真谛。

"静"，是一种境界，它可能是一种净化，让语文教学逐渐走向简约，走向真实；它可能是一种外显，体现了教师对学生的尊重与理解；它可能是一种内蕴，标志着语文教学的安宁和谐……"宁静方能致远"，给学生一个宁静的时空，让学生细细地品读，静静地感悟，默默地思考。一句话，让我们共同打造语文教学的"静"界吧！

生物课堂教学创新策略研究

沈 刚

摘 要:在中学教育中,课堂教学是实施创新教育的主渠道,也是实施创新教育成功的关键。创新的课堂教学策略,就是运用创造学、教育学和心理学原理,根据课堂教学特点及其变化而制定的行动方针和活动方式。

关键词:创新教育 教学策略

在教学中要特别注重创新意识的培养,激发学生的创新欲望,加强对学生的情感教育,促进和提高学生情感智慧发展。如在学习有关遗传与变异知识的基础上,我及时给学生补充有关生物学领域内的尖端成果和研究动向,如介绍克隆动物、脑白金体和人类基因组计划等;另外可以通过对生物史的考察,充分挖掘科学家崇尚科学的情感和价值观,追求科学的顽强毅力和献身科学的奉献精神,从而达到培养学生创新意识和创新精神的目的。

一、巧设问题情境

教师要创造性地设置问题的情境,营造一种让学生发现问题、解决问题的氛围。引导学生抓住问题的实质,从不同的方面、不同的思维方式,探求多种求解的途径。问题教学的方法可以因内容而异,大致有以下几种:

(一)诱导式提问

就是把一个大问题分解成若干个小问题,这些问题本身互相不直接牵连,而分别与大问题相扣合。如在学习动物蛋白质代谢过程的知识时,先设计以下系列问题:

问题1:动物体细胞内氨基酸有几方面来源?

问题2:新的氨基酸在组织细胞内大部分转变成什么?

问题3:一部分氨基酸通过什么作用转变成新的氨基酸?

问题4:少部分氨基酸是如何转变成尿素的? 还有没有其他变化?

从以上四个问题的解答,可让学生深刻理解蛋白质代谢过程。

(二)递进式提问

就是将几个连续性问题按由易到难的次序提出,引导学生由浅入深,一步一步地深入思考和探究，最终找出事物的本质特征。如在复习渗透吸水原理时，设计以下一组问题：

问题1：渗透装置必须具备哪些条件？成熟的植物细胞哪些地方具有渗透装置的条件？

问题2：在"观察植物细胞质壁分离和复原"实验中，若把洋葱表皮细胞先用盐酸处理，再做实验，能否出现质壁分离和复原现象？

问题3：在做上述实验时，若用 KNO_3 溶液代替30％蔗糖溶液，则镜检时，能观察到质壁分离，但过一段时间后，会发生质壁分离的复原现象，这是为什么？

问题4：具有大液泡的植物细胞，能与外界溶液发生渗透作用，人体细胞没有液泡，所以人体细胞不会发生渗透作用，这句话对不对？

以上问题组成了层次分明的递进模式，每一个问题的解决，等于爬上了新的一级台阶，教学任务便随着问题的解决而圆满完成。

（三）连环式提问

根据知识的内在联系，设计出以疑引疑、环环相扣的一系列问题。通过解答这些问题，由此及彼，由表及里，对学生全面深刻地认识问题起到促进作用。如第一章"细胞"中涉及的"主动转运"过程需要消耗"能量"，设计下列问题：

问题1：这个"能量"主要是由细胞中什么细胞器供给的？

问题2：这个"能量"是由什么生理作用提供的？

问题3：这个生理作用在整个生物体有哪些作用？

问题4：在新陈代谢过程中这个生理作用具有怎样的地位？

通过以上问题的解答，就可以使学生把细胞及生物体各项有关的生理活动联系起来，既可以使学生把相关的知识贯通，形成联系的知识网络，又帮助学生全方位思考问题，不断拓宽思维的空间。

所以通过老师的一些提问，引导学生思考得出结论，不仅加强对本节课知识点的掌握，还能培养学生的创新能力。

二、引导学生探究

从《课程标准》中不难看出，"活动"和"探究"是出现频率最高的关键词汇。开展、推动探究性学习成为新一轮课程改革的主旋律，当然我们对探究性学习也要有本质的理解。

通过实施探究性活动，可以培养学生探究问题的意识，以及独立解决问题和预见未知的能力，引导学生自己对提出的课题进行分析、综合、抽象及概括，并得出结论。

开展探究性学习，并不意味着要让学生亲自去获得直接知识或经验。我们更关注的是学生如何构建自己的认知结构，如何使自己获取的知识富有意义，使自己的学习经历充满活力，如何形成学习的意识、掌握学习的方法，进而形成学习知识的欲望和动力，如何使学生充分地体验作为学习主人的地位与价值，等等。

创新教学过程是师生共同探索的过程，要让学生在探究的氛围中发现问题，总结规律。如把“绿色植物在光下制造淀粉实验”改验证实验为探索实验。另外我们可以通过让学生做有关酶的特性的实验从而建构酶的概念。

三、教学方式创新

方法策略就是在实施创新教学过程中使学生掌握科学方法和创新方法，下面举例说一说常见的问题解决策略。

(一)顺推法

即从题目给定的已知条件出发，运用生物学基本知识、基本概念和基本原理，“顺藤摸瓜”地进行推理，最后得到问题的答案。例如：问到严重缺铁病人可能会出现的症状？我们可以这么思考：铁在人体内主要构成血红蛋白，血红蛋白可以运输氧气，因为严重缺铁推出人体内血红蛋白合成不足，推出人体运输氧气的能力下降，推出人体无氧呼吸产生乳酸，从而导致乳酸中毒。

(二)逆推法

即根据问题的结果逆向推导问题的答案。例如思考这样的问题：一棵植物幼苗横放在潮湿的土壤上，为何茎向上生长，而根向地下生长？思考过程大致可以这样：茎向上生长，说明近地一侧比远地一侧生长快；根向下生长，说明远地一侧比近地一侧生长快；由于地心引力作用，根和茎近地一侧都比远地一侧生长素浓度高；说明茎近地一侧高浓度的生长素促进生长，而根近地一侧高浓度的生长素是抑制生长；茎和根对生长素的敏感性不同，根比茎对生长素更敏感。

(三)排除法

即先假设问题答案的种种可能性，然后通过推导一一排除，最后找出问题答案。例如，有这样一道遗传题：一对正常夫妇生了一个患病的女儿，问这种遗传病的遗传方式是什么？解决这一问题的思维步骤是：根据性状分离得知这种遗传病是隐性基因控制的遗传病；有关基因有存在于 X 染色体、Y 染色体和常染色体三种可能性；如果是存在于 X 染色体，正常父亲的女儿应正常；如果是存在于 Y 染色体，女儿不可能患病。结果只有一种：这种遗传病基因存在于常染色体上。

(四)转换法

即如果一个问题用常规方法难以思考或计算比较烦琐，则可以变换方式进行思考，从而达到化难为易、化繁为简的目的。例如，基因型分别为 ddEeFF 和 DdEeff 两种豌豆杂交，在对等位基因各自独立遗传的条件下，其子代表现型不同于两亲本的个体数占全部子代的比例是多少？我们可以这么分析：该豌豆由三对等位基因控制着三对相对性状，本题要求计算其子代表现型不同于两个亲本的个体数占全部子代的比例。子代表现型不同于两个亲本有许多种情况，可以是一对相对性状与亲本不同，包括三种情况；也可以是两对相对性状与亲本不同，还可以是三对相对性状都与亲本不同。因此，要一一计算出来难度相当大。我们可以转化问题，换一种方式去思考，即找出与两个亲本表现型完全相同的个体，剩下的就是与亲本不同的了，这样问题就简单了。

(五)图解法

即将文字材料转换成图解呈现出来，有利于问题的直观化、形象化，同时还可减少阅读量，降低理解难度。图解法在描述复杂的生物学现象或生理过程等方面有着广泛运用。例如：在正常条件下进行光合作用的某植物，当突然改变某条件后，其叶肉细胞内五碳化合物的含量突然上升。则改变的条件是什么？分析：五碳化合物是在光合作用的暗反应阶段合成的，C_5 量由两个因素决定：C_5 消耗量和 C_5 合成量，若 C_5 与 CO_2 结合 C_5 的量减少；C_5 的生成量，是光反应产物 NADPH 和 ATP 将 C_3 还原成 C_5，现在 C_5 的量上升，所以改变的条件肯定是 CO_2 减少。

创新教育是素质教育的重要组成部分和工作重点，因此要真正落实创新教育就要从课堂教学开始。

高三词汇复习有效策略的研究与实践

丁益飞

摘　要：根据《英语新课程标准》对词汇知识的要求，从高三词汇教学的现状与分析出发，探讨了高三英语词汇复习中如何根据词汇学习“识记—理解—操练—运用”的不同认知阶段采取相应的有效教学策略，提高高三词汇复习的有效性。

关键词：词汇复习　“三步四段”

在高三复习过程中，教师应根据教学内容、学生特点和教学经验，从多个角度设计不同的词汇练习，引领学生对词汇进行深度加工，及时地为学生提供科学的指导，探索有效的词汇复习策略和方法，在学生记忆单词的过程中发挥积极的作用。改进教学方法，采取形式多样、灵活多变的方法进行词汇复习，从而使词汇尽快纳入学生的语言体系。

一、课前词汇的复习计划指导

在复习过程中，根据自己情况制订词汇复习计划。如在第一轮复习中紧跟教师的复习进度，将每一单元的词汇过一遍，熟悉和简单的一带而过。重点放在不熟悉的和重要的词汇上，使基础差的学生也能掌握百分之六十的词汇。

计划一：第一轮词汇复习用大约三个月的时间。包括复习词汇的音、形、义，突出“面”。然后利用每个模块的单词进行分阶段复习，并对这些词的应用进行拓展、延伸，突出“宽”。具体做法如下：

(1)教师指导，多种渠道帮助学生克服在词汇学习上的心理障碍，通过图片、实物、音像和情境等进行立体教学，通过适当的猜词游戏、限时记单词等活动来激发学生学习热情。

(2)教师引导学生利用英语构词法、联系记忆法、分类记忆法、猜词造句法等多种方法快速记忆单词。教师在授课时也可通过对具体的单词进行反复演练，让学生真正能体会到这些方法的作用。

(3)教师指导学生认真复习高一、高二所学的课文，特别强调学生在早读时熟读课文及重点语句，在理解文章的基础上，进一步观察、揣测、分析、研究文章中作者的措辞造句和词语的搭配应用，同时要求学生复述或模仿使用课文中好的语句。

(4)每周给学生进行两到三次的专项限时练习，这样也可以使学生较全面地接触、熟悉并掌握词汇。

计划二：第二轮词汇复习用时约一个月，将词汇压缩到1000个左右。高考词汇中那些常用词汇为本轮复习的重点。

(1)本轮词汇复习要给学生每天分配一定量的任务，同时加强对学生所记的单词的检查，根据学生掌握的情况予以奖惩，并对这一部分学生跟踪督促。

(2)配上单词填空专项练习。在复习中给学生提供一些接近本区高考和学生实际的单词，进行专项练习，有针对性地强化学生词语的记忆，以此提高学生的解题能力。

计划三：第三轮词汇复习用两星期左右的时间，将词汇精选到600个左右，主要是写作词汇，检测写作词汇的准确性。通过作文训练强化其应用，突出其"精"。

二、课中词汇复习的策略

(一)识记阶段

词汇复习教学可以依托《考试说明》词汇表和NSEFC教材一轮复习两条主线开展。

(1)运用"五到"记忆单词。做到"五到"即眼到、心到、口到、手到、耳到，如：猫和老鼠——有一个rat(老鼠)，非常fat(肥胖)，跳进了vat(缸)，偷吃了salt(盐)，变成了bat(蝙蝠)，气坏了cat(猫)，咬破了hat(帽子)。

(2)以主题意义为核心记忆单词。在复习中，以单元主题意义为核心展开词汇复习教学。下面以food话题为例阐述如何以话题为模块开展高三英语词汇总复习。

一、创设情境呈现词汇

(1)将学生的生活情境再现课堂。在复习本模块的前几天学校刚好举行踏春野炊活动，笔者抓住这一契机拍摄了几张本班学生活动的照片用于该模块的教学素材。在笔者指着照片提问"What kind of food has student A/B/C... got"后，他们脱口而出画面中的食物名称：orange, drink, fruit, vegetable, beef, carrot, chicken, juice, melon, milk, onion, pork, potato, tomato... 当他们看到某位同学因担心饭煮不熟而买的充数"美食"——方便面时顿时哄堂大笑，学生学习词汇的积极性更加高涨起来，大部分学生说是convenient noodles，但随即有学生给出了正确的翻译——instant noodles。

(2)针对学生对学校食堂饭菜不满意这一现象，笔者据此设计、组织了课堂活动"If I were a cook, I would provide better food at our school. I would make..."这项活动再次唤起了学生学习中西方食物名称的兴趣和热情，学生饶有兴趣地道出意大利的pizza noodles、美国的fried chicken sandwich。

二、变式训练巩固词汇

将食物名称按不同标准分类训练。

分类一，Fruit, Meat, Vegetables, Drink, Staple food

主食第一次分类是为了给学生起一个示范作用，不仅分好类别而且明确了食品名称，但每一类别的问题设计形式不同。根据中学生好胜心强的特点，笔者对这五类食物名词分别设计不同的小组活动，全班分成五个小组，每组选取其中一类在规定时间内作答，得分高的组获胜。Fruit 组的任务是根据简笔画猜出水果名称，如 apple, orange, banana, pear, peach...

分类二，Healthy food 和 Unhealthy food

老师在前基础上因势利导引导学生快速列举 healthy food 和 unhealthy food，在规定时间内列举出有效食品项目多的小组获胜。这一活动在学生有足够信心的基础上维持了他们学习词汇的兴趣，促使他们回想所学词汇，不断强化巩固所学词汇的有意识记。学生提出了下列词汇 Healthy food：milk, tomato, meat, fish... Unhealthy(junk) food：coke, sandwich, hamburger, chips...

分类三，Chinese food 和 Western food

出示一篇介绍中西方饮食的文章 *How is Chinese food different from Western food*，先鼓励学生阅读并填写出尽可能多的合适的食品词汇以及用餐工具的词汇，然后按照类别做适当补充。笔者设计了一项含有两个活动的任务，促使学生在他们所学的食物名称词汇和他们的生活经验之间建立起一种联系。

(3)运用构词法知识记忆和扩充单词。构词法包括合成、派生、转化等方法。例如：当学生了解了 dis-表示“不”的意思后，再见到 disagree，dislike 等就可以猜到这些词的含义；了解了后缀-less 加在名词后可以变成词义相反的形容词，就不难猜到 wireless, hopeless, homeless 等词的含义。

加前缀 dis-，in-，ir-，mis-，un-，im-表示否定意义。如：unable, inability，incomplete，disabled，disagree，disappear，misunderstand 等。

加后缀-ness，-ment，-tion 等构成名词。如：illness, happiness, agreement, equipment，collection，translation 等。

(二)理解阶段

在理解过程中，可以引导学生在上下文中观察词汇是如何使用的，注意以下四点：

(1)在语境中理解和记忆单词。词汇教学中，做到“词不离句，句不离文”，词汇教学不可独立分割。对词汇学习应严格要求，精确掌握词的语音、拼写、语义和用法。千方百计地把词汇与句子、语境结合起来，如 lonely 一词，可以借助这样的陈述：Annie has no friends(She is unhappy). 学生不难猜出“孤独、寂寞”的含义。

(2)尽量使用英语解释新词。教师解释生词时应尽量使用英文释义，以培养学生用英语解释生词的能力。例如：学习 upset 一词时，最为简洁的解释是：not happy 或 to be sad。

(3)从用法上归纳复习词汇。许多英语单词，尤其是动词，除具有其自身的词义外，还有其语法功能。复习时不要把着眼点单纯放在单词的记忆上，而要从它们的语法功能上去把握它们，根据它们的用法进行分类记忆。

如带双宾语的动词有 give, show, pass, send, bring, tell, teach, pay, promise, ask, buy 等。

如带宾语＋动词不定式当宾语补足语的动词有 ask, invite, expect, remind, want, wish, order, persuade, advise, force, help, get, tell, oblige, forbid, elect, choose, warn 等。

如带宾语+宾语补足语，不定式不带 to 的动词有 make，let，see，look at，watch，observe，listen to，hear，feel，notice，have 等。

(4)通过词与词的分析比较帮助学生掌握应用。以 affect 和 effect 的辨析为例。

The climate affected the amount of the rainfall. 气候影响了降雨量。

Reading in bed has affected his eye-sight. 在床上读书使他的视力受到了影响。

effect 既可用作名词，也可用作动词。作名词时，除表示“影响”外，还有“结果、效果、印象”等意思。作动词用时，表示“引起、产生、实现”的意思。例如：The effect of the typhoon was to leave several hundred families homeless. 受台风的影响，数百户人家无处栖身。

We have not felt the full effects. 我们还没意识到全部后果。

以上四点目的在于帮助学生进行意义识记、英语思维和演绎运用。

(三)操练阶段

操练步骤既是帮助学生巩固词汇的过程，又是培养和提高其语言能力的过程。笔者从不同的角度把单元核心词汇和词块进行练习设计，结合实用生动的例句，同时渗透词汇学习策略、构词法知识、词性和词义意识、词组搭配知识。

(1)扩大阅读量，巩固词汇。一方面，词汇量的增加有助于阅读理解能力的提高，同时也是我们学习词汇的目的之一。另一方面，大量的阅读也能促进词汇的学习和巩固。

(2)运用联想对比法记忆单词。英语里有一些词在音、形上十分相似，很容易混淆，也易拼错。复习时可把这些词归纳在一起进行比较，帮助记忆。如：whether—weather，flower—floor，except—expect，later—letter，temper—temple，pleasant—present 等。

(四)运用阶段

利用课堂对话积极创设话题语境，让学生在对话过程中运用新词汇，在运用中掌握新词汇。例如，在让学生操练了 It is adj. for/of sb. to do sth 的句型和 find it+adj+for sb. to do sth 结构之后，可以进一步利用课堂对话引导学生使用所学词汇进行对话：

T：Last week，we found some students cheating in the exam，what do you think of it?

S1：It is clear that cheating in exam is quite dishonest.

S2：It is quite dishonest of the students to cheat in the exam.

S3：I find it really unfair to see some students cheating in the exam.

T：Then what do you think of honesty in exams?

S4：We find it necessary and important for us to be honest in exams.

S5：It is quite urgent and necessary for us to take some action against cheating in exams.

将学生书面表达中的优秀作品呈现给全班赏析，增强全体学生学习和运用词汇和句型结构的积极性。

三、课后词汇的巩固

(一)及时复习,加强巩固

课后复习的方式要多样化,如阅读、抄写、背诵、练习、听写等,要多次进行。

(1)通过阅读训练学习巩固单词。把我们学过的词汇一遍遍地呈现在面前,以加深记忆。

(2)在书面练习作业中巩固单词。可以做课本上的习题,或课外的文字游戏,如找单词、单词填空、单词猜谜,也可以用所学的词造一个句子,用所学的词汇和语法知识写一篇文章、记一件事,这是很有效的巩固词汇的方法。如学生复习了 Family 一课,可联系自己的实际写一篇介绍自己家庭的文章。

(3)在听力训练中通过听觉来学习巩固单词。通过听,让单词的地道发音,一遍遍地在脑海中重现,在耳中回响,可以听单词,听句子,听对话,听短文,听英语歌曲。

(二)广泛阅读,高频再现

阅读记忆是最好的记忆生词的办法,在新的阅读材料里反复碰到已学过的词汇,这是更为有效的巩固词汇的手段。最好是选择趣味性高、可读性强、词汇紧扣课文又有较高复现率、学生易懂的读物。课外阅读可扩大学生词汇量,开拓知识面,提高学生综合运用的能力。

(三)归类记忆,事半功倍

教师及时指导并督促他们将所学单词归类记忆。归类的方法很多,常见的有按名词、动词、形容词、副词等不同词性归类,名词又可按用途归为“学习用品”“服装”“食物”等;可按同音词(whether,weather),形近音近词(advice,advise)等归类;可以通过联想,比如桌子,你可以想到坐到桌子旁,吃着吃着便会太饱(table);可通过谐音法,比如 scan(四看)是浏览的意思,四下看看便是浏览;还可以通过构词法记忆单词,即通过分析词根、前缀、后缀和合成等记忆单词。比如 agree,agreement,disagree,记得一个 agree,其他的便可根据构词规律记得。合成词:两个或两个以上具有独立意义的单词组合在一起形成一个新的词汇叫作合成词,例如 football,classroom。

借力反思，让我们的田野不再荒芜

郭 蕾

摘　要：本课题借力"反思"，提出对作业进行积极有效的订正。在实践中，我们积极引导学生把握订正的核心理念，提出了科学反思，有效订正。让学生通过口头反思、互助反思和书面反思等方式，暴露思维缺陷，提高正确的思维能力。

关键词：订正　反思

在多年的高中语文教学实践中，我们发现学生的作业错误每天都在发生，同一知识点，同一班同学会产生不同的错误，上届学生的错误下一届学生依然再现，很多错题，老师重新讲一遍，学生认真订正一次，貌似过关了。但不少学生学习中出现的错误总会在后面的学习中不断重复，照样在不知不觉中出错，订正以后还会"旧病复发"。

探究这种现状，我们认为，关键在于我们订正的低效。学生订正的现状可做如下概括：只对答案，不做反思；没有思维，只有笔迹；不找错因，敷衍了事。

一、把握订正的核心理念：反思

（一）传达一种态度——反思是自我负责的态度

在对待订正的问题上，教师对待订正的态度决定学生对待订正的态度，教师认真才能引导学生认真。为此，我们专门设计了作业订正单，引导学生把订正视作一项重要的"作业"，并树立"订正比作业更重要"的思想。

设计作业订正单的意图有：一是让学生以认真负责的态度对待订正作业；二是让学生更多关注错误背后的原因，并想方设法把不明白、不清楚、不仔细的地方弄懂和改进；三是让学生习得反思和整理的习惯。

（二）传递一种认识——反思是自我矫正的行为

每个人都可能犯错误，作业做错是非常正常的，但很多学习困难生面对作业中的一个个红叉，往往以消极的心理对待，久而久之，对错误产生麻木情绪。当教师自身对待订正的认识改变，并把这一认识传递给学生时，一是可以在心理上减轻学生压力，使其明白订正是一种自我矫正的行为，更是一种能力的培养。为了强化这一认识的传递，养成及时订正的习惯，我们实施了"作业订正跟踪制"，对于那些学习习惯差的同学，以"一对一”“一帮一”的方式督促他们及时订正。

(三)赋予一种观念——反思是自我成长载体

订正是什么?订正要达到的目的是什么?有效的订正,应该让学生养成反思的习惯,习得反思的能力,从而在反思中获得知识和能力的成长。真正的“学会学习”,必须立足于学生善于自我觉醒、自我转变、自我调节和自我适应的内涵基础上,使学生“学会学习”,那就必须让学生学会反思,要求其说出经验性的解题回顾:自己的思路是否出现偏差,偏差在哪,哪一环节出问题了,该注意什么问题,与做过的哪一类问题相似,该类型题有什么解题技巧、解题规律等。

二、练就订正技能:科学反思,有效订正

只订正答案,而不考虑过程是“治标不治本”,根本达不到“标本兼治”的订正目的。要求学生把每一次的作业订正都当作对自己学习的检验和反思机会,并根据实际情况调整自己的学习行为。我们应充分发挥教师自身的主导作用,授之以法,引导学生科学地订正作业。

(一)口头反思,提高课堂训练效率

对错题的订正,在课堂上常用口头反思,但学生的口头反思往往停留在没认真读题、粗心等较浅的层面上,对于需要深入剖析缘由的反思比较生疏,分析非常肤浅。在课堂中教师给学生反思的机会,规范口头反思的操作并给予及时评价,对有效的反思进行肯定,便能有效树立反思的范本,达到提高作业订正实效的目的。口头反思操作规范如下:

(1)理解材料含义。高中语文复习课往往有较大的阅读量,学生作业致误归因中,不理解材料致误占很大的比重。因此,在引导学生口头反思时,一定要让学生反思自己是否理解了材料的含义。

(2)准确审题,挖掘信息。学生作业完成的质量,和审题是否严密有很大的关系。高中语文复习中,强化学生的审题意识,强化在订正中反思审题的意识,有助于高效的复习。

(3)再现解题思路。课堂是学生学习的主阵地,学生会出现这样那样的错误,教师不要急着下判断或好心地给出专业意见。延迟评价,让学生说一说自己的思路,这是对思维的一次强行梳理,在口述中发现自己思维上的漏洞,及时进行自我修正,这就是一次很好的反思机会。比如,在现代文阅读中,“理解文中句子的含义”是常考题,也是学生不太容易把握的题目,因此对这个题型的错误的订正一定要让学生能够再现解题思路,做到一看题型,就能有回答的思路。

学生解题一般只能看到其结果,不能完全暴露其思维过程,使教者无法对症下药,让学生说解题思路就能弥补这一不足,学生口头反思以语言为媒介,把思维过程外化为具体的描述,使之更加清晰、准确,教师在倾听过程中能及时地捕捉到学生思维的闪光,感知学生思维过程中的迷惑和需要,从而及时纠正学生的思维偏差。

(二)互助反思，充分暴露思维缺陷

高中语文复习，从某种程度上说就是对学生错误的订正，订正是否高效在于教师如何让学生在纠错中学会反思。而我们的教学常常缺乏倾听学生真实想法的耐心，而是生拉硬扯地把学生的思维拉回到预设的轨道上，所以老师常常有意无意地在课堂上防止学生出错，很少有让其陈述理由。小组互助反思，就是让学生在切磋琢磨中，做到：(1)暴露错题思维缺陷；(2)在互助合作中提高审题的意识和增强审题的能力；(3)归因解题思维的缺陷；(4)讨论准确的语言表述。

在小组互助反思时小组成员需做到以下几点：一听，听同学的阐述，听同学阐述审题角度是否有偏差、知识运用是否准确、语言表述是否规范、内容是否完整；二记，记录同学阐述中的闪光点和存在的问题；三思，思解决问题的对策，思自己做题的过程；四补，在代表发言完毕后，补充遗漏点。

【案例】现代文阅读《贼光消失的时候》

反思错题展示：阅读文章，从作者对“贼光”和“宝光”的描写议论中，你获得了哪些人生启示？

不完整回答：(1)老水晶灯经过百年时光的磨砺，没有了人工的造作，与周围环境融为一体。(2)现代器物追求奢华，形式大于内涵，贼光不能隐藏。人要修炼自己的心境，使贼光消失，宝光生起。(3)人要收敛锋芒，含蓄内敛，拥有宝光之心。

小组互助反思记录：

成员一：先审题，从题干“从作者对‘贼光’和‘宝光’的描写和议论中”这句话看，我们答题之前要先找一找这些描写和议论，特别是议论，画出来，仔细琢磨。

成员二：“人生启示”说明回答不能就事论事，应该由古董联想到人生，古董的品格就是人的品格。人生是重点。

成员三：对散文阅读，老师一直让我们在阅读时画出关键句、内涵句和主旨句，读完之后一定要把握住中心。这个题目，就是对中心的把握。

成员一：第 17 自然段的议论就是一种人生启示，人要沉静谦卑，在生活中保持灵敏和觉知，不显露，不隐藏。

……

总结：散文阅读要领，画关键句，厘清思路，把握主旨；关注议论，学会联想，审题准确。

互助反思，让学生有机会站一站、想一想，反思总结此题中所得到的经验收获。只有这样，学生才能跳出局部的、狭隘的个人认识，探究知识掌握中的盲点、疑点，从整体上把握解法，借“反思”这根线“串”起散落的思维“珠子”。随着反思次数的增多，反思意识的加强，追问反思的过程中，会充分意识到自我的存在及思维过程，得以重新审视自己和他人的思维方向，不断提升思维质量。

(三)书面反思，扎实思维纠偏

1. 圈点错误，简易式自我反思

适当的练习能帮助学生巩固知识。相对于课堂来说，来自老师和同学们的评价就

不那么及时，那么学生在订正时的自我反思就显得尤为重要了。

这类反思，我们认为用在语言基础类的题目中比较有效。如字音练习的订正反思，我就要求学生进行圈点式反思，对致误的字音进行圈点矫正，并进行拓展式的反思。特别是多音字等特殊字音，请学生根据词语的含义进行集合记忆、理解。

2. 记录错因，剖析式自我反思

“写反思”是需要通过学生独立思考，把已有的和新学的知识技能融会贯通，以一种严谨规范的形式再现出来。在手把手的指导中，学生会慢慢掌握如何反思，让自己的思维过程暴露。这一过程能将储存于大脑中的凌乱知识进行提取、整理、升华。我们在语文作业订正中，设计了作业订正单，以强化这种解剖式的自我反思。

3. 以点带面，典型性自我反思

笔者任教高三，语文教学以专题复习为主，某一类知识，某一类文体，一般都是以专题的形式进行集中复习。针对复习内容上的这种安排，我们在对学生训练进行纠偏时，特别要教会学生以点带面，从对典型题例的自我反思中，把握一种类型，甚至是这个专题的知识体系和解题思路。

一道典型的训练题，像一段引人入胜的故事，那迭起的悬念、丛生的疑窦正是它的诱人之处。“山重水复”的困惑经历自我反思，就会被“柳暗花明”的喜悦取代。我们要使学生由“老师让我订正”转化为“我要订正”，这样在学生心里，订正、反思不再是一系列枯燥的活动，而是运用成功原理，变苦学为乐学。同时在学法上教给学生“点金术”。

4. 建立反思录，自我评估

以往有些教师会采用错题录，每个学生将各种错题都按本来面目集中到错题集上，这样的形式为课堂提供了较为准确的教学信息。我们推出“错题反思录”，是在错题录的基础上更强调反思的作用和重要性。“错题反思录”要求更高，思维更严谨。

建立“错题反思录”的方法如下：

第一步：摘录。把平时作业和考试中出现的错题摘抄或粘贴，包括摘抄或粘贴原题、错题解法。最好能选择典型的错题进行整理，对一些低级的错误可以不摘录。

第二步：反思。对原题的致误原因进行分析。若是“知识缺陷”，则需要写出相关知识点；若是“方法不当”，如审题不清、答题不规范、思路有偏差或其他原因，都要分析清楚，记录仔细，便于后面整理归类。同时，倡导有能力的同学可以根据出现错误的知识点进行重新编题，以进一步巩固知识。

“错题反思录”更重要的是要分析出现错误的原因和预防类似错误出现的方法。这是一个自身逐渐学习和修正的过程，会让学生对这一类错题的认识逐步加深。

“以反思为本”的作业订正，对教师的教学有更高的要求。这就需要我们教师要有强烈的事业心，不断地在实践中学习、摸索、思考、积淀，不断地充实自我，追寻个性，构建风格，提高自身的综合素质。只有这样，才能在教学上挥洒自如、舒卷有余、灵活驰骋、自由扬鞭，使得教学真正成为师生智慧飞扬的天地，成为师生共同演绎精彩的舞台。

高中英语以话题为中心的情境化语法教学实践探索

虞轶博

摘　要:本文结合课例,介绍了高中英语以话题为中心的情境化语法教学,通过"话题导入、呈现语法、解读文本、探究归纳、操练语法、交流观点、限时写作"这几个途径,指导学生在"导—呈—读—悟—练—说—写"中准确、恰当地运用英语语法,这样的语法教学模式有利于培养学生的综合语言运用能力和自主学习能力。

关键词:话题　情境　语法教学

《普通高中英语课程标准(实验)》提出高中阶段的语法教学,应从语言运用的角度出发,要引导学生在语境中了解和掌握语法的表意功能。但是笔者发现在真正的高中英语语法教学中,为了省时间、赶进度、求速度,许多教师还是采用了传统的语法教学——教师讲解语法规则,学生完成语法练习。根据笔者的教学观察和体会,高中英语语法教学主要存在以下三个方面问题:强调语法的记忆性;忽略语法的情境性;弱化语法的应用性。针对当前高中英语语法教学中存在的各种不足,笔者试图进行"以话题为中心的情境化语法教学"的教学实践,以优化语法教学。

一、教学背景

笔者根据上述语法教学思想进行了语法教学实践,教学内容为人教版教材 Book 2 Unit 4 Wildlife protection 中 Discovering useful structures 部分中的 present progressive passive voice(现在进行时的被动语态),教学目标是让学生在语境中掌握和运用现在进行时的被动语态。整节课的设计紧紧围绕一个话题为主线,优化"导—呈—读—悟—练—说—写"七个流程。通过一系列任务的完成引导学生观察和感悟目标语法,并让学生在充分理解语法意义的基础上归纳语法规则及其语用功能,再通过口语操练与限时写作让学生充分内化并灵活运用目标语法,以达到优化语法教学的目的。教学流程如下:

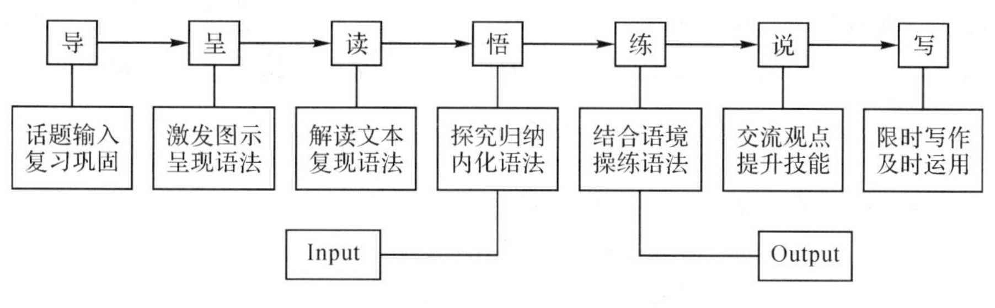

二、教学过程

Step 1：导——话题输入，复习巩固

笔者通过一组图片信息引入话题“smog”，并且根据学生的现有水平改编了一则与话题“smog”相关的英语新闻供学生阅读，其中又巧妙地设置了一些填空练习，目的使学生在语境中完成与目标语法项目相关语法点的回顾与复习，为学习目标语法项目做好准备。

【设计说明】笔者进行教学实践时正值全国被雾霾（smog）笼罩的时候，而教授的目标语法项目为 present progressive passive voice（现在进行时的被动语态），于是笔者将此话题利用起来并设计了一系列以此话题为主线的教学任务，巧妙地把教材与现实生活联系起来，有利于激发学生的学习动机，也有利于提高学生的学习效果。新闻的改编和学生需要完成的填空练习就是以此话题为主线设计的第一个教学任务，目的使学生在以话题“smog”为中心的语段中回顾与复习前面一个单元中学习过的几种语法形式，为即将要学习的新的语法项目做好铺垫。

Step 2：呈——激发图示，呈现语法

学生阅读完英语新闻并完成填空练习之后，笔者使用“现在进行时”对新闻的内容进行简单的三句话总结，然后笔者对其中的一句话使用目标语法项目——“现在进行时的被动语态”进行改写。接着引导学生模仿笔者的改写规则，完成余下句子的改写任务。最后笔者请同学们思考三句被改写的句子都使用的是什么语法项目，以此呈现目标语法项目。

【设计说明】笔者巧借英文新闻内容进行总结，目的为了引出使用“现在进行时”的三句话总结，并且带领学生模仿自己的示例对句子进行改写，在这个过程中，学生在真实语境中初步感受了目标语法项目——“现在进行时的被动语态”，对目标语法项目首先有了一个感性的认识。

Step 3：读——解读文本，复现语法

在学生对目标语法项目已有一个感性认识之后，笔者请学生回归本单元的阅读文本——How Daisy Learned to Help Wildlife，寻找含有目标语法项目的句子，使学生对目标语法项目的结构进一步得到强化。

【设计说明】笔者设计此环节一方面使学生对阅读文本内容进行回顾，另一方面学生在寻找含有目标语法项目的句子的过程中，通过接触更多含有目标语法项目的句子，对目标语法项目的结构逐步地清晰起来，为后一环节的自我探究做好知识准备。

Step 4：悟——探究归纳，内化语法

学生阅读完含有目标语法项目的句子之后，笔者请同学们思考以下三个问题：

①How is the present progressive passive voice formed?

____

②What does it mean?

____

③When is it used?

____

【设计说明】与传统语法教学方式——教师直接教授语法规则不同，此环节笔者请同学们自主归纳目标语法项目的形式、意义和运用规则。通过采用探究式、发现式的学习方式，促使学生优化学习方式，有利于学生拓展思维、开阔视野、培养创新精神和实践能力。

Step 5：练——结合语境，操练语法

笔者继续以话题“smog”为主线设计教学任务并创设以下语境：由于全国雾霾严重，因此也出台了许多措施来应对雾霾。

①In order to respond to the heavy smog, a lot of measures ________(take) these days.

②With smog in Beijing for a week, the production of 147 companies ________(cut) at present as part of the city's measures to reduce air pollution.

③Private cars ________(prefer) nowadays in response to the orange smog alert.

④Public transportation ________(choose) by the office workers now.

⑤Outdoor activities ________(decrease) recently by schools.

⑥Masks ________(use) frequently these days when people go outside.

【设计说明】学生在用目标语言交流前，限时操练目标语言必不可少。学生头脑中储备了大量的语言信息后，要想转化为语言输出，需要反复操练。因此笔者以话题“smog”为主线设计了“国家采取措施应对雾霾”的语境，巧妙地将目标语法项目的操练放在了真实语境和语段中进行。

Step 6：说——交流观点，提升技能

笔者继续以话题“smog”为主线展开教学设计，在前面一环节创设的“国家采取措施应对雾霾”之后，又创设了“我们应该做些什么来改善空气质量”的情境，教师首先谈了自己以及家人正在为改善空气质量所做的努力，然后教师向学生提出一个问题“What efforts are being made by your family members to improve the air quality these days?”请同学们以四人小组为单位讨论此话题，并选派一个组员进行陈述，并请同学们使用目标语法项目进行回答，结构如下：... am/is/are being done by...

【设计说明】此环节中笔者紧紧围绕话题主线，创设了"我们应该做些什么来改善空气质量"的情境，首先以自己为例介绍了自己以及家人正在为改善空气质量所做的努力，目的在于先给学生做一个示范，既使学生打开了思路，为后面的讨论环节做好了准备，又使学生明白在接下来的讨论环节中自己也应该像老师那样使用目标语法项目进行表达。培养了学生的综合语言运用能力，并且也在四人小组讨论过程中提高了他们的团队合作精神。

Step 7：写——限时写作，及时运用

紧接着讨论环节的话题，笔者继续引导学生思考一个问题：面对着严重的雾霾，作为高中生，我们有责任提高公众保护环境和空气质量的意识，是否可以在我们的微信上编辑一则小短文号召公众采取行动来改善空气质量。

【设计说明】写作环节是文本重建的过程，可以用来检验教学效果。笔者设置此环节的目的在于请同学们将语法操练落于笔头，巧妙地将语法练习和写作练习有机结合起来，旨在提升学生的综合语言运用能力。

三、教学反思

语法教学一直是高中英语教学中的薄弱环节，脱离情境、单一教授语法规则的教学现象常有出现，教师可以尝试以话题为中心的情境化语法教学来提升学生学习语法的有效性和运用语法的准确性。为了提高学生学习语法的有效性，教师在语法教学中应该注意以下几点：

(1)选择贴近学生生活的话题。开展以话题为中心的情境化语法教学的主要目的是通过教师创新性的设计，使教学内容更加适合学生的学习兴趣。教师选择的话题要尊重学生的年龄特点，迎合学生的学习兴趣。在教学过程中可以尝试将流行元素和当前热点话题作为整堂语法课的话题。

(2)精心创设教学情境。以话题为中心的情境化语法教学，无论是设计哪一种话题，都离不开情境创设。在真实的语境中让学习者建立形式和意义之间的联系，巧妙地将学习者的经历、体验、感受与目标语法联系起来。

(3)自主探究语法项目。语法教学应从语言的形式(Form)、意义(Meaning)和运用(Use)三个维度展开，所以在平时的教学中教师也应该从这三个方面引导学生探究语法项目。

(4)借助篇章巩固新知。语法技能的培养不能满足于单句训练，那只是语法技能的即席反应，我们还需要将语法技能放在不同的语篇中加以运用，进一步得到体验。

(5)写作促进有效输出。从有效输入到输出，是学习者反复操练大脑中储存的语言知识，最终输出语言、运用语言的过程，也是学习者潜在的语言能力外化的过程(Krashen, 1982)。写作无疑是提高学生语言输出能力的主要方式，教师要坚持将写作训练与听、说、读等语言活动有机联系起来，不断优化写作教学模式与评价方式。

高中物理开放性问题创编方法

王柳娇

摘　要:新课程要求研究并设计有利于学生思维发展、联系生活和社会的开放性问题。随着新课程改革的深入,中学物理开放性问题正引起广泛的关注和应用。本文主要提出四种编制中学开放性问题的方法,即合理改造原有的旧题目,变不开放为开放;实验方案设计;联系生活实际,创编开放题;利用假设情形设置开放性问题。

关键词:高中物理　开放性习题　习题编制

传统物理教学中,为了巩固基础知识,强化规范的解题技能,教学中运用了大量的脱离生活实际的"封闭性问题"。例:一个自由下落的物体,到达地面的速度是39.2m/s。这个物体是从多高落下的?这个问题有完备的条件,清晰的物理过程,确定的答案和程序化的解题策略。我们称这类问题为封闭性问题,它在给定状态和目标之间不存在障碍,留给学生的思维空间不大,旨在巩固知识,培养逻辑思维能力,提高学生对某个概念、原理或规律的熟悉程度。封闭性问题,便于学生模仿教材中的例题或教师出示的示范题,也便于检查和评价学生对基础知识的掌握情况,这是封闭性问题的长处。与封闭性问题相对,开放性问题是指解题方法多种多样,思维空间广阔,答案不唯一的问题。由于开放性问题的答案不唯一,解题方法灵活多样,能引起学生的开放性思维,发挥学生的主体作用,所以在新一轮的课程改革中,必然成为研究的一个焦点。开放性问题的设置在开放式教学中有着举足轻重的作用。好的开放性问题,可以激发学生强烈的求知欲望和探究热情,调动学生学习的积极性和主动性;好的开放性问题,可以创设开放的学习情境,有利于交流和合作,能更大程度地提高课堂学习效率。

基于以上分析,为了适应新课改的要求,实现教学方式的转变,更为了学生的全面发展,加强物理开放性问题的研究就显得十分必要。所以,这个研究的目的就是通过探索和找寻各种已有资料,然后寻找出编制开放性问题的方法。以下是笔者认为的开放性问题创编的几种方法:

一、合理改造原有的旧题目,变不开放为开放

传统的物理试题非常注重答题的严密与准确,往往容易将学生的思维引入一个封闭的圈套,使学生的能力无法自由发挥。因此,对于某些弹性较大的问题,我们可以对其进行合理的改造,适当地解开束缚、放宽条件,采用启发的方式引导学生思考,增加答

题的自由度。

（一）补充或删去问题的某些条件，使问题的条件多余或不足

【例 1】（原题）已知万有引力常量 G，地球的半径 R，同步卫星距地面的高度 h，地球的自转周期 T，试计算地球的质量。

如果增加条件，使条件多余，则可以扩大学生的思考空间。修改如下：

【例 1-1】已知万有引力常量 G，地球的半径 R，同步卫星距地面的高度 h，月球和地球之间的距离 r，地球的自转周期 T1，月球绕地球的转动周期 T2，地球表面的重力加速度 g，请根据已知条件计算地球的质量。

分析：这样修改后，有用条件和无用条件混合在一起，形成干扰和迷惑，需要学生在给出的众多条件中，选择需要的条件进行计算。这样的题型，可以防止学生滥用题给条件，乱套公式的做法。

（二）改变问题的设问方式，变封闭为开放

【例 2】（原题）用分子动理论的知识解释下列现象：(1)将樟脑球放在衣箱里，过一段时间，衣箱里充满樟脑味；(2)将糖放在水里，水变甜了，而且热水比冷水容易变甜；(3)坚固的固体很难被拉长，也很难被压缩；(4)水和酒精混合，总体积减少。

可将上题中现象省去，并变换设问的方式，修改如下：

【例 2-1】生活中有哪些现象可以用分子动理论的知识来解释？请你尽可能多地列举现象并进行解释。

（三）隐去问题结论的开放性问题

【例 3】（原题）质量为 3m，长为 L 的木块，静止放在光滑水平面上，质量为 m 的子弹以速度 v_0 水平向右射穿木块，穿出时速度为 $v_0/2$。木块对子弹的阻力恒定。根据上述条件，求子弹在射穿木块过程中的位移大小。

根据本题的条件，不仅能求解子弹的位移，还可以求解出更多的物理量，如：子弹穿出后木块的速度，木块对子弹的阻力，木块在这个过程的位移，子弹射穿木块的时间等相关物理量。因此，可以将题干中的求解目标隐去，变成目标开放性问题。

【例 3-1】根据上述条件，能求出上述过程中的哪些物理量？请将所求物理量用 m，v_0，L 表示出来。

二、实验方案的开放性设计

通过让学生设计实验方案的形式，不限思路，这种开放性问题有利于学生对知识的理解和应用。

【例 4】骑自行车时，如果停止用力蹬踏板，由于地面阻力，自行车在水平路面上再前进一段路程就会停止运动。你能设计出几个测量自行车在这一段路程中所受阻力的实验方案吗？

【例 5】请用三种方法测重力加速度的存在。

这些开放性的实验让学生很好地进行探索和巩固知识。

三、联系生活实际，创编开放题

好的开放性问题应该合理结合生活实际，能引导学生发现问题、思考问题，同时暗示学生要从生活中学习物理，要养成善于观察、勤于思考的良好习惯。这类问题可以活跃学生的思维，激发学生对自然界的好奇心，提高和调动学习的积极性，激发学生的求知欲。

【例 6】 在课外活动中，某课外兴趣组学生观察到配电房中总电能表在月末和月初的赤数之差为 1016KW・h，教学楼群和办公楼中各分表在月末和月初的示数之差的总和为 966KW・h。从上述材料中你发现了全校这个月损失了多少电能？造成损失的原因主要是什么？如何解决？

四、利用假设情形设置开放性问题

假设是科学探究中常用的思维方法，各种物理理论与模型的建立往往是从假设开始的。利用假设的问题，是近年各地开放性问题的一种探索。

【例 7】 假如失去重力，将会出现的现象是……（只写出一种生活中可能发生的现象）。

【例 8】 简要说明生活中哪些地方利用摩擦力？假如没有摩擦力，将会变什么样？

这类问题对于激发学生的想象力十分有益，在教学中经常运用，将成为物理方法教育行之有效的途径。

在开放题的创编过程中，我们应该注意：设计的问题要能激发学生的学习兴趣；设计的问题应贴近生活实际；问题设计应考虑学生个体的差异性，能够调动不同层次学生学习的积极性和主动性。

高中语文课堂有效评价的案例研究

楼海红

摘　要:人文化的激励性评价已经成为新课程理念下语文课堂评价的主流方式，本文以人文化为视点，从课堂评价知识的有效建构、师生的情感交融、生命的和谐发展等维度，研究多元整合评价主体，制订分层多维评价标准，采用适度延迟的评价策略，追求唯美诗韵的评价艺术，卓有成效地促进被评价者的全面发展。

关键词:人文化　课堂评价

在新课程改革全面铺开的今天，如何才能对高中语文课堂评价“正本清源”?《高中语文新课程标准》这样论述:“语文课程评价首先应充分发挥其诊断、激励和发展的功能，重在激发学生提高语文素养的热情。”显然，人文化的激励性评价已经成为语文课堂评价的主流方式，并且这种方式也将对学生的语文学习活动产生积极而深远的影响。

站在人文化的立场上，我们认为有效的课堂评价蕴含了三个维度的意义:

其一，促进知识的有效建构。在新课程背景下，学生的语文学习，就是在开放自主的知识建构中借助教师的人文化评价而循序渐进的。当学生的自主建构陷入迷茫时，教师的评价实质上是一种含而不露的启迪;当学生的自主建构遭遇困难时，教师的评价实质上是一种指而不明的点化;当学生的自主建构产生错误时，教师的评价实质上是一种开而不达的导拨。

其二，加强师生的情感交融。在新课程背景下，人文化的激励性评价是师生情感交融的无形通道。对于学生而言，当自己张扬个性的课堂表现得到教师的激励性评价时，便能获得强烈的成功体验，于是学生的积极情感因素便被充分激活;对于教师而言，面对学生灵动的学习表现，便会产生真切的心理满足，于是教师的积极情感因素也得以有效巩固。就这样，在不断的循环往复中，师生的情感交融逐步走向深入。

其三，激励生命的和谐发展。钟启泉教授曾这样指出:“教学就是在语言文化和沟通文化的创造中，为每一个学生的发展奠定人格成长和学历发展的基础。”当学生的知识建构与教师的人文化评价和谐共振的时候，语文课堂便成了一个“平等对话、彼此信赖、真诚沟通”的学习共同体，生命主体也就在这个意义上获得了成长与发展。

鉴于上述理论认识，追寻有效的课堂评价策略成了我们研究的关键点。经过两年的实践研究，我们认为可以从以下四条途径着手予以优化。

一、评价主体：讲究“多元整合”

有效的课堂非常强调评价主体的“多元整合”，力求教师评价、学生互评、学生自评等多种方式的优化并存，让学生大胆表达自己的是非观点，在评价中激发学生评价的兴趣和学习的信心，在评价中使学生获得成功的喜悦和成长的动力，在评价中使学生学会评价、学会学习、学会发展。

请看笔者教学《高祖还乡》时的片段。

（围绕“一代帝王刘邦”，同学们讨论正酣）

生1：对封建帝王刘邦，大家耳熟能详。那“大风起兮云飞扬”的慷慨豪情，那“威加海内兮归故乡”的显赫荣耀，那“安得猛士兮守四方”的踌躇满志，其形其貌，的确神采飞扬，令人敬仰万分。然而，自从读了《哨遍》，让我大失所望。原来，刘邦竟是这般倨傲无礼，虚伪作态，卑劣无赖。实在叫人扼腕长叹。

生2：我倒觉得，睢景臣之所以用漫画化的艺术手法，把刘邦写得如此糟糕透顶，只是要借历史上的“高祖还乡”抒发他反抗皇权之新观念。因此，我们应该站在历史的制高点上，客观地看待刘邦，不能因受作者的影响，而顷刻之间又把刘邦看得一无是处。其实，历史上的刘邦，有雄才大略，这是众所周知的。

师：对“一代帝王刘邦”的评价，两位同学产生了分歧。对此，你又是如何看的呢？

生3：刘邦年轻时，待人狂妄，轻视儒生，见之动辄加以辱骂。称帝以后，又看贱文臣，对陆贾等的文治主张嗤之以鼻。此等人物，实在不敢恭维。

生4：我不同意这样的观点。其实，刘邦还是很能“知人善任”的，不管是“三教”还是“九流”，只要有“才”就智取而用。像曾是贵族的张良、游士陈平、狗屠樊哙、吹鼓手周勃、车夫娄敬、流氓韩信、强盗彭越等，统统恰当使用，各尽其长。试想，有如此众多的文臣武将、谋臣策士为刘邦两肋插刀，效尽犬马，当初的天下，舍“大汉”而其谁！

生5：说刘邦“知人善任”，实不敢苟同。依我看，他的用人纯属虚伪作态、唯利是图，没有半点诚心实意。有冤为证：“狡兔死，走狗烹；高鸟尽，良弓藏；敌国破，谋臣亡；天下已定，我固当烹。”这是韩信被刘邦废除后，出于无奈的悲伤与痛苦的呻吟。由此可见刘邦虚伪之态。令人切齿！

生6：在我的印象中，刘邦的一生，实则狡诈的一生。他为权力而战，为统治而争，心存一片给自己描绘的蔚蓝天空。在这种美丽的光环笼罩下，他什么手段都可以使，软硬兼施，刚柔相济，能屈能伸，诸如此类。但有人硬要把他在“鸿门宴”中的谦辞卑礼，委身下座，描绘成“能屈”的英雄；把他的深入虎穴，如约而往，“立诛曹无伤”，誉赞为坚决果断的“能伸”楷模。这怕有不实之嫌。

……

师：同学们的研究性讨论，别开生面，令人耳目一新。刘邦的性格复杂多变，其形象丰富多彩，需要用联系的眼光看待。同学们对刘邦的认识，大多数较为成熟，有的可能处于一种朦胧状态。这就告诉我们，对刘邦的研究讨论，只是刚刚开始……

【案例回眸】案例中，面对学生即时生成的不同意见，教师没有采取传统的权威评判，而是以“你又是如何看的呢”为转折点，将评价的权利完全交付给了学生，回归了学生作为评价主体的课堂权利。评价时，学生充分调动了自身的阅读感受和思辨灵性，颇有见地地指出了同学所画情境图的不足之处，从而引发了咀嚼文本底蕴的积极心向。试想，如果我们还是让教师个体实施课堂评价，能产生像案例中如此生动活泼而富有个性色彩的评判意见吗？正是因为这些评价意见源自学生，是学生自己的语文，所以才更容易被接受和内化。这样的评价不是更加有利于学生的自主发展吗？当然，“评价主体的多元整合”，并不意味着所有的课堂评价都需要多方参与，教师应该根据课堂现场的即时状况灵动地有选择地加以组织。

二、评价标准：讲究“分层多维”

在高中的语文课堂上，教师首先应尊重学生具有的多元智能，秉持热切的期望来观察、关注和接纳学生，建立“分层多维”的评价标准，以此来激发学生的丰富潜能，促进学生的生命成长。我们这里所说的“分层”，是指纵向的程度；“多维”，是指横向的指标；而“分层多维”则是对评价标准多元化的具体表现。

下面，请看笔者教学《滕王阁序》时的片段。

师：王勃的这篇散文，最突出的艺术成就便是“诗意美”，具体表现为诗意的捕捉和意境的创造。下面请同学们结合课文谈谈作者是怎样捕捉诗意的？

生1：诗歌是诗人强烈感情的产物。王勃年少气盛，才华横溢，但身世复杂，经历坎坷，理想与现实的矛盾猛烈撞击着诗人的心扉。读了他的《滕王阁序》，我们朦胧而强烈地感受到诗人胸中那股抑郁不平之气和与生俱来的深沉的孤独感，这些感受，本身就是诗意的重要成分。

师：体验深刻，还有哪位同学有所补充？

生2：我觉得本文对诗意的捕捉是非常敏感的，如文章开始在介绍洪州地理风貌时，两个四字句，由古及今，由天及地，写出洪州历史的久远和辖境的辽阔，引起人们丰富的联想，唤起人们对洪州的向往之情。即使是说明性的话题到了作者笔下，也充满了浓郁的诗情画意。

师：分析透彻，还有新的发现吗？

生3：请看第四段，诗人选取的意象非常宏大。他在描写宴会后，又把视野转向中天，感到天高地远，宇宙浩瀚，自己的渺小。此时的诗人浮想联翩，想到自己坎坷的身世，怀才不遇的境况，宏伟的政治抱负不能实现，禁不住兴尽悲来，借宏大的意象，抒发慷慨深沉的思想感情，给人一种崇高感，景色的描写很好地起到了烘托人物心境的作用。

师：通过意象来体悟诗意，不失为一个很好的视角。

生4：本文不是一般的山水游记，而是把山水、建筑、人物融会在一起的山水人物画，是一幅以滕王阁为中心的全景图。并且在构图与空间的关系上，诗人注意到空间的广度与历史的深度，使这篇序文具有纵深的立体感。

师：现在讨论的是《滕王阁序》的诗意美。同学的回答尽管不符合我们的讨论议题，但却能够独辟蹊径，从绘画美的角度来做一番鉴赏，依然值得肯定。不错！

【案例回眸】案例中，教师诊视前三位学生所表露出来的不同智能倾向，确立了“多维”的评价标准，给予了学生彰显特性、张扬个性的课堂评价。生 1 能联系王勃的身世体悟文本的情感，说明他的情感智能比较高；生 2 能结合文本的首段进行分析，说明他的观察智能比较高；生 3 能通过鉴赏意象，达成对文本诗意的把握，说明他的想象智能比较高；而面对生 4 的错误回答，教师没有从结论是否正确本身去评价，反而给予了热情洋溢的肯定与表扬，则更是体现了评价标准的“分层”性。

三、评价策略：讲究“适度延迟”

美国创造心理学家奥斯本首先提出的延迟评价原理，与“关注过程”的新课程理念之间存在着一脉相承的密切联系。在语文课堂开放式的问题情境下，学生往往会产生丰富的个性化想法。教师如果能够审时度势，合理推迟评价，就能激活学生的更多思维，也必能最大限度地满足学生参与表现的欲望。

下面，请看笔者教学《米洛斯的维纳斯》时的片段。

师：许许多多的人都认为维纳斯的断臂所造就的残缺美，提升出了一种更高的审美境界。也就是说残缺才是美！那么到底残缺是美，还是完美是美？我们又该如何看待生活中的残缺呢？

生 1：我认为残缺也可能是美的，譬如残疾人，只要他的心灵是美的。

生 2：我认为残缺与完美同样美，只是在不同的条件下。完美是事物的理想状态，残缺是事物的现实状态。在艺术上，残缺是美丽的，但在生活上，完美是最好的。（众笑）

生 3：没有残缺就体现不了完美，也就感受不到完美的美，所以残缺是美。而且，我觉得残缺的东西总是会在很隐秘的角落打动你的心，就如人们所说的，失去的才觉得是最珍贵的、最美好的。

生 4：我想到了枯叶蝶与荆棘鸟，枯叶蝶舍弃了蝶的美丽和飘然，可以说只剩下一个凄楚的名字，却让我们感受到它一身的清新脱俗和楚楚动人。荆棘鸟一生都寻找完美，它用自己摄人心魄的歌声甚至鲜血来完成对完美的注释。所以，残缺美就是一种悲壮或者说是一种壮丽，它的美是令人感动也是令人振奋的。

生 5：高鹗续写《红楼梦》、金圣叹腰斩《水浒传》，谁对谁错，谁好谁坏，迄今尚无定论。我只知道舒伯特最著名的交响曲只有两个乐章，好事者一再试图续写，终告失败，我们不得不承认，它的不完美也许比任何完美都接近完美的形态。

……

师：是啊，残缺在现实生活中是客观存在的，承认残缺是瞎子也能做到的，发现、发掘残缺的美就需要勇气和学识了。生老病死、忧患苦乐，漫漫人生不可能都是坦途，如果我们不能正确地对待残缺，就有可能误入歧途。只有能在挫折中奋然前行，在不幸中咀嚼欢乐，在缺憾中寻找美好，才是真正的善待生命！（学生鼓掌）

【案例回眸】案例中，教师对学生的观点，没有做简单的评判，而是引导学生在延迟评价所留下的宽泛过程中进行观点的交锋、智慧的碰撞和心灵的对话。此时的课堂，无疑成了内涵喷薄的个性舞台和情愫飞扬的人文天地。可以说，这样的课堂评价，已经超越了传统狭隘的固有范畴，开始挺进生命发展的至高境界。

四、评价艺术：讲究“唯美诗韵”

教学评价是科学，更是艺术。在每个学生的心中，教师一句不经意的赞美、一眼期盼的目光、一个温柔的抚摸……这些有声或无声的富有艺术魅力的评价，可以使学生兴趣盎然，激情满怀；可以使学生在自主的空间里，自由畅快地呼吸，绽放异彩斑斓的多元理解。鉴于以上认识，我们努力以艺术化的态度去关爱学生生命的发展，营造课堂教学评价的唯美诗韵。

下面，请看笔者第二次教学《荷花淀》时的片段。

师：有部电影叫《战争，让女人走开》，但同样是描写战争，孙犁的笔法却很“另类”。今天，我们要讨论的是，作者为何要选择一群白洋淀的女人来作为战争的主角？

（生或沉思，或窃窃议论）

生1：我们认为，女人的参战更充满生活的情趣，能让战争变得不再恐怖。

师：此话怎讲？

生1：“三个女人一台戏。”（学生笑）她们没有经历过战争，因此一上战场时时闹出笑话，不但自己相互取笑，也被丈夫取笑，是不是体现了乐观的精神面貌？

师：诸位意下如何？

生（众）：好。

师：那就好。尽管真理往往掌握在少数人手里，但少数还得服从多数，我也赞成你的观点。

生2：我们认为，女人上战场，证明夫妻并肩，全民皆兵，万众一心，这样的战争，同仇敌忾，没有打不赢的。日本侵略者终将灭亡，所以证明了正义的战争必将最终取胜的真理。

师：理由之充分，论证之严密，结论之合理，非吾辈所能比肩，后生可畏哪！（学生笑）

生3：我还有补充。“天下兴亡，匹夫有责。”连女人都上战场了，说明这战争已是相当危急。如果说“天下兴亡，匹夫有责”是爱国的表现，那么“天下兴亡，小女有责”更是深层次的爱国表现……

（教师带头鼓掌，学生掌声一片）

师：好极了，“补充”正是“完整”的必要。夫妻的恩爱，并肩的战斗，还有什么最美的人情！保家卫国匹夫心，女子也敢上前线，还有什么打不赢的战争！（学生鼓掌）

……

【案例回眸】案例中，面对学生的回答，老师或用简洁的文言用语循循善诱，或用一串铺排语句热情激励。这样的课堂评价，宛如一首优美的散文诗，对学生而言很有亲和力、感染力，从而也在一定程度上满足了学生的成功需求。在这融融的文化氛围中，学生似乎隐约触摸到文章跳动的脉搏，感悟文本的心境已悄然进入状态。老师的结语评价，短小精练，寓意深刻，既令学生回味无穷，又使课堂气韵贯通，浑然一体。

情境迁移法在高中英语 Using Language 课写作环节中的有效运用

戴菲菲

摘　要:本文主要通过对情境迁移概念的界定,根据笔者自己的教学实践探讨了情境迁移中的类似情境、联想情境、真实情境、比较情境的创设,在 Using Language 的写作输出环节,改编写作练习材料,培养学生的写作兴趣,提高学生的写作能力。

关键词:情境迁移　写作

写作教学作为英语教学的一个重要组成部分,它贯穿英语教学的全过程,需要进行不断的长时间的智力消耗(White & Arndit, 1991)。英语写作教学中会出现很多的情境,有自然情境、社会情境、声像事物情境等,而我这里所论述的主要是指隶属于社会情境的类似情境、联想情境、真实情境、对比情境等,通过对它们的有效迁移,培养学生的写作能力。

一、通过类似情境的迁移培养学生的写作能力

类似情境的迁移就是通过在写作环节创设与文章内容类似的情境,让同学们把课堂上学到的重点词汇、句型,了解到的篇章结构运用到相对熟悉的情境中。教师通过联系社会实际,挑选符合单元主题、贴近学生生活的话题改编成挖空形式的作文写作练习材料。学生们只需要按要求填空,这样就降低了写作的难度,增强了学生的信心。以 Futuroscope—Excitement and Learning 课为例:

在课堂热身部分教师通过图片让学生回顾他们在杭州乐园游玩的一些项目,并用一句话简要描述自己的感受,这为文章第一段做了铺垫。学生在阅读时能自然联想到相应的情景,降低了理解难度,也达到了情境的迁移的目的。

接着,教师通过引导学生找出第一段中关于游玩过程的关键词后又把它们呈现在幻灯片上,一方面学生对这些词和句型有了较深的印象,能够根据它们简要地复述本段的内容;另一方面也为写作环节打下基础。之后才是要求学生推测出本段的段落大意。在培养学生概括能力的同时梳理了课文结构,也点明了内容为主题服务的要旨。在第二段的处理上,老师让学生找出能够反映未来城特征的信息点,再鼓励大家总结出本段的大意,从侧面告诉学生在介绍景点或者别的事物的时候,应该抓住它们独特的地方,争取整体呈现。然后,继续教师点题。在第三段的处理上,老师要求学生查找有关 Tickets, The group admission rate, Transport 的内容,列点的方式,既方便学生查找信

息，又一目了然。

通过对三段的分析，学生能比较容易地领悟到如何介绍一个主题公园。所以，老师很自然地能从未来城的描述迁移到让学生介绍杭州乐园中。又考虑到学生写作水平有限，所以采用了挖空的形式，简化任务，也能刻意地引领学生巩固本堂课的重点词汇，体会它们的使用语境。

写作训练：

杭州乐园是中国华东地区最大的游乐园之一，2009年对游客开放。这个以游乐为基础的主题公园用最先进的技术向游客们提供兴奋和开心的全新体验。园内的古街是模仿古时越国的风格。游客们可以走近古时的生活和习俗，参观范蠡庙和西施庙去了解更多历史故事。杭州乐园肯定是一个学习和娱乐的绝佳旅游景点。

游客可以在乐园入口处购票，也可以网上购票。团队提前预约还可以获得团队优惠票价。附近的酒店多数都提供到达乐园的巴士。如果开车，乐园离高速公路也很近。

________ in 2009, Hangzhou Amusement Park is one of ________ in East China. The amusement—based theme park uses ________ to provide ________ to visitors. The ancient town area __________ ancient Yue Country. Visitors can ________ as well as ________ in honour of Fan Li and Xi Shi to ________about the historical stories. Hangzhou Amusement Park is surely ________.

Visitors can buy the tickets ________, and tickets ________. Large groups that book the tickets ________ can get ________. Most of the hotels nearby provide ________ to the park. If driving, the theme park is ________ the freeway.

通过这个练习，我们不难发现：要做到通过类似情境的迁移实现写作能力的训练是不难的。它们可以贯穿课堂的始终，可以作为开场的热身话题，也可以在中间环节的设置中不断地旁敲侧击，最终在写作环节予以完全的呈现。这里所有的挖空都是为巩固词汇和句型服务的，在描述上完全是迁移了未来城的描述方式，即设置了类似的情境让学生体会如何描述自己周边的事物。熟悉的情境使得学生非常愿意参与其中，无意中提高了他们的兴趣，提高了课堂效率。

二、通过联想情境的迁移培养学生的写作能力

所谓联想情境的创设与迁移，就是学生们在老师的引导下，把课文内容与实际联系起来，发挥自己的想象，仿照课文的篇章结构，运用重点词组和句型，完成一篇同一主题的作文。但是为了保护学生的写作积极性和信心，教师可以通过让学生写句子或者挖空的形式进行。

M5U2 Using language 是以张平玉在英国伦敦的旅游经历为线索而展开的一篇文章。我设计这堂课的主要目的是要让学生能够仿写自己的旅游经历，所以在热身环节我就通过提问把情境迁移到伦敦。一反往常直接让学生看课文的习惯，而是先让学生欣赏能够代表张平玉所参观景点的图片，每张图片都配上了课文中会用到的词汇。图片在很大程度上激起了学生的好奇心，他们都听得特别认真，也比往常愿意思考和想象。

预设完后才让学生仔细阅读课文，要求他们按照时间顺序，列出张平玉去的十个景点，之后进一步要求他们关注：作者是通过怎么样的句子把这几天的旅游经历连接起来的。在同学的配合下，我列出了一张时间表，同时让他们配合图片和时间表回顾了文章中所涉及的景点，我则边引导边在黑板上列出有用的词汇。

有了语言的积累和文章结构的梳理，学生自然在很大程度上掌握了文章的主要内容。我又设置了一个问题，让学生同桌间口头交流，充分发挥他们的想象。但是因为学生想象的不一定都能写下来，所以我还是虚拟了一个情境：

Sightseeing in Beijing

为了让我能更多地了解我国首都，今年暑假我们全家将安排一次北京之行。

This summer my will ________ a trip to Beijing to let me know something about our capital city.

担心时间不够，我列了一张要去的景点的清单。我们的第一站是长城。太奇妙了！它就像是一条巨龙蜿蜒在崇山峻岭上！接下去是明十三陵，明代皇帝们安息的地方。

________________________________. ________ is going to the Great Wall. It was built in Qin Dynasty and rebuilt in Ming Dynasty . ________ ! It looks like a huge dragon ________ its way over the mountains. ________ the Ming tombs where 13 emperors of the Ming dynasty were buried . We finish the day tired but excited.

第二天我们将参观清华和北大。在校园中骑行，我们被美丽的校园风景和浓浓的学习氛围所震撼！我在象征北大的未名湖和博雅塔前留了影。我多么希望我能在这里上大学。晚间我们将去参观鸟巢和水立方，它们是2008奥运会的主场馆。在夜幕下它们看起来特别壮丽辉煌！

____________ the Peking University and the Qinghua university . ________ through the campus, we ________ the beautiful ________ and the wonderful atmosphere in them. I ________ near the Weiming Lake and BoYa tower which are the ________ of the Peking university. How I wish I could study here. At night we will visit the Bird nest and the Water Cube, which are the main stadiums for 2008 Olympic Games. Both of them ________ under the cover of night.

最后一天我们打算去紫禁城。这是迄今中国最大、保存最完好的皇家宫殿。它始建于1407年，距今已有600年的历史了。当我们看到很多外国游客在饶有兴致地欣赏中国古代的珍品时，真为我们国家感到骄傲！

The Last day we are going to visit ________, which is the largest and most well ________ imperial residence in China today . It was built in 1407 and ________ 600 years. When we see so many foreigners ________ looking at the wonderful ________, we ________ our country.

这份写作素材更加接近课文中对张平玉伦敦之旅的描述，只是迁移了情境，变为让学生联想在北京旅游的情境。从学生们的反应和写作的完成情况看，虽然很多人没有实地旅游的经历，但是都写得很好。大家基本上能够掌握对自己旅行经历的描述，相信学生们能举一反三，慢慢地将这样的结构运用到别的事例写作中去。

三、通过真实情境的迁移培养学生的写作能力

真实情境的迁移是最普遍、学生们最熟悉的一种情境迁移方法。它就是要学生们把真实情况通过写作表述出来。该方法鼓励学生们把平时的所感所闻用作写作素材或是具体实例支持自己的观点。近几年浙江高考作文非常倾向于这一点。通过这样的练习,学生们能更好地学着联系实际,积累有效实例。

在 M2U2 Using language 文章的处理中,我在导入部分就给写作训练做了铺垫:因为胡哲敏在 1500 米和 800 米跑步中得了第一名,一举为班级拿下了 30 分,同学们对她很钦佩。我借用了这个情境过渡到文章的处理中,最后又利用图片直接过渡到运动会。选取了运动会的几个典型场景,编写了材料,在鼓励学生回忆真实场景的同时也培养了他们词汇的运用能力。例如:

In the 15th school sports meeting, Hu Zhemin stood for our class to ________ for the honour of our class against other athletes in the 1000－meter race. There she met many strong ________. Everyone in our class cheered loudly for her. After trying hard, she won the first prize in the ________. All that proved our class is really a ________ one!

如果直接布置写作任务:让学生描述这个运动会。他们能想到很多情景,但是要表述好,还有一定的困难。所以,我特意编写了 7 个句子,帮助他们站在整体描述的立场上,又不失细节描写。学生们在课堂上翻译完后,教师校对答案,特别强调重点词汇和句型的应用。在此基础上要求学生连成一篇介绍运动会的文章。

通过真实情境的迁移来锻炼学生的写作能力,最大的优势在于学生们都有话写,都能写,而且也能让他们体会到纯粹地编造例子与真实事例之间的差异——多了细节和心理活动的描写。所以,真实情境的再现就使得学生能够把课堂所学的知识与实际联系起来,灵活地应用。

四、通过比较情境的迁移培养学生的写作能力

比较情境就是通过文章提供的情境与写作中相对情境的对比,也可以是文章中本身存在的两种事物的对比转移到与此相关的两种事物的对比,让学生根据教师引导的对该话题内容的分析和挖深,从而引发他们对相应话题的思考,进而发表自己的看法和感受,由此充实和丰富他们的写作内容。

以 M4U2 Using Language 为例,该文是以有机农业与绿色食品为话题,要求教师通过内容学习教会学生发现高科技农产品的优势,并说明其理由。在文章处理上直接通过问题的设置体现两者的对比性,目的是要让学生从这些回答中得到些启示:各有利弊。在寻找答案的过程中,学生不难发现化肥农业与有机农业之间的区别,自然对两种农业的生产物的选择也有了自己的想法。在分析问题时,我侧重让学生注意分析的条理性和逻辑性,并通过在幻灯片上列点让他们校对答案。

在处理完课文内容后,我引导学生思考了这么一个情境:If you want to earn a

large sum of money by developing farming, Which farming do you prefer? Why?

在学生们发表的观点的基础上,我以口头作文的形式,运用了文中的好词好句,给他们做了适当的总结,实质上是为学生的作业做铺垫。而他们的任务是:如果你有30块钱,你会选择买绿色食品还是普通食品?这样就把两种农业的对比迁移到了学生对两类食品的选择上。

情境的对比能让学生直观地看到两类事物的利弊点,在写作中更容易做出选择,陈述理由。而且有了参照物,学生心里就有了更具体的概念。这从一定程度上培养了学生的批判思维能力和多角度看待事物的能力,也有利于他们以后更加理性地看待各类社会现象。

情境创设在高中物理课堂教学中的应用

林觐相

摘　要:随着新课程理念的深入,传统教学模式已经不能适应新的时代。本文以教学情境带给课堂教学的影响为立足点,尝试创设悬念情境、快乐情境、求异情境、兴奋情境、信息情境五种情境,力求提升学生的学习兴趣与学习能力,对物理课堂教学的变革做出新的尝试。

关键词:教学情境　情境创设　传统课堂

教学情境是指在课堂教学中,根据教学的内容,为落实教学目标所设定的,适合学习主体并作用于学习主体,产生一定情感反应,能够使其主动积极建构性学习的具有学习背景、景象和学习活动条件的学习环境。教学情境就其广义来说,是指作用于学习主体,产生一定的情感反应的客观环境。从狭义来说,则指在课堂教学环境中,作用于学生而引起积极学习情感反应的教学过程。教学情境可以贯穿于全课,也可以是课的开始、课的中间或课的结束。它可以综合利用多种教学手段通过外显的教学活动形式,营造一种学习氛围,使学生形成良好的求知心理,参与对所学知识的探索、发现和认识过程。随着基于问题情境,以问题研究为平台的建构性教学成为课堂教学主流,教师创设教学情境的能力也随之成为重要的专业能力。

一、创设悬念情境

针对学生的年龄特征与心理特点等,在新课引入时,教师依据教学内容创设悬念来诱发学生的学习兴趣。在教学过程中如果呈现给学生的材料、现象与学生原有的知识经验发生矛盾,就会打破学生知识体系和智能体系的平衡,引起“悬念”的效果。当学生进入这种惊诧的情绪场景时,好奇的心理会驱使他们去积极反思、主动探究。

如在“向心力、向心加速度”教学中,创设如下情景:把铁丝衣架弯成如图1所示形状,注意使得衣架挂钩的顶端 a 在 O 点的正下方。把 O 端套在右手的食指中,在挂钩端点 a 上轻轻放上一枚硬币。在学生紧张焦虑中,晃动衣架使其绕 O 点摆动,慢慢用力,增大摆幅,最后使整个装置绕 O 点做圆周运动。在做圆周运动后硬币是不会掉落下来的。又如在讲述楞次定律的推广含义(阻碍相对运动)时可以创设下面情景:首先演示小磁铁与木板、铝板间是没有磁力作用的。然后在

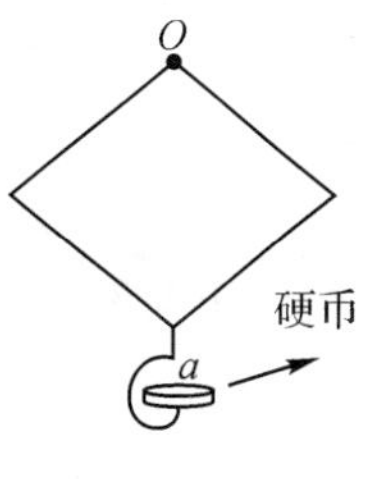

图1

倾斜的木板和铝板上分别固定一张白纸，使得动摩擦因数相同，把小磁铁分别从两板顶端放手下滑（如图2），学生意外地发现铝板上的那块小磁铁竟然是缓缓地下滑，速度明显地慢于木板上的小磁铁。这些结果都有悖于学生的生活经验，从而使学生处于惊诧、困惑的情绪中。

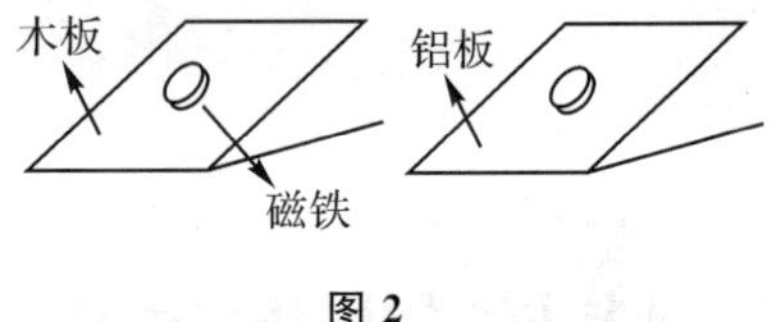

图 2

二、创设快乐情境

从心理学的角度看，愉快的情绪可以使大脑皮层处于“觉醒状态”，保持智力活动的高效率；而不愉快的情绪可以引起精神紊乱，垂头丧气，注意力分散，从而干扰整个认知过程。教师的任务就是要把课堂气氛营造得轻松愉快、兴趣盎然，让教学过程成为学生的一种愉悦的情绪生活，让学生在良好的情绪状态中掌握知识。

在教学过程中，若能穿插一些融入物理知识的历史故事、生活趣事，可使学生进入轻松愉悦的良好情绪状态。例如讲解扩散时可用下面的小故事引入：某天四岁的儿子吃咸鸭蛋时，好奇地问爸爸：“这鸭蛋为什么会是咸的，是不是吃盐的鸭子生的蛋呀。”又如在平均速度和瞬时速度的教学中插入下面的一则笑话：警察叫停了一辆违章超速的汽车，可司机说：“你没看到后面那路塞车吗？这不足一公里的路，我用了整整一小时，我会超速吗？”

教学也是一门表演艺术，课堂教学过程可以借鉴吸收艺术表演的形式，如杂技表演、魔术、小品等，以创设良好的课堂气氛，让学生从中得到美的享受，产生愉快的体验。例如有一杂技节目：表演者用嘴或脑门顶住一竖直的杆子，杆子上端再放碟子等物体。我们可以把这节目进行简单化处理后作为单摆周期的激趣引入：用右手一个手指顶一根3米长的竹竿，只要稍加练习，就能做到使竿子稳定在手指上；然后换用铅笔重做，使笔尖顶在手指上，却无法保持铅笔平衡。学完单摆周期后，即可知：摆长越长，周期越大，所以杆子长，就有足够的时间用来调整平衡。

三、创设求异情境

求异思维是不依常规，寻求变异，对给出的材料、信息从不同角度向不同方向，用不同方式或途径去分析和解决问题的思维方式，是创造性思维的一种主要形式，教师要善于选择具体例题，创设求异情境，引导他们的求异意识。对于学生在思维过程中时不时地出现的求异因素及时给予肯定和热情表扬，对于学生欲寻异解而不能时，则要细心点拨、耐心引导，帮助学生获得成功，让他们在对于问题的多解的艰苦追求并且获得成功的过程中，享受创造性思维活动的乐趣。

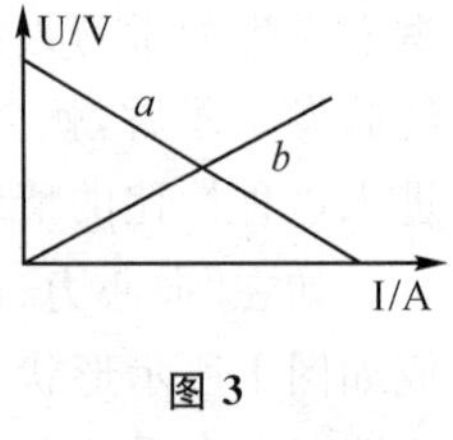

图 3

例如闭合电路的U－I图线的教学中，根据U＝E－Ir做出的图线如图3中的a所示，U随I的增大而减小，学生也都能理解接受，在思维上并不存在困难。此时教师可设计一个问题：路端电压和电流同时也满足公式U＝IR，依据此公式，所得的图线应为

图 3 中的 b 所示，U 随 I 的增大而增大，两种结论产生矛盾，孰对孰错呢？使学生陷入疑虑的情绪状态中，促使学生主动探究，随着问题的解决，能让学生更深刻地理解图像、掌握图像。

如电功公式 W＝UIt 的推导，如果让学生自己去尝试推证时，就会发现学生一般都是做如下的简单推导：W＝Uq……①；$I=\frac{q}{t}$……②；②式代入①式即得 W＝UIt。这种推证过程貌似合理，其实反映了学生缺乏对物理过程、物理含义的把握，把物理问题简单地数学化处理。针对暴露的问题教师即可创设疑问，点出问题的关键：②式中的 q 是指在时间 t 内通过导体某一横截面的电量；①式中的 q 是指从导体的一端移动到另一端的电荷量，且导体两端的电压为 U，则两式中的 q 一样吗？从而使学生意识到自己的轻率。所以教师可还学生学习的主动权，让学生在自主学习中显现困惑，创设疑虑。

四、创设兴奋情境

情感和情绪可以影响和调节知觉、记忆、思维等认识过程。兴奋的情绪状态能使感知清晰，想象活跃，思维流畅。所以教师应运用丰富多变的形式手段，如活动体验、交流辩论、游戏等，在课堂上努力创造一种精神振奋、生气勃勃的“情调”，以引起学生高涨的良好的情绪感觉。

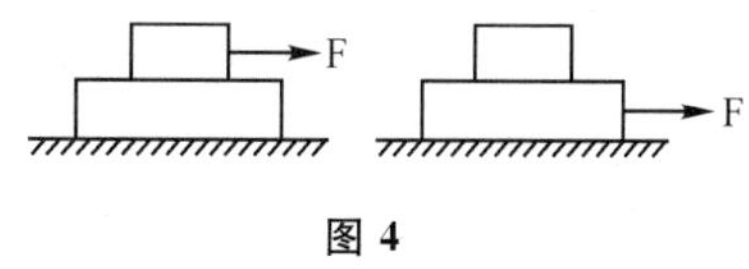

图 4

高中物理与初中物理在思维上有一个明显的跨度，所以高一新生在摩擦力的学习中普遍存在畏难心理。我们运用活动交流的教学形式，调动情绪、创造兴奋，使学生身心投入、体验感悟。如图 4 所示，在拉力 F 的作用下，两物体保持静止，物体间的静摩擦力的判断对初学的学生是一个难点。我们创设下面的活动让学生来体验摩擦力：一个学生两脚离地坐在椅子上，另一个学生第一次用力拉椅子，第二次用力拉学生，两次椅子都不运动，分别体验臂部的受力情况；然后两个学生调换角色重做一次。如图 5 中主动轮、从动轮边缘处所受摩擦力方向的判断也可通过下列活动来体验：如图 6 中所示，取一段胶带绕过甲学生手臂，乙学生拉住胶带的两端。当甲转动手臂带动胶带转动时，手臂相当于主动轮；当乙拉胶带而带动甲手臂转动时，手臂相当于从动轮。以此体会摩擦力的方向。

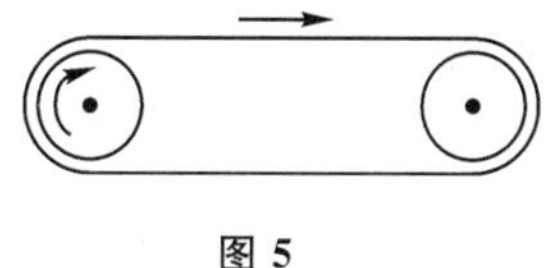

图 5

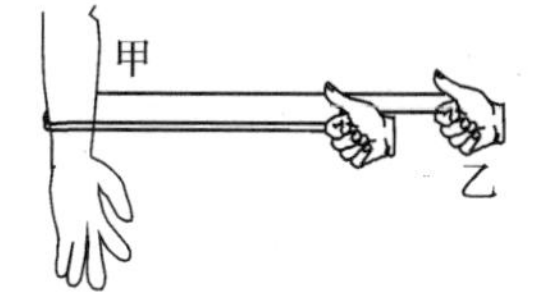

图 6

五、创设信息情境

在课堂教学活动中，教师要提供一些开放性、生活性、现实性的信息，让学生根据教师所创设、提供的信息，提出、解决教学问题。学生都可以进行创新意识和实践能力的训练。从而，使每个学生真正感受到学习的乐趣。

实际生活、现代科技等是学生最渴望了解也最感兴趣的，而物理学知识又与之联系密切。所以在物理课堂中从学生熟悉的生活情境和感兴趣的事物出发，提供给学生一个联系实际的情景，满足学生渴求探索、渴求成功的欲望，使学生体验到学以致用的乐趣。

例如在半导体的教学中可拓展教材内容，首先向学生展现半导体在科技、生活中的应用。以光敏电阻为例，可先向学生介绍光敏电阻在多媒体投影仪中的自动聚焦、摄影摄像中的曝光控制、街灯控制、生产线上的产品计数等的应用，使学生处于渴求、急切的情绪状态，激起学生探索热情。结束本节的教学后，还可以让学生设计几个简单的街灯控制电路和产品计数电路。

创设情境有利于学生循着知识产生的脉络去准确把握学习内容，能够帮助学生顺利实现知识的迁移和应用，有利于激发学生的学习兴趣。使得学生在学习中产生比较强烈的情感共鸣，增强他们的情感体验。因此，创设、呈现教学情境，有利于克服纯粹认知活动的缺陷，使学习成为一种包括情感体验在内的综合性活动，对于提高学习效果具有重要的积极意义。

高中语文实效性预学作业设计的实践研究

周敏华

摘　要:从传统的“先教后学”模式转向“先学后教”“边学边教”模式,教师在课前提供一份设计合理、操作有效的预学作业起到至关重要的作用。为学生提供最适合的教学,促进学生知、情、意、行等各方面的多元化发展,以达到最大程度的增效,是本课题研究的宗旨。

关键词:预学作业　实效性

学生的“预学”不是那种漫无目的的预学,也不是没有教师指导下的预学,学生是学习的主体,教师布置预学作业,要确立面向全体学生,确立分层递进的先进教学观,充分研究学生,研究学生的差异性,并根据学生的差异,确定合理的层级要求,然后根据学生的不同层级,设计适宜绝大多数学生学习的预学作业。语文教学中的实效性预学,关键是教师设计切合实际而又有较强的启发性的预学作业。即教师设计的预学作业能考虑到学生的实际能力,文本的难易程度,应该是深与浅、远与近的最佳结合。预学作业设计要讲究方式、角度,要有较强的启示性,从而能顺利与课堂教学相结合,使课堂教学充满挑战性和探究性。

一、重视文本梳理类型作业

每篇文章都离不开行文思路,行文思路把作者的语言联系起来,把作者要表达的主旨贯穿在文章内容中。有效的课堂前奏必定要对文章的脉络、内容进行基本梳理,将文章化长为短,帮助学生把握文章的基本内容,以便于学生更好地投入学习。此类作业大致可以分成以下几种:

(1)梳理脉络:就是为了按部就班地梳理文章的行文思路而设计的预学作业。一般适合于梳理文本段落内容和把握小说梗概情节。议论文杂文可以寻找一个模式,让学生阅读此类文章时,找到一条捷径,有效地进行此类文章的阅读。在预学作业的设计上,我们可以从论题论点的提炼、论据的归纳概括、论证方法的使用、议论结构的梳理、议论文语言的品味等方面来设置。

(2)情节概括:叙事类的文章包括小说在内,可以按照故事的发生发展去概括事件或者梳理情节。先发生什么,再发生什么,一个事件一个事件地梳理,或者按照小说的发生、发展、高潮和结局去梳理。

(3)找准对象:散文,首先要把握文体特点“行散而神不散”。散文要注意描写或记叙的对象是什么?写了什么人、事、景?有什么特点?表达了什么感情?我们要指导学生先把握文章的内容,明确作者刻画对象来揭开情感的面具。

(4)诗文互换:对于学生而言,诗词比文言文更加难以理解。最主要的是我们对于古代诗文有距离感、陌生感,加上诗歌的语言非常凝练,具有跳跃性。这就需要我们在文言翻译的基础上,再加上联想与想象,把诗词改写成散文,学生在改写的同时轻松地把握了诗词的内容。

《荷塘月色》预学单

1.形散神不散是散文的精髓。本文的“神”你能用课文中的一句话表述吗?

2.作者月夜游荷塘,请试着分析作者赏析的“月下的荷塘”“荷塘上的月色”与“荷塘四周”情景交融的画面。

月下的荷塘:

荷塘上的月色:

荷塘四周:

3.梳理作者游历路线以及情感发展脉络。

路线:________——________——________——

情感:________——________——________——

二、抓住文本亮点类型作业

(1)重视题目:文章题目是整篇课文的灵魂,是作者旨在极少的文字里面寻求最大的表现力。一个好的题目能引起读者的关注,更能激发读者无穷的联想与想象,好的题目还能判断出整个文章的思路,因此,关注题目也就是预学作业中的要点。

(2)把握关键:把握关键的语段、语句、词语也是我们预学作业中的重点。关键语段一般是议论性比较强的,它可以是对全文的正面评价,也可以是对前文内容的反驳或讽刺,也可以是对前文的拓展延伸。关键语句就是我们常说的中心句。几乎每一篇文章都有一个关键语句,一般关键语句能起到暗示前后文或者统率全文等作用。关键词语一般是指能统率全文、贯穿全文的一个词语,一般出现在文本思路比较明显的文章中。我们在预学作业的设计中,抓住了关键的语段、语句、词语,作为设计的要点,使学生较为顺利地解读文本,理解文本有助于提高学生的阅读能力。

《最后的常春藤叶》预学单

1.课题《最后的常春藤叶》为什么是“最后”?怎样理解这个“最后”?

2.贝尔曼画的最后一片常春藤叶是不是“杰作”?为什么?它对琼珊来说意味着什么?试分析琼珊能康复的原因。

3.贝尔曼为琼珊冒着风雨画常春藤叶是小说中的重要情节,作者却没有实写,这样处理有什么好处?

三、关注文本主体类型作业

不同的文本,只要有人物形象的描述,就可以从人物形象角度设计我们的预学作业。

(1)从性格到表现设置:这种预学作业的设置方式是从整体感知性格到寻找具体表现的一种方法,一般用于人物性格单一并且比较明显的文章。

(2)从故事到性格的设置:这是从压缩故事到总结性格的一种操作方法,一般用于篇幅较长、人物性格复杂的文章。

(3)从性格到评价设置:这是从人物性格中寻找热衷社会意义的方法,一般适用于人物性格的形成原因比较复杂,特别是人物的消失或者死亡,能引起人们警戒或者社会关注的文章。

(4)从性格到语言的设置:是从整体感知性格到挖掘语言内涵的一种方法,一般用于文言文与诗歌教学。

《林黛玉进贾府》预学单

1. 黛玉眼中的世界

黛玉眼中的贾府:

黛玉眼中的贾母:

黛玉眼中的众姐妹:

黛玉眼中的王熙凤:

黛玉眼中的邢夫人:

黛玉眼中的王夫人:

黛玉眼中的宝玉:

2. 众人眼中的黛玉形象

贾母眼中的黛玉形象:

王熙凤眼中的黛玉形象:

宝玉眼中的黛玉形象:

我眼中的黛玉形象:

四、全方位开放类型作业

(1)改变行文思路:顺着行文思路设计预学作业是一种遵循传统的预学作业方式,可以说是循规蹈矩的做法。这种做法有利也有弊。有利是能帮助学生厘清思路,弊端是学生很难创新。顺路走多了,就无法激发学生的激情与思维。因此我们也可以在原有的行文思路上,在中间假设一个与原文不一样的预学作业,一般应用于小说教学,能引发学生的争论,激发思维的火花。

(2)学生自己设置预学作业:学生作为独立的个体,有自己的思考和理解,学生的困惑才是教学的根本,教学就是要引导学生理解文本,解开疑惑。学生自行设置预学作业,教师归纳总结,在课堂中展示,使问题来自于学生,又回归到学生中,使学生真正成为学习的主体。

在课前进行有针对性、有目的的通过预学作业设置的导学，可以让学生找到有效的树立文本主体意识的途径和方法，能使学生学会阅读文章的基本方法，学生就会有阅读的成功体验，课堂效率就能得到极大的提升。

《错误》预学单

1."错误"是什么？

2.为什么是"错误"？

3.你如何来理解这个"错误"？

4.推荐郑愁予其他作品，推测诗歌写作背景。

预学作业与文本之间是有内在联系的。在预学作业的引导下学生有明确目的地进行阅读，时间久了，学生也会模仿教师的设计方法，设计预学问题，从而进行自主阅读。预学作业的设计，主要是指导学生更有效的预学，突出学生的主体地位。让学生带着这些问题去看书，引导学生独立思考和理解。学生通过自学，对新知识获得丰富的感知和初步的理解，发现问题，带疑问听讲，在教学中使教师的教与学生的学目标一致，同步和谐，既突出了学生的主体地位，又有效地克服了学生自学中的盲目性。培养学生的自主阅读能力，改变那种教师主宰一切的教学行为，充分尊重学生，也有利于学生提倡阅读的自主性、开放性、创造性和主体性。

高中生提出数学问题能力的培养

徐龙江

摘　要:提出问题是创新的源泉,提出问题往往比解决问题更重要。培养问题意识,掌握提问策略,精通提问方法是培养学生提出问题能力的有效措施。实验表明,通过培养提出问题的能力可提高学生的学习能力和素质。

关键词:提出问题　问题意识　提问策略　培养

强化学生的问题意识,是培养学生创新精神的起点。在教学中,首先把"问题"当作教学的出发点,教师要以问题的提出展开教学,学生要以问题开始思考。通过问题的思考和讨论进行教学。通过问题的解决使学生理解知识。在这个过程中,应精心设置问题情境,想象解决问题的不同思路,来培养学生的问题意识。学生对问题的发现应该由教师创设相应的问题情境并在教师的引导启发下实现。启发的作用,一是通过创设问题情境,让学生有目的地去思考,二是帮助学生有效地选择思考方向。笔者在教学中探索的提出问题的框架图如图1。

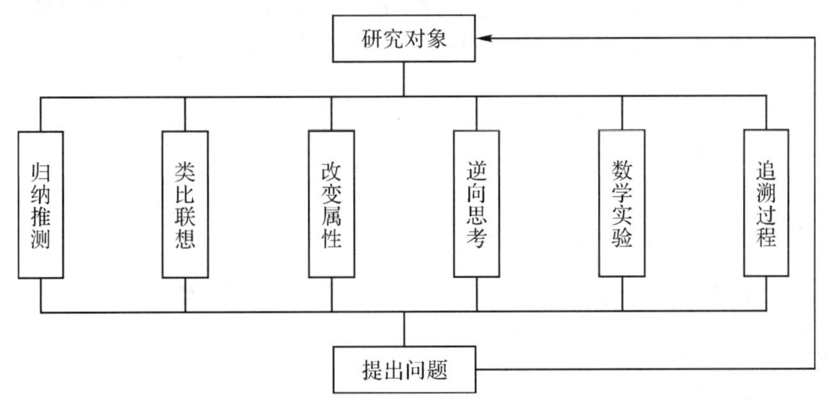

图1　提出问题的框架图

一、归纳推测

归纳是由揭示对象的部分属性推及对象整体属性的思维形式,其逻辑结构是:若$M_i(i=1,2,\cdots,n)$是研讨对象M的元素或特例,如果M_i具有性质P,则由此可推测M的一切元素或一般情形均可能具有性质P。归纳是发现、提出问题的桥梁与先导。归纳推测的主要途径有观察、试算、试验、退化、特殊化等。考察以下方程及其根：

(1)$x^2-2x-1=0, x_1=1+\sqrt{2}, x_2=1-\sqrt{2}$；

(2)$x^3-3x^2-17x+19=0, x_1=1, x_2=1+2\sqrt{5}, x_3=1-2\sqrt{5}$。

归纳提出推测：若 $a+b\sqrt{c}$ 是有理系数一元 n 次方程的根，则 $a-b\sqrt{c}$ 也是该方程的根($a,b,c\in\mathbf{Q}$)。

二、类比联想

类比是根据两个对象有一部分属性相同或相似，从而推断这两个对象另外的一些属性也可能相同或相似的一种思维形式。其逻辑结构是：已知甲具有属性 A,B,C,D，而乙具有与甲相似(或相同)的属性 A',B',C'，因而乙也可能具有与甲相似(或相同)的属性 D'。类比是获得发现的伟大源泉。如定义在实数集上的函数 $f(x)$ 对任意实数 x,y 满足：$f(x)+f(y)=2f\left(\frac{x+y}{2}\right)f\left(\frac{x-y}{2}\right)$，且 $f(0)\neq0, f\left(\frac{c}{2}\right)=0$($c$ 为正常数)，试判断 $f(x)$ 的奇偶性和周期性。因为 $f(x)$ 所满足等式的结构类似公式：$\cos x+\cos y=2\cos\left(\frac{x+y}{2}\right)\cos\left(\frac{x-y}{2}\right)$，由此联想函数 $y=f(x)$ 和 $y=\cos(\omega x)$ 可能有相同的奇偶性和周期性，即提出猜想：$f(x)$ 为偶函数且周期为 $2c$。

三、改变属性

改变属性提出问题的步骤是：(1)一一列出所研究对象(如概念、命题等)的各个“属性”(如条件、性质、结论等)。(2)改变某一个(或几个)“属性”，观察思考问题是否发生变化？发生了怎样的变化？(3)根据以上各种情况的分析提出问题。

例如，在椭圆 $\frac{x^2}{45}+\frac{y^2}{20}=1$ 上求一点，使它与椭圆两个焦点的连线互相垂直。此题涉及属性 1：连线成的角(90°)，属性 2：两个(焦)点，属性 3：椭圆方程 $\frac{x^2}{45}+\frac{y^2}{20}=1$。

若改变属性 1：连线成的角时可得：

问题 1：在椭圆 $\frac{x^2}{45}+\frac{y^2}{20}=1$ 上求一点，使它对两焦点张的角最大。

把角改为距离时可得：

问题 2：在椭圆 $\frac{x^2}{45}+\frac{y^2}{20}=1$ 上求一点，使它到左焦点的距离等于到右焦点距离的 2 倍。

若改变属性 2：两(焦)点的位置可得：

问题 3：在椭圆 $\frac{x^2}{45}+\frac{y^2}{20}=1$ 上求一点，使它对长轴两端点张的角最大。

把属性 3：椭圆方程一般化可得：

问题 4：椭圆 $\frac{x^2}{a^2}+\frac{y^2}{b^2}=1(a>b>0)$ 上有一点与两焦点连线互相垂直，求椭圆离心率范围。

四、逆向思考

通过考虑一个命题的逆命题是什么，否命题是什么，公式、法则能否逆向应用，如何运用“正难则反”“顺难则逆”“直难则曲”“补集思想”等提出问题。如关于单调函数问题，可由已知函数 $f(x)$的解析式，求证 $f(x)$在某区间上为增(减)函数提出“若含参数 a 的函数 $f(x)$为某区间上的增(减)函数，求 a 的取值范围”，从单调函数的定义提出“怎样判定一个函数在给定区间上不是单调函数”和“若 $g(x)$，$h(x)$属于函数 $f(x)$的单调递增区间且 $f[g(x)]<f[h(x)]$，求 x 的取值集合”，由单调函数一定存在反函数提出“存在反函数的函数一定是单调函数吗”等。

五、数学实验

通过教具、计算机、媒体等操作演示，观察现象对问题提出猜想。如通过填沙实验提出三棱锥和球的体积公式的猜想，比较以自然数 n 为自变量的两函数 $f(n)$，$g(n)$大小关系，可在“Excel 7.0”软件中通过 $n=1,2,3,\cdots$的运算观察提出 $f(n)$与 $g(n)$大小关系的猜想。在“几何画板”或“数学实验室”软件中将给定的几何(平几、立几、解几)图形中某个几何元素在给定的轨迹上拖动，由此观察图中另外的几何元素的数量与位置关系中哪些是不变量(性)，哪些是变量，从而提出许多几何命题。

六、追溯过程

在学习中可引导学生对定义、概念是如何形成的，公式、定理是怎样发现的，它在学科和生产实践、日常生活中有何应用，解题过程是怎样探索的，错误的解法是怎样产生的等进行提出问题。如学习等比数列前 n 项和公式时，可启发学生提出以下问题：(1)公式是怎样发现的？(2)公式是怎样证明的？推导公式的“错项相减”法是怎样想到的？它可解决哪些数列的求和？(3)前 n 项和公式和通项公式共涉及五个量，已知其中三个量可求另两个量，由此可编出几类题目？请把它编出来。(4)公式在生活、生产实践中有何应用？针对存款利率、人口增长率、生产目标增长率、产品降价率等问题，要求学生到有关部门了解情况、掌握资料后编写出应用题。

教的最终目的是为了不教。教师工作的真正意义，不是单纯的传授知识，而是启迪思维。不仅要使学生获取知识，更要让他们学会获得知识的方法，提高获得知识的能力。培养学生问问题的能力，实际上就是培养他们学习和获取知识的能力。关注和研究如何培养学生提出问题的能力应该是教师从传统的教学模式转向探究式教学的一个转折点。

例谈圆锥曲线复习教学中的几组关键词

朱兴德

圆锥曲线是解析几何的核心，它完美地诠释了“解析”的意境，如果说二次方程是二次曲线的神秘化身，那么二次曲线就是二次方程的曼妙舞姿，在这曲线与方程中蕴含了多样的美：统一美、简洁美、对称美、奇异美、动态美等等。或许正是圆锥曲线如此美丽多娇，所以，它也一直是各省市高考的热点、重点，不断引导着学生们去探究其中的美。而如何在紧张的高三学习中将圆锥曲线的美优雅高效地传递给我们的学生，使学生既能享受到数学带来的乐趣，又能使他们从容走上考场，发挥出应有的能力与水平，这也是对每个教师提出的一个课题。以下笔者结合教学实践谈谈高三圆锥曲线教学中的几个关键点。

一、自主变式，寻求通性通法

自主变式教学源于变式教学，其区别是自主变式教学增设了一个自主探究过程。是指在教学中，有些问题尽管条件不同但本质相同，教师可利用在题目主干条件不变的前提下，让学生尝试改变题目中个别关键性条件，使学生体验在变化的条件下不变的本质和不变的处理技巧，从而更能把握此类问题的通解通法、通性通法。

在解决直线和圆锥曲线位置关系问题时，很重要的一种方法就是“方程法”：即将几何条件代数化，通过联立方程，一般转化为韦达定理两根之和与两根之积的形式处理。教学中，如果只是就题论题谈“方程法”，那么部分学生在处理此类问题时往往会囿于题目所给的几何条件茫然失措，不能做到提纲挈领、有效转化。在高三复习教学中，笔者在这块内容中会让学生通过自主变式来展开例题教学。

【例1】 已知直线 $l: y=k(x-1)$ 与椭圆 $C: \frac{x^2}{3}+\frac{y^2}{2}=1$ 交于两点，若 $\underline{|AB|=\frac{8\sqrt{3}}{5}}$，求实数 k 的值.

自主变式1. 已知直线 $l: y=k(x-1)$ 与椭圆 $C: \frac{x^2}{3}+\frac{y^2}{2}=1$ 交于两点，为坐标原点，若 $\underline{OA\perp OB}$，求实数 k 的值.

自主变式2. 已知过点 $P(1,1)$ 的直线 l 与椭圆 $C: \frac{x^2}{3}+\frac{y^2}{2}=1$ 交于两点，若 $\underline{P\text{ 为线段 }AB\text{ 中点}}$，求直线 l 的斜率 k.

自主变式3. 已知直线 $l:y=k(x-1)$ 与椭圆 $C:\frac{x^2}{3}+\frac{y^2}{2}=1$ 交于两点，为坐标原点，若$\triangle AOB$ 的面积为 $\frac{3}{4}\sqrt{2}$，求实数 k 的值.

自主变式4. 已知直线 $l:y=k(x-1)$ 与椭圆 $C:\frac{x^2}{3}+\frac{y^2}{2}=1$ 交于两点，F 为椭圆右焦点，若 $\overrightarrow{AF}=2\overrightarrow{FB}$，求实数 k 的值.

自主变式5. 已知直线 $l:y=k(x-1)$ 与椭圆 $C:\frac{x^2}{3}+\frac{y^2}{2}=1$ 交于两点，Q 点坐标为 $(0,-1)$，若$\angle AQB$ 角的平分线平行于 x 轴，求实数 k 的值.

评析：以上的各变式，正是在课堂教学中，学生通过自我探究、集体讨论、完善整合得到的条件与结论。通过这种填空式的编题方式将学生已有知识汇总起来，不仅冲击学生原有的视野，易于激发学生学习激情，而且更能使学生在丰富多样的几何条件下找到问题的共性、问题的本质，做到“一叶知秋、一木成林”。

同时，教师在预设的框架下对学生新生成的问题要做出说明补充、肯定和鼓励，如笔者在上课过程中有学生就提出了这样的条件：椭圆上存在两点关于直线 l 对称，求 k 的值。这就是有关对称性的一个很好的问题，当然问题应修正为“求 k 的取值范围”。关于中点问题时也有学生一开始直接提出以焦点 $F(1,0)$ 为中点，教师可以对此问题做一个引导性思考，使问题更具有一般性。在这一来一去的交流中，更能让学生体会问题的产生与解决。当然，此类设计也会存在不足之处：(1)相对于单纯的解题，自己出题并解答的难度要大得多，因而在设计此类探究题时尽量做到背景相对熟悉、涉及条件不多、发散程度较广，运算不宜太大；(2)学生在设计时难免会出现数字凑不好现象，导致题目变难，所以如果是课堂教学中实施自主变式，那么教师应多些预设，使计算结果也能简洁。

二、归纳类比，寻求一般推广

归纳和类比是合情推理的两种重要方式，它们既是一种思维形式，也是一种推理方法，它们在人们认识和改造客观世界的活动中具有重要意义，正如数学家拉普拉斯所说：数学本身赖以获得真理的重要手段就是归纳和类比。

圆锥曲线的学习是归纳类比的好素材，很多的题目与结论都可以通过归纳、类比推广，而结论也往往正确。所以在教学中尤其是在复习教学中，教师要不断引导学生对已有题目和结论做出思考，使学生能自觉养成直观猜想、归纳类比，从而能更好地认识圆锥曲线的各样性质以及品味圆锥曲线中所蕴含的各样的美。

【例2】（2011年浙江省台州市高三第二次质量检测第21题）如图，过圆 $D:x^2+y^2=4$ 上任意一点 P 作椭圆 $C:\frac{x^2}{3}+y^2=1$ 的两条切线 m、n. 求证：$m\perp n$.

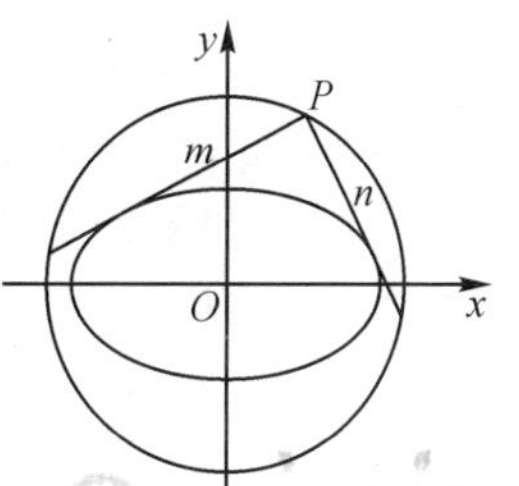

归纳猜想：过圆 $D:x^2+y^2=a^2+b^2$ 上任意一点 P 作椭圆

$C:\frac{x^2}{a^2}+\frac{y^2}{b^2}=1$ 的两条切线 m、n. 求证：$m\perp n$.

评析：例 2 这样的题目的证明学生经常会碰到，教师需要培养他们更深层次的看待问题，如本题中应当引导学生思考题目中的圆和椭圆在满足什么样的条件下切线 m、n 互相垂直，而结论的探究可以在课堂上也可以是在课后。当然，猜想往往并不是如此一帆风顺的，有时猜想结论的正确性可能需要修整完善，如例 3 所示。

【例 3】 如图，作圆 $O:x^2+y^2=\frac{4}{5}$ 的任意一条切线交椭圆 $C:\frac{x^2}{4}+y^2=1$ 与两点，求证：$OA\perp OB$.

归纳猜想 1：作圆 $O:x^2+y^2=\frac{a^2}{a^2+b^2}$ 的任意一条切线交椭圆 $C:\frac{x^2}{a^2}+\frac{y^2}{b^2}=1$ 与两点，求证：$OA\perp OB$.

归纳猜想 2：作圆 $O:x^2+y^2=\frac{a^2}{a^2+b^2}$ 的任意一条切线交椭圆 $C:\frac{x^2}{a^2}+\frac{y^2}{b^2}=1$ 与两点。若 $b^2=1$ 则 $OA\perp OB$；若 $b^2>1$ 则 $\angle AOB>90°$；若 $b^2<1$ 则 $\angle AOB<90°$。

评析：猜想 1 是人们在认识过程中必然会走过的一个曲折，而关键是要点燃起学生的推理论证欲望和培养学生的推理论证能力，而事实上经过例 3 的铺垫，学生在论证猜想 1 时，会得到结论：$\overrightarrow{OA}\cdot\overrightarrow{OB}=\frac{a^2(1-b^2)(1+k_{AB}^2)}{(a^2k_{AB}^2+b^2)}$（$AB$ 斜率存在时），所以不难否定猜想 1，得出猜想 2 的正确性，这也与例 3 不谋而合。

【例 4】（2009 湖北卷理第 20 题）过抛物线对称轴上一点的直线与抛物线相交于 M，N 两点，自 M，N 向直线作垂线，垂足分别为 M_1，M_2。（Ⅰ）略.（Ⅱ）记 $\triangle AMM_1$，$\triangle AM_1N_1$，$\triangle ANN_1$ 的面积分别为 S_1，S_2，S_3，是否存在 λ，使得对任意的 $a>0$，都有 $S_2^2=\lambda S_1S_3$ 成立。若存在，求出 λ 的值；若不存在，说明理由。

类比猜想 1：过椭圆 $\frac{x^2}{a^2}+\frac{y^2}{b^2}=1$ 右焦点 F 的直线 l（除长轴外）与椭圆交于 M，N 两点，自 M，N 向椭圆右准线 $x=\frac{a^2}{c}$ 作垂线，垂足分别为 M_1，N_1。记 $\triangle FMM_1$，$\triangle FM_1N_1$，$\triangle FNN_1$ 的面积分别为 S_1，S_2，S_3，是否存在 λ，使得对任意的直线 l，都有 $S_2^2=\lambda S_1S_3$ 成立。若存在，求出的值；若不存在，说明理由。

类比猜想 2：过双曲线 $\frac{x^2}{a^2}-\frac{y^2}{b^2}=1$ 右焦点 F 的直线 l（除长轴外）与双曲线交于 M，N 两点，自 M，N 向双曲线右准线 $x=\frac{a^2}{c}$ 作垂线，垂足分别为 M_1，N_1。记 $\triangle FMM_1$，$\triangle FM_1N_1$，$\triangle FNN_1$ 的面积分别为 S_1，S_2，S_3，是否存在 λ，使得对任意的直线 l，都有 $S_2^2=\lambda S_1S_3$ 成立。若存在，求出的值；若不存在，说明理由。

评析：如果说归纳推理还局限于某种圆锥曲线的话，那类比推理则联结了各圆锥曲线，如数学家欧拉所说："类比是伟大的引路人。"它指引着我们更好地认识圆、椭圆、双曲线、抛物线的性质和相互之间的联系。

例 4 中不难求得存在 $\lambda=4$ 时，使 $S_2^2=4S_1S_3$ 成立。本例中从抛物线的性质类比到椭圆的性质，是有一定难度，可以是课堂上在教师点拨下完成，而从猜想1得到猜想2可完全由学生独立完成。通过这种猜想不仅可以巩固学生的学习效果，也可以丰富学生的学习活动，使他们高三的学习也能更灵动、洒脱。

三、特殊一般，寻求定值定解

特殊与一般是哲学中一对矛盾体，它们既是对立的，但在一定条件下又是可以相互转化的。一般成立，特殊也成立；同时，特殊性的结果也可以得到一般性的规律。即是说当问题的一般性规律难于寻找时，可以转化为从它的特殊情况进行研究得出结果，再推广到一般性的规律。

在数学学习中，从特殊到一般是重要的思维方式之一，其特征是通过对特殊现象的认识，利用归纳、类比、猜想，发现一般性的认识，从而获得一般性的结论和解决问题的方法等。在圆锥曲线的学习过程中，学生经常会遇到诸多的定值问题，如直线过定点、长度、面积、斜率为定值等，我们当然希望学生能有较强的逻辑推理能力用一般性方法得到确定的结果，但事实上，一般性的方法往往意味着较高的思维层次和较大的计算量，往往会使学生感到胆怯与害怕。而通过特殊探路，由“特殊”到“一般”，可以帮助学生在复杂的问题面前，通过“具体”去认识“抽象”，从而化迷茫为明朗，洞察解题思路。

【例5】 已知双曲线 C：$\dfrac{x^2}{a^2}-\dfrac{y^2}{b^2}=1$，$P$ 为 C 上任意一点。

（Ⅰ）求证：点 P 到双曲线 C 的两条渐近线的距离的乘积是一个常数；

（Ⅱ）若与 P 不同的两点 A，B 关于坐标原点对称，求证 PA 与 PB 的斜率乘积是一个常数。

【例6】（2009辽宁卷理第20题）已知椭圆 C 过点 $A\left(1,\dfrac{3}{2}\right)$，两个焦点为 $(-1,0)$，$(1,0)$。（Ⅰ）略，（Ⅱ）E，F 是椭圆 C 上的两个动点，如果直线 AE 的斜率与 AF 的斜率互为相反数，证明直线 EF 的斜率为定值，并求出这个定值。

【例7】（2005全国卷理第21题）已知椭圆的中心为坐标原点 O，焦点在 x 轴上，斜率为1且过椭圆右焦点 F 的直线交椭圆于 A，B 两点，$\overrightarrow{OA}+\overrightarrow{OB}$ 与 $\vec{a}=(3,-1)$ 共线。（Ⅰ）略，（Ⅱ）设 M 为椭圆上任意一点，且 $\overrightarrow{OM}=\lambda\overrightarrow{OA}+\mu\overrightarrow{OB}(\lambda,\mu\in\mathbf{R})$，证明 $\lambda^2+\mu^2$ 为定值。

评析：以上的一些证明都属于定值问题的证明，其证明也都有些难度。所以，在这个认识解决的过程中，需要培养学生从特殊到一般、从简单到复杂的逻辑思维。例5（Ⅰ）中可以先考虑 P 为特殊点 $(a,0)$；（Ⅱ）中可以先考虑 A、B 点分别为 $(a,0)$、$(-a,0)$，P 点为 $\left(c,\dfrac{b^2}{a}\right)$；例6中可以先将 AE，AF 的斜率特殊化为 ±1；例7可以先将 M 点考虑为特殊点 A，则易知 $\lambda=1$，$\mu=0$，所以猜想 $\lambda^2+\mu^2=1$。事实上，在前面例4探究 λ 的值的过程中，也可以先将直线 MN 特殊为垂直于 x 轴的直线，从而也容易猜想出 $\lambda=4$。

这样的问题在圆锥曲线的学习中还有很多，要说明的是从特殊到一般的方法不是教学生“投机取巧”，而是在于培养学生的研究信心，提高研究问题的水平，其落脚点在于培养学生在复杂的问题中能看到“简单”与“本质”，使问题由浅入深，这更是培养学生认识事物、认知世界的方法，有利于培养学生进一步深造学习的能力。

四、模式识别，寻求转化化归

模式识别是人类的一项基本智能，随着20世纪40年代计算机的出现以及50年代人工智能的兴起，人们希望能用计算机来代替或扩展人类的部分脑力劳动。所以在20世纪60年代初计算机模式识别迅速发展并成为一门新学科。模式识别是指对表征事物或现象的各种形式的信息进行处理和分析，以对事物或现象进行描述、辨认、分类和解释的过程。

模式识别在数学教学中也具有重要的意义，当我们遇到一个新问题时，首先辨认它属于已经掌握的哪个基本模式，然后检索出相应的解题方法来解决，这是数学解题中的基本思考和基本程序，我们叫作模式识别。

在圆锥曲线的学习中，有很多这样经典的模式识别题，如求三角形、四边形的面积问题；如求椭圆、双曲线的离心率取值和范围问题；如求证直线经过定点问题等等，总之每次在圆锥曲线的求解和证明问题中，这些问题都会让我们感到似曾相识。

【例8】(2007全国卷Ⅰ第21题)已知椭圆$\frac{x^2}{3}+\frac{y^2}{2}=1$的左、右焦点分别为$F_1$，$F_2$.过$F_1$的直线交椭圆于$B$，$D$两点，过$F_2$的直线交椭圆于$A$，$C$两点，且$AC\perp BD$，垂足为$P$.

(Ⅰ)略；(Ⅱ)求四边形$ABCD$的面积的最小值.

【例9】(2008全国卷Ⅱ第21题)设椭圆中心在坐标原点，$A(2,0)$，$B(0,1)$是它的两个顶点，直线$y=kx(k>0)$与AB相交于点D，与椭圆相交于E、F两点.(Ⅰ)略；(Ⅱ)求四边形$AEBF$面积的最大值.

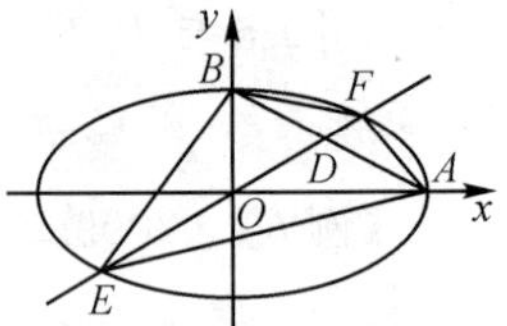

【例10】(2009全国卷Ⅰ理第21题)如图，已知抛物线E：$y^2=x$与圆M：$(x-4)^2+y^2=r^2(r>0)$相交于A、B、C、D四个点。(I)略；(Ⅱ)当四边形$ABCD$的面积最大时，求对角线AC、BD的交点P的坐标。

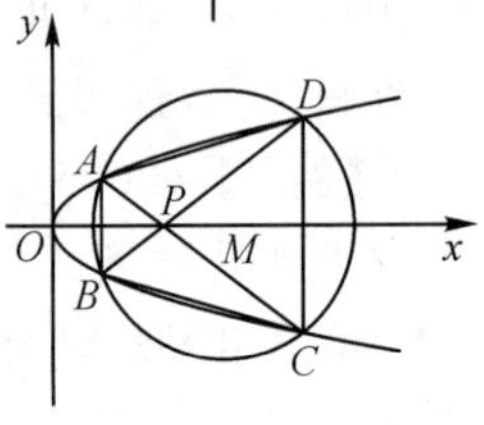

评析：连续三年的三道高考题具有如此高的相似度和传承性，这也充分说明圆锥曲线许多问题的经典性，也可见模式识别在圆锥曲线学习中的重要性。不难看出，这三道题研究的都是四边形面积最值问题，其模式都是先表示面积，再利用不等式或求导来求最值。

在模式相同的情况下，三题意境又有所不同：(1)难度系数不同，如果参照罗增儒老师讲的模式识别分三个层次：直接用(容易题)、转化用(中档题)、综合用(难题)，那么例8、例9该属于转化用(中档题)，而例10该属于综合用(难题)。(2)四边形面积的表达策略不同：例8中，因为$AC\perp BD$，所以$S=\frac{1}{2}|AC|\cdot|BD|$，较容易；例9中，则要将四边形$AEBF$分割成几个三角形，方法灵活多样，$S=\frac{1}{2}|AB|\cdot(h_E+h_F)=\frac{1}{2}|EF|\cdot$

$(h_A+h_B)=\frac{1}{2}|OB|\cdot|x_F-x_E|+\frac{1}{2}|OA|\cdot|y_F-y_E|$，三种解法也体现了不同学生的不同思维层次，特别是第三种方法更显巧妙；例 10 中四边形 $ABCD$ 是一个等腰梯形，$S=|x_2-x_1|(\sqrt{x_1}+\sqrt{x_2})$。(3)运用不同方法求解最值：三个例题的函数表达式分别为 $S=\frac{24(k^2+1)^2}{(3k^2+2)(2k^2+3)}$，$S=2\ \frac{(2k+1)}{\sqrt{1+4k^2}}=2\sqrt{\frac{1+4k^2+4k}{1+4k^2}}$，$S^2=(7+2\sqrt{16-r^2})(4r^2-15)$，其中例 8、例 9 都是可以利用不等式求最值，而例 10 则需要换元令 $\sqrt{16-r^2}=t$，得 $S^2=(7+2t)^2(7-2t)$，然后利用求导求最值。

从以上的分析让我们认识到：一方面在圆锥曲线的复习教学中，要通过强化题组归类、深化方法归类、加强变式训练、优化认知结构，达到强化模式的目的，凸显出模式识别在解题策略中体现的思维定势上的正迁移作用。另一方面，模式识别该有个度，正如曹才翰先生所说的："识别类型、死套模式、反复练习是一种较低级的学习模式，尽管也是有意义学习，但由于它没有概括，没有形成良好的认知结构，因而它的作用就受到局限，而且处理不当难免出现机械学习。"所以，课堂教学在追求模式化的过程中，应加强数学思想方法教育对"模式识别"解题的统摄作用，同时寻求教学方法与教学知识的开阔性、丰富性、多样性，而这也正是本文所倡导的综合利用好"自主变式、归纳类比、特殊一般、模式识别"这几个关键词。

新课程倡导积极主动、勇于探索的学习方式，高中数学课程力求通过各种不同形式的自主学习、探究活动，让学生体验数学发现和创造的历程，发展他们的创新意识。而高三的复习教学实际上是一个很好的契机，这时的学生基础扎实、能力深化，适合在教学内容中，让学生进行一系列有效丰富的学习活动：自主变式、归纳类比、特殊到一般、辩证的识别模式等。如德国教育家第斯多惠指出"教育艺术的本质不在于传授，而在于激励、唤醒、鼓励"，我想这不仅有利于巩固学生基础知识、提高学生综合的数学能力，更有利于培养学生浓厚的数学学习兴趣、乐于去发现数学中蕴含的别样的美。

让课堂不再受羁绊

——多媒体环境下高中历史课堂笔记的现状与对策

卓 伟

摘 要:多媒体教学环境下,课堂笔记应该记什么、怎么记,如何提高笔记效率。笔者通过加强笔记监控、笔记辅导及优化课件设计三大对策改善学生的笔记行为,以期提高课堂效率。

关键词:多媒体课堂教学 课堂笔记

多媒体教学是一把双刃剑,过度使用多媒体技术,不仅不能起到"辅助教学"的作用,而且还会因对课件的依赖产生"弱化文本研读、师生对话、教学生成"等问题,进而对学生的学习习惯造成不良的影响,课堂笔记(亦称随堂笔记)就是其中一个问题。

一、高中学生的笔记现状

(一)关于笔记载体的多样性

学生的笔记载体包括书本、笔记本、图册、作业本(或错题本)及试卷、教辅资料等多种学习资源。从调查的情况看,62%的学生选择"统统记书上",37%的学生有一本错题本,而"专门有一本"笔记本的学生仅为17%。由此可见,学生的笔记载体比较单一,书本几乎成了唯一的笔记载体。另一方面,学生也没有注意对分散于各处的笔记资源(如错题资源)进行整理并统一于书本,笔记缺乏一定的自主性、生成性。这一问题的出现可能源于学生的"应试心理"和懒惰情绪。

(二)关于笔记内容的生成性

翻开学生笔记,我们发现,学生的笔记内容非常丰富。其中大部分为教师的多媒体课件信息,也有部分为教师的"口述"信息。对于课件中的文字信息,学生一般是以圈点、画线形式标注关键词句,以文字形式记录书上没有、教师补充的知识。但在记录中,也存在一些问题:

1. 笔记记录的残缺、错位与错记

(1)"残缺"。如图1,在讲书法时,一名学生在书本相关文字旁注上"都不是书法"这个字,这一表述显然会将篆书、隶书、楷书也包括在

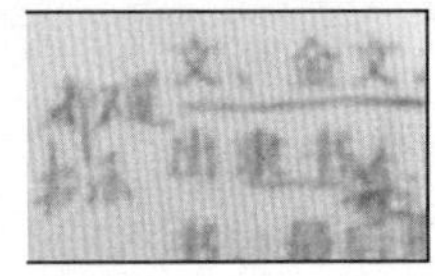
图1

图2

内，产生概念性错误，如能在前加“甲骨文、金文”字样(如图 2)，则指向性可更为准确。

(2)“错位”。如图 3，“省工”“省时”“省力”“省料”四词本是对活字印刷的评价，但学生的笔记却成了对印刷术的评价，估计是学生笔记速度跟不上教师讲述速度所致，以致对教材出现了误解。

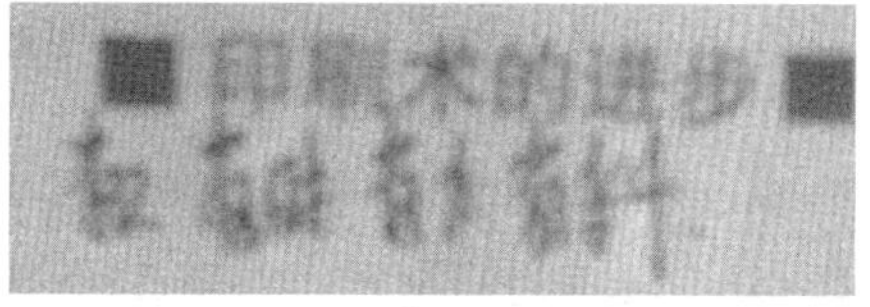

图 3

(3)“错记”。如图 4，学生将“毕昇”写成了“毕生”，显为笔误，但也表明这名学生既未充分预习教材，又未做后来的补记。

此外，一些笔记还存在标题、主语俱无等情况，以上问题或因教师讲述过快，或因课件切换过快，而学生在“预习”和“补记”上的懈怠又进一步影响了学生的笔记质量。

图 4

2. 笔记记录缺乏生成性

笔记本身是复杂的思维过程，除了“储存”功能，笔记还具有“编码”功能，即通过学生对笔记关键词的提炼、语言的组织调动多种感官、集中注意力，在思维中实现知识的迁移，产生积极的生成效应。

笔记的生成性主要体现在笔记中的个人观点和个性化策略上。图 5 是课件中关于分封制与宗法制的知识结构图，图 6 是学生的笔记构图。可以看出，学生并没有照抄课件中的原提纲，而是在此基础上根据自己的知识水平重构了新提纲，其中补充了分封制下诸侯的权利、义务，宗法制的利弊影响等内容。这表明，高中生在学习上有着较强的主动性，部分学生的笔记具有一定生成性。不过，在多数学生的笔记中，添加个人补充观点或在笔记中注上“?”标记以示存疑的情况还是很少。

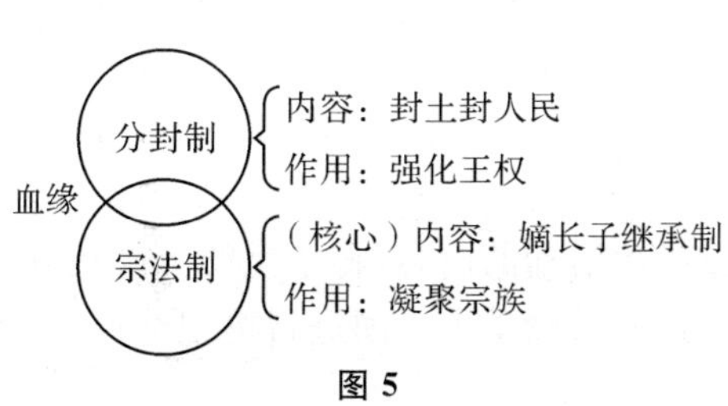

图 5

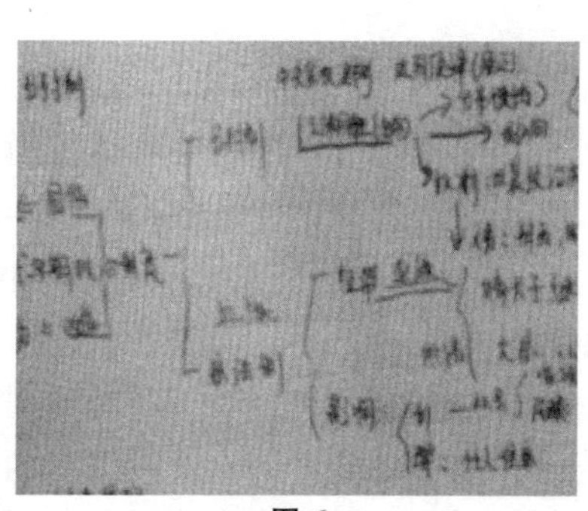

图 6

(三)关于多媒体环境下的笔记策略

1. 全记与选记、补记并存

课件教学的局限在于“容量大”“换页快”，调查结果显示，因换页而影响笔记的学生占 39%。因此，能将笔记“全记”的不多，仅占 1/3 左右，多数同学采用“选记”与“补记”相结合的策略。

“选记”有两种情况，一种是“主动选记”“只记自己不懂的”，这部分学生占 36%；另一种情况是“被动选记”，即因幻灯片翻页过快而不得不将记不下来的内容先“直接记书上，课后再完善”，这部分学生比例很高，约占55%。而对于草稿纸，多数学生选择了放弃，这可能是因为这样做一来费时间，二来怕麻烦，在书上“一气呵成”更省时省力。

2.有符号而无系统

如何记笔记速度更快？符号法是常用的笔记策略。学生在书本中以点、圈、线标记，以不同色笔标注区分内容，以线条曲直强调个别重点句段，在高中并不少见，但也存在一些学生对符号法滥用、错用的问题。如一些学生在书中到处画线，分不清重难点；一些学生的书中遍布“☆”“△”等符号，这些符号虽有特定的含义，但因没有形成固定的符号系统，这就容易导致学生在以后的复习中出现辨识混乱的问题，从而降低了复习的效率。

二、教师的笔记对策

从以上几点来看，多媒体环境对教学产生了较多的负面影响，课件竟不如板书，究其原因，关键还是教师。教师应转变应试观念，在肯定学生主体地位的基础上对学生的笔记策略加以科学的指导与监督。

(一)笔记的监控

新生开学伊始，教师就应明确要求学生记笔记，并将笔记质量与综合考评挂钩。在此需要监督学生做好三项工作：一是学生的课前预习；二是学生的笔记准备，包括彩色笔(如荧光笔)、便利贴、笔记本、错题本等；三是笔记检查，通过检查了解学生的笔记态度，如课后有无补记，笔记本及错题本的利用率等，了解学生笔记的“适切性”，如笔记中的提示词或符号有无错误、条理是否清楚。

(二)笔记的辅导

即在授课时渗透相关的笔记因素，包括记什么、何时记、记哪里、怎么记最省时间、怎么记录最容易记住、课后如何补充和归类。

(1)适时笔记暗示。通过减缓语速、加强语气、词句反复及相应的肢体语言提示学生做好笔记。

(2)捕捉生成信息。即在课堂教学环节增设学生活动的内容，将学生的个人观点作为一种生成性资源纳入所教课程的知识体系中，适时鼓励学生之间进行笔记交流，尽可能帮助学生摆脱对多媒体的依赖性。

(3)开设笔记专题课。通过专题课，指导学生记笔记的基本技巧，例如创建个性化的速记符号系统、问题与问题之间的留空、利用错题本提高复习针对性等问题应该成为指导的重点。

(三)课件的笔记设计

研究表明，课件的内容、容量和速度是影响笔记效果的最主要因素，远离学生背景知识、减少课件容量、中等的放映速度的课件有助于提高学生的笔记效果。

1. 内容设计

课件是对教材知识点的升华和提炼，但也存在与教材内容重复的现象。如何使课件内容与教材有所区分以便于学生做笔记，教师也可动些脑筋。如对重复之处以“……”省略书本内容，对于较重要的部分以“☆”标记，学生可根据自己的认知水平择要而记。

值得注意的是，课件亦需“留白”，课件中至少 1/3 部分不需做笔记，专门留作学生活动，学生可利用这一时间完成教师的答问及和其他同学的对话，生成新的观点和质疑。

2. 容量控制

与传统板书相比，课件的文字量增大，对学生笔记而言是一大挑战。笔者在复习课时，采用思维导图法构建知识体系，又以缩字法（又名缩减法）减少文字量，获得了较好的复习效果。图 7 是笔者课件中的一张幻灯片，复习的内容是“抗日民族统一战线的建立”，如按条目要求复习，学生笔记文字量达 250 字之多，而经过缩字后，学生笔记文字量不超过 30 个字，从而节省了笔记时间。缩字法毕竟用词不规范，学生在课外会加以修改（如图 8），使之更适合自己理解和记忆。

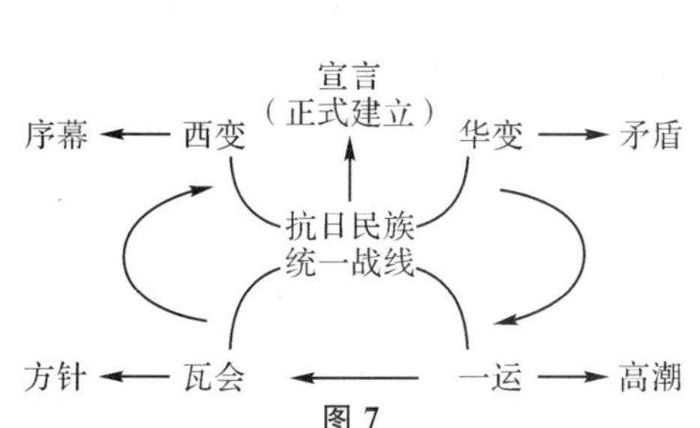

图 7

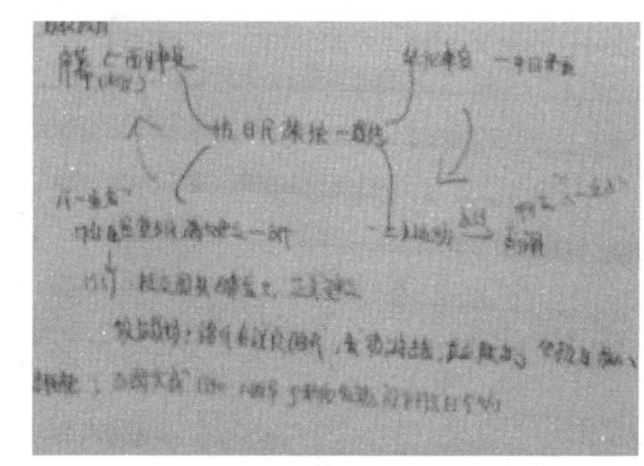
图 8

此外，运用“简称”“字母缩写”代替学生熟知的概念，充分运用符号代字法，也可较大限度地减少课件容量。所谓符号代字法，即对于书上的一些词句，用符号（英文字母）做标记，如以 BC 代表公元前、VS 代表对抗等，记笔记时遇到这些概念就用符号代替，留出空白等课后补全。

3. 速度把握

课件的翻页速度本应根据学生来定，只有“适合学生的步调”才能对学生学习产生积极影响，由于课时有限，课件的翻页速度总体还是由教师来定。那么，如何使课件翻页不至于过快呢？据笔者研究，最好的办法是将翻页与教师的语言、板书有机结合，以此减缓课件的翻页速度。

对于教师而言，需做好三步工作：一是充分发挥教师的语言魅力，能用简洁语言表达的内容就不必打字；二是幻灯片页面不可太多，一般以 10—15 张为宜，相似的内容或可包含在同一知识体系的内容尽可能做在一张幻灯片中；三是将板书与课件有机结合。不过，对于部分教师停下来“等笔记”的做法，学生并

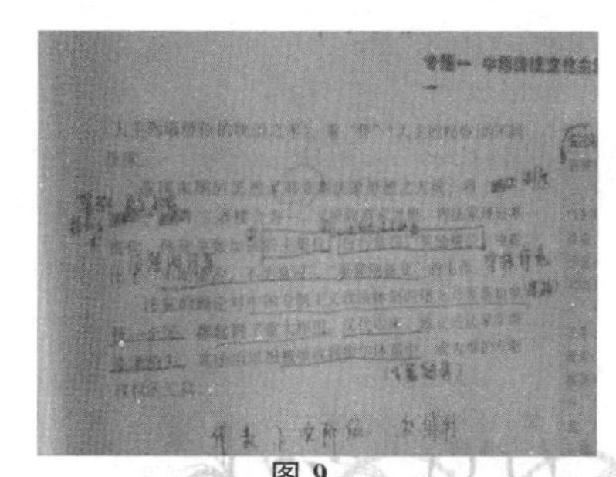
图 9

不买账，占51％的学生认为教师照顾学生记笔记不必刻意，“适当”便可。

对于学生而言，采用“间注法”则更省时间。所谓“间注法”指的是在听课瞬间在书中的文字行间记下要点的笔记方法，其最大优点在于使笔记与教材融合，笔记重点更为突出。如图9所示，对于教材中的“法”“术”“势”，学生记“制度”“驾驭群众（臣）之术”“权威”等字，从而解释了概念。

可见，与初中生相比，高中生的笔记意识明确，笔记策略主动灵活、形式多样。在多媒体环境下，学生在教师的指导下，灵活运用符号、批注等速记法，择要记录，从而克服课件容量过大、翻页过快的问题，形成一套完整的笔记策略。

高中物理概念教学的有效性研究

张　翊

摘　要:本文认为,进行物理概念有效教学的关键是让学生成为概念学习的主人,让学生真正参与到概念的建构过程中来;教师的指导要根据物理概念的特点及学生的情况有针对性地进行。在反思以往物理概念教学的基础上,本人在物理概念教学实践中进行了研究和总结,认为通过三个方面的实施可以有效提高高中物理概念教学的效率。

关键词:物理概念　有效教学

物理概念不仅是物理基础知识的重要组成部分,而且也是构成物理规律、建立物理公式和完善物理理论的基础和前提。物理概念的抽象性及高中生认知结构中的一些缺陷,构成了学生学习物理概念的障碍。

一、巧设实验,引发冲突

为了让学生主动进行比较、建构,直到揭示概念的本质属性,设计一个好的实验是基础。通过实践,本人认为以下三种类型的实验最有效:

(一)直觉——实验型

高中学生在遇到问题时,往往是凭直觉经验,想当然地进行推理判断。根据学生的这一特点,让学生先做出判断,然后再用实验验证,当实验的现象出乎学生的意料时,直觉的判断与实验事实之间的强烈对比,必然引发学生去积极思考。

【实验 1】按如图所示电路连接,然后让两位学生手牵手分别抓住 a、b 两端,让学生们猜想闭合 s 会怎样?再猜想当 s 断开又会怎样?接着教师闭合 s,过一会又断开 s。这时参与实验的两位同学会突然甩手说,有电击的感觉。

学生猜测之后就急于想知道实验的结果,此时学生的注意力会高度集中。当 s 断开时,反而被电击,出乎意料的实验事实迫使学生去思考,接着引导学生建构“自感”概念就是水到渠成的事了。

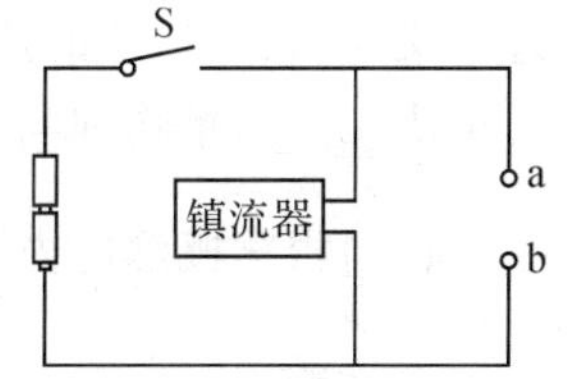

(二)已知——实验型

随着学生的学习,知识的丰富,认识水平的提高,要求掌握的物理概念的抽象性、精确性也在不断提高。当面对新问题,学生往往习惯于用已知的旧概念进行分析。为了完善学生原有的概念结构,设计实验时必须设法突出与原来知识的不同之处,用明显的实验现象引发认知冲突。

【实验 2】 按下图所示连接两电路,同时接通电源,对比 A,B 两灯的亮度。结果 A,B 两灯的亮度明显不同,学生利用已有的恒定电流的知识就无法分析这一现象了。

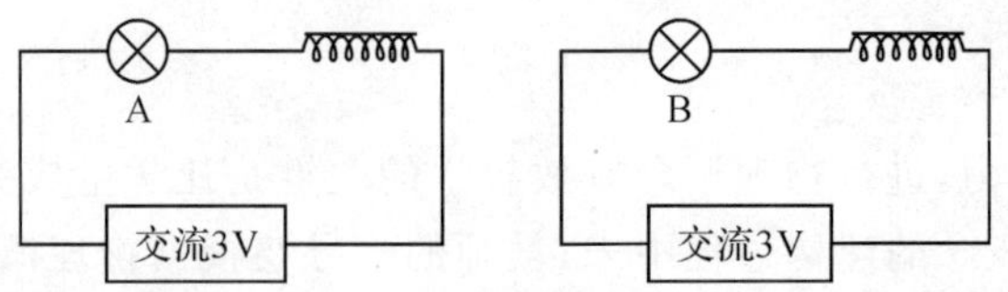

这时,引导学生对电路进行比较,启发学生用电磁感应的知识分析,进而建构"感抗"这一概念。

(三)实验——实验型

这是前后两个现象互相矛盾的一组实验。教师首先做一个学生用以前的知识可以分析的实验,第二个实验与第一个实验类似,但实验现象与第一个实验截然不同。利用这样一组矛盾的实验打破学生原来的思维平衡态,激起学生反思自己的概念结构,引发认知冲突。

【实验 3】 将两个光亮的铁球出示给学生看,将一个铁球浸没在盛有清水的烧杯中,用台灯从侧面照射。为什么铁球光亮如初?画出大致的光路图。再将另一个铁球置于烛焰的内焰进行熏制,全部熏黑后,将熏黑的铁球也浸没在盛有清水的烧杯中,在水中熏黑的铁球变得比原先浸入的更亮。

这时,学生大惑不解,接着教师引入"全反射""临界角"等概念,学生就会更加主动地去学习。实践表明,这样前后矛盾的实验现象更能引起学生的思维活动。

实践中发现,教学中实验不在于多,而在于实验能否真的牵动学生的思维,即实验能否让学生直面错误概念,引发认知冲突。

二、解决问题,巩固概念

了解学生对概念掌握的情况,可以从以下三个层次来检查:(1)是否明确概念是从哪些客观事物中抽象出来的;(2)是否明确概念反映了事物的什么本质属性和联系,物理意义是什么,适用的范围如何;(3)是否能应用概念说明、解释一些有关的物理现象,并解决一些简单物理问题。

(一)根据概念的内涵与外延设问

概念的内涵既反映了物理对象某种属性的"质",又反映了物理对象某种属性的"量"。概念的外延即概念的适用范围,是指概念所反映的具有某一属性的一类现象或事物。根据概念的内涵与外延设问有利于学生对概念本质的理解。

(二)根据概念的特征设问

物理概念因它在物理学中的地位和作用的不同,各有自己的特殊性质。在教学中,可分类如下表:

特　征	例　子
固有特征	质量、重力加速度、电动势、磁感应强度、电容、折射率等
方向特征	力、速度、冲量、动量、磁感应强度等
状态特征	压强、体积、温度、机械能、势能、动量
过程特征	功、热量、冲量、(状态的)变化量等
相对特征	位移、速度、功、动量、动能、势能等
统计特征	气体压强、分子平均动能、半衰期、德布罗意波长等

可以根据不同物理概念的不同特点设置问题。例如,针对“电场强度”是反映电场本身固有属性的一个物理量,就可编撰下列一组问题:

(1)在电场中的P点放一个2.0×10－8库仑的点电荷,它受到的电场力是4×10－10牛顿,P点的场强是多大?假定在P点改放一个8×10－8库仑的点电荷,P点的场强是多大?如果在P点不放电荷,P点的场强是多大,为什么?

(2)关于电场强度的概念,下列说法中正确的是:

A.由E＝F/q可知,电场中某点处的电场强度跟放在该点的检验电荷所受的电场力成正比。

B.由E＝F/q可知,电场中某点处的电荷所受电场力总是跟电荷电量成正比。

C.放入电场中某点处的电荷所受的电场力越大。则该点处的电场越强。

D.放入电场中某点处的单位电荷所受的电场力越大,则该点处的电场越强。

E.由公式E＝F/q可知,E与Q成反比;由公式E＝Kq/r2可知,E与q成正比。可见这两个公式是不相容的。

F.放入电场中某点处的检验电荷的电量改变时,电场强度也随之改变;将检验电荷拿走,该点处的电场强度就是零。

这些问题很容易把学生对电场强度的模糊认识暴露出来。有的学生硬套公式E＝F/q,有的学生则以为“q变F就变,E也随着变;没有q,F就不存在,场强也就消失了”。澄清了学生对这一概念的模糊认识,便会形成正确的电场强度概念。

对于相似概念也可以从它们各自不同的特点出发,进行比较。

例如,在学习“冲量”的概念后,求水平面上运动的物体在某一段已知时间内重力和支持力的冲量。对此问,许多学生凭直觉就认为两个力的冲量都是零,理由是竖直方向上的重力和支持力对水平方向上物体的运动没有贡献,这显然是把“功”的概念移植到计算“冲量”的问题中来了。

为此,在学生学习“冲量”的概念以后,就有必要设置问题,让学生对“功”和“冲量”这两个物理量各自的特点进行比较。

(三)在开放的情景中设问

在开放的情景中设问,就是在一个物理情景中,没有明确指出用什么物理概念进行分析,或没有“完备的条件”和“固定的答案”的问题,这就要求学生在全面理解物理概念的基础上,进行正确选择和分析。例如:某单色光源发出的光通过一个小圆孔,在光屏上会出现什么现象?因为孔的大小未限定,随着孔的尺寸变小分别会出现:圆形光斑;光源的倒像;衍射条纹。通过分析学生对“光线”“光的衍射”等概念的理解就会更全面,更能抓住这些概念的本质属性。这类试题尽管在正式的考试中不一定出现,但是它在巩固概念,提高能力方面很有效,适合于实际的教学。在教学中,编拟这类问题的主要方式有以下两点:

(1)以实际情境编制问题。可以以现代科学技术新成果(如人造卫星、纳米技术、磁悬浮列车等)为背景,也可以某个社会热点或身边的物理现象为背景编制问题。

例1:2007年10月24日19时09分,嫦娥一号卫星发射成功,总里程100多万公里、时间为两周左右的漫长“嫦娥”奔月旅程开始了。除这种奔月方式外,你认为还有其他方式吗?

例2:2007年11月7日8时34分32秒,嫦娥一号卫星主发动机关机,第三次近月制动结束。当490牛顿的大马力发动机成功关闭之后,目标轨道和现实轨道重合。

如果减过快或速度减得不够,卫星会怎样运动?为了在预定轨道上运动,要测量哪些数据?

(2)以虚拟情境设置问题。理想化方法是科学研究中常用的思维方法,各种理论与物理概念的建立往往是利用理想化方法的。利用虚拟的问题情境来设置问题,对于理解物理概念和激发学生的想象力是十分有益的。

例:简要说出生活中哪些地方要利用静摩擦力。假如没有静摩擦力,将会变成什么样子?

三、做概念图,建构网络

概念图是表示概念和概念之间相互关系的空间网络结构图。概念图包括概念、分支和层次、概念间的连接线和连接语、例子等几部分。概念图的制作可以用纸和笔,还可用专门的绘图软件(如 inspiration)。

虽然概念图的制作没有严格的程序规范,但要制作一个较完整的概念图,一般有以下几个步骤:(1)选取一个熟悉的知识领域,罗列出尽可能多的概念;(2)确定关键概念和概念等级;(3)初步拟定概念图的纵向分层和横向分支;(4)建立概念之间的连接,并在连线上用连接词标明两者之间的关系。

学生刚刚接触概念图或者面对比较复杂的知识结构时,由教师制作出模板,学生按照模板完成内容。概念结构较简单的内容,由老师提供编有序号的一系列概念,让学生自己动手,根据自己对知识的理解构造概念图。画图时可以只写序号,基本完成后,再在序号后写上相应的概念。下图就是学生根据模板制作的一个关于运动的概念图。

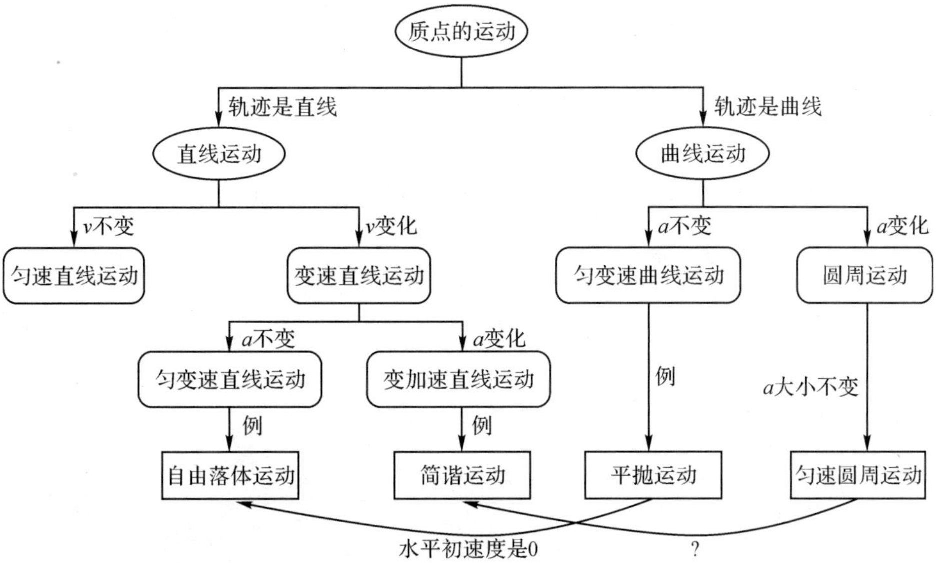

学生很容易学会概念图制作，也十分愿意接受。首先，它方式新颖，可以提高学生参与的兴趣，调动学生积极思考；其次，操作简单，容易成功，学生有成就感；另外，答案不唯一，学生可以从他人的概念图里发现自己没有想到的东西。

通过制作概念图可以促使学生积极动手和思考，使他们能够从整体上掌握基本知识结构和各个知识间的关系；通过制作概念图，可促进新旧概念的整合，形成概念网络；随着知识的积累，网络的编织将更加完整。

教师反思篇

JIAOSHI FANSI PIAN

新范式背景下教师撰写反思型教学日志的实践与研究

课题组

摘　要：本课题研究是以我校当前全面推进的“二案一式”学习范式为基点，旨在通过教师教学实践中的实效反思行为，强化教师的教学反思意识，借以改进与完善该学习范式。反思型教学日志分为三大板块，即教学前日志、教学中日志和教学后日志。研究实践证明，教师撰写反思型教学日志，对师生树立反思意识、优化教学效益是卓有成效的。

关键词：“二案一式”　教学新范式　反思型教学日志

一、课题的现实背景

（一）“二案一式”面临瓶颈：亟待突围

“二案一式”学习新范式是我校于2010年正式规划并实施的学校科研课题，经过近三年的探索与实践，如今业已形成相对成熟的操作规范。该范式的成熟在一定程度上也意味着其临近“高原期”。要突围“高原”破解“瓶颈”，必须不断地研究与改进。我们选择了基于教师教学行为改良的“反思型教学日志”这个抓手，将该范式经常性地处于研究状态，并把这种研究状态的主动权交给广大的一线教师。

（二）“转型教师”教学行为：亟待改进

我校205名专职教师中，中高级教师比例偏高，名优品牌教师不少，师资结构呈现“倒金字塔”式的特点。随着时代的发展，许多资深教师的教育教学理念并未跟随时代的发展而同步更新，或者教育观念的认同并未促使其教学行为的真正改变，其长期积淀的所谓教学经验从某种程度上说，已经成为新教育形势下的教学障碍。破解资深教师的“经验障碍”和青年教师的“经验不足”两个问题，用科研的手段来更新和改进我校“转型期”教师的教学理念和教学行为势在必行。

（三）“反思常规”存在误区：亟待解决

在教学常规的检查过程中，我们发现许多教师的教学反思存在着三大问题。一是假思，不少教师把写教学反思看作是一种额外的负担应付完成。这种“假反思”有反思之名却无反思之实。二是浅思，从反思的深度上看，很多教师的反思停留在较浅层次，多感性的叙述，少理性的思考，多术语的套用，少深入的分析。三是泛思，一些教师的反思讲究面面俱到，从教学理念到课堂行为，从教学方式到多媒体使用，从课前预设到动态生成，乃至课堂上学生的一颦一笑，事无巨细，无所不到，篇篇如此，缺乏针对性和系统性。

二、核心概念解说

反思型教学日志是教师专业发展的一个有效载体，是教师对自己经历的教学活动予以记录、梳理、归纳、评价，借助反思的手段诊断并解决教学中存在的问题，从而不断更新教学理念，改进教学行为，提升教学质量，促进专业成长。在具体的操作过程中，我们又将其细分为“教学前日志”“教学中日志”和“教学后日志”三个板块。教学前日志指的是以中医问诊的方式，紧扣“望、闻、问、切”，把在备课过程中听到的、看到的、想到的详详细细地分条写出来。教学中日志指的是以教学叙事的方式，认真梳理课堂教学中的“三个一”，即“一组最难忘的场景”“一个最遗憾的问题”和“一处最成功的生成”。教学后日志指的是以科研反思的方式，客观理性地对课堂教学进行“增效评估”“选点反思”和“二度设计”。

三、课题研究的内容

（一）“反思型教学日志”的模型构建

我校创设的“反思型教学日志”模型，将课前、课中和课后作为三个反思视点，分别用不同的思路引导教师进行科学反思。课前反思强调“中医诊断”，课中反思强调“教学叙事”，课后反思强调“课题研究”。

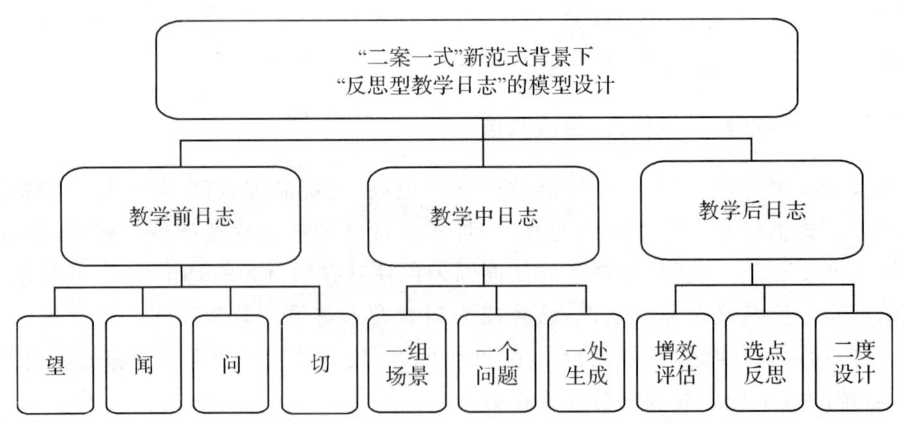

图1 “反思型教学日志”模型

(二)“反思型教学日志”的操作策略

1. 教学前日志

以中医问诊的方式，紧扣“望、闻、问、切”，把在备课过程中听到的、看到的、想到的详详细细地分条写出来。行文格式如表1所示。

表1

拟授课班级		记录时间	
拟授课内容		记录人	
教学前日志			
望			
闻			
问			
切			
最好的教学行为，不是因为它新颖或古老，而是因为它适合。			

“望”，就是研读《课程标准》、《考试大纲》、模块教学要求、单元教学要求、教材内容等纲领性的文献。

“闻”，就是在备课组“头脑风暴”活动中倾听备课组同仁的意见和建议。

“问”，就是通过利用导学案进行课前预学或与个别学生交流的方式，问诊学生的学情。

“切”，就是在梳理、整合多方信息的基础上，合理有效地切分教学内容，调整教学设计。坚持“增”(新加内容，如补充材料或主题活动、实验操作等)，“删”(删除重复的、不符合标准的或不必要的内容)，“换”(更换不合适或不合理的内容)，“合”(整合不同知识点或不同学科的内容)，“立”(打破原来学科内容的次序，开发全新的内容)。

2. 教学中日志

以教学叙事的方式，认真梳理课堂教学中的“三个一”，即“一组最难忘的场景”“一个最遗憾的问题”和“一处最成功的生成”。行文格式如表2所示。

表2

授课班级		记录时间	
授课内容		记录人	
教学中日志			
一组最难忘的场景			
一个最遗憾的问题			
一处最成功的生成			
尽可能地从学生的角度看问题，这样做看起来似乎有些难，但却是解决问题的一把钥匙。			

一组最难忘的场景:在教学过程中,让教师最觉愉悦,与学生联系最密切、最投入的教学时刻在哪里?这应该是教学日志中最多的内容。事实上,我们看教学杂志,很多教学文章都是由此而发。有时从课堂下来,教学流程中的佳境、师生思维撞出的火花,常常让人兴奋,这些绝妙的可遇而不可求的教学情境一定要及时记下,一旦疏忽,过后即忘。

一个最遗憾的问题:教学中有没有让自己感到最不投入或最厌烦的时刻?教学显得不够机智灵活、失败的教学感觉,或是让教师感到焦虑的情形,这或许是每一位从教者都经历过的。思考一个最遗憾的教学问题很有必要,它能为教者积累教学心得。思考时要注意设想:如果重试,将会怎样做?

一处最成功的生成:教学过程与教学预设完全一致几乎是不可能的,教学预设未完成的原因以及教学生成的成败分析也应该是教学日志中记载最多的内容。当反思成为习惯,教师的课堂教学机智也将随之生成。

3.教学后日志

以科研反思的方式,对课堂教学进行"增效评估""选点反思"和"二度设计"。

表3

授课班级		记录时间	
授课内容		记录人	
教学后日志			
增效评估			
选点反思			
二度设计			
区别优秀教师和平庸教师,不在于教师是否犯错误,而在于他能否通过反思把教育失误变成教育财富。			

增效评估:围绕"三维目标",依托学校的"课堂教学评估量表",对自己的课堂教学进行绩效评估,并做好日志记录。

选点反思:回顾"教学前日志"和"教学后日志",筛选最有价值的一个点来进行教学反思,撰写案例。

二度设计:自省前一课时教学的成功点、失败点、疏漏点,努力寻求下一次同课教学的再生点、增长点,撰写二度教学的简案。

(三)"反思型教学日志"的运行思路

为切实保障课题的有序、有效推进,课题组建立起了较为全面的研究保障体系。概括起来讲,就是"两大引领""三个阶段"和"四项服务",如图2所示。

两大引领,即通过"校本培训""骨干示范"的方式,创设生态化的课题环境。

三个阶段,即通过"初期建构""中期修正"和"后期定型"的步骤,分步建立实践的运作模式。

四项服务,即通过"订阅专业书籍""链接数码港湾""提供基本范式"和"搭建交流平台"等服务,提供教师需要的研究基础。

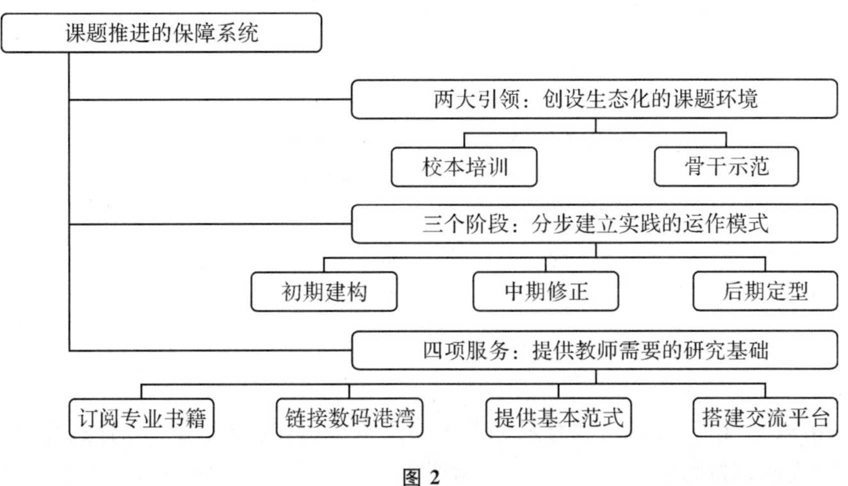

图 2

四、研究成效

(一)教师:自觉的反思意识已经形成

我们采用了“行政驱动—教师自觉”的双轨制运行管理模式。重新创制“萧山五中新范式备课本”,将反思型教学日志作为备课的重要内容,将反思型教学日志的检查列入备课本检查的重要内容。行政驱动让广大教师养成了良好的撰写反思型教学日志的习惯,随着时间的推移,写日志已经成为大部分教师的自觉行为,教学反思意识明显提高,备课组教研活动中的研究氛围更加浓厚。

(二)学生:反思型学习习惯逐步养成

学校创制“萧山五中学生纠错反思录”,该反思录有固定格式,包括“易错序列”“错题来源”“原题错解”“习题正解”“错因分析”和“反思拓展”等栏目。学校定期开展优秀“纠错反思录”展评,指导并帮助学生树立反思型学习意识。两年的运行实践,学生科学归因自身学习的意识明显增强,反思自身学习的行为更加实在,学习效率得到了有效提升。

(三)学校:新范式管理模式走向成熟

我校自 2010 年推行“二案一式”新学习范式至今,不断地经历着“模型构建—研究反思—范式重构”,在这个过程中,广大教师撰写的反思型教学日志,持续性地将我校推行的“二案一式”新范式教学放置于研究的状态之中,既有对我校“二案一式”宏观构架的“拷问”,也有对“二案一式”操作模式下微观教学细节的思考。

机智对话促学生思维发展

沈　良

“对话教育”由巴西著名教育家保罗·弗莱雷提出，其释义为：“教育具有对话性，教学是对话式的，对话是一种创造活动。”数学教学更是离不开“对话”，因为数学是一门思维学科，数学教学是思维活动的教学，数学课堂是动态思维场。通过对话能促进师生、生生间思维交流，数学课堂因为对话而更加生动、活泼、灵气。那么数学教学中如何有效开展对话，从而更好地促进学生思维发展呢？在此，笔者结合“函数奇偶性”第一课时课堂教学，谈一些想法，不当之处请指正。

一、精心设问——对话的动力

数学科学的起源和发展正是由问题引起的，有目的地认识、理解和发现问题是人类思维的独特本能。正是基于思维与问题的关系，可以发现对话的启动便是问题，在教师对问题的精心设计之下，学生积极参与并探究问题，并通过对话的方式展开研讨。

【实录1】 函数奇偶性研究线索探讨

（函数奇偶性怎么研究？是按部就班地开展下去，还是让学生先把握研究思路，进而再细致展开研究。显然，应当是先宏观认识再由具体到抽象的微观研究。故笔者设计了如下问题，开展对话。）

师：函数奇偶性作为函数的一种性质，该怎样研究呢？

（此时学生表情似乎有些茫然，的确，函数奇偶性概念都未知，何来研究。）

师：但我们想，奇偶性它作为函数性质的一种，它的研究是不是可以借鉴函数单调性呢？所以，同学们不妨回顾一下看，函数单调性是怎样研究的？

（学生似乎豁然开朗，研究似乎有着力点了。一番回顾之后，学生回答。）

生：是借助于函数图像，研究自变量大小与函数值大小关系。

师：那么是借助于什么样的函数图像呢？

（如此设问，主要是让学生体会特殊到一般的思想。）

生：一次函数、二次函数等。

师：嗯，的确，我们在研究单调性时，正是从我们熟知的函数图像，由特殊到一般的方式去研究的。研究过程如下（PPT展示）：生活实例→几何直观→定义抽象→判断应用。同时，函数单调性的关键在于研究自变量与函数值对应关系。事实上，函数奇偶性也是基于此展开探索的。

尽管概念是未知的，但通过类比迁移，使学生对问题研究的一般方法有个框架，并不失时机地渗透数学思想方法（特殊到一般、数形结合等）和研究视角（自变量与函数值关系），故而优化学生知识结构。数学课堂学习是从问题开始，问题是数学课堂教与学活动的逻辑起点。提出问题后，解决问题成为探索活动的主题，可以说提出问题和解决问题是数学课堂学习活动的主要形式。当然，不同问题属性也体现着不同功能。实录1中“函数奇偶性作为函数的一种性质，该怎样研究”是一个元认知提示性问题。元认知提示性问题旨在积极唤醒学生对自己认知加工过程的反省，激起学生的元认知监控，及时根据反馈信息修改自己的假设，搜寻出合目的性的思维方向。

二、巧妙点拨——对话的诊断

数学思维是解决数学问题的心智活动，总是指向于问题的变换与解决，学生于对话过程中，不断逼近解决问题的目标。通过对话，以达到教师对学生认知状态的了解，并依据实际，做出导引。又因对话过程中，问题情境总是具有一种动态生成性，随着对话的不断深入，问题的情境、学生展露的思维也在不断地变化，故引导具有动态性，教师依时局而动，呈现预设之上的精彩生成。

【实录2】既奇又偶函数的探究

（类比于课堂中已探究过的偶函数、奇函数、非奇非偶函数，此时抛出问题“是否存在既奇又偶函数”引导学生思考，极大地激发了学生的求知欲，学生跃跃欲试。学生两分钟思考后回答如下：）

生：存在，$f(x)=0$。

师：那么从函数三要素来考虑，$f(x)=0$ 这个函数定义域是什么？

（往往在学习函数中，定义域是学生容易忽视的一环，在此予以辨析。）

生：R。

师：倘若定义域变为$(-1,1)$呢？

生：好像也可以。

师：所以你的结论是……

生：$f(x)=0$，且定义域关于原点对称的函数，这样的函数有无穷多个。

师：那么，老师想问问你，为什么 $f(x)=0$ 呢？难道就不能有其他解析式，你能否给出严格推理呢？

（事实上，学生说出 $f(x)=0$ 是介于直觉与理性思考之间。抛出这样的问题，学生先是支支吾吾，后来通过一阵笔算，提出了以下见解。）

生：我考虑这个函数需要满足奇偶性，该满足两个条件：$f(-x)=-f(x)$，$f(-x)=f(x)$，从而 $f(x)=0$。

师：该同学回答得非常好，通过奇偶性，巧得方程组解决问题。事实上，在解决奇偶性相关问题中，很多时候抓住奇偶性结构式能帮助我们巧妙解决问题。

此次对话展现了学生两个自我修正过程：(1)由教师点拨使学生由对定义域的忽视，到学生自主完善知识体系，实现学生自我纠正；(2)由教师引导学生推理证明，让学生以理服人，从而使学生对函数 $f(x)=0$ 的认识由感性转化为理性。

三、多元呈现——对话的方式

对话的重要目的在于展现学生思维、激发学生思维、发展学生思维。而课堂是众多学生的课堂，在这个系统中，每一个个体都是鲜活的，呈现出来的思维也是异常丰富的。课堂中应采取多元呈现方式，更好地实现学生参与度，通过一种立体多面的交流方式，更好地实现对话的教育功能。

【实录3】 奇偶函数定义域性质探究

（对于具有奇偶性的函数定义域的探究，课堂中笔者是以以下问题为线索来展开研究的。）

师：函数 $f(x)=\dfrac{2x^2+2x}{x+1}$ 的奇偶性如何？

（思考两分钟后，学生开始回答。）

生：我觉得 $f(x)$ 应该是奇函数，因为 $f(x)$ 化简后为 $f(x)=2x$。

（显然，学生忽略了定义域的思考，同时还停留于自认为正确的化简中。此时教师不急于去纠正学生错误，而是请其他学生谈谈观点。）

师：其他同学赞成他的观点吗？

生（群）：嗯。

（似乎班级大部分同学都非常赞成他的观点。）

生：老师，我不太赞成他的观点。我觉得 $f(x)$ 不是奇函数。

师：为什么？

生：因为定义中要对定义域内任意 x 均有 $f(-x)=-f(x)$ 才称之为奇函数。而事实上，$f(1)\neq -f(-1)$，因为 $f(-1)$ 根本不存在。

（此时其他同学似乎有所领悟。他们发现似乎缺少了对定义域的思考，缺少了对 $x\neq -1$ 情况的研究。教师继续追问。）

师：那它会是个偶函数吗？

生：同样因为 $f(-1)$ 不存在，所以 $f(1)\neq f(-1)$，故不是偶函数。

师：很好，这样的函数我们便可称之为“非奇非偶函数”。从上述判断中，我们可以发现，对于奇偶函数而言，其定义域该有什么特征呢？

生：应该对称吧？

师：对称，关于什么对称呢？

生：关于原点对称。

可以看到，以学生思维去感染学生思维，有时其效果可能比教师单一的说教、比单一的师生间对话要来得有效丰富。通过问题“其他同学赞成他的观点吗”启发学生思考，而相对优秀学生的精彩回答，往往更能引起认知冲突、启迪学生思维、达成同伴引领学习的目标。

四、立足生思——对话的基础

对话过程中，教师不能为了赶进度忽视了学生所谓的错误的观点，教师不能将自我的正确的观点强加于学生而忽视学生的真实思维。对话，应立足学生思维、依据实际情境，灵活多变地展开。事实上，学生的真实思维、学生的所谓错误观点，恰恰是课堂宝贵的生成性资源，恰恰是课堂的立足点，利用好了这样的教育契机，才能真正体现有效引导，发展学生思维。

【实录4】图像对称性引入

（在函数奇偶性教学中，笔者用生活中的一些图片：如蝴蝶、埃菲尔铁塔、八卦图等进行引入，试图通过图片让学生去发现“对称性”。）

师：从这一系列图片中，你能发现什么特征呢？

生：我感觉这些图片都是可以由变换得到。

（照理说问题不难，但学生如此的回答，与笔者预设的答案、与本堂课将要研究的问题似乎有些距离。但笔者又为学生得出这样的答案而高兴，的确看问题的角度不同，结论自然有所不同。）

师：那么你倒说说看，这只蝴蝶的图像可由怎样的变换得到呢？

生：可以由左边部分对称到右边部分。

师：从左边对称到右边，这是一个动态的过程，那么从静态的一整张图片来说，该图片具有怎样的性质呢？

生：轴对称。

师：很好，八卦图呢？

生：可由白的部分旋转180°得到，它应该是中心对称图形。

师：很好，该生为我们展现了这些图片动态与静态两个方面。而今天这节课我们将着手于对图像静态性质的研究。

看似显而易见的答案，学生却另有视角，此时，教师不应急于否定学生观点，而应积极挖掘学生思维中的合理成分再去修正倘若不存在的合理成分。上述学生回答中，对图像对称性的描述用了“变换”一词，着重于动态的描述，具有合理性，又和我们课堂想研究的问题有些距离，所以，教师要做的是有效引导，正所谓：“道而弗牵，强而弗抑，开而弗达。”

一次成功的对话，当是“精心设问”“巧妙点拨”“多元呈现”“立足生思”的综合体现。精心设问，是对话的基石与线索，是学生探究的动力所在，只有有效设问，方能有效探究、有效对话。一次成功的对话，当是师生间的精彩互动与智慧的交流。数学课堂是数学思维展现、形成与发展的课堂，在数学课堂中会感受到不同思维结果的碰撞。对话过程中，师生以语言等媒介促成彼此交流沟通、思维升华。一次成功的对话，当是展现教师教育智慧的良机。往往，教师的机智与否决定了对话的成功与否。故教师需不断修练内功，不断提高对话艺术，充分发挥教师机智。

《椭圆及其标准方程》教学设计与反思

余方明

一、教材及学情分析

本节课是人教 A 版高中数学选修 2—1 第二章第二节《椭圆及其标准方程》的第一课时。解析几何是数学一个重要的分支，它沟通了数学中数与形、代数与几何等最基本对象之间的联系。在必修 2 第三、第四章中学生已初步掌握了解析几何研究问题的主要方法，并在平面直角坐标系中研究了直线和圆这两个基本的几何图形，在本章，教材利用三种圆锥曲线进一步深化如何利用代数方法研究几何问题。由于教材以椭圆为重点说明了求方程、利用方程讨论几何性质的一般方法，然后在双曲线、抛物线的教学中应用和巩固，因此“椭圆及其标准方程”起到了承上启下的重要作用。

本节内容蕴含了许多重要的数学思想方法，如数形结合思想等。因此，教学时应重视体现数学的思想方法及价值。根据本节内容的特点，教学过程中应充分发挥学生动手探究以及信息技术的作用，用动态作图提升学生的数学探究能力与数学思维能力。

二、教学目标分析

按照课程标准与学科指导意见(2012 版)的要求，根据教材分析和学情分析，确定如下教学目标：

1. 知识与技能目标

(1)了解椭圆的实际背景，掌握椭圆的定义；

(2)掌握椭圆的标准方程，在化简椭圆方程的过程中提高学生的运算能力。

2. 过程与方法目标

(1)经历椭圆概念的产生过程，体会椭圆在刻画现实世界和解决问题中的作用。学习从具体实例中提炼数学概念的方法，由形象到抽象，从具体到一般，掌握数学概念和数学本质，提高学生的归纳概括能力；

(2)巩固用坐标化的方法求动点轨迹方程；

(3)对学生进行数学思想方法的渗透，培养学生具有利用数学思想方法分析和解决问题的意识。

3.情感态度与价值观目标

(1)充分发挥学生在学习中的主体地位,引导学生活动、观察、思考、合作、探究、归纳、交流、反思,促进形成研究氛围和合作意识;

(2)重视知识的形成过程教学,让学生知其然并知其所以然,通过学习新知识体会到前人探索的艰辛过程与创新的乐趣;

(3)通过对椭圆定义的严密化,培养学生形成扎实严谨的科学作风;

(4)通过经历椭圆方程的化简,增强学生战胜困难的意志品质并体会数学的简洁美、对称美;

(5)利用椭圆知识解决实际问题,使学生感受到数学的广泛应用性和知识的力量,增强学习数学的兴趣和信心。

三、教法分析

新一轮深化课改倡导"学为中心,教学生学"。要求教师成为学生学习的引导者、组织者、合作者和促进者,使教学过程成为师生交流、积极互动、共同发展的过程。本节课采用让学生动手实践、自主探究、合作交流及教师启发引导的教学方法,按照"创设情境——学生实验——意义建构——形成理论——知识应用——回顾反思——巩固提高"的程序设计教学过程,并以多媒体手段辅助教学,使学生经历实践、观察、猜想、论证、交流、反思等理性思维的基本过程,切实改进学生的学习方式,使学生真正成为学习的主人。

四、教学基本流程

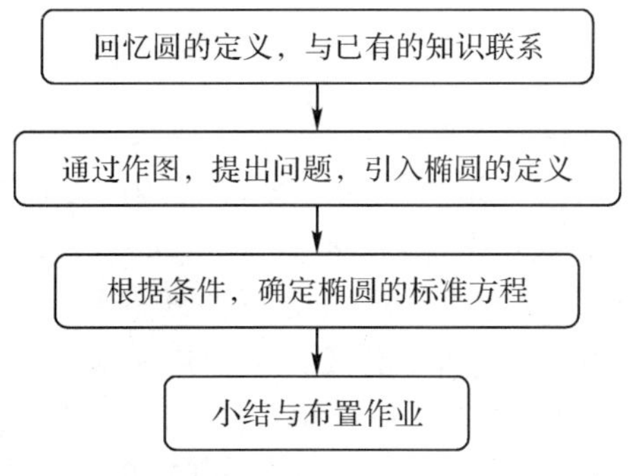

五、教学过程

(一)探索引入

【问题 1】回顾圆的定义,让学生用准备好的工具画圆。将圆心分开变为两个,绳子两端固定在这两个定点上,用笔钩住绳子,将会画出什么样的曲线呢?

师生活动:由学生动手实验,并说出圆的定义;师生一起画图,得到一个压扁的

“圆”——椭圆;教师演示课件:拱桥、橄榄球、天体的运行轨迹等。

设计意图:学生动手画圆,结合图形,重现思维轨迹,为椭圆的学习做好铺垫。提出新的问题,激发学生的好奇心,引发学习兴趣。让学生领略到数学的美,认识到数学与生活息息相关。

(二)概念形成

【问题 2】在运动中,椭圆上的点所满足的几何条件是什么?应该如何描述动点 M 所满足的几何条件?

师生活动:引导学生分析实验,发现两个确定的量——定点及绳长,变动的量——笔尖(即椭圆上的点)。再次演示画椭圆的过程,引导学生发现规律:椭圆上的点到两个定点的距离之和总是等于绳长。写出动点 M 所满足的几何条件的点的集合:$P=\{M||MF_1|+|MF_2|=2a\}$。明确椭圆的定义:平面内与两个定点 F_1,F_2 的距离之和等于常数 $2a$($2a$ 大于 $|F_1F_2|$)的点的轨迹叫作椭圆。这两个定点叫作椭圆的焦点,两焦点的距离叫作椭圆的焦距。

设计意图:让学生体会类比思想,整理实验,归纳抽象成数学问题。

(三)性质研究

【问题 3】在绳长相同的情况下,为什么画出的椭圆有圆有扁呢?如果只改变绳长,而不改变 F_1,F_2 的距离,又会出现什么结果呢?

师生活动:改变原有的两定点的距离画椭圆并观察图形,大家有什么发现?如果定点的位置相同,只改变绳长,椭圆又有什么变化?

设计意图:使学生认识到椭圆的形状受到两定点 F_1,F_2 的距离的影响。使学生进一步认识到椭圆的形状也受到绳长的影响。

(四)方程形成

【问题 4】椭圆与两定点位置及给定线段长有关,是否给定了线段长和两定点位置就一定能做出椭圆呢?怎样建立适当的坐标系,求椭圆的方程呢?

师生活动:共同探讨,并演示课件,展示 $2a>2c$,$2a=2c$,$2a<2c$ 三种不同情形的轨迹。引导学生讨论如何建立坐标系。通过分析曲线的特征——对称性,得出以线段 F_1F_2 的中点为原点,以 F_1F_2 的垂直平分线为 y 轴建立直角坐标系,设 $M(x,y)$ 是椭圆上任意一点,椭圆的焦距为 $2c(c>0)$,那么焦点 F_1,F_2 的坐标分别是 $(-c,0)$,$(c,0)$。又设点 M 与 F_1,F_2 的距离的和等于常数 $2a(2a>|F_1F_2|)$。由定义可知,椭圆就是集合 $P=\{M||MF_1|+|MF_2|=2a\}$。$|MF_1|=\sqrt{(x+c)^2+y^2}$,$|MF_2|=\sqrt{(x-c)^2+y^2}$,$\sqrt{(x+c)^2+y^2}+\sqrt{(x-c)^2+y^2}=2a$。令 $a^2-c^2=b^2$,则方程可简化为 $b^2x^2+a^2y^2=a^2b^2$,两边同时除以 a^2b^2 得 $\frac{x^2}{a^2}+\frac{y^2}{b^2}=1$,这就是焦点在 x 轴上椭圆的标准方程。

设计意图:温故知新,让学生认识到适当的坐标系有利于化简,也会使所得的方程比较简单。通过类比,让学生写出焦点在 y 轴上椭圆的标准方程,并根据方程分辨椭圆

的焦点在 x 轴或 y 轴上。

(五)参数探究

【问题5】设 $|F_1F_2|=2c$，$|MF_1|+|MF_2|=2a$，找出 a，c，$\sqrt{a^2-c^2}$ 所表示的线段及其关系。

师生活动：学生通过图形进行探究。

设计意图：结合图形，赋予 a，c，$\sqrt{a^2-c^2}$ 以具体的几何意义。

(六)知识运用

1.教材中例1。

2.补充练习：已知椭圆的方程为 $\frac{x^2}{16}+\frac{y^2}{25}=1$，则(1) $a=$________ $b=$________ $c=$________；(2)焦点在________轴上，其焦点坐标为________，焦距为________；(3)若 CD 为过左焦点 F_1 的弦，则 $\triangle CF_1F_2$ 的周长为________，$\triangle F_2CD$ 的周长为________。

六、教学反思

本节课研究椭圆及其标准方程，重点是研究用方程的思想来解决几何问题，是解析几何的精髓，是平面几何问题的深化。这一节课的学习对培养学生数形结合思想、几何问题代数化等几何思想方法及辩证思维能力有着重要的意义。

(1)学生学习新知识必须在知识和经验的基础上自主建构与形成。在学习椭圆之前，学生已经学习了圆，因此本节课一开始即复习圆的定义，以旧引新，进一步探索椭圆的定义。在学生的“最近发展区”鼓励学生自由思考，自主发现，自由讨论，使学生通过动手画图，观察探索、归纳总结得出新结论。这正是新的课程标准所倡导的重视学生的自主探究能力的体现。

(2)学生的学习是在教师引导下进行的有目的的学习，教学的过程就是在教师控制下的学生自主学习和合作探究学习的过程，因此在教学中，我既留给学生充分思考与探索的时间与空间，又严格限定时间，由此培养学生思维的敏捷性，提高课堂效率。

(3)课堂上，运用板演、相互交流、相互检查等方式，让学生开展合作学习。延迟判断，不把结论抛给学生，注重学习过程中学生的主动研究。同时不失时机地对学生进行美学教育，联系实际，激发学生学习兴趣；课后小结时，把解决问题的过程算法化，这有利于学生理清解决问题的思路和规范解决问题的程序。

寻求本色的鉴赏

——《念奴娇·赤壁怀古》教学设计及反思

童桂香

一、整体设计反思

本设计由五个板块组成，主体的板块有三个，分别是诵读文本，整体感知；研读鉴赏，理解内涵；主题探讨，各抒己见。为什么做这样的设计，主要基于以下认识：(1)什么是本色的鉴赏？这是我一直在思考的问题，本设计中关注诵读，关注学生的自主解读，关注合理的适度的拓展，关注鉴赏中的争论，这些都是我以为的本色鉴赏应该有的特征。(2)学生是课堂的主角。一堂课的成功与否，主要看学生是否深度地参与，因此，教学设计时，一定要留足学生自主活动探究的空间。(3)学生既是教学内容的学习者，又是教学内容的现实生成者，只有通过学生体验和感悟，文本才真正实现了它的课程价值。在教学中学生的品赏也许不到位，也许太肤浅，但其中闪烁的灵动的光芒，是值得我们去思考的。试想，以往的教学中，我们关注过这一点吗？我们备课备过这一点吗？这难道不是学生对教学内容的生成？我想，学生的品味、赏析、质疑，都是我们课程的内容。(4)感悟是自觉的内隐活动。"读""品""说"以及学生的积极的审美行为，都是学生一种自觉的内隐活动，学生在反复地玩味、比较、观照、思考、反刍，进而有所收获。

【反思】本节课的终极目标是让学生通过诵读、鉴赏，深度地把握苏轼的人生痛苦和达观的人生态度。因此在知识目标的设置上，主要让学生进行课前的自主收集，丰富知识，为鉴赏提供知识储备，扩大鉴赏的视野。在能力目标上，本节突出了诵读、质疑、探究等能力，多角度、多层次培养学生的自主鉴赏能力，丰富学生的鉴赏素养。在情感目标上，苏轼达观的人生态度，对当今禁不起挫折的学生是一种很好的人生指导。苏轼毕竟是封建时代的文人，消极和积极互存。因此，让学生批判性地吸收前人的精神营养，是辩证的做法。

二、教学过程与方法

(一)诵读文本，整体感知

教师引导：诗词是用来诵读的。老师想安排这样一个活动：同桌对读。一位同学读上篇的时候,另一位同学认真倾听,并指出诵读时候的不足。另一位读下篇时,读上篇的同学就认真倾听,并指出诵读时候的不足。

学生对读交流。

生生读毕后,教师请学生点评一下同桌的诵读。好,好在哪里?不好,又在哪里?要实话实说。

学生评点。

根据学生评点中出现的问题,教师要善于抓住机会,开展教学。

教师也可做示范朗读。

【反思】通过学生对读,一方面是正音,初步体验本词的感情;另一方面是让学生在最本色的环境里实践夏承焘先生的诵读观。

请学生自由朗读,尽量把声音放出来,把豪放的气势读出来。要求:读得有感情,并完成投影上的填空。

学生有感情地自由朗读,读后完成下面的填空(用本词中的相关词、句)。(投影)

诗人
伫立于________________
看到________________
怀想________________
感悟________________

请学生完成填空。

学生回答预测:(1)诗人伫立于赤壁,看到“乱石穿空,惊涛拍岸,卷起千堆雪”,怀想到了“小乔”,公瑾“雄姿英发。羽扇纶巾,谈笑间,樯橹灰飞烟灭”,感悟到“人生如梦”。(2)诗人还怀想到了“千古风流人物”和“一时多少豪杰”。

【反思】这一个环节主要通过跟读、自由朗读,初步体验情感,理清思路,把握本词的大致内容。

(二)研读鉴赏,理解内涵

请学生理解《念奴娇·赤壁怀古》的题目。弄懂词牌名和词的题目。

教师引导:从题目看,这是一首怀古词,“怀古”应该是我们解读这首词的关键了。

教师布置任务:请同桌交流,就本词怀古的内容提出一个问题。这个问题应该是你很想解决,又能代表你解读深度的。

学生同桌交流。教师巡视,并参与交流。

教师选择其中三个小组的问题。学生回答预测:

(1)为什么“怀古”主要怀周瑜?(2)为什么要写小乔初嫁了?(3)诗人写周瑜要表达怎样的情感?

如果学生的问题集中在周瑜这个人物上,那么可以展开以下的教学。

教师引导:三个问题都很关键,而且都是围绕“周瑜”的,那我们先来看看“周瑜”在词中是怎样一个形象?请同学们先读读有关写“周瑜”的句子。

学生如果只读“遥想公瑾当年,小乔初嫁了,雄姿英发。羽扇纶巾,谈笑间,樯橹灰飞烟灭”。教师可以追问，上篇有没有写到周公瑾？

【反思】在这个环节中，教师可以就“人道是，三国周郎赤壁”，提出问题，如把“周郎”改为“公瑾”怎样？或者来一个小拓展，据《三国志》说周瑜“长壮有姿貌”，还说“吴中皆呼为周郎”。小拓展还是对学生的鉴赏理解有帮助的。

教师请学生说说周瑜是怎样一个人？学生可能会有以下回答，教师可能会有的追问和引导：

(1)英俊；(2)雄姿英发；(3)从“羽扇纶巾”可以看出他的从容闲雅。教师引导：你能形象地描述吗？(4)“谈笑间，樯橹灰飞烟灭”表现他很有军事才能，指挥若定。

教师引导：你能想象一下当时的情景吗？

学生回答预测：当时曹操率领八十万大军，布阵江面，气势逼人，周瑜指挥若定，把曹军打得落花流水。

教师引导：同学们好像忽视了“小乔初嫁了”，为什么要这样写？据老师所知，赤壁之战时，小乔可是出嫁十年了。苏轼有何用意？

学生回答预测：(1)我觉得故意这样写是为了映衬周瑜的年轻英俊潇洒。(2)我认为苏轼这样写反思周瑜是个很懂感情的人物。(3)周瑜在生活上的儿女情长，更衬托出他在战场上的大将风度。

教师追问：分析得有道理，情场得意，战场也得意。我们能不能用词中的一个词语来定位周瑜？

学生回答。

教师追问：风流人物到底是怎样的人物？

教师引导：请同学们回忆初中学过的《沁园春·雪》，有关“风流人物”的句子。

学生集体背诵：惜秦皇汉武，略输文采；唐宗宋祖，稍逊风骚。一代天骄，成吉思汗，只识弯弓射大雕。俱往矣，数风流人物，还看今朝。

教师启发：“秦皇汉武、唐宗宋祖、成吉思汗”是不是风流人物？

学生回答预测：秦皇汉武、唐宗宋祖，他们不缺武功，但缺少文才，成吉思汗，更没有文才。

教师引导：那请你为“风流人物”下一个定义？

学生回答预测：风流人物是具有文才武功的人。

教师追问：如果说到文武双全的风流人物，三国英雄曹操是不是？曹操可是文学家、军事家、政治家。为什么苏轼不选曹操做主角呢？

学生回答预测：(1)曹操是赤壁的失败者。(2)曹操的形象不佳，他是个奸臣。(3)周瑜年轻，曹操年纪大了。

教师引导：大家再联系一下苏轼。此时的苏轼又是怎样一个状况？

学生回答预测：四五十岁了，又是被贬到黄州的。

教师追问：现在看看选谁做主角好？

学生回答预测：选周瑜当主角比选曹操做主角更能衬托苏轼的郁闷不得志。

教师启发：苏轼当时已四十五岁，除了文名，功业未成，反而待罪黄州，同三十左右就功成名就又有美人相伴的周瑜相比，内心有难以言说的痛。苏轼和曹操，一个是赤壁的失意者，一个是赤壁的失败者，两个人放在一起是……

教师引导：周瑜，他的青春年少，他的风流倜傥，他的大将风度，这一切比照使得苏轼自感黯然，选择周瑜是对自我人生落寞的一种祭奠。曹操安在？周瑜安在？更何况我这一介贬官呢？面对此情此景，苏轼不禁感叹"人生如梦"。

【反思】在"研读鉴赏"这个板块的设计中，我紧扣这样三个原则：学生鉴赏的自主性、教学过程的开放性和教师的主导性。这个板块探究的主要问题来自学生，我一直认为，阅读教学也好，鉴赏教学也罢，引导学生解决教师提出的问题并不难，更多的时候，这个引导的过程成了学生被动接受的过程，成了"请君入瓮"的"阴谋"。问题从学生中来，能够提出一个问题比解决一个问题的意义更大。因为其中包含的思维量和对思维品质与能力的要求是不一样的，也许学生提出的问题很幼稚，也许会不合老师的心意，但这又有什么关系呢？他的幼稚，正反思他需要教师的引导。真正应该让教师感到可怕的是学生提不出问题。这也代表着我对本色鉴赏的理解。对于这个板块，我比较得意的是两个拓展，也可以说是引进了两个对比的对象，一组人物和一个人物。我一直在想，我们应该怎样拓展？我的拓展观是：让拓展闲笔不闲，本色的拓展。无论是"秦皇汉武、唐宗宋祖、成吉思汗"还是"曹操"，他们都是我课中的"闲笔"，放在那里，有必要时就用，没必要时就不用。比如，"曹操"这一处"闲笔"我储备的内容很丰富，在实际的教学中，可根据教学进程的需要，提炼出几个要点。如果是为了拓展而拓展，我会舍不得那些储备。如果我舍不得，那这堂课就成了一篇离题作文了。拓展是对文本的一种解读，对教师而言，拓展是为了引导，拓展是为了引发思考，拓展更是为了生成教学资源。

（三）主题探讨，各抒己见

教师引导：朗诵"人生如梦，一樽还酹江月"。这两句诗真是写得太好了。老师还想请同学来读读。你来读。

学生读。如果语气显得平淡，情感苍白。教师可做引导，请学生读得缓一些，再深沉一些。可让学生再读。如果朗读面貌有所改观，但还不能让人满意。教师可做示范性的朗读。可让学生读第三遍。

【反思】这个环节的设计有预设的成分。在课堂上我根据课堂场景的需要，临时改变设计，请一位同学朗读，主要考虑到一个人读，其他学生细细地听，更能品出其中的情感。如学生第一遍朗读不理想，可以让这个同学再读，为什么呢？我想即使第二个同学读得很理想，味道就变了，无法体现出学生的成长性。对学生的朗读进行简要的指导后，依旧让这个学生读，第二遍读的效果会有些出来，教师做一次示范性的诵读，如果这个学生听了示范后胸有成竹，我就要抓住学生细微的心理变化，让他三读"人生如梦，一樽还酹江月"。

什么是课堂的本色，本色应来自于学生的欲求。表面上，我只指导了一位同学诵读，但是，也许这个细节会长时间地留在这个同学心里，也许从此以后他会爱上诗词，爱上朗诵。对于其他学生而言，他们也会在这位同学的诵读成长中感悟到自身的成长，本色鉴赏关注的是学生自主性的成长，可持续性的成长。

教师引导：老师读书时，词的最后两句是"人间如梦，一樽还酹江月"。我想啊，不管是"人生如梦"还是"人间如梦"，专家们的选择肯定是有道理的。老师今天想让同学们当一回教材的编者。我们完成一个活动。（投影）

如果你是教材的编者，你会选择哪一个版本，请向主编简要陈述理由。 表述方式： 我选择__________ 我的理由是__________

学生同桌交流。学生回答预测：

(1)我选择“人生如梦”，我的理由是：这首词主要抒发的是诗人被贬黄州的郁闷不得志，抒发的是他个人的情感，感叹的是自己的坎坷人生。他的人生就像一场梦。

(2)我选择“人生如梦”，我的理由是：“人生如梦”的抒情范围小，诗人怀古抒情，可以在与周瑜的对比中，更显出自己的黯然。“人间如梦”范围大，但不能深入挖掘诗人的情感。

(3)我选择“人间如梦”，我的理由是：“人间如梦”涵盖的面大，它包括“千古风流人物”的人生。苏轼是豪放派诗人，是一个胸襟坦荡的人，这样的人不会局限于个人的情感，不会被个人的厄运困得无法解脱。

(4)我选择“人间如梦”，我的理由要结合苏轼的人生，苏轼外道内儒，因为太有才能而遭人嫉恨，他们就从苏轼的诗文中找出几句诗，在皇帝那里诬陷苏轼反朝廷，酿成了“乌台诗案”，苏轼在牢里关了103天之后，被流放到湖北黄州，这个时候的他，对人世是绝望的，因此，他到佛教、道教中寻求心灵的安慰，练就了旷达的人生态度。当他站在长江边上，看滚滚东逝水，眼前浮现的不仅仅是个人的坎坷人生，同样浮想起历史上许多有着不同命运的人，“人间如梦”就是浮想联翩后的感叹。

在学生交流完毕后，教师亮自己的观点。

教师陈述：我选择“人间如梦”，我的理由是：第一，从整首词来分析。词的开头，以“大江东去”做背景，演绎了“千古风流人物”的悲喜人生，然而，喜剧也好，悲剧也罢，最终逃不过“过眼烟云”四个字。这很符合人间如梦的意味。第二，面对如画江山，面对如斯的逝者，苏轼对人生有了很深切的感悟和深刻的思考，这思考和感悟，有悲凉，有旷达，有感伤，有乐观……“人间如梦”仿佛要告诉我们：谁的人生不是梦呢？千古风流人物皆然。这样，苏轼的失意，苏轼的感伤，甚至苏轼的达观，就跳出了一己的感怀，而上升到了群体性的感怀。他的洒酒祭月是对自我人生的祭奠，更是对千古风流人物人生的祭奠。第三，苏轼曾经说“月亮”是“天上宫阙”，人间天上，现实和理想的激烈冲突，正因为“人间如梦”而得到了印证。

【反思】这个环节是主题探讨，我创设了一个情境，安排了一个开放性的活动，并明确活动的主题。为了让学生表述得有条理，还规范了表述的形式。为什么要安排这样一个对“人生如梦”与“人间如梦”进行思辨的活动呢？主要基于这样几个理由：(1)关于“人生如梦”和“人间如梦”这两个版本，在我们教师中存在着不同的看法，可见是一个值得探究的问题；(2)这两种版本影响着对本词的主题的认识；(3)“人生如梦”和“人间如梦”各自有着空白点需要读者去填补。学生在陈述理由的时候，无论选择哪个版本，都根据自己的阅读对空白做了一定的填补，这是学生引领的拓展，是一种阅读的自我生成。对于是否展示教师的阅读成果，我曾经很犹豫，会不会因为我的解读而禁锢了学生的思维？会不会因为我的观点而影响了自主探究？对于如何展示教师的阅读成果，我也有过不同的设想，是模棱两可，做墙头草呢？还是坚持自己的观点？最终，决定在课堂上表述了自己坚持的观点。这样做的理由：(1)阅读鉴赏重的是过程，教师作为课堂这个生命场中的一分子，理应参与并吐露自己的生命感悟，教师的感悟能在一定程度上激活和拓宽学生的思维；(2)这个环节是在一定的情境中的开放性的活动，教师的目的不是告诉学生老师的解读一定是正确的，而是告诉学生教师和他们一样是文本的一个读者而已，老师也可以个性化地来解读文本，从而间接地引导学生进行本色的鉴赏和阅读。课堂应该是一个充满本色和本真的生命场，每一个生命都是不可或缺的。

(四)布置作业，内化驱动

教师布置作业：根据课前收集的资料和课内的鉴赏，请设计完成一个小课题，题目为：苏东坡在黄州。

结束语：林语堂先生在《苏东坡传》中这样说："一提到苏东坡，在中国总会引起人亲切敬佩的微笑。"为什么？那是因为苏轼用他的旷达，他的广博，他的深厚，他的天真烂漫的赤子之心温暖了一代又一代的中国人。让我们再一次用我们的"声情"去呼应苏轼的"词情"。

师生朗诵《念奴娇·赤壁怀古》。

【反思】这个作业是课堂内容的内化和深化，同时，也让学生把目光投射到更广大的范围，观照苏轼在黄州的人生和创作，从而进一步加深对《念奴娇·赤壁怀古》的鉴赏和理解。

合作学习:戴着"枷锁"的舞蹈

陈佳萍

摘　要:合作学习作为新课改后高中语文课堂的一种广为师生接受的互动方式,在显示其巨大功效的同时,也逐渐暴露出其在施行过程中程式化、随意化与造星化的弱点。如何在坚持传统与创新课堂之间寻求平衡点,需要教师立足于课表,找准根由,调整教法。

关键词:小组合作　泛语文　教学相长

新课改后高中语文课堂出现的"外实内虚"现象,其首要成因便在于教师为突破传统的教学模式而用力过猛,矫枉过正,有失分寸。为了达到全面提高学生语文素养的目的,新语文课程标准明确指出针对必修课要"注重合作学习,养成互相切磋的习惯",针对选修课则可通过"组织文学社,展示成果,交流体会",在教法上也倡导教师鼓励学生采取"自主、合作、探究的学习方式",指出教师"不能以自己的分析讲解代替学生的独立阅读"。通过实践,我们也能充分地感受到合作学习在提高学习效率、培养合作意识与团队精神方面所发挥的无可替代的作用,更让学生通过亲身参与感悟到诸如"在现代社会没有完美的个人,只有优秀的团队"这样的意识,而这种宽容、互信以及协作、共享品质将使学生受益终身。由此可见,小组合作是对以往强调"接受学习、死记硬背、机械训练"的学习方式的一次叛逆,也是对"泛正解"主义在形式上一次革新之举,鼓励学生通过资料收集、理论分析、实际应用产生"异构性"答案,并通过各小组比较、切磋、磨合的方式最终得出一个"同质性"结论,从根本上说,这是对语文教育应有的"立人育人"品质的决绝回归。然而,随着新课改实施力度的加深,在高中语文课堂上,"小组合作"正在经历一个变相、变质的异化过程,部分教师将"小组合作"当成活跃课堂气氛、调节师生关系的润滑剂,甚至为合作而"合作"。具体表现为:其一是小组讨论频率过高,直接导致教学推进缓慢、效率低下;其二是讨论成果质量不高,导致课堂热闹有余而深度不足。而这两点都使得新课改下的语文教育深陷泛知性、泛思性、泛授性与泛众性等一众无深度的"泛化性"泥潭中而不可自拔。这有悖于新课改的精神,有损于个体和群体发展的质量和速度,更有害于学习长效机制的形成。针对这种现象,必须在观照《普通高中语文新课标(实验)》的基础上找准根由,调整教法,及时正确地跨越"合作学习"的误区。

一、挣脱小组合作的"程式化"模式

所谓语文教学的"泛正解"主义即将语文等同于数、理、化等学科，崇尚"标准答案，唯求正解"，在此原则指导下，命卷试题"遵纲务本"，改卷评卷"力求一律"，以"教条主义"来换取所谓的"客观公正"，而这无疑是对语文人文性的一次极大扼杀。新课标旗帜鲜明地反对这种"泛正解"主义，通过统计我们发现：在语文新课标中，共出现17次"个性"、13次"自主"。在此背景下，小组化合作应运而生，但在实际的语文课堂上，我们往往会发现这样的情况：学习生词生句进行合作学习；探讨课文大意进行合作学习；提出疑难问题进行合作学习……环环相接，乐此不疲。诚然，这样的课堂教学对调节课堂气氛、融洽课堂环境有着积极的作用，也在一定程度上达到了新课标提倡学生合作学习的预设目标，但是，数量过多的讨论项目也明显地拖慢了整堂课的教学进程，同时，单一化的讨论模式也将使学生最终对这种"闹哄哄"的学习环境造成厌烦乃至抵触心理。而要摆脱"程式化"这一模式我们还是要回到《普通高中语文新课标(实验)》中寻找答案，课标明确指出，高中学生在身心上已经渐趋成熟，已具有一定的阅读表达能力和知识文化积累，现阶段最重要的任务在于通过语文学习培养学生应用、审美与探究的能力，尤其是要重视发挥语文的审美教育功能。因此，针对"双基"知识的学习完全可通过学生预习、教师讲解的方式循序推进，而面对研讨、探究型话题才真正需要引入"众人拾柴火焰高"式的合作学习法，同时必须精选话题，确保紧扣新课标关于培养学生创新意识与能力的精神，最终使做得之以体验，思得之以升华。而为了避免学生对合作学习产生厌倦感还必须有形式上的大胆创新，新课标明确指出教师应根据学生特点调节教学方式，除了传统的二人或四人小组结合文本内容进行讨论外，还可以以小组串联的方式进行流动性讨论，而所选择的话题在紧扣文本精神的前提下也可以更灵活、丰富。由此，要挣脱"程式化"的讨论模式一要精选题目，既要让学生有话可说又要凸显一定的层次感与挑战性；二要创新方式，将学生的思维由课文内容这一点出发而进入一个更为辽阔的外部世界。使得小组合作不再只是程式化、点缀性地存在，而能真正为师所用，助生成长。

二、避免小组合作的"随意化"倾向

对新课改之"新"把握失当，使得部分一线教师将小组合作片面化为追求新奇的课堂形式与新颖的知识内容，由此产生了形式上的"泛泛而谈"与内容上的"漫无边际"这一"泛语文"现象，具体来讲则是指课堂形式上陷入盲目追求"合作学习"的泥潭，在内容上以多元思维为依托，实则走入漫无边际的空谈之中，与传统的"泛正解"主义构成两个对立的极端。正因对新课改理念的理解偏差，使得部分一线教师"大吐苦水"：自主式的合作学习不仅拖累了课堂进程也使得课堂教育质量低下，因为学生的学习能力有限，小组讨论产生的结果质量普遍不高，以致整个课堂热闹有余而深度不足。而产生"量高质低"这一现象的根本原因便在于当前语文课堂中小组合作的"随意化"倾向愈渐突出，我们在听课时能经常看到这样的片段：教师抛出一个问题，让学生分小组合作讨论。教师的话音未落，只听"叭"的一声，前排的同学立即转向后排，教室里热闹非凡。有的小组静默无言，各自翻阅资料；有的小组气氛活跃，同学趁此机会聊天、谈论时事，渐次偏离文本；更有的小组根本没有领会讨论的核心，不断询问邻组的同学……这些发生在高中语文课堂上真实生动的教学片断是对新课改合作学习精神的一次彻底背离与颠覆，在三五分钟短暂而宝贵的教学时间里，同学的探究能力没有得到锻炼，学习得出的答案流于空乏，更易分散学生注意力与焦点，使得整个课堂结构松散、内涵空乏，得到的是事倍而功半的效果。基于此，我们同样需要回到新课标寻找答案，新课标明确指出，语文教师要与语文课程同步发展，需在认真读书、精心专研的基础上，与学生进行平等对话、合作互动，并加强对学生的点拨和指导，实现教学相长。“教学相长”是本次新课标所重点强调的理念，将教与学看成一个协作统一而非互相分离的整体，由此观照而今的合作学习，便能发现其最大的问题在于教师在学生学习进程中的“隐没”与“离席”。首先，作为合作学习号召的发声者与策划人，教师必须对整个学习进程有足够的把握能力，在开始讨论前必须使学生明确讨论的话题，重点要强调核心词汇，并可通过大屏幕投影的方式将讨论主题定格，同时应指导各小组完成组员间的分工安排，为讨论的顺利进行打下基本铺垫；其次，在讨论的进程中不能盲目地打断学生，但也不意味着完全放任自由，而是应有针对性地对各小组进行辅导，纠正其讨论形式，引导其走出思考误区，鼓励其发现思考盲点；而在最后的汇报阶段，教师也不应全然退席，也不能只是大而化之地进行“很好”“回答正确”这些无意义的表扬，而是应继续引导其思考这一成果有无拓展、延伸、深化的可能。知识的讲授是无穷尽的，在有限的教学时间内，学生更为重要的是习得一种良好的学习与思考模式，而唯有在正确的学习方式的指引下，高质量的教学课堂才能真正搭建。

综观新课改十年征途不难发现，以多元思维取代一元思维已成为当今高中语文课堂的“经典定律”，“泛正解”主义的日渐式微正在将我们的语文课堂引上“学生的学习丰富多彩、教师的指导灵活多样”这一正轨，而以“教学相长”来指引“小组合作”必能使新课改后的语文课堂散发持久的魅力。

三、警惕将合作变质为“造星”平台

新课标明确指出应让全体学生都获得必需的语文修养，所谓的语文修养，不仅包括字词语意上的理解与掌握，也涵盖了表达、沟通、鉴赏等素质技巧。为了达到这一目的，就必须顾及学生在原有基础、自我发展方向和学习需要等方面的差异，激发学生的兴趣与潜能，其最终目的是让每位学生都能均衡而有个性的发展。基于此，教师在语文课堂教学中需要特别避免塑造“明星学生”的行为，在小组讨论的汇报阶段，往往是各组最具表现力的“明星组员”进行集体展示的环节，长此以往，则“强者愈强，弱者愈弱”，在讨论环节中“弱势”学生必将动力不足，直接导致的仍是“深度缺失”的问题，并最终使所谓的“优（生）—差（生）”二元对等关系更加明显，将一场原本面向全体学生开放的舞台变相为塑造与展示“明星学生”的平台，受众面缩小，成效不尽如人意。新课标鼓励并大力提倡合作学习法，并直截了当地要求每一位学生能“乐于与他人交流自己的阅读鉴赏心得，展示自己的读书成果”，由此可见，新课标反而降低了对成果质量的要求，而更强调学生主动性、能动性的大胆展示，这也是新课标对语文这一学科固有的人文关怀性的坚守。

合作学习是语文新课改后所重点鼓励与强调的一种学习方式，与传统单一的讲授式教学相比，不仅是在形式上进行了大胆的创新，更是从精神内核上提升、拓展了学生学习与思考的视野与思维，是新课改对学生主体意识的尊重。部分一线教育工作者在未吃透《普通高中语文课程标准（实验）》的前提下而贸然采取合作学习法，并由于实践的失败而断言在高考这一准绳下该学习方法水土不服。而通过以上分析可以发现，合作学习法在部分语文课堂的失败究其原因并不在于其理念的错误，也并非学生能力、知识结构的失误，教师失落于该学习方法根本原因是在于组织者、策划人调控失误，合作学习法的形式是自由的，但目标与内在的价值必须被绑定，唯有这样才能达到"（教学）形式为（教学）内容服务"的目的，可以说，只有戴上了反"程式化""随意化"与"造星"这些"纸枷锁"，合作学习这一新课改下的语文教学形式才能舞出最自由、美丽的姿势，也才能从根本上抵制形式上的"泛语文"主义扩散，让合作学习走出夸夸其谈、无深度的尴尬境地。

给学生深刻而生动的学习体验

——兼评赵楚楚老师执教的“文化创新的途径”

葛　丹

郑渊洁说:“一本书,翻阅5分钟后还让你爱不释手,它就是一本好书。”我认为:“一节课,听了5分钟之后让你越来越有听的欲望,它就是一节好课。”最近有机会聆听到这样一节教学设计精巧新颖、课堂活动精彩纷呈的校级公开课,感受颇深。

当第一眼看到赵楚楚老师“文化创新的途径”这一课题时,我自认为按照传统的教学模式这个内容是很难讲好的。但赵老师以学生活动为载体,构建出新颖生动的知识传递方式和活泼开放的课堂教学境界,把教学内容“化深奥为通俗、化抽象为具体、化枯燥为生动、化被动为主动”,不仅解决了学生的困惑,而且把课堂真正变成学生体验学习快乐、师生情感双向交流的精神家园。这个让人记忆犹新、令人回味的课堂有以下四个“亮点”。

一、巧用视频,激趣导入

赵老师选择学生感兴趣的《熊出没》的动画片资料,用PPT播放了第95集《西部枪手光头强》的视频片段——正在床上休息的光头强突然接到上司的电话。光头强讨好地说:“李老板。早上好啊!”“好个屁啊!你给我砍的树呢?如果完不成任务,有你好看的!”“绝对没问题。一定完成,一定完成!”光头强自言自语,“都怪那两只臭狗熊,老是害我砍不成树。我怎么就这么倒霉呢?”突然,光头强盯着墙上画里的西部枪手,说道:“只要我成了神枪手,就再也不怕那两只臭狗熊了。”自以为是的光头强在进行射击训练,却一个苹果都打不到。这个动画片的视频片段诙谐幽默,像磁石一样把学生的注意力从课间松弛的状态中吸引到教学活动上来,使其心理达到最佳状态。学生在欢乐一笑之后,激发了他们的求知欲望、强化学生的内在动机,引导学生进入知识的殿堂,创造了一个轻松愉悦的课堂氛围。这种轻松的课堂氛围更有利于学生积极思考、主动探究。

二、善用活动,突破难点

本课的难点是文化创新的两个基本途径,学生对这两个基本途径理解起来比较困难。赵老师为了讲透这个问题,以学生合作探究活动为载体,有效开展教学活动。

(一)精心设计探究活动,使讨论更有效

赵老师设计了以下两个“合作探究”活动。合作探究一:(1)《熊出没》的成功之处,“中国风”“中国味”给我们传递什么信息?请用来自生活中的例子说明。(2)《熊出没》的成功在于它传递的价值观与当今时代所倡导的建设和谐社会的理念是一致的。这对我们进行文化创新有什么启示。请用来自生活中的例子来说明。合作探究二:找出材料中《熊出没》成功的原因有哪些?要注意什么问题?尤其是第一个探究活动的设计,贴近学生生活,更容易吸引学生参与讨论活动,极大地调动了学生的积极性,使整个讨论充满活力。学生在合作探究时思维非常活跃,举出了很多贴近生活的例子,比如清明节网上祭祖仪式、植树节所蕴含的环保理念、微信送红包“让红包飞起来”、电视节目“舌尖上的中国”、周杰伦创作的歌曲《青花瓷》……在这一过程中,不仅学生真正理解和领悟了抽象的知识,而且教师顺利达成了既定的教学目标。

(二)有效组织探究活动,使活动可操作

在组织学生讨论之前,赵老师先把学生分成四人小组开展探究活动,然后规定讨论时间为三分钟,最后指定每组的右上学生为组长在讨论结束后代表本组同学汇报讨论成果,在班内开展交流活动。

(三)正确引导探究活动,使探究更成功

学生在讨论时一不小心会偏离讨论的主题、流于表面,所以政治课堂活动的开展需要教师及时引领指导,不能“放任自流”。在组织学生开展合作探究二,找出《熊出没》成功的原因时,赵老师走下讲台,来到学生之中,指导学生讨论活动。在她的积极引导下,学生非常顺利地得出了结论。学生指出《熊出没》成功的重要原因在于一个是“借鉴”还有一个是“保持”。“借鉴”是指借鉴了美国迪士尼动画《猫和老鼠》夸张的卡通手法、美国西部牛仔的形象,这告诉我们在文化创新时要面向世界、博采众长,需要吸收优秀外来文化;“保持”是指在道德判断上,《熊出没》这个动画片坚持了正确的价值导向,保持了我们自己的民族特色,这说明在学习、借鉴外来优秀文化时,要注意坚持“以我为主、为我所用”的原则。

三、妙用活动,总结升华

赵老师在课堂结束之际,设计了一个“我的美丽作家梦”的活动。具体内容:假如你是文化工作者,请你创作一个有新意的文化作品,题材不限(小品、小说、动漫、剧本等等)。要求:列出人物、故事大纲、设计依据等。在这一活动中,学生热情高涨、积极参与。有的改编动漫、有的改编诗歌、有的改编流行电视剧剧情……这一教学活动的有效开展,制造了教学的小高潮。其教学效果非常显著,一方面巩固学生的基础知识,另一方面培养他们的实践能力和创新精神,实现了三维目标的统一,真正做到课堂知识生活化,社会生活课堂化。

四、一例到底，深入挖掘

在整一节课中，赵老师以《熊出没》动漫资料为主线，使其贯穿课堂教学始终，帮助学生在讨论分析材料的过程中，自主建构知识，发展多方面能力。课前，播放了《熊出没》的主题曲作为“课引子”。播放完毕，紧接着告诉同学们：“今天我们来赏析一部新的动画片。或许你已经看过，或许你还没有看过，不要紧。看了你便会知道的。”课中，播放《熊出没》的视频创设情境。组织学生看完视频之后提问：“这部动画片中的场景和人物来源于什么？给我们什么启示？”学生非常容易得到文化创新的根本途径是立足于社会实践的结论。之后她用 PPT 展示有关《熊出没》的材料片段。材料一：该片充满了“中国风”和“中国味”。熊二操着满口东北腔，让人不禁想起赵本山的小品；熊大和熊二的嬉戏打闹，像极了东北二人转；该动画片受到了各年龄层的喜爱，在《熊出没》的导演刘富源看来，它不会像以往的动画片那样过分强调“英雄主义，为了一个事情牺牲掉一切”，也不是“黑白是非分明”，《熊出没》传递的是“互助的情感、追求真善美”的价值观，这与当今时代所倡导的建设和谐社会是一致的。材料二：《熊出没》的创作借鉴了迪士尼动画《猫和老鼠》夸张的卡通手法，片中充满了美国式的诙谐幽默。例如，《西部枪手光头强》就是借鉴了美国西部牛仔的形象和动作创作出来的，充分体现了东西方文化的交流、融合和借鉴。最后组织学生合作探究三个问题，得出学习文化创新的途径。

总之，“文化创新的途径”这堂课，真正贯彻了“学为中心，教学生学”的教学新理念，做到了教学过程富有动感、充满活力，使学生在“轻松和快乐”的情感体验中激起思维和心灵的膨胀，点燃了学生求知的火焰，彰显了我们政治课堂的魅力。当然，对课堂教学本质的探索，对课堂教学艺术的追求是没有止境的，任重道远，如洋葱一样，剥去一层还有一层，我们尚需更多的努力。

痛并快乐着

——基于磨课的思考

王　虹

一直认为，磨课是一件非常痛苦的事情：花大量的时间寻找众多的资料，研究教材，设计教学，从各角度出发冥思苦想研究学情，预测问题，有时在大家的辩驳中慢慢流失自己的思想，以至于面目全非、体无完肤，但是还得硬着头皮在众说纷纭的交流探讨中听取各方意见修整教案，在不断的比较、尝试与实践中探索最佳的课堂操作样式，从自我批判与自我反思中寻求课堂的高效。当有一天豁然开朗醍醐灌顶，回头望时，突然发现原来的一切都被抛在了身后，就在这样反反复复的痛苦打磨中无形提升了文本解读的能力，锤炼了课堂技艺，改进了教学方法，提高了教学水平，丰富了教学实践，提升了教学智慧，这是经历折磨和煎熬后的破茧而出、化蛹成蝶，是一种磨砺后的蜕变、挫败后的重生。这便是磨课的魅力所在：痛并快乐着。

一、磨课，究竟为哪般

教师的专业发展离不开“实践反思、同伴互助和专业引领”，而磨课则是这三位一体的综合体现。

(一)磨课是一种发现

在磨课过程中我们不断发现问题，发现矛盾，发现盲点，当然也不断发现教育教学的规律，不断发现知识特征和知识的美，不断发现教师自身的优势和劣势，不断发现学生的个性……这种种发现不断为我们打开一个又一个新的天地，吸引我们前行，无限接近教学真谛。

在《荷花淀》的磨课活动中，有老师提出诗化语言是本文的特色所在，这些语言细腻地反映了人物心理，刻画了人物形象，如何突破学生对诗化语言的咀嚼鉴赏这个难点呢？有老师认为文学作品语言鉴赏这个难点可采用词语添删或替换比较的方法予以突破。如“女人低着头说：‘你总是很积极的’”一句删去“低着头”和“总是”以后，表意变成了一种讽刺挖苦，水生女人也成了自私、落后的形象，而原句“总是”和“低着头”相衬，传达出的却是水生女人的一丝责备，还有些赞许与自豪，反映出了她虽是传统贤惠的农村妇女，但已受过进步思想的洗礼，有了觉悟。这样，学生便理解了本文语言质朴、简明但内涵丰富的特点。

(二)磨课是一种带着发现的重新出发

或许磨课的初衷只是解决"这一个"问题,但是它可以激发教师的思维,拓展迁移到解决"这一类"问题,所以每一次上课我们都是带着前一次的发现重新出发,而这个变化过程所带来的经验增生成为我们教师成长宝贵的财富。这是教研价值的张力所在。

(三)磨课永远是在路上

磨课是对实践的认识,几度打磨,就是再实践与再认识,我们唯有不断循环,才能发展到更高一级。我们对教学活动反复实践、反复琢磨、反复改进,追求课堂教学有效性的不断上升,追求教育质量的不断上升,由此看来,磨课作为教师专业发展的路径永无止境。所以磨课永远是一个过程,是伴随职业生涯始终的长久过程。

二、磨课,该磨些什么

(一)磨三维目标的落实

这节课究竟应该干什么?教学目标应根据教材内容和课程标准要求而定,应具体明确,不宜笼统。如果泛泛地说"提高学生听说读写的技能",那么这是课程总要求,而不是本课目标。只有细化目标,教学步骤和教学组织才能有更明确的指向。

(二)磨教材资源的利用

课堂需要怎样的材料?教材是课程的重要资源,渗透了课程专家在教学法方面的重要思想。比如阅读教学,如何选取部分句段,让学生去读去悟;通过这节课,让学生获取哪些信息掌握哪些方法?教师不去仔细研究肯定不行,研究不深必然暴露出课的肤浅。磨课的过程首先就是对教材理解的辩论,教师在与同行讨论教材时,大家不同的理解以及由此而产生的判若云泥的教学效果,一定会使我们深切感受到研习教材的必要性和重要意义。

(三)磨环节的设计与细节的把握

课堂教学中充满着变数,教师怎样应对教学中的"变"并处理好预设与生成之间的关系?针对学习的重点、难点该提什么问,是否唤起学生的已有经验有话可说,如何反馈?教学思路是否清晰,是否有独创性?教学策略是否多样恰当,是否充分调动学生积极性?作业布置是否创新,是否合理有梯度,是否扎实有效?我们应"磨"在对形式和内容的把握上。在课堂教学中,教师应做"被动的能动者":一方面教师处于被动才能让学生主动,削弱教师的强势才能突出学生的主体;但是另一方面教师面对学生的问题和表现,要有能动性,要有适时化解问题的能力。

(四)磨学生课堂学习活动的合理安排

学生可能会出现什么问题,在哪儿可能会"卡壳",我们教师必须做出适当的提示。

磨课不仅是与文本交流的过程，也是教师与假想中的学生对话的过程。因为教学的出发点与落脚点都是学生，我们磨课时的每一个技巧、每一个环节、每一个方法都要指向切合学生，是否每一个孩子都从我们的课堂收获了喜悦这是我们关注的焦点。所以我们要尊重学生的独特体验，同时启发学生的想象，引导学生的思维。

三、磨课，应该怎么磨

磨课的过程就是让粗糙的大理石变得光滑如镜的过程。

(一)穷追不舍，磨出思考的深度

磨课不是追求单一的权威的改进意见，而是讨论和产生更多的发展可能以及实现这些可能的条件，所以磨课的过程是参与者不断开阔思路的过程。有时我们为了文本如何合理有效解读争得面红耳赤，有时我们为了想两个环节之间的衔接而开动脑筋，有时我们为一个环节的设计而热烈讨论，有时我们为一个课堂上生成的问题而共思对策……在“百家争鸣”和“知无不言”的研讨氛围中，每一位参与者都以最放松的心理、最自然的心态来袒露自己最真实的思想，进行最大限度的相互交流、对话与碰撞。一次次地思考、尝试、反思、实践；一次次地否定、肯定，再否定、再肯定；一次次地细致分析问题，认真修改教案，积极寻求对策，努力解决问题。在来来回回的推敲打磨中，磨出了思考的深度：思量教学目标的确立、教学重点的体现、教学过程的设想、教学中突发事件的应对，看哪些地方是可以配合教学过程的，哪些是需要改进的，既做到培养学生的综合素养，又能切实为教学内容服务。如此，教学的优化就会得到保证，教师主体的悟性就会得到提升，磨课者的水平也就获得了螺旋式的上升和提高。

(二)独立思考，磨出自己的个性

每位老师都有自己对文本和生活的独特理解和认识，都有自己的教学风格、教学个性，都有自己的优势和薄弱之处。每一次磨课，大家都会滔滔不绝地说出自己的看法，提出自己认为合适的教学方案。作为施教者，在磨课过程中，既要广泛听取同事的意见，也要坚持自己的理解。教师多次梳理文本和反复推敲教学步骤后，教学设计是环环相扣，教学思路是一脉相承的。所以可以借鉴同事和专家的意见，但不要轻易推翻自己的想法或者全盘接收他人的设计，人云亦云导致的结果只能是在越磨越细越磨越精的同时，磨去了灵气和创意。专家往往有他自己的立场，有他自己的专业背景。所谓专家引领，只不过借助他们智慧的光芒，把我们前行的路照得更亮一些，而不是跟着他走，走到他的胡同里。

我们要在引领者的指导下对磨课中的各种意见反复进行甄别、筛选，从自我教学风格、专业积淀、个性气质出发去不断探索、修改和提高，努力把自身的个体智慧、其他参与者的集体智慧有机整合在一起，设计出一两个课堂亮点，同时保证教学思路的流畅。

(三)去粗取精，磨出科学的思维方法和先进的教学理念

磨课活动，是研究教学、改进教学的一个载体，又是一个催生和建构新的实践性先

进教育教学理念、提升教师自我教学能力以及锤炼课堂技艺的好时机。“磨课”往往会围绕如何实施教学、如何有效教学展开相互的争辩和碰撞，其中必能迸发出点点课堂教学创新的火花；“磨课”将使参与者和任教者经历一个深层次的教学思考过程，比如如何更深入地研读教材，如何创设有效的课堂教学情境，如何组织学生深入探究，如何处理课堂教学中预设与生成的关系，如何进行有效的激励评价……在一次次“解剖麻雀”的过程中，无疑会使教师对教学新理念把握更准确，对教材的研读更深入，对学情的了解更透彻，同时也使教师的点拨引导能力、教学创新能力得以提升，教学实践不断丰富，教学智慧得以提升。

我曾在我的教学反思日记中，用“美丽总在蜕变后”来比喻自己在磨课历程中的感受：“磨课对我来说就好像是蚕儿蜕皮的过程，但蜕皮后又是一次新生，从头到脚的变化是自己能直接感受到的。磨课的过程是对自己教学的剖析，大到教学设计、教学理念的改变，小到对每句话、每个动作的斟酌，在一次次激烈的讨论中，在一次次的课堂教学中，我收获着，成长着。一次磨砺，一次进步。”

“磨课”其实是把经历磨成经验。我们在不断地试教、反思、修改、磨炼中成熟起来，在“磨课”的困惑、痛苦、顿悟、快乐中，感受着教师教学生命的成长！

高三有机化学复习中由主观臆断引发的几个错误

王琦良

摘　要：举例高三有机化学复习中由于教师主观臆断而导致的几个知识类错误，并运用大学有机化学知识对该知识点进行解析，体现出有机化学复习中教师合理讲解的重要性。

关键词：主观臆断　错误案例及解析　错误归因　合理讲解策略

有机化学课程编制过程中，考虑到高中生知识的局限性，许多有机化学内容高中阶段并没有深化，而只是对某类进行了简单的讲解或归纳，但并不一定所有的这类物质都会具备该样性质。如果教师凭借自己主观臆断对该类知识点进行统概，忽视物质特殊性或条件限定性则会引发知识点错误的产生。

一、错误案例

本文列举了高三有机化学复习中教师讲解时往往会犯的三个错误案例与大家探讨。

【错误案例1】在一堂高三有机化学复习课上讲解到乙醛的化学性质时，教师根据乙醛指出醛基的两个特征反应：(1)银氨溶液；(2)新制氢氧化铜。乙醛和这两个试剂都能发生反应，教师则在课堂做演示实验，实验效果好。现象呈现：光亮的银镜和砖红色的沉淀。学生则充满了神奇感并赞叹不已。

教师总结：含醛基的物质一定能和银氨溶液或新制氢氧化铜发生产应。然后教师拓展开来，叫学生写带醛基的物质与银氨溶液和新制氢氧化铜的反应。这一堂课我印象深刻，因为教师在板书上叫学生演示这么两例方程式：

$C_6H_5\text{-}CHO + Ag(NH_3)_2OH \longrightarrow$

$C_6H_5\text{-}CHO + Cu(OH)_2 \longrightarrow$

很明显该教师并非刻意为之而是想加深学生对醛基和银氨溶液或新制氢氧化铜反应的印象。问题就出在教师主观上认为所有含醛基的物质一定能和银氨溶液或新制氢氧化铜发生产应，所以没在意苯甲醛这个特殊物质。书写这样的方程式就出问题了，单就苯甲醛和银氨溶液而言，现实状况是该反应目前还没有人做出过成功的实验，到底能不能发生反应还处于探索阶段。一些人受理论指导套用乙醛的反应条件发现甲酸、甲酸盐、甲酸酯这些带醛基的物质和银氨溶液均不能做出成功的实验。于是就认为它们是不会反应的，并寻找不会反应的理由，包括电子共轭、结构稳定或基团影响等。

实际上单靠这种实验就下结论也是不严密的，因为仅仅套用乙醛的反应条件是不科学的。后续发展这些物质通过改变条件（温度、浓度）都已实验成功，但是苯甲醛和银氨溶液至今仍没做出成功的实验。到底能不能实验成功呢？若干年以后或许会有正确的答案。而我们的教师今天已经开始书写这个方程式，这个前瞻性过于强大了，出现了知识层面上的不严密造成争议，虽然学生不知情，但教师是不能犯这样错误的。

【错误案例 2】有机化学总复习中复习烷烃的衍生物酸这一单元时，教学复习用书上都会对醇、醛、酸之间的转化进行总结。见到最多是这种图形：

$$\text{醇} \rightleftharpoons \text{醛} \longrightarrow \text{羧酸}$$

$$R\text{-}CH_2\text{-}OH \rightleftharpoons R\text{-}CHO \longrightarrow R\text{-}COOH$$

说明：醇可以氧化成醛、醛可以氧化成羧酸，醛可以还原成醇、但羧酸不能还原成醛。

高中阶段教师会强调上述这点：羧酸不能还原成醛。其实这样的说法是错误的。翻阅苏教版选修《有机化学基础》第 82 页到第 84 页，书本对这个知识点是没有描述的。鉴于高中生学识水平的有限性和羧酸还原的困难性比较大，所以书本回避了这个知识点。

醛还原成醇是用氢气做还原剂，于是也用氢气去还原羧酸，则不能把羧酸还原，高三复习用书上就是这个意思。有些教师则主观上判断羧酸是不能还原的，总结归纳后交给学生的就是羧酸不能被还原。

翻阅大学的有机化学书本，结果是这样的：如果选择氢化锂铝则直接还原成醇。如果用锂一甲胺还原则：

$$RCOOH \xrightarrow[CH_3NH_2]{Li} RCH=NCH_3 \xrightarrow[H_2O]{H^+} RCHO$$

事实情况是羧酸也能被还原，只是要用更强的还原剂，因此羧酸不能被还原这个结论是不严密的。

【错误案例 3】讲解高三总复习专题九烃的衍生物第一单元卤代烃时，以 1-溴丙烷为例进行消去反应：

$$CH_3CH_2CH_2Br + KOH \xrightarrow{\text{醇（加热）}} CH_3CH=CH_2 + KBr + H_2O$$

教师讲解时候会总结：如果卤代烃 β 位上无氢则不能发生消去反应得到烯烃。这样的结论在高中解题时是很有用的，导致教师都会去强调它。

这个结论的科学性呢？用大学的知识去看这个结论，显然也是不严密的。以新戊基溴和乙醇作用为例：新戊基溴在消去反应前会进行 E1 反应，生成了新戊基碳正离子特别容易重排生成更稳定的叔戊基碳正离子，然后就能发生消去反应，主要产物是 2-甲基-2-丁烯。

$$(CH_3)_3C\text{-}CH_2\text{-}Br \xrightarrow{C_2H_5OH} (CH_3)_2\underset{\underset{CH_3}{|}}{-C-}CH_2^+ \xrightarrow[\text{甲基迁移}]{\text{重排反应}}$$

$$(CH_3)C^+-CH_2CH_3 \xrightarrow{-H^+} (CH_3)_2C=CH-CH_3$$

类似这种新戊基溴或新戊基醇 β 位上虽无氢但通过重排后是可以发生消去反应的。显然教师不能下 β 位上无氢则不能消去得到烯烃这样的错误结论，这样是不符合科学事实的。

二、错误归因

以上错误的产生无非是这么三个点：

(1)教师讲解中忽略了特殊物质的存在；

(2)教师凭借自己解题经验总结知识，对条件这一块缺少深究；

(3)自身理论储备不够，对大学知识不熟悉。

三、合理讲解策略

鉴于有机化学复习中高中有些知识存在不严密现象，以及有机化学讲解时教师易犯的以上三个错误，教师讲解的合理性就尤为重要。以下是本人在有机化学复习中常用的三条策略(仅供参考)：

第一，考虑到有机反应的复杂性及条件对反应影响比较大，教师总结时要根据条件去概括反应类型。

第二，教师概括时要根据事实情况概括，针对大学有而高中无这样的一些反应类型概括时不要把话说死，多用“高中阶段”或“大都”这样的字词以免因自己的绝对性讲解而造成知识的错误。

第三，少把自己主观认为的或自己概括的解题方法当作正确的知识点传授给学生，而应多翻阅大学的书本找到科学的真相以避免错误的产生。

让情感滋润语文课堂

——《我与地坛》教学案例与反思

周雅利

一、课例背景

现在的中学生都比较自我，普遍缺少一份感动的情怀，甚至吝啬于说些感激的话，尤其是对待父母。让我感触最深的是，我曾经布置了一篇“感恩的心”的话题作文，出乎意料的是很多学生无从下手，有些学生还理直气壮地说什么“课外阅读不够”“没有什么人是值得自己感激的”。我诧异，为我们付出那么多的父母，也不值得感激吗？

《语文课程标准》要求在阅读教学中对学生加强情感教育，让学生具有高尚的情趣，这符合语文学科的人文性特点，也对培养学生人文精神提出了明确要求。《我与地坛》讲述了一位苦难而伟大的母亲，用自己毫不张扬的爱、坚忍的意志，给儿子以支持和生命的启示。儿子一开始并不理解母亲的这种付出，后来在理解了母亲深重而沉痛的爱后，只能把理解和怀念包含在无尽的痛悔中。联系上次的话题作文，我想这篇文章不正好可以作为学生感恩教学的契机吗？基于这个原因，我在设计《我与地坛》的课堂教学时，把重点放在让学生感悟亲情，以激发学生的情感，对学生进行人格教育。

二、课堂实录

（一）激情导入

师：《懂你》这首歌听了很多遍，然而每次听到这个熟悉的旋律，心中总有一种莫名的感动。歌曲中那位母亲的伟大和无私，深深地感动了每一个人。我们每个人都有母亲，每个母亲表达爱的方式都不一样，但有一点是相同，那就是她们都深爱着自己的孩子，史铁生的母亲也一样。今天就让我们走进史铁生的《我与地坛》，去了解这位伟大的母亲。

（二）走近母亲

师：史铁生 18 岁去延安插队，21 岁时，因腿疾住进医院，从此他再也没有站起来。作为母亲，更多时候，她希望截瘫的是她自己，但这并不可能。所以，她只有用她的爱来帮助儿子。史铁生母亲对史铁生的爱体现在哪里？她的爱有什么特点？

生：事例略。（学生从文中寻找具体事例，默读这些语段，感悟体会，然后分析得出观点）默默的，毫不张扬的，无怨无悔的。

师：史铁生一开始有没有读懂他的母亲？为什么？

生：没有。史铁生倔强、羞涩，这使得他漠视了母爱，辜负了母爱。

师：后来他读懂了吗？

生：读懂了。（异口同声回答）

师：请说说哪些地方体现史铁生已经理解了母亲？请你有感情地朗读，并谈谈你的理由。（在这一板块上，要求学生先找出史铁生对他母亲理解的语段，然后有感情地朗读，最后具体分析）

生甲：以她的聪慧和坚忍……我想我一定使母亲做过了最坏的准备，但她从来没有对我说："你为我想想。"——设想母亲的心理

生乙：我心里一惊，良久无言……发现这愿望也在全部动机中占了很大比重。——写小说回报母亲

生丙……

小结：史铁生的母亲有着苦难的命运、坚忍的意志和毫不张扬的爱；为所爱的人承受一切苦难，为所爱的人献出一切爱，坚定地生活下去。也就是说，母亲的"活法"，母亲对待苦难的态度，母亲对待儿子的爱，让作者明白了面对苦难应该怎样活下去。所以，母亲是史铁生生命的航标。

（三）感悟母爱

师：一位苦难而伟大的母亲，用她的坚强和智慧给她儿子最大的支持，她的付出让我们感动，让我们难忘。我们每个人都有母亲，我相信，在座的每位同学和自己的母亲之间，也有很多感人的故事，不知道有没有人愿意和我们分享一下？

学生具体谈他们的母亲。（略）

小结：我们每个同学都有一位深爱着我们的母亲，也许我们当中有很多同学和以前的史铁生一样，不理解自己的母亲，甚至用我们自己的方式在伤害着母亲，不过我相信，在以后的日子里，这些都将不复存在，因为我们不会让自己和史铁生一样，留有遗憾。

（四）拓展阅读

师：母亲去世后，史铁生写过很多文章怀念母亲，《秋天的怀念》就是其中的一篇，下面就让我们一起走进秋天的怀念。

学生朗读。（当这位学生朗读完这篇文章时，我发现包括我在内的所有人的眼眶都湿润了）

结束语：母爱是世界上最真最纯的一种感情，值得我们永远珍惜，史铁生错过了，这样一次就足够了，千万不要让史铁生母亲的悲剧再度上演。所以，请你珍惜你所拥有的亲情。

三、教学反思

本堂课下来，学生感受很深，有的甚至当场感动得泣不成声，我相信这堂课不仅让学生体会了史铁生母亲那种默默的、真挚的母爱，更让学生在情感上受到了一次洗礼，在以后的日子里，他们会时刻想起曾经有一个人辜负了自己的母亲，造成了终身的遗憾，所以，他们不能再犯同样的错误，一定会好好珍惜自己所拥有的亲情。从总体来看，本教学过程达成了预期的效果。

反思这堂课，我深深体会到，在新课的教授中，要充分挖掘教材中蕴含的丰富情感资源，让情感带动课堂教学，让情感滋润语文课堂。而要把握这一点，可以从以下四个方面考虑。

(一)精设目标，挖掘学生情动的支点

文章是作者“情动而辞发”的结果。每篇文章都有作者的写作目的，都是为了抒发其情感的。因此，教师必须充分挖掘课文的情感因素，选准动情点来设立情感目标，打动学生的心，激发学生的情。

在设计本文的情感目标时，我把它定在“母爱”这一点上，在文本分析时，要求学生找出史铁生母亲对史铁生爱的具体表现，阅读这些语段，体会感悟一位母亲，在她儿子心灰意冷时，如何承受巨大的痛苦，如何默默付出，如何关爱自己的孩子。然后层层深入，去体会史铁生理解自己母亲后对母亲的怀念。

(二)创设情境，引导学生进入特定场景

唐代大诗人白居易说过：“感人心者，莫先乎情。”情境教学是沟通文本和学生的桥梁，是打开学生心扉的钥匙，是拨动学生情感的琴弦。在教学中，教师可以通过各种手段，营造适宜的氛围，激起学生的情趣，把学生的情感活动与认知活动结合起来，使学生在特定的场景中，深刻地体验情感。

在这堂课中，为了更好地理解史铁生母亲对她儿子的爱，我以满文军的一首 MTV《懂你》作为导入，让学生在一幅幅感人的画面和一声声动情的歌曲中，体会一位伟大的母亲，她为了自己的子女，付出了自己的青春和健康。通过这一环节，不仅让学生感受到了母爱的伟大，更为后面理解和体会史铁生的母亲做了情感的铺垫。

(三)披文入情，引发学生情感的共鸣

文章不是无情物，丰富的情感因素是语文教学艺术化得天独厚的条件。在语文教学中，当学生被文章中优美景色陶醉或被人物精神感动时，教师要把握好契机，让学生“披文入情”，将文章中所体现的情感和自己生活中的情感联系在一起，从而更好地激发学生的情感，受到教育和启迪。只有引导学生“披文入情”，才能激起他们的情感波涛，让他们在情感教学中受到感染，陶冶情操。

史铁生的母亲是一位活得很苦的母亲，为了儿子默默地付出着。在本文教学中，主要是让学生反复品味语言，去体会一位伟大母亲为了自己的儿子所承受的苦难，以及在

母亲过世后，史铁生深沉的思母情愫。如果能让学生与文中人物呼吸与共，血泪相通，那么就能更好地让学生体验文中之“情”，在心理上产生感受，在情感上产生共鸣。所以在教学中一定要让学生感悟在淡雅朴素的文字背后所蕴藏的强大的感情力量，努力做到动之以情，授之以情，抓住学生的心理特点，点燃学生情感的火花。

（四）以情导行，内化学生的情感体验

具有丰富人文内涵的语文课程，对学生的情感、态度、价值观的影响必然是广泛而深远的。所以，语文课程不能不重视熏陶感染、潜移默化的作用，不能不注意教学内容的价值取向。因此在课堂教学中，教师应考虑课堂情感的延续，引导学生从优秀作品中获得启迪，受到感染，内化情感，从而使心灵得到洗涤，人格得到提升。

本堂课的教学重点不仅仅是体会史铁生所拥有的母爱，更是要以此为契机，让学生感受母亲对自己浓浓的爱。因此，在“走近史铁生的母亲”这一环节之后，我设计“感悟母爱，懂得感恩”这一板块，让学生谈一谈发生在母子之间的感人的事情，让学生在回忆中，再一次体会母爱。除此之外，我还在一些环节的小结中，不时触动学生“母爱”那根琴弦，例如：“不同的母亲对子女表达爱的方式不尽相同，但有一点是相同，那就是她们都深爱着自己的孩子”“我们每个同学都有一位深爱着我们的母亲”“母爱是世界上最真最纯的一种感情，值得我们永远珍惜……所以，请你珍惜你所拥有的亲情。”通过这些环节，让学生把史铁生所拥有的母爱和自己拥有的母爱联系起来，使学生的心灵受到极大的震撼，从而在以后的生活中，珍惜拥有，善待母亲。

教育不能没有感情，没有爱，如同池塘不能没有水一样。因此在课堂教学中，要立足教材，把培养学生知能目标的心理基础情感放在重要位置。只有将作者的创作情感、教师的教学情感和学生的学习情感三者沟通、融会，形成一个有机的整体，最终才能使教学场景呈现出强烈的情感共鸣状态，才能促进学生的全面发展，提高课堂学习的效率，优化学生的认知结构、情感体验。

光在运动介质中的运动分析

——兼谈 2014 年"北约"自主招生考试压轴题

余　超

摘　要:本文指出了学生在理解"光速不变原理"过程中存在的一些谬误,设置情境从理论上分类探讨,并在 2014 年"北约"自主招生考试压轴题上加以实际应用,最后利用 SOLO 理论加以教学分析,提出了相应的教学建议和改进。

关键词:光速　运动介质　相对论　速度变换　SOLO 理论

"光速不变原理"是狭义相对论建立的两条基本原理之一,最早是从麦克斯韦方程组推导得到的理论结果,继而被迈克尔逊·莫雷实验所证实,从理论以及实验都证实了"光速不变原理"的正确性,但由于这一观点同人们平时认知存在着巨大差异,学生在这一观点的理解上往往存在偏颇。2014 年的"北约"物理自主招生压轴试题分层次地考查了狭义相对论知识,本质上是为了测试学生对"光速不变原理"理解的不同反应水平。

一、常见知识缺陷和原因

当光在均匀介质中传播时,传播速度将由 c 变为 c/n,其中 n 为均匀介质对光的折射率。根据"光速不变原理"得出结论:此时光相对于任一惯性系的速度均为 c/n,然而这一理解是错误的,因为光速不变原理的前提是光在真空中传播,我们可以设置情境利用相对论的速度变换公式对此错误理解进行理论分析。

二、设置情境理论分析

以地面参考系为 S 系,以介质参考系为S'系,设S'系以 v_0 的速度大小沿 S 系的 x 轴正向运动。不失一般性,不妨令光在介质中的传播方向与S'系x'轴正向成角度θ,且光在S'系的 $x'o'y'$平面内传播。相对于S'系中,光速为

$$u'_x=\frac{c}{n}\cos\theta \quad (1) \qquad u'_y=\frac{c}{n}\sin\theta \quad (2)$$

根据相对论速度变换公式,在 S 系中光速为

$$u_x=\frac{u'_x+v_0}{1+vv_x'/c^2} \quad (3) \qquad u_y=\frac{u'_y\sqrt{1-v_0^2/c^2}}{1+v_0u'_x/c^2}(4)$$

下面我们讨论两种常见的特殊情况。

(一)介质运动方向与光传播方向相同

当介质运动方向与光传播方向相同时，即 $\theta=0$，此时

$u'_x=\frac{c}{n}$　(5)　　　　$u_y{}'=0$　(6)

$u_x=\frac{c/n+v_0}{1+v_0/nc}$　(7)　　$u_y=0$　(8)

即在 S 系中光速 $u=\sqrt{u_x^2+u_y^2}=\frac{c}{n}\left(\frac{nc+n^2v_0}{nc+v_0}\right)$　(9)

由(9)式不难发现，当且仅当 $n=1$ 时，$u=c/n=c$，而 $n=1$ 正是真空中的情况，对于一般的介质 $n>1$，$u\neq c/n$，至此，通过“证伪”的手段就说明了“光速不变原理”在介质中传播时是不成立的。

(二)介质运动方向与光传播方向垂直

当介质运动方向与光传播方向垂直时，即 $\theta=90°$，此时

$u'_x=0$　(10)　　$u'_y=\frac{c}{n}$　(11)

$u_x=v_0$　(12)　　$u_y=\frac{c}{n}\sqrt{1-v_0^2/c^2}$　(13)

$u=\sqrt{u_x^2+u_y^2}=\frac{c}{n}\sqrt{1+(n^2-1)\frac{v_0^2}{c^2}}$　(14)

由(14)式不难发现，当且仅当 $n=1$ 时，$u=c/n=c$，而 $n=1$ 正是真空中的情况。以上推导说明光速不变原理的前提是光在真空中传播，同时也体现了物理理论的高度自洽性。

三、实际应用

(一)自招真题与解析

(2014 年的“北约”物理自主招生压轴试题)在实验参考系有一个静止的光源与一个静止的接收器，它们相距 l_0，光源与接收器均浸在均匀无限的液体介质(静止折射率为 n)中。试对下列三种情况计算光源发出信号到接收器接收到信号所经历的时间。

(1)液体介质相对于光源—接收器静止；

(2)液体沿着光源—接收器连线方向以速度 v 流动；

(3)液体垂直于光源—接收器连线方向以速度 v 流动。

解析：记光源与接收器所在的参考系即实验参考系为 S，相对于液体静止的介质参考系为 S'，光在液体中沿各个方向传播的速度均为 $\frac{c}{n}$。

(1)因为两个参考系相对静止，所以光在液体中的速度为 $\frac{c}{n}$。光源发出讯号所经历

的时间为 $\Delta t_1=\frac{l_0}{c/n}=\frac{nl_0}{c}$。

(2)取光源—接收器为 x 方向，设光在实验室 S 系的速度为 u_x，介质参考系S'系则光在介质参考系S'系中速度为$u'_x=\frac{c}{n}$。

利用(7)式得到光相对于实验室 S 系的速度为 $u_x=\frac{u'_x+v}{1+\frac{v}{c^2}u'_x}=\frac{\frac{c}{n}+v}{1+\frac{vc}{nc^2}}=\frac{c^2+nvc}{nc+v}$，

则 $\Delta t_2=\frac{l_0}{u_x}=\frac{nc+v}{c^2+nvc}l_0$

(3)如图 1 所示，取介质运动方向为 x 方向，则光射向接收器为 y 方向。由于光源及接收器相对实验室系没有相对运动，故在实验室系下，光沿着 y 方向传播。令光在介质系中两速度分量分别为u'_x 和u'_y，两者满足$u'^2_x+u'^2_y=(\frac{c}{n})^2$，又因为在实验室系下 $u_x=0$，再结合(3)(4)两式可求得

$u'_x=-v \quad u_y'=\sqrt{(c/n)^2-v^2}$。

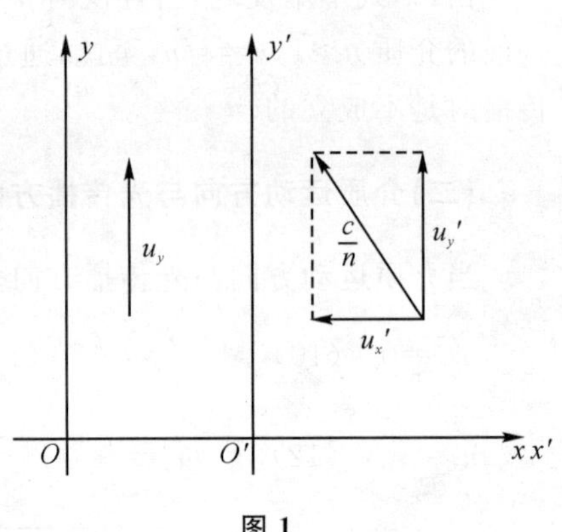

图 1

综上可分析得到在实验室系下光速

$u_y=\frac{\sqrt{(c/n)^2-v^2}}{\sqrt{1-v^2/c^2}}$，

则 $\Delta t_3=\frac{l_0}{u_y}=\frac{l_0\sqrt{1-v^2/c^2}}{c\sqrt{1/n^2-v^2/c^2}}$。

(二)试题编制结构分析

该压轴题以光在介质中的传播过程为载体，在知识层面考查了狭义相对论下速度在不同参考系中的变换问题，在能力层面主要考查了考生综合分析问题的能力。该题问题层层递进，梯度明显，编制符合 SOLO 认知反应层次(单点结构、多点结构、关联和拓展抽象结构)，每一小题对应一个认知反应层次，如图 2 所示。如第一问是设置情境考查光在静止介质中的运动(单点结构水平)，第二问需要在问题情境中从事物的表面特征中提取已知信息，激活已有相关经验，如做以下类比加以诠释:“液体相当于火车，光线相当于火车上跑动的小男孩。光源和接收器是站台上观察者。”这样通过“激活旧知将新的刺激物与原有图式同化”的认知方式，其特点是表征的抽象性、概括性不是很高，要完成习题解决的认知操作就需要情境信息的激活或连接。第二个问题可以考查出学生是否已经可以联系多个孤立知识(多点结构水平)。但学生是否具备有机整合多个物理规律的综合应用的能力则需要第三个问题加以测试，第三问关联结构明显，需要学生联系和区分同方向和垂直方向相对论速度叠加情景的异同，深刻理解“光速不变原理”的含义才能顺利求解。

结构水平	前结构	单点结构	多点结构	关联结构	拓展抽象
特征描述	缺乏高中光学知识，没有理解问题，胡乱猜测，重复问题。	理解知识的含义或知识的某一方面，只找到了一个与问题有关的线索或信息。如第一问。	找到了问题涉及的相互独立的 2—3 个线索。可以联系多个孤立知识，还不具备融合能力。如第二问。	有机整合多个事件，掌握多个物理规律的综合应用。如第三问。	对问题有整体的把握，能将知识抽象、扩展后进行应用，使之适用于新的问题情境。

图 2

上述以层次递进方式的三问有如下特点：从单点结构水平的问题到多点结构水平的问题是对学习任务量变的考查，侧重评价量（学了多少）；从多点结构水平到关联水平的问题是对学习任务质变的考查，侧重评价质（学得怎样），考查学生狭义相对论知识整体结构与顺序。后一问以前一问为基础，同时学生如果不能准确作答前一问，也会影响后续一问的作答，这三个设问既相互独立又密不可分，体现了 SOLO 试题真实评价学生思维发展阶段水平的优点。

（三）教学改进

本次问题解决的核心是正确理解“光速不变原理”，自招压轴题设置层进情境考查了学生三种认知水平。为了让学生对问题的分类完成从表面相似到本质相同的提升，使“关联结构水平”的知识结构内容得到更深层次的整理与提升，我们可以设计后续讨论环节让学生互动、磋商、讨论，直至达成共识。

归纳讨论环节：对比本题三种情境设问何时可以统一结论？

学生讨论后得到：当且仅当 n=1 时，$\Delta t_1=\Delta t_2=\Delta t_3=l_0/c$。

设计意图：丰富和扩展已有图式，突出“光速不变原理”的条件，形成区分明显、内容丰富、有层次的知识结构。

整理提升环节：能否从其他角度讨论解决问题？

学生分析如下：设在初始时刻，两参考系的原点重合，光源位于参考系的原点处，S 系相对于S'系以速度 v 沿 $-x$ 方向运动，在S'系中，光沿各个方向传播的速度均为$\frac{c}{n}$，光到达接收器的时刻为t'，同时接收器沿着 $-x$ 方向运动的距离为 vt，即接收器的位置

为 $x'=-vt'$，如图 3 所示。

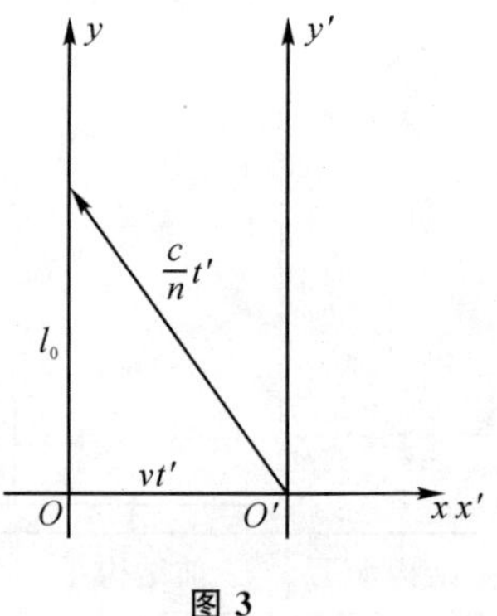

图 3

则在 S' 系中，有 $\left(\frac{c}{n}t'\right)^2-(vt')^2=l_0^2$，即 $t'=\frac{l_0}{\sqrt{\left(\frac{c}{n}\right)^2-v^2}}$。

由于光源及接收器相对于实验室系静止，故在实验室系下传播所需时间为固有时 t，而在介质系下传播所需时间 t' 为运动时，由于运动时相对于固有时存在时间延缓，两者满足 $t'=\frac{t}{\sqrt{1-v^2/c^2}}$，故在实验室系中，相应的时间间隔为 $t=t'\sqrt{1-v^2/c^2}=\frac{l_0\sqrt{1-v^2/c^2}}{c\sqrt{1/n^2-v^2/c^2}}$。

设计意图：与相对论的"时间延缓效应"对比解决问题，调整修改已有图式，完成知识结构的拓展，对问题的分类完成从表面相似到本质相同的提升，使"关联结构水平"的知识结构内容得到了更深层次的整理与提升。

四、结束语

狭义相对论在平时教学中没有深入学习，而在最近几年的自主招生中为热门考点。例如在本次"北约"自主招生考试中，不仅以压轴题的形式出现，在同一份试题中还同时出现了考查"时间延缓效应"相关的选择题，可见其重要性。我们平时要组织学生参加学科知识竞赛，选修知识拓展类选修课，引导学生针对诸如"光速不变原理"等容易使学生产生认知障碍的内容，开展具有深度的学习和研究。

浅谈物理实验中学生反思意识的培养

章　萍

摘　要:每一位学生的成长都离不开反思。真正的反思就是学生在实验过程中发现问题、思考问题、解决问题的一种行为,是学生对自身物理概念、原理与思维方式的再认知、再创造的过程。反思是学生在进行物理实验中一种宝贵的科学品质,它是一种有益的思维活动和再学习的方式,它会让学生在认知上产生质的飞跃。

关键词:学生物理实验　认知　反思

众所周知,物理是一门以实验为基础的学科,实验在培养学生思维、能力等各方面有着不可替代的作用。在新大纲中物理总课时在减少,而演示实验、学生实验个数在增加,课时比例的增多更体现了这一点。在强调素质教育和创新能力培养的今天,物理实验的教学更应该引起我们的重视。

然而,在新课程改革的今天,物理教师仍很少去关注思考学生物理实验的创新。在传统教学中,教师只是重复教材上规定的实验,这容易使学生失去学习的兴趣。通过我自己平时教学的体验和本校物理老师的反馈,我觉得高中物理实验教学中存在着教学手段单一,教学效率低下,学生积极性不高等问题。物理教师不顾实验目的、实验内容、学生情况的不同,往往采取单一的实验模式,导致实验效果不理想,学生的能力得不到发展。长期的传统的实验教学使许多教师形成了难以改变的思维定势,教师自己害怕完成不了教学任务而把实验的课时一再压缩;学生实验只流于表面形式,走过场。这样做的后果是在无形中教师仍然操纵着学生的思维,扼制了学生的想象力和创造力。本是生动的物理实验演变成一种单向传递式的灌输,学生迫于升学压力只能"不厌其烦"地啃下这平淡无味的知识。另外,通过对全国高考的分析,以及对部分学校进行的调查,反映出虽然经过实验学习和实验操作,但部分学生的实验能力还达不到大纲的要求,尤其是设计实验的能力相当欠缺。

新课标理念下强调实验过程是师生互动、共同发展的过程,要把教师的主导地位重新定位,从主角转向平等中的首席;要以学生为主体,在给学生留有较大的空间的前提下引导学生积极探索。特别是在物理实验中,我们应把学生作为体验者,让学生充分释放探究的欲望。

针对以往学生物理实验的弊端,我认为在学生物理实验中要加强学生反思意识的培养。实验反思是在初次实验过程后,对所产生的问题进行重新设计并完成探究实验的过程。从心理学角度看,它是人的一种反审认知,即认知的再认知。反审认知是美国心理学家弗拉维尔于20世纪70年代提出的一个新概念，是指个体对自己的认知过程和结果的反思意识。实验实施者通过实践证明自己认知上的偏差，调整实验设计思路，通过再练习各种综合实验技能达到知识的深入理解，对实验过程中所出现问题的重新探究。下面以“探究加速度与力、质量的关系”实验为例，谈谈在实验教学中鼓励学生开展反思所带来的教学效果的改变。

在“探究加速度与力、质量的关系”学生实验中，笔者在所任教的微型班做了一次尝试。学生在第一次实验中，能模仿教师的实验过程，按照实验册上的操作步骤来完成实验，得到实验数据。在处理实验数据，作图得出实验结果后，发现 $a—F$ 图像的图线均出现了弯曲，而不是线性关系，只有3组学生的 $a—F$ 图线发生的弯曲较小；另有8组学生的 $a—F$ 图线没有经过原点。于是笔者让学生分析误差较大的原因，反思实验过程，并再次设计和修正学生实验。学生在讨论后得出图线弯曲是由于小车的质量与所悬挂的钩码质量相差不大，不满足实验条件。为什么在实验中没有注意这种情况，学生反思了当时的实验过程：一是从实验册上知道了这个条件，但没有理解其原因。他们普遍认为不会产生太大影响；二是对实验室提供的器材，就按照实验步骤完成实验，没有思考如何解决这个问题。在修正实验方案时，学生都要求实验室提供铁块来增大小车质量，以减少实验误差。对于 $a—F$ 图线没有经过原点，使学生通过理论分析知道原因是小车所受的摩擦力没有被平衡或平衡摩擦力时木板垫得过高，反思实验过程发现有2组学生没有垫木块、有6组学生垫了木块，但垫上木块没有观察小车是否在木板上能做匀速运动。在学生进行第二次实验时，均注意了上述情况，得出实验结果较好，均在误差允许范围内。并且笔者注意到在第二次实验时，通过学生们的有效反思，学生做实验的积极性、主动性、实验操作规范性均比第一次好。

笔者认为第一次实验时，学生对实验仪器不熟悉，对仪器只有好奇，缺少对仪器使用的分析与思考，对实验过程的注意点往往不太重视。当实验结果与理想相差较大时，才会引起学生认知上的冲突，激发学生的求知欲望，来引导学生反思实验过程，分析原因，使学生对理论知识理解更深刻；通过二次实验可以使学生对反思结果得以再实践、再验证，同时也使学生获得成就感，激发了学生的学习兴趣，提高学生的学习积极性、主动性。

反思是第二次实验的最根本特征，它是一种有益的思维活动和再学习的方式，它会让学生在认知上产生质的飞跃。“思之不缜，行而失当。”反思意识是人类宝贵的思维品质。新课改非常强调学生的反思能力，反思被认为是高中学生自身发展和自我成长的核心因素。美国学者波斯纳认为，没有反思的经验是狭隘的经验，至多只能形成肤浅的认识，只有经过反思，学生的经验方能上升到一定的高度，并对今后的物理学习产生深刻的影响，从这个意义上讲，学生的成长＝经验＋反思。第一次实验提供给学生的是初次体验，学生从中获得感性的初步认识，第二次实验不是简单的重复，而是在第一次实验的基础上学会反思。每一位学生的成长都离不开反思。真正的反思就是学生在实验过程中发现问题、思考问题、解决问题的一种行为，是学生对自身物理概念、原理与思维方式的再认知、再创造的过程。在第二次实验反思时要注意以下问题：

(1)“设计”反思要具有预见性。教师是课程的引导者和实施者，因此，教师对学生在物理实验中可能会出现的问题要有预见性，并且对自己的教学目的要有非常清醒的认识。在选择和设计学生实验时，教师首先要在小组成员的配备时注意到优差生的互助搭配，以利于学生团队合作；其次要在第一次实验时允许学生的错误或误差的存在，并能抓住关键点引导学生反思，能使下一次实验不成为一种简单的重复，而是自觉的实践。在以往的实验中，教师大多关注实验后的反思，忽视或不做二次实验前的反思的预见，其实预见是教师的基本素质，也是教学能力的反映。

(2)“过程”反思要具有应变性。第二次实验通过第一次实验寻找证据；通过分析论证来看证据和猜想之间的关系能否支持假设；再通过反思展开第二次实验，整个操作是一个比第一次实验更复杂、动态的过程，所以，做了充分准备的实验设计，在实践中碰到阻力，难以完成是不可避免的。这就需要学生具有较强的应变能力，能及时地反思自己的实验操作行为，时刻关注实验的动态变化过程，关注所使用的方法和手段，善于捕捉实验中的灵感，及时调整策略，以达到最佳的实验效果。因此，学生之间要善于倾听彼此的意见，及时讨论彼此的困惑；其次，第二次实验是在动态中生成，在动态中发展的。教师要善于抓住契机，形成一个生动活泼的、主动的和富有个性的学习反思活动。

(3)“后续”反思要具有批判性。思维的批判性是指思维中严格估计思维材料和检查思维的过程。要善于独立思考，不受暗示干扰，善于发现问题，提出质疑，进行争论，不断分析解决问题所依据的条件，反复检查已拟定的假设、计划和方案；善于客观地考虑正反两方面的论据；善于明辨是非曲直，不人云亦云，盲从附和。成功的物理实验不在课前，而在课后。对实验情况进行反思后，会获得许多成功的经验和失败的教训，然后让学生根据这些体会和反馈的信息，寻找到理论学习与实践操作之间的差距，在此基础上对物理原理进行深入思考领会，为以后学习物理打下基础。同时，也为后续同类课题的实验设计提供经验借鉴。经过这样多次的实践、反思，再实践、再反思，学生对物理知识吐故纳新，有自己新的发现。

在物理学中，实验离不开反思，依靠反思预见实验效果，依靠反思进行严密的推理，依靠反思总结物理理论。我们期待学生能在反思中学会学习，更能在反思中学会成长。

如何处理教与学的关系

——"情境教学"误区谈

卓　伟

教与学是一对怎样的关系，在我看来简单得很，就是要建立起学生"主体"与教师"主导"的关系。所谓教师"主导"，指的是教师应在课堂教学中注意对学生的"启思导问"，"授之以渔"，教给学生学习方法，这就是所谓的"教师领路，学生走路"；所谓学生"主体"，指的是学生在课堂中应学会自主建构知识，形成属于自己的生成性知识。从辩证唯物主义角度看，教师的"主导"与学生的"主体"地位本是一对矛盾关系，教师的"主导"作用始终是处于矛盾的主要方面，这就是所谓的师傅领进门，修行在个人。下面我就结合自己在情境教学方面的实践经历讲一下课堂中如何处理教与学的关系问题。

一次杭州市优质课听课活动，偶遇十一中教务处主任王海燕老师，谈起了"情境教学"的话题。在听了几节课后，王老师对这种教学方式颇有想法，不由感叹："不如省力点，拉清线索最重要。"为什么一堂生动的情境课，却被教师上得索然无味呢？我认为关键还在于没有在课堂中形成诸多生成性的问题。预设取代了生成，其实质仍是一种课堂霸权。在课堂实践中，我们可能会尝试诸多情境教学模式，意在引导学生愉快地进入学习状态。但这些情境教学模式如若使用不当，则会使整个教学效果走向反面。

一、影视情境的误用案例

如上"二战"一课，在讲到德国法西斯专政的建立时，我使用了一段"恶搞希特勒"的视频。这段视频虽然搞笑，在一定程度上也活跃了课堂气氛，但却因缺乏思维内涵而走上了一条形式化的道路，实际是大大降低了课堂教学效率。这种形式主义的教学就犹如一包糖，包糖的糖纸花花绿绿，却不知里面装的是什么，学生在其中是一无所获的。

二、文字材料情境的误用案例

如在上"近代中国资本主义的历史命运"时，我举了两个例子，一位是广东继昌隆缫丝厂的创办者陈启源，一位是嘉兴禾丰造纸厂的创办者褚辅成，通过两位的生平事迹介绍来一窥中国资本主义的发展脉络，这本是很好的情境教学材料。但在操作过程中，却因过多运用文字材料而阻碍了师生互动，其实质仍然是以教师体系取代学生的思维体系，传统的"教师中心观"没有改变。情境教学的本意在于调动学生兴趣，化繁为简，但结果却是越变越繁。

三、图文情境的误用案例

在教授“列强入侵与民族危机”一课时，我曾借史诗纪录片《圆明园》的解说词创造图文情境。解说词满满当当，图景如诗如画。表面看来，这节课很完美。但越完美的课其实问题越多，由于课件内容设计得满满当当，学生几乎没有任何的个性思维。课件的“完美”阻碍了师生对话，教师的主导和学生的主体作用都没有得到很好的发挥。

课件的大容量导致的后果就是教学缺乏重点，又未能突破难点。平铺直叙的材料灌输，难以形成教学的高潮。如在讲“古代中国的手工业经济·陶瓷业”时，我曾试图把自商朝原始瓷到明清珐琅彩的瓷器演变历史呈现给学生，结果却忽略了唐朝的“南青北白”格局与北宋五大名窑两个重点，学生掌握起来颇感吃力，效率亦随之大幅降低。

四、表演情境的误用案例

曾几何时，我在上“辛亥革命”一课时采用表演情境，通过表演黎元洪口喊“莫害我！”被迫上台的形象，来描述武昌起义的情景。这本是个很好的构想，但在操作时却没有分析黎元洪上台的原因，结果使表演流于形式，无法使学生获得更多的生成性知识。

五、问题情境的使用案例

问题情境本是教师通常使用的教学手段，但问题的质量是确保教学效果的关键所在。好的问题往往能在把握学情的基础上，设计学生的难点和易错点，并能有助于对学生进行相应的学法指导。在教学过程中，我曾要求学生就朝鲜战争的根本目的与中国抗美援朝的根本目的相互区别，结果却有近一半学生错掉，可见，这是找准学生的易错点了。

由此可见，情境教学虽然“美丽”，但其中“瑕疵”也不少，教师在运用中应谨慎。事实上，教师简洁的语言才是最美的课堂资源，亲身体验胜过精美的课件。在平时教学中，事实上并不是每一课都需要情境，也并不是每一个环节都需要情境，用不用情境还得视学情和教材实际内容来定。

德育精品篇

DEYU JINGPIN PIAN

共享成长，感怀生命，延续发展

——高考后毕业班主题班会新探

戴世颖

摘　要：感恩教育是生命化德育的一个重要组成部分。通过举办“绿叶对根的情意”毕业班成人仪式主题班会，力图为学生、家长和学校创造一个共享成长、感怀生命、积淀经验、延续发展的平台，为高中学生毕业后的继续发展提供精神支持和经验保障，为激发学生的生命潜能，提升生命品质，实现生命价值走出探索性的一步。

关键词：生命化德育　感恩教育　主题班会

作为学校德育创新的一种尝试，我们班在高考后积极准备，精心策划，在学生、家长、老师及学校领导的大力支持与帮助下，成功举办了我校首次毕业班学生在高考后举行的主题班会——“绿叶对根的情意”毕业班成人仪式主题班会，为学生、家长、老师和学校创造了一个共享成长、感怀生命、积淀经验、延续发展的平台，为高中毕业后学生的继续发展提供精神支持和经验保障，为激发学生的生命潜能，提升生命品质，实现生命价值走出了探索性的一步。

一、活动实施

（一）活动目的：

1. 让学生懂得用一颗感恩的心去发现成长的美好，感受生命的快乐，体悟家人、老师和学校的用心良苦。

2. 让学生感悟自身的责任，激励学生用自己的爱与努力去回报父母、回馈学校、服务社会，实现自己的生命价值，形成良好个性和健全人格。

3. 让学生了解大学的基本情况与学习生活经验，提高独立生活的意识和能力，增强超越自我、延续发展的信心。

（二）活动主题：共享成长，感怀生命，延续发展。

（三）活动准备：

1. 邀请函的制作和人员的邀请。

2. 活动背景、节目及物品的准备。

3. 活动课件设计。

（四）活动时间：2009 年 6 月 17 日。

（五）活动地点：学校音乐教室。

（六）参加人员：全班同学、家长、任课老师和校领导。

（七）活动过程实录：

第一篇章：爸爸妈妈，谢谢你们的养育之恩！

活动 1：配乐诗朗诵《写给父母的一封信》。

活动 2：家长谈自己孩子在高中的学习生活经历，以及对孩子的期望。

学生谈与父母在高中共享成长的经历，以及自己的理想。

活动 3：学生为家人鞠躬，并送上贺卡，感谢养育之恩。

活动 4：小合唱《感恩的心》。

第二篇章：老师，谢谢你们的辛勤教导！

活动 5：同学回忆与老师患难与共的点滴感人细节，老师谈对学生的祝福与期望。

活动 6：学生给老师送鲜花，感谢老师们的辛勤培养。

第三篇章：成长路上，我们同行！

活动 7：沈峰学长谈大学生活，对学生指点未来发展之路。

活动 8：谢毅韧同学朗诵《毕业诗》。班主任赠送每一位学生处事小锦囊，捎上祝福和期望。

活动 9：小合唱《朋友》。

第四篇章：今天，我们成人了！

活动 10：校长为每一位学生颁发毕业证书和会考证书。

活动 11：成人宣誓仪式。

活动 12：学生、家长和老师互系丝带，互相祝福。

第五篇章：愿大家一路走好，延续辉煌！

活动 13：班主任寄语。

活动 14：校长寄语。

活动 15：班级赠送学校牌匾。

活动 16：全班合唱《绿叶对根的情意》。

二、活动反思

（一）回归生活，体验生命

贴近学生的生活，回归学生的生活，这是新课程倡导的德育教育新理念。新时期德育的内容应贴近学生现实生活中最关注的问题。在平时与学生和家长的交流中，我们发现，有些高中生以自我为中心，任性自私、不知感恩、对人冷漠，他们只求索取，不愿付出，不懂得尊重、理解和关心他人。在和学生一起经历高考的过程中，我们还发现，许多学生对高考的意义和作用有认识上的偏差，而且对自己将来的继续发展也缺少合理的规划。根据学生现实生活中存在的这些实际问题，我们班举行了本次主题班会，旨在引导学生更好地认识自我，理解他人，懂得为人处世，学会规划生活，在活动中体验生命的意义。因此，本次主题班会实现了德育教育的超低空飞行。

(二)创设氛围,感怀生命

情感的激发需要环境的催化,氛围的渲染。平时,学生、家长和老师都在忙着各自的学习和工作,所以能聚在一起互吐心声、沟通思想、交流情感的时间和空间都十分有限。因为缺乏关注,家长和学生的心渐渐远了,因为缺乏了解,家长和学生之间的误会与冲突加深了,因为缺乏沟通,老师和学生之间无法体会到赏识与关爱,导致互相埋怨,关系冷淡。据此,本次主题班会充当中介的角色,让学生、家长和老师齐聚一堂,在这个难得团聚的日子,以宽松、愉快的心情,互相倾听心声,共享高中生活点滴,通过情感表白、互相寄语、互赠礼物等形式拉近了彼此的心理距离,化解了彼此的误会与隔阂。怀念、感恩、关怀、不舍与向往等真切的情感在这种特定氛围的感染下抒发得淋漓尽致,大家共享生命的感动。本次主题班会让学生懂得用一颗感恩的心去发现生活的美好,感受生命的快乐。

(三)搭建平台,提升生命

本次主题班会的另一个亮点就是关注学生高考后的继续发展问题。作为负责任的学校和教师,高考并不意味着高中教育的完结,而应成为高中教育的延续与升华。

高考结束后,许多学生异常激动。他们错误地认为,苦难全都随着高考的结束而消失,未来将是一片坦途,大学生活他们完全可以轻松搞定。但也有一些学生心中担忧:离开了家长和老师的帮助和督促,大学生活要如何适应?今后的人生道路要如何规划?

针对这个现象,本次主题班会创设了两个环节,一是沈峰学长介绍大学生活,让学生了解大学的基本情况与学习生活经验;二是班主任赠送每一位学生处事小锦囊,里面有处事小贴士,为学生指点未来发展之路。这个平台为学生提供了高考后继续发展的精神支持和经验保障,为学生激发潜能、延续发展、成就未来奠定基础,有助于学生提升生命品质,实现生命价值。

(四)注重实效,润泽生命

本次主题班会的内容围绕亲情、友情、高考、求学等,这些都来自学生的现实生活。活动中,子女与家长之间,学生与老师之间,同学与同学之间,一句句的真情告白,一幕幕的泪流满面,一次次的温馨相拥。活动通过人与人之间的情感交流,唤醒了学生用一颗感恩的心去发现生活的美好,感受生命的快乐,理解生命的价值;活动激发了学生的责任意识,奉献精神,完善了学生的人格;活动鼓励学生挖掘潜能,超越自我,提升生命价值。因此,本次主题班会真正让德育走向人本,走向心灵,唤醒了学生的生命意识,为学生的和谐发展和幸福人生奠定基础。

我校校长在全程参与本次主题班会之后,给予这样的评价:"学生们动情的言语和眼泪胜过我们无数次的说教,这次主题班会的成功之处就在于此。通过搭建一些生动可感的活动平台,让学生们在体验与感悟中体会到感恩之心对于一个成熟的生命个体的重要性。我始终认为,教育绝不仅仅只是为了让学生获得知识,教育是人的生命的主要历程,点化和润泽学生生命才是教育的本真所在。"

学生评价:这节班会课让我们学生深刻懂得,学会做学问,首先要学会做人;学会做人，首先要学会感恩。如果不会用所学的知识回报家庭、回报社会、回报帮助过自己的人，那么学的知识再多也没有意义。

家长评价：通过这节班会课，我发觉我的孩子长大了、成熟了。因为他能理解父母和老师的苦心了，能意识到自己肩上的责任了，能为自己的将来打算了。这样的活动真的很有意义！

老师评价：这节班会课让我们看到了学生美好善良的心灵，听到了他们对我们的肯定和期望，让我们老师享受到了被关爱、被欣赏、被感激的幸福滋味。

这次主题班会得到了网络和电视多家新闻媒体的关注：萧山湘湖网新闻中心刊登题为《体现绿叶对根的情谊——五中高三(17)班举行情感班会》的报道；萧山网教育频道刊登题为《五中成人仪式阐述绿叶对根的情谊》的报道；萧山广电教育天地播出题为《五中毕业生：绿叶对根的情意》历时30分钟的电视专题报道。这次主题班会在社会上引起了强烈反响和情感共鸣，激发了大家对现实生活中情感缺失、人情冷漠、亲情友情淡薄、知恩不报等不良现象的反思，以及对感恩教育和生命化德育的深入探讨。

润物无声　心灵有痕

——“渗透”型班级心育策略研究

高国锦

摘　要:在多年实践的基础上,笔者提出“渗透”型班级心育模式,通过课堂、环境、活动三大途径进行了实践研究,改变了以往班主任单向而简单的说教形式。把心育渗透于班级日常管理当中,潜移默化地促进学生心理健康发展,形成积极向上的班级情绪。

关键词:渗透　班级心育

有关调查表明,当前中小学生中存在心理问题和心理障碍的比例相当高。天津师范大学教育学院对1782名中学生的调查表明,有心理问题的比例平均为35.31%,有明显问题的比例为16.72%。因此,教育各级部门对心理健康教育高度重视,中小学也如火如荼开展各种形式的心理健康教育。对于这个新课题而言,笔者认为目前还存在一些误区。误区之一:心理健康教育就是搞心理测验;误区之二:心理健康就是进行心理咨询;误区之三:心理健康教育就是开设心理课;误区之四:心理健康教育就是治疗。

基于以上认识,笔者认为心理健康教育应向学生日常生活中渗透。学校心育的对象是全校学生,带有很强的普遍性,班级心育就该具有更强的针对性,操作性也更强。笔者在实践中提出“渗透”型班级心育模式,促使形成积极向上的班级情绪,预防学生的各类心理疾病,完善学生人格,养成和谐心理。

一、课堂渗透

课堂渗透是“渗透”型班级心育的主要途径。班主任拥有的课堂主要是德育课,因而班主任主要通过在德育课堂上让学生听演讲、赏文章、读故事等途径来完成渗透功能,形成良好的班级情绪,健全的学生人格。

(一)听演讲——激发学生生活热情

班级心育演讲,可以是班主任根据学生当时的实际情况亲自演讲,可以是班主任邀请校内外成功人士来演讲,也可以是学生自主申报,班主任审阅把关,学生演讲。在实施演讲渗透时要掌握好以下几个方面:第一,演讲的内容要有教育意义,给学生心灵的震撼;第二,演讲的时机要选准,增强渗透的力度;第三,演讲的结尾要注重引导,让学生回味无穷;第四,演讲要有固定的场所,即德育课堂。

我刚任201、202两个文科班的班主任时，有一则学生周记中写道："这就是文科班，上课有人睡觉，有人讲话；下课缺少生气，没有激情，一切都在慢条斯理中度过，我快要冬眠了！于是我麻痹自己。只有麻痹，什么也不知，什么也不管。"据任课老师反映，两个班级死气沉沉，尤其是202班，课堂成了教师的独角戏。根据这个实际情况，我利用自身语文教师的优势深情地朗诵了《激情，让生命之花绽放》："没有激情的生活将淡而无味，没有激情的学习将平庸无为，因为生活和学习都需要想象，而激情总能激活想象，点燃生命之火……"

演讲结束后，学生以小组为单位，集中讨论生活和学习的激情，各小组代表谈对本次演讲的感受和启发。学生沈伟深有感触地说："是呀，学习如果没有了激情，学业将无成，生活如果没有了激情，我们的人生将暗淡无味，让我们从今天开始一起燃烧激情，让202班成为激情燃烧的港湾。"那次演讲后，两个文科班的学生迸发出了学习生活的热情，一改以往暮气，班内也逐渐形成了积极向上的班级情绪。

(二)看文章——增强学生耐挫能力

用好文章渗透，作为班主任，我一般这样操作：第一，分析班内某个或某类学生群体的兴趣爱好、个性特点、主要问题等；第二，对症下药，相应选择一批适合他们特点的好文章组成"文章超市"，供学生选择；第三，在德育课堂上学生阅读，勾点圈画，写批注，写读书心得，条件合适可以开展读书笔记展览；第四，利用德育课，组织讨论交流，举行班级读书报告会。

103班戎风、严燕燕、高波、陈栋、赵兵、黄军等同学对自身缺乏信心，做事没有恒心和毅力，在学习上也表现得相对疲软。针对这类学生，我让他们读了《人生不应该等待》《命运只关两次门》《珍惜，这如花的年纪》《人生一个节点的感悟》《执着》《要怀有希望》《再坚持一下》《人性寓言》《成功需要多长时间》等优秀的文章。通过和这些优秀文章对话，文章主人公的意志品质渗透到这类学生的内心世界，促使他们形成良好的心理素养。在读了其中的一些文章后，他们都有了深刻的感悟和启发。

高波：读了《命运只关两次门》以后，我非常佩服主人公麦吉，在饱受残酷的折磨以后还能站起来，坚持参加各种比赛，取得好成绩。他的顽强的意志和拼搏的精神给了我很大的触动。自己在学习生活中都缺乏意志力，与他相比，感觉非常惭愧，但现在我很有力量，有了麦吉，今后一定能努力克服轻易被困难击倒的心理。

(三)听故事——消除两代之间隔阂

如果说"文章"渗透中资源的由来离学生还是有距离的，那么用"故事"，用学生自己鲜活的故事来启迪其他学生的心灵，获取生活和学习的力量则是零距离的，更加生动、更加真实，班级心育也就更具渗透性。

用"故事"渗透，我一般这样操作：第一，注重观察，根据班级心育实际需要，选取并描述班内学生真实而鲜活的故事；第二，德育课有序学习故事，"阅读故事"——"原音重现"——"同桌讲同学讲"——"谈启发谈感受"；第三，班主任提供家校联系单，学生写体会，评选若干"最感动体会"；第四，家长阅读子女感悟，签署反馈意见。在用"故事"渗透的班级心育中要注意故事来源的真实性，给家长阅读学生感悟的自愿性。

几个星期来卢燕燕同学回校都迟到了。经过和卢燕燕的深入交流，我把她和母亲的一些事情整理成一个供全班学习的故事。

随着“故事”在学生眼前展开，教室内慢慢地变得十分安静，显然学生被“故事”感动了，当卢燕燕“原音重现”时，教室里很多学生流泪了，他们受到了最真实感人的心灵滋润。很多学生写出了感人的体会文章。

潘菲菲：您在家里过得好吗？缝雨伞（沙地妇女主要工作）累不累？身体有没有好点？不要太节约，吃得好一点……妈妈，我真的觉得自己好自私，好几次您让我打电话到长庚医院咨询子宫肌瘤的手术风险，而我却因顾及自己面子问题而始终没有拿起话筒，现在想想，自己是那么的无知和自私。妈妈对不起！

二、环境渗透途径

通过对所在班级教室环境的布置及对教室环境的要求，构造一种教育和学习的外部文化环境，能增添学生学习生活乐趣，消除学习后的疲劳，培养正确审美观，增强班级向心力、凝聚力。主要通过设计标语和开发板报等途径来渗透心理健康教育。

（一）标语——克服学生紧张情绪

进入新的班集体，高一学生有着很强的紧张感，因此班主任设计了“我爱学习，这是我的本。我爱劳动，这是我的根。我爱班级，这是我的家。我爱他人，这是我的灯”的“四爱”标语，以此来暗示学生对集体、亲人、学习的认识，释放学生的紧张感，体会亲人的温暖。

针对高三理科班的实际情况，班主任不仅追求卫生环境的整洁和有序，而且旨在通过教室物质建设形成一种阳刚向上、斗志昂扬的文化氛围，设计并张贴了“四气”标语，即“我们有团结理解的风气，我们有迎战高考的底气，我们有流血流汗的勇气，我们有击败对手的霸气”，使学生在高三的奋斗道路上始终气势如虹、气宇轩昂。

学生高华在周记中有这样一段话：进入高三后，我一直没有信心去面对同学之间的学习竞争，一想到竞争我连手都会发抖，更不要说考试了，每当考试，我连饭也吃不下，觉也睡不好。自从教室中出现了“四气”后，我每天走进302班的教室，尤其是看到“我们有击败对手的霸气”这一句话，我就会心潮澎湃，有一种莫名的力量在激励着我，让我大胆地面对同学之间的竞争。

（二）板报——鼓舞军心，感受温馨

无论是以前的高二、高三两个班，还是现在的高一两个班，笔者都十分注重黑板功能的开发，尤其是黑板报的开发利用。改变全校大一统内容，根据班级的实际情况，提高黑板报的利用实效，营造健康积极的班级情绪，争取让班级的一面墙壁会说话。

针对高三特点，设计“状纸”，如“高考目的地”“高考百日大计”“最后搏斗，决定命运”……这些文字有的上墙，有的班主任亲自批语，在关键的时候给学生以信心和勇气，在班级内形成斗志不减、信心不衰的良好复习氛围。

笔者还专门开辟“班主任语录”栏，一般每周一换，上面既有温馨的提醒，又有严厉

的警告，也有哲理的劝诫。如："注意力就是学习力，在单位时间内确定学习内容和学习目标，高度专注学习，不仅能满足成功感，而且学习效率也会大大提高。""家长会是我们学习的加油站。这次家长会，让我们加满亲情之油，获取强劲动力，助跑期末考试。"此外，主题为"家的温馨"黑板报营造了家长会的氛围；主题为"应试也是技巧"黑板报为疲软的学习状态注入了一针强心剂。

在高三家长会的交流体会中，有的学生被父母的关爱感动得泪流满面。笔者趁机在"语录"栏内写道："感谢家长会，感谢天地真情，它让我们获得了一次至情至性的感动，它将成为我们40多天的不竭动力，成为我们失去信心、疲劳乏力时的强心剂、大补药。"

三、活动渗透途径

活动是心育的灵魂，是由老师引导学生参与活动的一种教育形式。通过活动，使学生融入真实的生活，通过亲身体验，把自身的思想感受与周围的环境相联系，调节不良情绪，有利于建立和谐的人际关系，增强心理素质，完善自我人格。

(一)通书信——个体渗透，和谐交往

有的学生在班主任面前很难开口讲心里话，针对这一情况，在班级心育课中我特意开辟了一个书信渠道，学生遇到心理问题既可以当面交给班主任，也可以放到班主任信箱(在教室后面并上锁)，班主任回信答复。具体操作时，要注意以下几点：

书信联系要巧妙。以了解思想和汇报思想为目的的师生通信，一般是不会受学生欢迎的。因此，为了不使学生感到突然，我的第一封信还经常选择在一个恰当的日子发出：或是这位学生生病在家的时候，或是他正为考试失利难过的时候，或是学生主动写信给我……只要对学生有充分的了解，就一定能找到发出第一封信的"借口"。

师生在通信中应保持平等对话的原则。在书信中，学生可以向我咨询，我也经常向学生请教。我时常向学生表达愿望，学生也时不时向我提出建议。双方可以展开坦率的讨论甚至激烈的争论，但都不应把自己的观点强加给对方。有时，即使我的回信是目的性很强的心理辅导，但字里行间仍然没有任何强迫接受的色彩，只是一种来自朋友的诚恳交谈。

当然，与每一位学生都保持频繁的书信往来是不现实的。但根据我的实践，有选择地与某些具有特殊性的学生保持书信交流，却是可行的。因为对这些学生来说，这也许是最好、最有效的心理辅导。

(二)访企业——实地参观，激发动机

市场经济优胜劣汰的规律，使企业在成长和发展的过程中，不断催生和积淀自身的企业文化，诚信、进取、合作、务实等价值取向，正是我们教育学生所要追求的生命内涵之一，更为重要的是，这些精神一旦渗透到学生的心理世界，产生效果，那将比教师的说教更具说服力和穿透力。

以学校"春风之旅"德育实践为依托，用企业文化渗透学生内心，笔者是这样操作

的：第一，全班发动，激发学生的好奇和期待，暗中观察学生反映；第二，根据报名情况，有选择性地组成“学生进企业”活动小组，制订活动计划；第三，走进企业，感受企业文化，形成心理冲击；第四，“学生进企业”座谈会，在班内形成辐射渗透效应。

真实体验产生的渗透作用是巨大的，那次走进企业后，班级的精神面貌更上一层楼，几个平时厌学的学生也有了学习的激情。我班学生小诸头脑活络，但不爱学习，也没有信心学习，平时喜欢独来独往，因而同学关系趋向僵化。在参观了浙江著名民营企业传化集团后深有感触地在周记本中写道：

我佩服这三个人熟练的电脑操作，良好的科学素养，但我更欣赏制造这条生产线的工程师，他们的智慧不仅给自己创造了财富，实现了自身价值，也给企业和消费者带来了实惠。以前我总以为读书没有什么用，像我爸爸没认识几个字，以前在建筑工地上每年也能赚个几十万元，但现在不同了，只有掌握更多的科学文化知识才能在瞬息万变的市场中立于不败。从走出传化集团大门的那一刻起，我要爱上学习，努力学习科学知识，为将来自己的事业奠定基础。

（三）家长会——亲近家庭，懂得感恩

为了使家长会成为学生和家长心灵交流的场所，笔者对家长会做了研究开发。首先全班动员，班主任做“家长会是我们的大事”主题讲话，既强调重要性又消除学生的恐惧感。其次召开班干部会议，成立家长会节目演出策划小组，设立小组长，让家长会成为学生的会议。再次，主持人报名，严格考核，确定各班主持人人选，鼓励和家长沟通存在障碍的学生参与。策划小组根据班级情况和家长会需要设计节目超市。最后，班主任和策划组成员初审所有节目，根据家长会要求初步确定十个节目。对节目准备过程进行全程监控，提供指导和帮助，提供场地和时间。家长会前两天彩排所有节目，根据实际需要和质量水平，最终确定八个高品位节目。家长会前一天，在无节目的学生中设立校门接待组、热情引路组、会场接待组、桌椅搬运组、清洁会场组，确保人人有舞台，人人做贡献。在家长会之前班级出一期家长会专题板报，用学生活生生的话和事作为主要题材。在家长会结束后，每人写600字的家长会体会。班主任挑选优秀的体会文章，组织学生交流和倾听。

毛海玲：在小品中，我扮演“小女儿”的角色。面对众多家长，面对自己的爸爸，我没有表现出预想的效果，我没有真切地哭出来，不是因为紧张。我想我是没有资格哭的，作为家里的独生女，我习惯了众星捧月的生活，从未体验过生活的艰辛。我没有像“小女儿”一样懂得父母的辛苦，没有像她那样勤勉好学。“小女儿”是我的理想，我会努力朝着这个方向奔跑，永不停歇。

家长会成了展示会，展示学生的学习和生活，展示学生的成长和收获；家长会成了加油站，学生在加油站获取“亲情”的能量，为高中学习带来强劲的动力，学生在自主策划、排演、表演等活动中体验感受亲情的伟大和崇高，立志要报答父母的养育之恩。

动之以情　晓之以理

——杨同学教育记

高　丽

一、案　例

上午第二节语文课一下课，班级团支书兼课代表张望就急匆匆地跑进我的办公室，说道："高老师，杨同学又发脾气了，在语文课上和吴老师顶嘴！"经过一个学期的磨合，班级已经被我打造成了一个团结、积极向上、有集体荣誉感的班级了。只是，这个杨同学……高高瘦瘦的他，总是那么的特立独行，拒人于千里之外。在班级里没有朋友，同学对他的评价也总是很冷，脾气很大，不用理他之类的。

二、背景链接

新的班集体建立不久后的运动会入场式排练队形时，有几个学生说："老师，杨同学跑得比较慢，影响整个班级的速度，把他换掉吧。"马上，杨同学的脸就沉了下来，不愿意排到转换队形需要跑步的队列里，也不愿意告诉顶替他的学生要怎样按照口令跑出队形。当时，杨同学，这个拉长着脸的形象就留在我的脑海里。训练结束后，他原来的几个同学告诉我："老师，他是这样的，不用去管他。"之后，我第一次找他谈心，但是遭到了他的拒绝。因为他不愿意和我袒露内心想法，谈话过程很不顺利，只能无功而返。但是我一直注意对他的观察。

一日，我检查完学生寝室，拖着疲惫的身体来到了车库，打算回家。不料却接到电话：我们班级有个学生没在自己寝室，而且同寝室的学生也不知道他到哪里去了。杨同学！幸好，经过调查询问，很快在楼下寝室找到了他。经过谈话之后，我了解到原来杨同学是因为不熟悉新的环境，不认识新的同学，才跑到原先的同学寝室与他同学同床睡的。

再一日，我到班里上英语课，发现杨同学一直趴在桌子上，捂着头，不理人。了解之后，才知道，他与同桌没讲几句就吵架了，而且他讲话十分难听，旁人说了他几句，他就开始保持那个姿势，一言不发，已经持续两节课了。再一次的谈话，让我意识到了这个学生孤僻的性格和内心的脆弱。多次谈话，让他渐渐对我产生了信任，也愿意与我探讨问题。对我敞开心扉是一个成功的起点，但是他和同学的争执还是偶有发生。

三、处 理

跑操结束后，我把杨同学叫到了楼梯口谈心。得知他内心的想法：他认为吴老师从来都不让他回答问题，看不起他。所以他也不愿意学习语文，在语文课上就看报纸、做很多小动作。原来一直是这样，吴老师也没有多讲。但是这次，他起身换报纸两次，被吴老师批评了，面子又下不去，又觉得之前不去管他，现在才来管，恼了。于是，开始和吴老师顶嘴，打断了课堂的正常上课秩序。

在了解事情原委之后，我再一次和他谈心。我了解，这是他内心的自卑和极度想被人肯定的一个过激的偏差的行为。每个人都希望被关注、被肯定。但是，站在老师的角度，这么多的学生，要面面俱到地照顾到，还是有点难度的。况且，提问的机会本来就不多，更不能说没被提问到，就是看不起他。我将杨同学错误的观点指出，然后，再剖析他的矛盾。老师不让他回答问题，做小动作不去说他，他就断定为老师看不起他，不去管他，老师失职。这次老师看到他做小动作，学习不认真，批评他了，他心里又不舒服。两种想法自相矛盾。我问杨同学："你到底想要吴老师怎么做？吴老师管你你不高兴，不管你你也不高兴。这问题是不是出在自相矛盾的你?!"在各个细节的沟通和探讨之后，他开始承认了自己的错误，对吴老师也产生了些许歉意，但我知道他是个死要面子的人，让他当着班级道歉是不可能了。于是，他同意写份检讨给吴老师，并保证以后认真上语文课。在吴老师那里，我也做了沟通，把杨同学特殊的性格告诉他，并请他多多关心这个内心脆弱的大男孩。

四、跟 踪

虽然这件事情已经了结，但是对于杨同学的性格和心理，我始终放心不下。我一直在关心、关注着他。一切，我以为已经步入了正轨，不需要我操心了。但是，班委们一个个向我反映，说杨同学不遵守班规，在自修课上随意走动，灌水或是扔垃圾。于是在一节自修课上，我走进教室，想把他找出来进行谈话。刚好他拿着杯子要起身离开座位，于是我示意他到教室外面。但是我听到他起身的时候讲了一句"shit"。于是我觉得这个人在素质上存在很大的问题。刚到走廊，我就问他刚才起身时候讲了什么，可是他很嘴硬，死不承认，还说自己忘记了。这种不配合的态度和不文明的举止我想我是不应该姑息的。于是，我们之间也杠上了。一气之下我叫他自己在走廊上想，想起来了再来找我说清楚。可是倔强的他就在走廊上站了一节自修课。于是，我又走过去找他谈话。可是那时，我发现他已经是十分懊恼了，和我讲话每句话都带着怨恨，说着说着，眼泪也下来了。重面子的他在走廊上站了一节课，心里肯定不乐意，可是他又不愿意服输。于是我告诉他，如果是我冤枉你了，我愿意在全班面前向他道歉，但如果是他真的讲了什么不文明的话，他也要在全班面前检讨并保证。他还是死不承认自己说了。于是我提议请他周边的同学做证。这时候，他心虚了，也口软了。于是我们之间的僵持就化解了。

五、再起波澜

我渐渐意识到杨同学不再是单纯的性格问题，似乎心理健康也开始令人担忧，于是，我打通了他妈妈的电话，想要通过家校合作，帮助杨同学。令人惊讶的是，杨同学妈妈没有如约来到学校。我再次拨通了他家里的电话，却从他妈妈口中得知，他告诉他妈妈不要来学校，如果来学校的话，他就跳楼！这样的回答着实让我惊恐。于是我马上向年级组廖冬梅老师和德育处诸先元副校长求助。在他们的帮助下，我才渐渐有了头绪，这个杨同学，一定要关注他的心理健康。于是，在瞒着杨同学的情况下，我们找来了他妈妈。廖老师也亲自告知杨同学的妈妈，一定要多关注他的心理健康，多给予家庭的关爱，少给一些学习的压力。高考的压力让杨同学的心理不能再承受过多的压力，我们只能给予他关心和温暖，让他慢慢建立自信。

之后，我一直和他妈妈保持联系，他妈妈也一改往日严母形象，不再重复叮嘱要好好学习，为高考加分。在周末，也会带他一起出去买菜、买衣服等。我在校，也是逮着一切机会当面、当众表扬他。我又多次找他谈话，给他信心，给他希望，也给自己留了希望。

六、后续和成效

我知道他酷爱篮球，于是，我利用班内篮球比赛，想帮助杨同学搭建平台，了解更多的同学。篮球赛过程中，我特意安排了几个班干部，为杨同学加油助威，让他感受到集体的温暖。之后的两天，我找他聊天，他告诉我班上沈伟杨打球技术很好，我知道，他对同学有了更深的了解。

在之后的观察中，他的行为渐渐在改善。再后来，慢慢地，我看到了杨同学的进步，看到了他付出的努力。上课时候认真投入、仔细思考的眼神，自修课上专注学习的表情，甚至是晚自修结束后，还偶尔可以看到他独自留在教室攻克难题的身影。一切，让我对他有了更大的信心和期待。

期中考试成绩出来的时候，我迫不及待地寻找杨同学的名字。让我欣喜万分的是，杨同学从原来的全校308名进步到了全校119名，成为我们班成绩进步最大的学生。正好，我在班内的月考总结中，特别表扬了杨同学，也把他对学习的用心和努力的行动告诉全班同学，让他们都以杨同学为榜样！

令人更欣喜的是，考试之后杨同学主动过来找我，告诉我，我们班级集体荣誉感有所下降，比如说午间一刻唱歌时段，很多人都不愿意放开声音。导致有些唱得响的人都不敢放声。跑操也是一样的，口号不够响亮。听到他对班级的想法，能指出班级内部的问题，我好高兴。之后，我也和他商讨了很多改进班级各个方面的措施，班级的整体面貌也取得了相当大的进步！

杨同学不仅在学习上用成绩证明了自己的实力，而且从一个与班级有隔阂的人，慢慢转变到了能以班级集体荣誉为重，向班主任提出意见和建议的有心人！

七、反　思

第一，了解你的学生。了解学生是班主任工作最重要的基础，只有了解学生的喜好，了解学生的优点和不足，才能更有效地开展班主任教育工作。如果一开始的时候，我就可以了解到杨同学特别重面子的个性，就不会盲目地把他放在运动会入场式转换队列的最抢眼的位置，也就不会有后来的换人情绪风波。纪律出现问题之后，我也不会让他在班级面前丢脸，让大家都下不来台。我如果把他的个性特点早早地告知吴老师，也许可以避免师生冲突。

第二，利用学生的兴趣。兴趣使得班主任更能走进学生内心。以学生兴趣为支点，组织班队活动，让学生在集体活动中享受乐趣，在活动中相互了解，建立友谊。这些都是一个团结的班级有效的方式方法。也能让个别比较内向、比较慢热的学生能更快地适应新的学习环境，很好地投入到学习中去。

第三，家校合作，共同为孩子搭建一个和谐、健康、有益的发展平台。班主任虽然朝夕相伴，但总不及家长了解自己的孩子。而且有很多的问题，单凭学校、老师的力量是无法解决的。很多家长爱子心切，一不留神就给了孩子很大的精神压力。这些无形的压力堆积起来，如若不合理地处理，是一个重大的安全隐患。班主任一定要在教育学生的过程中，考虑到家庭因素，也利用好家长的力量。

第四，陪你的学生一起努力。陪着学生一起努力，让学生感受到班主任在用心，让学生感受到班主任在行动，班级的每位学生都在行动，自然地他也要为班级的更美好而行动！言传身教，让班主任的人格魅力在一点一滴的行动中得到体现，深入学生的内心。有了一个强大的精神领袖和行为楷模，所有人都会朝着更完美的方向去发展。

让心站起来

——高三冲刺阶段帮助学生走出“高原期”的实践研究

郭 蕾

摘 要:为了帮助学生走出心理“高原期”,本文从班级整体辅导、个人心理疏导和家校合作交流三个层面进行实践研究,目的是提供一些借鉴,帮助大家正确地对待高考复习中出现的“高原期”问题,从而有效地解决问题,最终帮助学生平安地走过高考。

关键词:高原期 焦虑

一、问题呈现:我们的学生,心有多累

【情景再现1】小R,班里的模范生,学习成绩优异,名列班级前三。平时她对自己的要求非常严格,早自修第一个到教室,晚自修最后一个离开教室,整日埋头学习。

距高考还有95天,她显得有些情绪异常。自修课经常发呆,作业的效率下降。成绩掉出了班级前十。晚自修结束,她哭着跑到办公室,说自己心里很着急,但是看不进书,脑子一片空白,强迫自己去读、去背,却适得其反。整个人都变得恍惚了。

【情景再现2】小L,头脑灵活,成绩中等偏上,一般在班级前十。高三开始学习努力,进步较快。

距高考还有90天,小L的自白:我是属于那种学习不是很努力但比较聪明的学生。家长、老师和同学都说我潜力很大,在高三上升会很快,我也很自信。可是,高三已经到了冲刺阶段,我的成绩却不升反降。我们全家都急了,我也开始“头悬梁,锥刺股”,每天熬到深夜一二点,可是成绩却怎么也上不去,而我一拿起课本,注意力总是集中不起来,好像有劲也使不出来。我真怀疑,我的潜力是不是已经挖尽了?真累啊!

【情景再现3】小J,性格内向,为人随和,学习认真。家长对他的期望较高。

距高考还有86天,小J妈妈打来电话:老师啊,我们小J最近不知道怎么了,脾气大了很多。有时候回家我要他看书,没想到,他的声音比我还大,(声音哽咽)还把课本、试卷给扔了。老师啊,你说这孩子是怎么了,我也好好和他谈了,他答应归答应,但是一点实际的行动也没有。你说这孩子……

上述三个案例中的学生虽然表现各不相同,但归根结底,都体现出学习无效、焦虑的特性,这种现象我们称为“高原现象”。这段时期被称作学习的“高原期”。这时,学生备感焦灼,忧心如焚,却又无可奈何,如果不了解它的规律,不及时地改善方法,容易导致学生灰心丧气,注意力分散,甚至自暴自弃,影响成绩的提升。

二、追根溯源：是什么让学生的心匍匐

“高原期”的成因多种多样，因为每个学生的学习方法、学习成绩与心态都不一样，所以造成高考冲刺阶段出现“高原期”的原因也各不相同。但归纳起来，主要有以下几个方面：

根源一：学法定势，惰性显现

“高原期”的出现，最主要的原因是习惯于某种学习方法后产生的惰性。高考复习的不同阶段，复习内容不一样，学习的方法也不完全相同，越是临近复习后期往往需要知识上的综合，要力求把知识融会贯通，这就需要加强分析综合能力的运用。有些学生用前一阶段的学习方法来进行后一阶段的学习，往往会产生学习方法、思维方式和学习内容的不适应。

根源二：急于求“战”，减弱动机

不少学生一遇到困难，就容易失去信心。高考前的复习，范围广、容量大、时间长，与高一高二新课程相比，缺乏新意，形式单调。相当一部分学生很容易产生已经复习得“差不多了”的感觉，缺乏耐心，急于“求战”，很容易减弱学习的动机，甚至产生烦躁厌倦的情绪。

根源三：心劳力竭，意志消沉

高三的学习相当紧张，特别是在最后百天的冲刺阶段。不少学生夜以继日，奋战于题海，无论是生理上还是心理上都很劳累，极易产生生理与认知之间的冲突，带来沉重的心理压力。当劳累积累到一定程度，就会产生“高原现象”，感觉自己再怎么努力也不行了，越学越糊涂。特别是对班级里的优生而言，更容易出现这种感觉。

三、探究路上：让学生的心站起来

“高原期”是客观存在的，这种现象是不以学生的意志而转移的。也就是说，由于外界环境、自身压力以及高考临近等现实情况的影响，“高原期”的反应是不可避免的。与其回避不如正视。要帮助学生走出“高原期”，可以从班级整体辅导、个人心理疏导和家校合作交流三个层面去考虑。

（一）营造氛围，优化心的环境

1. 立足班会，树立信心

面对高三冲刺阶段，不少处于“高原期”的学生感到压力很大，成绩徘徊不前，因此感到苦恼，自信心不足，势必会影响他们今后的高考。于是我推出“摆正心态，笑迎高考”的主题班会系列，具体包括“理智面对学习压力”“让我们从‘心’开始”“我的未来不是梦”等，还邀请了往届成绩优异、高考成功的学生现身说法，讲述自己是如何克服高三

"高原期"的。

2. 板报宣传，指导定心

有不少"高原期"的学生虽然在学习上不遗余力，但欠缺科学的学习方法，导致学无所进。由此可见，科学、有效的学习方法是非常重要的，尤其是对于进入冲刺阶段的高三学生而言，因此教室后面黑板报是非常重要的宣传阵地，平均每两个星期更换一次内容，可以向学生介绍一些高效的复习方法，如"北大学子经验谈""高效复习法大家谈"等等。

3. 周记沟通，引导稳心

不少班主任每周都要求学生写周记，然后教师批改，把周记作为师生交流的平台。其实，作为班主任，也可以以周记的形式把一些想对学生说的话表达出来，这样既可以避免班主任过多的说教而使学生厌烦，也可以把自己内心的一些想法传达给学生。我会每周坚持写一篇周记，贴在教室里，让学生观看，让学生明白班主任的想法和要求。特别在高考冲刺阶段，更是起到了关键的作用。

(二)个人疏导，打开心的枷锁

"高原期"不是学习极限。它是客观存在的，走出"高原期"后学习效率和学习成绩还是会提高的，因此，"高原现象"并不意味着学习到了极限、成绩到了极限，但考生对"高原现象"不了解，又不能正确对待与克服困难，负面的心态影响了他的复习。

只要我们认真去分析产生"高原现象"的原因，绝大多数人都会走出高考的"高原期"。因此，针对不同的学生，我们要对症下药，一对一进行疏导。

1. 自暴自弃型：拒绝自弃，增加信心

表现：这类处于"高原期"的学生往往是因为学习成绩与目标之间有比较明显的距离造成的。就如上文中的小 L 一样，自认为学习潜质不错，家长和自己的期望很高，结果在反复努力无望的情况下，不能接受这样的现实而选择了逃避。其实，这一类学生的提升空间是最大的，因为这类学生虽然容易放弃，但他们本身具有一定的基础，所以他们有巨大的发展潜力。

对策：平时要注意心理调节，排除干扰因素，消除急躁、急于求成、患得患失和忧虑的心情，增强自信心，沉着冷静，采取一些有效的策略，了解一些心理规律和释放办法，怀着一颗平常心，轻装上阵，从容面对高考。

2. 责任驱使型：反省学习，矫正心态

表现：这类同学是典型的"苦学加死学"，整天埋头于"题海"之中，正如班上公认最用功的小 D，她做的作业在我们班级应该是最多的，除了平时发的练习在规定的时间内完成外，买的《五年高考三年模拟》都基本做完了。但她作业虽然做得多，却很少反省，缺少归纳，没有把新的知识真正地纳入到自己的知识体系。这样，很快就会进入"高原期"。

对策：应当根据复习的内容和进度及时调整自己的学习方法。苦学和死学用于复习的第一个阶段也许会有效果，成绩也许会进步很快。但是这种进步没有长久性和持续性，因为这种学习方法是粗放的，是低效的。针对这种情况，要克服"高原现象"，必须改变不合理的学习方法。

3.心志不坚型:调剂身体,强大内心

表现:这类学生每天持续着高强度的脑力和体力劳动,使脑力和体力不能得到恢复,容易使大脑疲劳,从而导致思维缓慢,复习效率降低。属于学习过度疲劳。如上文中的小R就是属于这类的典型,对自己的未来有明确规划,自我要求高,一旦出现“高原期”,就容易自我怀疑,自我否定。

对策:要善于调剂身心,不打疲劳仗。复习中要善于营造良好的身心环境,保持心智的最佳状态。当感到大脑疲劳、思维呆滞、效率不高时,要及时以各种轻松愉快的方式调剂身心,或进行适当的体育活动,以保证充沛的精力投入复习,只有提高了复习的效率,才能提高学习的成绩。

(三)家校联系,共建心的港湾

有些家长在孩子出现“高原现象”时惊慌失措,有的家长以为是孩子太累,一个劲地买补品给孩子吃,也有的家长以为是孩子不够努力,找借口不学习,总是责备孩子,这样增加了孩子的心理负担,不利于孩子走出“高原期”。因此加强教师和家长之间的交流是必要的。只有家校共同努力,才能在家给学生一个宁静的避风港。具体做法包含以下几方面:

1.丰富生活,缓解重负

“学习越紧张,放松越重要!”这是我在以前的班级中经常强调的一句话,“欲速则不达”用在此也是再合适不过了。因此,家长根据孩子的个人喜好,允许和鼓励孩子每天拿出一些时间做他们喜欢做的事情是不错的选择,如:看看自己喜欢的书和听听新闻等。家长放假时带着孩子一起散步、看会儿电视、讨论音乐等都是很好的放松形式,同时,还可以和孩子多轻松地交流一下,何乐而不为呢?

2.倾听诉说,理解接纳

处在“高原期”的学生,情绪不高,有时会对家长不理不睬。其实,这些学生很多时候并不是不愿意交流,而是恐惧交流后的后果,担心说出心里话之后,家长不能够理解和接受。家长要有耐心倾听孩子的诉说,进而理解和接纳孩子,这可以说是使孩子尽快平稳地走出“心理高原期”的一个最重要的环节。做家长的要学会甘当“垃圾桶”,当好“垃圾桶”就是孩子有情绪垃圾时可以随时向父母倾诉。让孩子保持良好的情绪,这是提高成绩的根本。

3.放平心态,改善关系

很多家长把高考看得很重,目标定得也比较高,过分重视孩子的学习成绩,生活上关心多,行为上管得紧,约束过多。在孩子学习生活中,总是提些建议,遇到问题总是规劝,希望子女按照自己的心意行事,这是作为家长“越位”了,从而造成家长子女的关系紧张。不少家长也可能知道自己孩子的情况,但不肯面对现实,其中有许多期待已经远远脱离了孩子的实际能力。对此,家长要端正心态,对孩子多些信任和有效的沟通。“高原期”的孩子是最需要关心的孩子,也是最能改善双方关系的时期。

班主任的“宫心计”

——浅谈心理学效应在后进生转化工作中的应用

韩炯佳

摘　要:后进生转化工作是班主任在班级管理中最为棘手,但却至关重要的一项工作。本文分析了后进生转化工作的现状及后进生的心理特点,并就此结合案例探讨如何运用心理学效应转化后进生,为德育工作提供新的视野。

关键词:后进生　转化　心理学效应　案例

我们常把学习、思想或行为上存在偏差的学生称为“后进生”“问题学生”“潜能生”或“待优生”。虽然我们可以尽可能避免一些消极字眼,但我们始终无法回避教育过程中客观存在的“差生问题”。后进生转化既是一项艰巨的“攻坚战”,也是一项长期的“持久战”。要想打好这场战役,教师必须勤修“内功”,抓住后进生的心理特征,因势利导,帮助其走上健康发展的道路。教师特别是班主任应该学习和运用多种心理学效应,科学地对症下药,趁其不备而攻其心,潜移默化中带他们走上正轨。

一、运用“首因效应”,建立情感基础

心理学家曾经做了这样一个实验:让学生评价一个人,把学生分成两组,第一组先看介绍这个人内向的材料,然后再看介绍这个人外向的材料;第二组恰恰相反。结果是第一组大部分评价他为内向,第二组评价的多为外向,这种现象被称为“第一印象”,心理学上称之为“首因效应”。在后进生转化工作中,这种效应具有消极性,教师容易受到后进生负面形象的影响,而采取不当的教育方法。但如果运用恰当,也可以产生积极的效果。

【案例 1】徐某,学校“四大天王”之首,学习懒散不说,抽烟喝酒打架斗殴样样精通,对于教师的批评也早已刀枪不入,超级免疫。但经过我密切观察,发现徐某虽表面冷酷,让人难以接近,但内心其实很孤独,很渴望融入新的班集体,渴望拥有自己的朋友。第一周的周记,我要求学生谈谈对新班级的看法。他的周记里只有一个字:无。而我给他的评语满满地写了两页,向他“汇报”了一周来对他观察的结果,从开学第一天只有他捡起了教室门口的纸团到课间望着其他同学欢声笑语时他眼神中流露出的羡慕,不放过任何一个与他有关的小细节。评语中,我也明确表示他在我眼里就是一张白纸,希望他能添上几笔绚丽的色彩,并主动提出,希望成为他在这个班里的第一个朋友。虽然在他接下来的周记中依然只有一个“无”字。但是之后的日子里,脸上多了几许笑容

的他，做什么事情都特别带劲儿，又是帮班级搬水，又是帮忙搞卫生，甚至连他最讨厌的学习也有了起色。

由此可见，班主任要注意处理好与后进生的“第一次”，给他们一个好印象，拉近师生间距离，建立融洽的师生关系，为日后实施有效教育奠定情感基础。同时，后进生都有一种新学期换新老师“从头做起”的心理，都想给新老师留下好印象。所以，要抓住他们求上进的心理，激励、调控、启迪他们的积极性，递给学生攀登的梯绳，鼓舞他们顺梯绳而上。

二、运用“自己人效应”，做学生知心朋友

“自己人效应”也叫“认同效应”，是指引导者表达与对象在观点或特征方面的相似性，向对象出示一张“自己人”的心理名片，使其产生一种“同体观”，消除或弱化防范心理，从而更易接受引导的心理现象。在日常教育教学工作中，教师应视后进生为“自己人”，多和他们接触，多和他们打交道，使自己融入他们的生活，成为他们这个群体中的一员。

【案例 2】张某是个不折不扣的“篮球男神”。尽管学习成绩很差，经常顶撞教师，纪律观念淡薄，却千方百计不放过任何一个球场耍帅的机会。但也正因此，他成了女生心中的“流川枫”，早恋现象屡禁不止。要征服这样的“男神”，我只能投其所好，以球会友。于是我经常到球场上与他一起打球，和他一起聊 NBA、姚明，和他谈心……慢慢地，他消除了我们之间的对立情绪，愿意主动找我谈心。通过交流，我了解到张某其实很想将学习成绩提高，只是落下的课程太多，现在有些心有余而力不足，于是干脆“破罐破摔”，不再听讲，不再交作业；更不喜欢老师管他，认为老师都是故意跟他过不去，久而久之，就产生了抵触的情绪。在之后的日子里，他开始在我的化学课上听课，并主动来问一些他不懂的知识，学习态度好转。尽管高考没有取得理想的成绩，但他依然感谢在人生关键时刻有我这个知己陪伴。

要成为后进生的“自己人”，教师必须放下架子，创造机会让学生多了解自己，让他们在老师面前感到安全、平等、亲切和可靠。同时要尽量多地去了解、掌握学生的有关“背景”材料，努力找到与学生的共同话题，了解学生的所思所想所知，找到教育与学生所需、所学的结合点，唯有如此才能使我们的教育行为做到有的放矢。

三、运用“罗森塔尔效应”，挖掘学生潜能

“罗森塔尔效应”也就是著名的“皮格马利翁效应”，是指因他人的期待和热爱而产生符合期望的结果的心理现象。罗森塔尔的实验告诉我们：第一，每个学生都有发展、成才的可能，只是呈现不同的阶段和特点而已；第二，教师的期望能让学生更加亲近教师，萌发或增强勤奋向上的动力；第三，教师应将口头、抽象的期待转化为真切具体的行动，将真挚的温情关爱与切实的帮助指导相结合，贯穿教育的始终。在后进生转化过程中，也可以做类似尝试。

【案例 3】高二分班时，全校倒数第一名“潇哥”被分到了我们班，除了语文和英语

还可以，数理化三科只能考10多分。经过了解，这个“潇哥”曾以年级前列的成绩考入我们学校，因为高一没抓紧，高二有心无力，导致成绩“惨不忍睹”，信心全无，从此开始自由散漫，自暴自弃，他甚至认定自己是考不上大学的。在对他进行细心的观察和分析后，我发现他有以下几个闪光点：第一，他很聪明，思维能力比较强。擅长语文和英语；第二，他比较有经济头脑，理财能力比较强。于是我与他一起详细分析了近三年的专科录取分数线，又对他说要想考上专科大学，其实数学只要考到40多分就够，而凭他的智力，这是小菜一碟。他顿时眼睛都亮了。在接下来的日子中，他会主动去找数学老师问不懂的知识，学习情况有所改善。而这还远远不够。于是，我又任命他为生活委员。随后的日子里，“潇哥”学习兴趣大增，成绩有了明显的提高，也再没有违纪现象。

正如魏书生先生说的那样：“要珍惜学生心灵中闪光的东西。以他们自己的光芒，照亮自己的黑暗。”教师要改变对后进生的教育方式，变批评为赏识，让他们觉得自己在老师心目中是好学生，从而增加学习的兴趣和动力。

四、严防“马太效应”，创设健康环境

《圣经》中“马太福音”里提道：“凡是有的，还要加给他，叫他有余；没有的，连他所有的也要夺过来。”美国著名哲学家罗帕特·默顿发现了同样的现象，即荣誉越多的科学家，授予他的荣誉就越多；而对那些默默无闻的科学家，对其做出的成绩往往不予承认。他将这种现象称为“马太效应”。在学校教育中，“马太效应”的消极作用也屡见不鲜。品学兼优的“好”学生被教师捧在手心，即使犯了错误，也会被教师无原则原谅。而对于问题百出的“差”生们教师却另眼相看，用放大镜看他们的缺点、弱点，小题大做，将问题扩大化，看不到他们的闪光点、亮点。

【案例4】王某和沈某同住一个寝室。王某，思维敏捷，学习刻苦，各种统考光荣榜中的“常胜将军”。在每个老师心目中，他就是班级的“上层阶级”。沈某，自称“龙哥”。高二分班时，其高一班主任细数了他的种种“劣迹”，使我对“龙哥”产生了心理抵触。在班级任课教师会上，我便将此番话转述给了任课老师。就这样，龙哥被我们打上了“差生”的印记，只要班级出现违纪情况，他便是我们老师心目中的头号嫌疑犯。

一天，寝室纪律又扣分了。我的第一反应便是把沈某叫到办公室。没等沈某解释，我便劈头盖脸地将其训斥了一顿。没等我说完，“龙哥”便委屈地抽泣起来：“老师，熄灯后我是参与讲话了，但话题是王某先提起的，为什么你没把他叫到办公室。我违纪是多了点，但同样一种违纪，为什么他就不用受处罚？”他的这番话一针见血地点醒了我，原来作为班主任，我的天平已经严重倾斜。

由此可见，仅以学习成绩作为评价学生的唯一标准，这样单一而又随意的划分以及天壤之别的待遇，不仅会伤害后进生本就伤痕累累的心灵，久而久之更会将整个班级舆论导向错误的方向，生生剥夺了后进生进步的可能。因此，在后进生转化工作中，教师要自觉防止和克服教育中的“马太效应”，对待优等生和后进生一视同仁，绝不厚此薄彼，将师爱倾注在每个学生身上，评价学生实事求是，为后进生的进步创设健康的心理环境和班级舆论。

五、严防“超限效应”，保证教育有效性

著名作家马克·吐温有一次在教堂里听牧师演讲。起初，他觉得牧师讲得很感人，准备结束时将身上所有的钱都捐掉。过了十分钟，牧师还没有讲完，他有些不耐烦，决定只捐一些零钱。又过了十分钟，牧师还没有讲完，于是他决定一分钱也不捐。最后，牧师终于结束了冗长的演讲开始募捐，马克·吐温由于气愤，不仅分文未捐，还从盘子里偷了两元钱。这个故事告诉我们，刺激过多、过强或作用时间过长，会引起极不耐烦或逆反的心理现象，心理学上称之为“超限效应”。在后进生的转化工作中，作为教育者容易自觉或不自觉地出现这一现象。

【案例5】许某，入学成绩非常突出，但到了高三判若两人，学习上自由散漫、懒惰成性。对其深入分析和了解，认为其潜力尚佳，于是便经常对其进行“思想教育”，还特地腾出休息时间帮其查漏补缺。起初，许某觉得自己开始受老师重视，学习积极性提高了很多。但因为不懂的知识实在太多，在坚持了一段时间后发现成绩没有太大的起色，于是又回到老样子。作为一起奋斗这么久的“战友”，他的放弃让我觉得一切的努力和辛苦都是白费。失望至极的我将这一情况反馈给其家长。家长又气又恨，每每回家都要指责其是“扶不起的阿斗”。久而久之，许某有了弃学的念头。我意识到，对于这样的学生，教育者过度的指责只会加重其逆反心理和厌学情绪。于是，我决定以“柔”克“刚”。坚持每天对他进行特别辅导，与他一起研究作业中的错误原因及类型，学习之余，一起去学校操场散步谈心，畅谈理想。这样的“特别照顾”让他在学习上有所起色。为了庆祝他的小小进步，我给了他一份惊喜：一个小蛋糕，上面写着“风雨路上，你我同行”。（因为那天是他生日）相信他会有所改变。

后进生的转化一般要经过醒悟、转变、反复、巩固和稳定的过程，而其中关键的环节就是反复。由于意志力薄弱，自我控制能力差，后进生行为上容易出现多次反复，有时甚至会让教师觉得前功尽弃、信心全无。这时，教师要严防“超限效应”，避免过度的批评和责备引发学生的厌烦情绪、逆反心理，使他们丧失进步的信心。教师要耐心地根据学生不同情况，及时调整教育策略，帮助学生更快地从反复中成长起来。同样道理，当学生取得进步时，表扬也不能“廉价”重复。只有这样才能巩固转化过程中取得的每一点进步，让教育更为有效。

变禁为导:引导高中学生理性使用手机的探索与实践

向沛峰

摘　要:手机是时代的产物,拥有手机是社会文明进步带给每一个社会人(包括学生)无可厚非的权利。调查显示:我校学生拥有手机的比例已达60%—80%,校园手机的有效管理已成为学校无法回避的现实问题。我在试点班级中进行的“班级手机申报制”,通过契约申报(一讲、二报、三限、四罚)和四维监管(学生自我约束、班委即时监督、家长例行检查、班主任随机抽查)等行之有效的措施,引导学生理性使用手机,成功地破解了校园手机管理难题。

关键词:手机申报制　契约管理　变禁为导

在如今这个高度信息化的现代社会里,拥有手机是社会文明进步带给每一个社会人(包括学生)无可厚非的权利。手机以其便捷的通信功能和强大的上网功能,在给学生的学习与生活带来方便的同时,也为学生(尤其是叛逆心态强烈的学生)的某些违纪违规行为提供了方便。手机作为时代进步的产物,我们已经不可能也没必要将其阻隔在校园之外。

一、手机问题的调查与分析

一直认为校园手机问题是一个学校管理中不容忽视的问题。2013 年 9 月,作为“教师科研”研修同盟的负责人,我选择了高一、高二、高三各 2 个班级进行抽样调查。本次调查共发放问卷 328 份,回收有效问卷 286 份。调查结果如下:

表 1　我校学生拥有手机的数量概况

学生类别		被调查人数	拥有手机人数	占有百分比/%
高一	男生	46	25	54.3
	女生	37	9	24.3
高二	男生	49	38	77.6
	女生	55	28	50.9
高三	男生	38	32	84.2
	女生	61	42	68.9

调查结论：抽样调查的286人中，拥有手机的人数174人，我校的手机拥有率为60.8%，说明我校学生拥有手机是个普遍现象，禁止手机入校门从制度而言基本上就是虚设。其中拥有手机的男生95人，比例为71.4%；女生79人，比例为51.6%，男生明显高于女生。另外，高一、高二到高三，学生拥有手机量明显上升。

表2　我校学生手机日平均使用次数

每天使用手机次数	学生人数	占有百分比/%
2次及以下	44	25.2
3—9次	95	54.6
10次及以上	35	20.2

调查结论：在多数同学（至少比例为79.8%）眼中，手机也就与普通的学习用具一样，该用的时候才用。这与网络游戏对于某些学生的吸引力是完全不一样的。少数同学每天使用频率偏高，对于这些同学要加强引导，尤其是要控制课堂（教室）中手机的使用。

表3　我校学生手机的主要用途情况

手机用途分类	学生人数(4选2)	占有百分比/%
与家人通话或短信	86	49.4
与朋友同学通话或短信	163	93.7
网络浏览BBS、看新闻、小说	58	33.3
QQ聊天或玩游戏等	44	25.3

调查结论：对于手机的用途，绝大多数同学的首选为“与朋友同学通话或短信”，其次为与“与家人通话或短信”和“网络浏览BBS、看新闻、小说”，当然用于聊天与游戏的也有一定市场。从学校和家长的角度而言，希望学生手机主要用于与家人联系和查找学习资料，尽可能少地与朋友同学联系，最好不要聊天玩游戏。调查显示，学生手机使用的实际情况与学校及家长的期望还有相当的差距。禁而无效的时候，如何引导学生理性使用便成当务之急。

表4　我校学生对使用手机的态度

态度分类		赞同人数	百分比/%
校园手机利弊观	利大于弊	188	65.7
	弊大于利	55	19.2
	利弊各半	43	15.0
建议学校管理	严格禁止手机进入校园	52	18.2
	有条件地准许手机进入校园	234	81.8

续 表

态度分类		赞同人数	百分比/%
进校条件限制	签订协议实名申报	280	97.9
	上课期间及就寝以后杜绝使用	283	98.9
	考试中杜绝用手机作弊	284	99.3
	杜绝向他人发骚扰信息(电话)	284	99.3

调查结论:对于学生使用手机的利弊,认为利弊各半或者利大于弊的比例高达80.7%,在手机管理问题上,赞同学校可以有条件地准许手机进入校园的比例高达81.8%,而对"签订协议实名申报"等四项限制条件上,完全可以达成高度的共识。调查显示:学生希望拥有在校园内使用手机的权利,只要可以光明正大地使用手机,他们完全能理解学校附加在其中的必要的约束条件。

二、班级试点破解手机难题

笔者在所带班级[高二(15)班]中进行了手机管理的改革试点。我班54名学生中,有45人拥有手机。我们将这项改革命名为"班级手机申报制"。就是通过实名申报有条件地允许学生把手机带入学校,然后在民主协商的基础上,形成全班大多数同学认同的《手机使用管理契约》。在手机准入的情境下,该用的时候大方地用,该禁的时候无条件地禁。诚信教育与制度约束双管齐下,充分发挥手机的积极功能,最大限度地弱化手机负面功能,最终让学生自觉理性地使用手机。

(一)手机申报三方契约:诚信+制度

由班委牵头,在广泛征求全班学生意见的基础上,制定人性化的《班级手机使用与管理办法》,主要包括使用手机的时间和空间、手机文明使用规范、不定期抽查办法、相互监督与举报办法、违规处理办法等内容,共5大项20条细目。将手机使用纳入学生个人的诚信档案,作为文明学生的评选基础条件之一。学生手机进行实名申报的同时,填写《215班手机使用承诺书》。为便于在班级宣传这个申报制度,我将契约的主要条例概括为"一讲、二报、三限、四罚"。

一讲,即讲诚信。以"确有需要,自主申报,诚信使用"为原则,在家长允许、班主任同意的前提下,可在校携带和使用手机。站在学生的角度考虑,其实绝大多数学生还是有自制力的,利用手机做一些不恰当事情的学生毕竟还是少数。从此学生手机由之前的"地下工作"转变为现在的"公开活动",在相当长一段时期内成为大家热议的话题。实践证明当初的担忧是多余的,除了刚开始个别学生有违规行为外,半夜"煲电话粥"的现象在该班已经绝迹。

二报,即报号码、报话费。申报号码和话费的目的,主要是为了加强对学生手机使用的监督和管理。学生要向家长和老师申报使用的手机号码。我一般建议,以家长的身份证向移动公司购买一个号码。如果学生需要更换号码,需向家长和老师说明,并重新登记号码。在契约中,我们规定了学生使用手机的时间,除规定以外的时间一律关机。家长或老师可以随时拨打学生的号码，监督学生是否违反相关规定。在契约中还约定了每月话费，每月由家长查询学生使用的实际话费，班主任进行登记，对于超出使用额度的学生进行相应处罚，对于节约使用的给予一定的奖励。

三限，即限时间、限区域、限话费。一限时间：即限制在校使用的时间段。使用时间一般为四段：早上6点到6点半；中午11点50分到12点25分；下午5点15分到5点45分；晚自修结束到就寝前。除以上四段时间外必须关机。二限区域：即限制使用的区域。使用区域主要为宿舍或班主任老师办公室。除上述规定以外的教学区等公共场所一律禁止使用。三限话费：即限制话费额度。根据实际情况，在三方都认可的情况下，约定每月话费的上限。如学生违反相关规定，要对其采取下调每月话费的处罚。如学生能节约使用，家长可酌情对其进行奖励。

四罚，即四项处罚。契约中我们设定了“防火墙”，即处罚条例，对违反契约的学生，我们做如下处罚：(1)服务性处罚。对初次违反“三限制”，情节较轻的，接受班委讨论设计的服务性处罚。(2)减少话费额度。两次违反“三限制”的，缩减原先约定的每月话费额度。(3)短时取消使用权。对于一周三次违反“三限制”的，停用手机一周，手机由班主任保管。(4)长期取消使用权。以下几种情况，一经发现，长期取消使用权：不讲诚信，私自另购号码，欺瞒家长、老师的；利用手机进行考试作弊的；被人举报骚扰他人的；一周三次以上违反“三限”的。

(二)人本约束多方监管：自治+他律

为进一步保证我班手机申报制度的顺利实施，我们建立了四维管理机制：学生自我约束、班委即时监督、家长例行检查、班主任随机抽查。并将此项管理机制事先告知学生。

学生自我约束：主要通过专门的主题班会、班主任讲话、学生谈话等形式，大力宣扬责任意识、自律意识、诚信意识、成人意识和公民意识，提高全班同学的自我约束能力，为手机申报制度的顺利实施奠定强大的舆论氛围。

班委即时监督：值日班长即为手机督察岗，另推选大家最信得过的多名同学担任手机监督员，并且责任到人，负责记录每天班级手机使用情况，落实每一起违规事件的处理，并及时报告班主任。此类处理办法学生点子很多，譬如为班级背饮用水、为生病同学买饭、拖地板等。违规学生也乐意接受此类服务性的惩罚。

家长例行检查：关机时段，请家长拨打自己子女的手机，如不在关机状态及时告知班主任(此办法在刚实行的几周里是每周一次的例行检查，后来，只要求家长不定期检查即可)。每月核查一次子女的手机话费及联系对象，并将具体情况告知班主任。

班主任随机抽查：由于中学生的独立意识不断增强，监控式抽查管理往往容易引起学生的反感。我们的做法是：事先将抽查的意图明白地告诉学生，明确抽查是手机申报制度中的重要“游戏规则”。在规定的关机时间，不定期地向被调查的学生手机发送短信，短信内容为“班主任例行抽查”(内容事先告知学生)，然后观察该学生的反映。或者直接拨打学生手机，了解其是否处于关机状态。班主任抽查主要针对几个“特别学生”，在本制度实施的开始几周抽查较频繁，后来减少次数甚至不用抽查。

三、"手机申报"工作日记摘编

自2013年9月高二(15)班实行"手机申报制"以来，我专门为此写了一段时间的"手机申报"工作日记，摘编几则如下：

9月26日　今天在班里发布"一号班主任令"——我班试行"手机申报制度"，学生那个鼓掌热烈，始料不及。一学生脱口而出："啊，终于不用做贼了！"还有一学生起身，竖着大拇指夸张地对我说："向老师，你太伟大了！"

9月27日　我起草了《215班手机使用协议》交给全班同学讨论修改，学生将"四项处罚"条目改得更人性化了些，也好，他们给自己留点余地，我也给自己留点余地。

10月7日　下午第三节课，我拨打了四个"特殊关注"学生的手机，三人处于关机状态，李某某开机状态。课间，我把负责监督他的手机监督员叫出来，核实手机是随身携带的。这是我掌握的第一次违规行为，怎么也得处理。我将处罚措施的设计交给班委。处理结果是：负责为王某某同学(踢球扭伤了脚)买饭菜一个星期。李某某答应得很爽快。

10月16日　今天其他班主任打击我说，我的手机管理让他在学生中难做人了，他班里的学生对他意见很大。我告诫自己班里的学生：可以大大方方地使用手机，但千万莫张扬，尤其不要在其他班级的同学面前宣扬我们的"手机申报制度"。全班同学一阵窃笑，表示理解。

10月25日　今天家长会，绝大多数家长表示，我们班的"手机申报制度"是好的。有很多家长也按我们的要求，对自己子女的手机使用情况进行了监督。

11月20日　昨天晚上临近12点，我早已入睡，接到学生电话，说宿舍里有同学在吐血，这可把我给吓坏了。到校后，我马上送学生去医院检查。医生说是学生喉部的血管瘤擦破了，虽说出血量不大，但还是建议直接送浙医一院。幸好送得及时，还不至于有危险。如果昨晚学生没有手机，无法联系我，延误了去医院的时间，后果就很难预料了。

2月15日　今天，王某某同学的妈妈打来电话，反映一个情况：她去移动营业厅查了儿子的手机通信信息，发现她儿子一个月以来与同一个号码通话及短信联系特别频繁。我联想到该男生平时表现，马上意识到，这孩子恋爱了！看来，得与这个学生说说如何谈恋爱的事情了。

……

一则则关于班级手机管理的工作日记，体现的是"手机申报制度"实施过程中的酸甜苦辣。不断的尝试，不断的改进，不断的完善中，笔者最终成功地引导学生理性地使用手机，发挥手机的积极功能，将手机的负面效应减少到了最低限度。班上的手机问题解决了，整个班级管理及师生关系也步入和谐发展的轨道。作为"手机申报制度"的探索者，我深感欣慰。

以案例为载体的家校对话

施叶军

摘　要:家长会作为班主任进行家校沟通与合作的一种手段,对于班主任的工作来说,开好家长会非常重要。笔者以一次成功的家校研讨会为例,从家长会前的精心准备,家长会上的精彩案例分析与点评,到会后家庭教育的指导三个角度对当前新形势下的家长会形式与实效性进行了思考与探索。

关键词:家长会　沟通　定位

教育是一门艺术,一种责任,各种先进的教育理念滚滚而来的今天,充分发挥家庭教育在整个教育系统工程中的作用,显得格外重要,教师和家长都以理性的目光来欣赏学生,赞美孩子,这样既有利于教育者思考教育方法,也有利于家长和学生树立信心,相互沟通,让青少年在成功的享受中、欣赏的氛围中轻松快乐地成长。彼此信任,相互理解,相互欣赏,时代呼唤民主教育,人与人之间需要沟通。但是因时代的不同和主持人文化观念的差异,每一次家长会的内容和效果也颇有差异。归纳一下,主要有以下几种家长会形式:情况通报会、培训家长会、家长汇报会、表彰激励会、教育研讨会。下面是笔者以案例为载体的一次成功的家校研讨会,与各位同仁一起探讨教育之真理。

一、沟通从心灵开始

理解孩子,这是优秀家长必备的心理素质。在家长会上把学生心声反馈给家长,让家长及时了解自己孩子的一些想法,会给家长的心灵以极大的触动,自觉改正一些不恰当的家教方式。通过家长会,家长能了解自己孩子这段时间在学校里的学习和思想上的表现,对自己的孩子有更深入、更全面的了解,也知道今后从哪方面去管理和教育自己的孩子,从而提高家长家教水平。

以下是我在家校研讨会之前布置给学生的六个问题及学生的代表性回答:

1. 一句话点评自我;
2. 写出你父母亲的三个优点;
3. 写出你最不喜欢听到你父母说的三句话;
4. 写出班主任的三个优点;
5. 写出你最不喜欢听到班主任说的三句话;
6. 写出你最想对你父母或班主任说的一句真心话。

周×：

1.科学、人文、元素、自由、个性、时尚、色彩、艺术和竞技；

2.会鼓励孩子，又能言善辩，乐观向上；

3.“最近怎么喜欢看电视了，成绩怎样了？”“学校里吃什么菜，与同学关系怎么样？”“你明天，把雨披带上”；

4.能良好处理班风，增强班级凝聚力，能管理好学生个人卫生，班级包干区的卫生监督，能关心学生起居，并能与之谈心，讲人生哲理；

5.“×××寝室昨晚讲话，讲话的自己站起来”“明天中午大扫除”；

6.“一切从心开始”。

陆××：

1.我觉得我是一个永不放弃的人，虽然在许多考试中都没有考好，会有一段时间失去自信，但我不曾对自己说要放弃；

2.对于我每一次考试的发挥失常，总是一次一次鼓励我，从不骂我，从不放弃，做事有原则，待人处世认真谨慎，从不给我压力，让我自由地学习，把我的事放在第一位，当然这样不等同于溺爱；

3.“最近考试考得怎样？”“现在正是长身体的时候，想吃什么尽管说，学习是最重要的！”“现在要好好学习，将来才会有出息”这三句话在一般人读来，也许觉得很普通，为什么会烦呢？其实也不是烦，只是觉得父母对我太好，而我却拿不出成绩来，每次他们说这样语重心长的话，我就觉得对不起他们，无形之中将自己带到一个“自责”的环境之中，这些压力是我自己造成的；

4.做事有原则，为班级认真负责、有个性，老师对班级制订的一些制度是许多班级没有的，而且很有成效，给每一个学生希望，从不放弃任何一个想学习的学生；

5.“我对你们已经没有想法了”“你们知不知道，我们班现在的形势有点严峻”“现在成绩已基本定型，到高三一般是上不去了”；

6.“谢谢你坚持不放弃每一个学生，相信高二(16)班会在你的带领下成为一个有个性、有成绩、各方面全面发展的班级。”

各位家长通过倾听自己子女的心声，了解自己孩子心中所想，反思自己的教育方法，事实证明，这些心声在家长中引起强烈共鸣，家长之间也通过互相探讨，增进了解，会上家长讲得最多的一句话是：“想不到，真是想不到，我们的孩子会有这种想法。”

二、透过现象看本质

召开学生家长会时，学生家长不应只是听众，更不是旁观者，他们应该成为班主任充分协调和利用的教育力量。班主任可以将班级管理中遇到的问题在家长会上提出来，与家长协商，群策群力，共同探讨，效果会更好。在本次家校研讨会之前，我事先将班中存在的一些问题以案例的形式告诉家长与部分学生代表，让他们就班级中存在的某一问题进行有针对性的准备和发言，起到抛砖引玉的作用，学生的现身说法，部分家长的精辟分析，渲染了整个家校研讨会的气氛，也激起了其他家长在会上踊跃参与讨论的热情，从而很好地达到沟通与教育作用。

现象一:教室内聚景

周五中午,一群同学正聚在一起,他们讨论的主题只有一个:如何“安排”双休日,家中没有电脑的,互相约一个时间,一般是周日下午,借口早点回校,下车后并不直接到校,而是跟约好的同学进入网吧,在网吧里将一些小游戏通过U盘拷入教室电脑,这样也就出现了下课后讲台上一群人玩电脑,一个人不过瘾,就拷入多人游戏,一起玩,甚至有些人,早晨一早起来玩游戏,有的连出操也不去了,晚自修,或者下课还互相交流玩游戏的体会。也有一部分同学趁放学回家的路上进入网吧。

小结点评:我一直认为迷恋网络的未成年人大多是孤独的。别看现在的孩子在家里都是小皇帝,平时好像有很多人围着转,但他们心里是孤独的。因为有些父母可以给孩子很多钱,但是却不能陪孩子好好玩一玩、聊一聊。有些学生行为习惯差,抽烟、逃课。由于他们内心空虚,缺少与人交流的机会,他们就会找到网络,在网络这个虚拟世界中,扮演各种角色,从中寻找快乐。

网络问题,也是当今教育界面临的三大难题(网络问题、早恋问题、性教育问题)之一,如何引导学生正确利用网络,作为我们教育工作者一直在思考,一个学生如果长期沉迷于网络,那么他的身心必然会受到极大的伤害,在此建议如果家里有电脑的,我想我们不是去堵,或者下令不让他们玩,而是去关注他们在玩什么?主动与他们交流,平等地引导他们正确区分虚拟和现实,游戏与人生,增强自制力,设法激起学生内心对知识的渴望,让他们做出选择,转移自己的兴趣爱好,排除他们心里的孤独,关注他们的身心变化。

现象二:寝室内怪景

天气很闷热,值周老师与保安检查就寝纪律,一些学生躺在床上,用被子盖住整个头部睡觉,是这些同学睡觉习惯不好吗?非也,这些同学都是在被子里面发短消息,更有甚者是公开打电话,这一行为造成了第二天早晨起不来,出操迟到,上课没有精神,也有些人干脆就不出操了,同时,由于发短消息的按键声,严重影响了其他学生的正常休息。

小结点评:随着科技的发展,手机已进入寻常百姓家庭了,许多家长都为自己的子女买了手机,但是据调查,学生发送和接受的信息中,只有60%是和正常学习与交往有关,40%都是乱七八糟的信息,甚至是黄色短消息,部分学生收到这些短消息后,还相互转发,把这种行为看成是时尚,还引起好些同学的羡慕。近期,学校在考试中多次发现利用手机进行作弊,因此如何引导学生文明使用手机,我的要求是:一是不提倡带手机进校;二是如果你用于正常的联系,那么要求周一到周五放我办公室,在双休日再使用手机。

现象三:表情上痛景

随着社会竞争激烈程度的增加,这种竞争意识也带到了学校。由于社会压力的增大,部分家长将这种压力转嫁到学生身上,整天在耳边唠叨,让他们好好努力,提高成绩,一旦成绩退步,不是去分析原因,帮其走出困境,而是一味埋怨,造成其身心受到极大的伤害,最终形成心理疾病。这些同学往往行为怪异,喜欢多想,对别人的评议特别重视,晚上睡不好,白天没有精神,上课不能集中思想,作业无法完成,成绩直线下降,心理产生焦虑,表情痛苦。

小结点评:首先不同的学生产生心理障碍的原因是不同的,只有找准病因,才能找到解决问题的突破口。困扰学生最多的是学习心理问题,应帮助他们查找学习不足的原因,帮助他们取得更好的成绩,找到他们其他方面的闪光点,帮助他们发现自己的特长,以实现素质的发展。其次在民主、平等的气氛下与学生进行心灵沟通,民主、平等地关注他们,包括真诚的交流、对话,以打开学生的心灵窗户,使学生不再顾忌,共同参与到他们的心理过程中。这样,学生才能成为勇于改变自己心理问题的主人。

现象四:为情所困景

正当少年的学生,本来应该是精力旺盛,全身心投入学习的大好时期,但有一部分学生精神不振,整天目光呆滞,原因是他们过早地被感情所困,在充满幻想的时代,他们想实现自己的梦想,但由于受到各个方面的影响,他们不能正大光明地进行,在心理上产生压抑感,慢慢地也就影响了正常的学习与生活。

处于青春期的青少年学生,生理上迅速发展,心理上急剧变化,性的萌芽和成熟,性意识的发展,是青春期生理、心理发展的最突出的标志,应合理引导学生科学认识世界,认识自我和他人,促进学生身心的健康发展。

小结点评:我们应该正确地对他们进行引导,教育过程中要讲究方法,以适时、适度、适当为原则,不要过早定论为"早恋"。以朋友身份关心他们,严守秘密,不要公开,特别是大众场合,不偷看学生日记、信件,要给孩子一些空间。用道德规范进行约束,引导他们与异性正常交往。

三元培养:多元价值下中学生党员教育管理新模式

汤红丽

摘　要:新时期,受多元价值观和中西方文化观念的影响冲击,中学生党员的价值取向也呈现多元化趋势,出现了功利化、物质化等现象。这就给新时期中学党建工作提出了新的课题。本文以分类引导、价值多元化和人本主义理念为指导,改变现有的考评选拔管理模式,强调学生自我评价,采用分类引导、分层管理等方法,根据学生自身兴趣、特长、爱好等,鼓励开展多元发展的"三元培养模式"。

关键词:三元培养模式　学生党员　多元化

新时期,世情、国情、党情发生深刻变化,受多元价值观和中西方文化观念的影响冲击,中学生党员的价值取向也呈现多元化趋势,出现了功利化、物质化等现象。这就给新时期中学党建工作提出了新的课题,即如何针对不同类型的中学生党员,采取积极措施进行正确的、有针对性的引导,帮助他们树立起正确的世界观、人生观和价值观。

一、思　路

以分类引导、价值多元化和人本主义理念为指导,改变现有的考评选拔管理模式,强调学生自我评价,采用分类引导、分层管理等方法,根据学生自身兴趣、特长、爱好不同,鼓励学生多元发展。变革传统"单一化""大而空"的教育方法,初步探索出适合中学生思想教育、分类引导的中学生党员教育管理新模式,即"三元培养模式"。

"三元"即团员推优多元化、重点培养多元化、党员管理多元化。包括"三大平台":团员推优平台、重点推荐平台、党员管理平台,其中党员管理为核心班——新党员起点班、发展规划班、未来技能班;同时采用"三分教学法"——分年级、分层次、分类别教学法。这种新模式在中学生党员培养教育过程中更加强调理论与实践的结合,更加注重知识与能力的统一,更加体现"分解目标、分类引导、分层教育"的精细化趋势。

二、实施的方法与过程

(一)抓源头、树先锋——团员推优多元化

改变现有团员推优办法,推出更加多元的考评体系。新办法中,申请人须同时符合

基本要求和突出表现两方面，方有推优资格。突出表现由学业表现、社会服务、文体活动、创新发明、公益实践、文明守信、尊老爱幼七个方面组成，学生结合自身实际，符合三项及以上即可被推荐。避免了以往单一以成绩的优异程度来推优。

(二)保障学习，加强培养——重点培养多元化

1. 业余党校开班授课

通过上“业余党课”听党史，学习身边的优秀共产党员先进事迹，帮助广大高中生提高对党的认识，逐步树立正确的世界观、人生观和价值观。业余党校分初级班和高级班，具体课程如下：

(1)初级班。初级班的学员以高一和高二年级中的学生入党申请人、校级学生干部、班团学生干部和优秀团员为重点对象构成。学习课程如下表：

表1

初 级 班			
序 号	时 间	教学主题	主讲人
1	2013 年 10 月	开学典礼及党的基本知识讲座	周 燕
2	2013 年 11 月	党史讲座	朱晓辉
3	2013 年 12 月	“中国梦”解读	汪 鑫
4	2014 年 1 月	寒假作业，社会调查	
5	2014 年 3 月	刻苦学习，立志成才	王 伟
6	2014 年 4 月	党员的先锋模范作用	吴继红
7	2014 年 5 月	做一个有修养的人	俞梦珍
8	2014 年 6 月	社会实践	周 燕

(2)高级班。对经业余党校初级班学习培训、进步成长显著的优秀学员，经本人申请和党校领导集体综合研究审查后，可升入业余党校高级班继续参加学习。课程表如下：

表2

高 级 班			
序 号	时 间	教学主题	主讲人
1	2013 年 10 月	开学典礼及党的基本知识讲座	周 燕
2	2013 年 11 月	在刻苦学习、勤奋实践、勇于创新中实现入党誓言	王 伟
3	2013 年 12 月	我的梦 · 五中梦 · 中国梦	王柏荣
4	2014 年 1 月	寒假作业，社会调查	
5	2014 年 3 月	创造性思维与创新能力	卓 伟
6	2014 年 4 月	学生党员如何发挥先锋模范作用	沈利剑
7	2014 年 5 月	加强道德修养，锤炼道德品质	周 燕
8	2014 年 6 月	社会实践	周 燕

2.召开各类讲座

首先，王书记指出，“个人梦”要以“中国梦·五中梦”为基础，在投身“中国梦·五中梦”的伟大实践中实现“个人梦”，也就是个人的奋斗离不开国家、集体，离不开国家梦、集体梦的实现。同时，国家梦的实现，特别是中华民族伟大复兴的实现，又有赖于每一个人最大限度地把自己的聪明才智和创造力发挥出来。个人梦是实现五中梦、中国梦的基础，只有实现了个人梦，才能推进五中梦、中国梦的实现。

接着，王书记强调，在实现梦想的过程中，首先要找准奋斗目标，没有目标，就如同大海航行的船只，不能到达胜利的彼岸。其次要付诸实际行动，梦想不能仅停留于口头，没有踏实的行动，再崇高的梦想也只是南柯一梦。他要求每位学员在找准奋斗目标之后，务必将目标付诸行动，通过勤奋的学习，提升自己的思想品德、学习品质、管理能力等，在平凡中追求超越。

最后，王书记通过介绍五中历年的优秀学子，激发了学员的斗志。一名名优秀的毕业生，让在场的每位学员既惊叹又羡慕；学长学姐们的寄语，使学员们深刻地了解到：有付出才会有收获；只要有端正的态度、谦虚的品格、包容的思维，就总能有所收获。每位学员都能通过自己的努力实现自己的个人梦想，五中的明天以他们为傲。

3.考察

业余党校学习班通过结业考试来评价学生党校学习期间的理论学习。分别以填空题、选择题、简单判断题、论述题四种类型来组织试卷。

通过业余党校的学习，学生追求的目标不仅仅停留在考取大学上，政治上的进步、思想觉悟的提高成了他们更高层次的要求。发展特别优秀学员入党，为学生树立了前进的目标，指引了一条通向光辉人生的道路，促使学生遇到任何挫折与困难时，想到党就在身边，给自我增添巨大的勇气和力量，也为学生提供了一个自我实践的舞台。

（三）重实践、强过程——党员管理多元化

1.学校自管会

自管会成员必须都是由业余党校的学员产生，有一定的自主管理能力和对他人的管理能力，学校自管会具体实施：(1)检查人员必须提前到岗，准时开始检查；(2)必须做到公平、公正、尺度统一、态度良好，凡教室内有老师在，一律不予以“扣分”和“提醒”；(3)检查卫生和检查纪律同时进行；(4)进行检查时，务必确保不影响同学的学习和老师的教学，做到安静进出教室检查；(5)检查中如有违纪情况，请详细记录在反馈单和记载表上，并将反馈单交给班级第一位同学，“表扬”的内容只在记载表上记录；(6)组长务必在第二天早自习前收齐组员的检查记载表，并上交学管处；(7)检查人员检查纪律时，对违纪同学的记录必须精确到“从南到北/从走廊到北面窗户第××列第××排”；(8)早自习前6:45左右的卫生检查以“提醒”为主；(9)检查人员不准出现徇私的情况。

2.志愿者在行动

每年寒暑假、春运高峰期，我们的学员都是争先恐后地报名参加区志愿服务队，帮忙维持秩序，解决咨询问题等。我校志愿服务总队被评为春运先进集体。

3.各项社会实践

由我校和上海哲尚TA27义工团队共同举办的成长心连心活动，是一场别开生面

的体验式活动，由 146 名学生以及他们的家长、53 名教师和 62 名来自全国各地的义工共同参与。本次活动共分为五个游戏，分别是：风中劲草、享受信任；火炬传递、感悟责任；分享心情、体验真情；齐心协力、合作共赢；蓝色丝带、传递大爱。

4. 学雷锋日特别活动

经学校团委组织、各班团支书策划，各业余党校成员参加，我校开展了形式多样的学雷锋活动：周末到超市为顾客推手推车，为超市顾客带去便利；在学校开展清洁校园活动，主动清扫校园的垃圾、教学楼的地面扶手，使校园面貌焕然一新；开展“向雷锋致敬”的主题班会，引领同学们从身边的小事做起，向雷锋同志学习，并到江寺公园捐衣物、献爱心；到萧山图书馆协助工作人员整理书籍、清洁书架，为图书馆营造良好的学习氛围。通过一系列的学雷锋活动，我校进一步弘扬了“奉献、友爱、互助、进步”的志愿精神，学生的思想境界得到了提高，同学们团结友爱、互帮互助、尊敬老师的现象蔚然成风。

另外，针对学生在入党时出现的入党前积极、入党后松懈的现象，我们制定出重点培养对象评选办法、“五好”党员考评办法等。让入党积极分子在成为重点培养对象之前，能够查漏补缺，清楚地知道自己在哪些方面还须努力；而学生党员将进行每年一次的“五好”党员考评。我们将党员的职责内化到中学生群体，五好主要包括学习好、服务好、实践好、团结好、信用好等五个方面。

（四）谋发展、创宏图——学生生涯规划

作为一名高中生，制订自己的职业规划是非常必要的。职业规划，可以使自己更加认识到自己的优势和劣势；通过努力工作学习，能力不断提高；通过对自身和环境新的认识，在提升自我的同时不断改进自己的职业规划，使职业生涯规划更加合理化，更加能促进社会、市场以及自己的发展。

三、综合考察，严格把关

强调履行中学生党员的职责和发挥先锋模范带头作用。根据分层管理的理念，落实好入党积极分子联系制度，将学生党员带好积极分子，细化为规则，记入对其的考评当中，并且建立学生党员上党课制度，要求每位党员为当年的积极分子上好一次党课，并记入考评。这样既加强了学生党员与积极分子之间的联系，同时也很好地锻炼了党员的能力，这种帮带制度，也对整个党员队伍的培养起到了积极作用。

（一）发展学生党员的正常程序工作

本校发展党员的程序与条件除了正常程序规定之外，学生还需在成绩方面符合以下要求。

学生必须参加业余党校学习并结业。理科学生成绩要在年级前 80 名，文科学生成绩要在年级前 50 名。在同等条件下，优秀学生干部（学生会干部、班干部、团干部等）优先，获得过市级以上学科竞赛奖者优先。排序以同类荣誉或竞赛成绩级别高者为先。对特别优秀的学生干部可以适当放低文化课成绩条件。

(二)党支部发展学生党员党内外群众座谈纪实

校第三党支部围绕学校党委关于发展学生党员的工作安排,于 2014 年 10 月 22 日下午在学校党员活动室召开党内外群众座谈会,对高三年级文科班的 9 名入党积极分子进行情况了解,参与本次座谈的学生均来自入党积极分子的所属班级,老师系相关任课老师。

四、创意与成效

本项目从 2014 年 3 月份推行以来,成功推优产生了第一批入党积极分子,由于推选办法学生之前都已明确,并且了解评选标准和程序,因此,推选过程很顺利。推选出来的学生,特点比较鲜明,符合人才培养多元化的导向,有学霸型、才艺型、实干型、公益型、工作型等,改变了以往单一的推选办法,起到了很好的效果。

由于重点培养对象推荐办法也已出台,因此,这批积极分子同样清楚,自己需要在哪些方面努力,才能达到被推荐的要求。所以这极大地调动了积极分子的主观能动性,对照标准,他们能清楚地知道自己的差距,并且继续努力。

针对党员管理,我们出台的五好党员考评办法,对党员的职责做出了明确规定。考核不合格的党员,会到培训班学习,进行再教育。首批起点班将结合当前积极分子培训班推出,而规划班、未来技能班针对当前高三的党员,将在上半年陆续推出。

校党支部对学生党员的发展严格一系列程序,确保了学生党员的质量及学生的综合素质,使学生入党的愿望神圣而不遥远,激发了他们积极上进的政治热情,也有效促进了学校学生德育工作的开展,使学校思想道德建设得到了极大推进。